地理教育研究
的实证视角

卢晓旭◎著

Geography Education Research:
An Empirical Perspective

华东师范大学出版社
·上海·

图书在版编目（CIP）数据

地理教育研究的实证视角/卢晓旭著.—上海：
华东师范大学出版社，2023
ISBN 978 - 7 - 5760 - 4415 - 7

Ⅰ.①地…　Ⅱ.①卢…　Ⅲ.①地理教学－教学研究
Ⅳ.①K9

中国国家版本馆 CIP 数据核字（2023）第 251627 号

地理教育研究的实证视角

著　　者　卢晓旭
责任编辑　彭呈军
特约审读　刘靖宜
责任校对　王丽平
装帧设计　郝　钰

出版发行　华东师范大学出版社
社　　址　上海市中山北路 3663 号　邮编 200062
网　　址　www.ecnupress.com.cn
电　　话　021 - 60821666　行政传真 021 - 62572105
客服电话　021 - 62865537　门市（邮购）电话 021 - 62869887
地　　址　上海市中山北路 3663 号华东师范大学校内先锋路口
网　　店　http://hdsdcbs.tmall.com

印 刷 者　浙江临安曙光印务有限公司
开　　本　787 毫米×1092 毫米　1/16
印　　张　19.25
字　　数　414 千字
版　　次　2024 年 3 月第 1 版
印　　次　2024 年 3 月第 1 次
书　　号　ISBN 978 - 7 - 5760 - 4415 - 7
定　　价　68.00 元

出 版 人　王　焰

（如发现本版图书有印订质量问题，请寄回本社客服中心调换或电话 021 - 62865537 联系）

前　言

2008年我有幸进入南京师范大学地理科学学院，在陆玉麒老师的指导下攻读人文地理学博士学位。此时，对科学研究懵懵懂懂的我，来到了科学殿堂的前厅，似懂非懂地体验着科学研究的陌生感，也从此开始体验到了实证研究的魅力。

在此之前，17年的中学工作经历，让我收获了一些教学经验，也有一些教育科研工作的经历和体会。在我看来，做研究就是写论文，但是，我其实并不知道应该做什么研究、写什么论文，当时根本不明白什么是科学，不明白统计学为何物、没有听说过技术路线、不懂得什么叫研究范式、更不会用什么科学方法。读博初期，面对常有人问及的"你做哪里（研究区域）""用什么方法"时，我对"方法"一词非常茫然。

早在2002年，我所指导的中学生的小论文中出现了一些数据，这得到了一位南京大学人文地理学老师的肯定，他觉得中学生的小论文难能可贵的就是能有一点数据，然后从中得到一点结论。老师的不经意赞扬给我留下了很深的印象，知道了数据在研究者眼中的重要性。

2004年，我指导中学生开展研究性学习时，朴素的想法，去求证各省获得的奥运会金牌数与经济发展水平的关系，原始的做法，画出各省金牌数和人均GDP两根折线对比着看，得到两者有关系的结论。还甚是赞叹自己的想法和方法，而此时并不知道有相关分析概念的存在。

回忆2005年前，我感觉中学教科研产出的差异似乎就是做与不做的差异，当时我发表了几篇文章，其实就是因为写了。我所谓的研究，也就是定性的经验总结，这是唯一的研究方法，还谈不上归纳法。但是，在发表了几篇文章之后，就迅速进入了瓶颈期，文章连续几年屡投不中，这时的研究产出已不是做与不做的差别了，而是水平和质量的差异，研究方法在研究和写论文中的地位与要求在提高。

随着改革开放后人文地理学在中国的复兴，人文地理的科学化水平迅速提高，学者按照自然科学的研究路径建立模型、开展实证研究、建构人文地理学理论的研究路径已经非常普遍。我在体验了人文地理学的科学化和实证研究的科学方法之后，也在思考，这些方法能不能用在地理教育领域。于是，尝试着在教育话题下开展实证性研究。2009年后，我的研究就出现了转机，一批教育地理和地理教育的实证研究小成果就陆续发表了。

然而，2010年，在读到了袁孝亭老师的文章《基于地理思想方法的地理课程与教学研究》后，我感到十分汗颜，我所做那些所谓的地理教育研究，只能算是"解释学派"的"鹦鹉学舌"，我认识到建立地理教育独特理论的重要性，同时认识到实证研究对于建立地理教育理论的重要意义。2013年，刘树凤老师的文章《让地理教育研究走进科学》也简明扼要地指出我们地理教育研究的问题和未来的发展方向，强调了理论研究和实证研究的重要性。

这些认识日积月累，加上中学一线经历的切身体会，于是基于实证研究，开展地理教育理论研究，为中学地理教学一线提供科学高效的理论指导，便成为我越来越强烈的认识。每当我回味"地理课程与教学论的研究者有时会被问及诸如此类的问题，你们究竟发现了、归纳了多少地理学科特有的教学原理与规律，地理课程与教学论学科是否有自己健全的概念原理体系，你们的研究成果对地理教学实践的影响到底有多大"时，这种建构地理教育理论的责任感就更加强烈。希望有一天，地理教育学可以建构起诸如综合思维发展理论、空间思维发生和发展理论、区域认知理论、地理实践力发展理论、人地观念发展理论等一批学科特有的理论，以至于我们的地理教育学能够因为理论的独立而立足于学科之林，从而彻底改变地理教育理论在指导实践时"捉襟见肘"的尴尬状态，避免地理教育理论研究者在面对地理教师质问时出现"窘迫和惭愧"的难堪局面。

华东师范大学教育学部倡导与国际教育研究接轨，2015年推出了全国教育实证研究论坛，在全国范围内大力提倡开展教育实证研究，这为我们开展实证研究提供了底气。然而，尽管实证研究具有科学取向，但是人文学科的科学化进程仍然存在着许多争论，以揭示教育规律为目的的教育实证研究目前仍属于小众的研究方向。但是，我们需要尝试，只有走进实证，才能反思实证，才能跨越实证。希望这本书能带领读者去了解、熟悉、深化、扬弃地理教育实证研究。

本书共分八章，第1章从科学与人文之争谈到教育研究科学化的可能，第2章介绍科学研究的方法论，第3章是在实证研究视角下，重新认识地理教育研究的目标和任务，第4章介绍科学实证取向的地理教育理论研究、实践研究和测量工具开发的研究范式，第5章介绍地理教育研究中常用的5种经典科学方法，第6章到第8章，分别提供了8个地理教育测量量表、2个地理教育理论研究、4个地理教育实践研究的成果案例，供读者体验地理教育实证研究的技术路线和研究者可遵循的研究范式。书中收集了我和许多老师、研究生共同完成的实证研究成果，感谢他们近年来的努力，为本书的论点提供了丰实的例证！书中也引用了很多学者的观点，来支撑我对地理教育理论研究和实证研究观念的论述，在此一并表示感谢！

虽然我认为实证研究是教育研究的新方向，可以经由这条道路去建立地理教育理论，为地理教育实践提供科学理论指导。但是实际上，本人在地理教育研究方面一直也没有太多实质性和系统性的建树，这本书只是我在前人思想的基础上对地理教育研究方向、方法、范式的一些零星思考，仍然不成体系，但希望抛砖引玉，也希望能够借此机会形成一个地理教育实证研究共同体，大家一起探讨地理教育实证研究话题。

由于能力所限，书中错误和不当之处在所难免，敬请读者批评指正！

卢晓旭

2024 年 1 月 26 日

目 录

第 1 章　教育学科学化

1996 年 5 月 18 日,美国《纽约时报》头版刊登了一条新闻,报道了一则科学研究领域的离奇事件,这件事就是科学史上著名的"索卡尔事件"。纽约大学的量子物理学家艾伦·索卡尔(Alan D. Sokal)向著名的文化研究杂志《社会文本》递交了一篇文章,标题是"超越界线:走向量子引力的超形式的解释学"(Transgressing the Boundaries: Toward a Transformative Hermeneutics of Quantum Gravity)。在这篇文章中,作者故意制造了一些常识性的科学错误,目的是检验《社会文本》编辑们的基本科学认知水平。结果五位主编都没有发现这些错误,也没有能识别索卡尔在编辑们所信奉的后现代主义与当代科学之间有意捏造的"联系",经主编们一致通过后文章被录用,并于 1996 年 4 月发表在《社会文本》的"科学大战"专刊中,引起了世界范围内学术界的一场科学大战,大战硝烟一直弥漫到今天⋯⋯

第 1 节　科学与人文之争

一、科学大战的历史与影响

1. 文化背景

1996 年发生的"索卡尔事件"有着深刻的文化背景。20 世纪 70 年代中期以来,随着后现代主义向科学领域的渗透,在知识界出现了对科学技术的价值持怀疑倾向的相对主义思潮。不仅如此,让艾伦·索卡尔这样的在政治上持左派观点的科学家们更为不安的是,这种相对主义思潮是以政治上的左派面孔出现的。从文艺复兴以来,左翼思潮一直是和科学结盟的,他们共同反对蒙昧主义,崇尚理性。索卡尔说过,他写这篇文章的一个重要目的就是要把左派从相对主义思潮中解救出来。

2. 事件经过

索卡尔是受到美国生物学家保罗·格罗斯(Paul R. Gross)与数学家诺曼·莱维特(Norman Levitt)1994 年出版的《高级迷信：学术左派及其与科学的争论》(*Higher Superstition: The Academic Left and Its Quarrels With Science*)一书的激励决定写一篇"诈文"的。这本书对以后现代主义、文化研究和科学研究名义而出现的科学元勘(science studies)思潮进行了猛烈抨击，获得了其支持者(其中很多是科学家)的一致喝彩，认为它勇敢地揭露了后现代知识分子的"皇帝的新装"。索卡尔早已为后现代反科学思潮的泛滥感到震惊和不安，在读了这本书之后，他便下定决心撰写一篇特别的题为"超越界线：走向量子引力的超形式的解释学"的文章，他计划要在文章中充满科学元勘和文化研究中的最荒唐的错误，如文章求助于权威而不是求助于论证的逻辑和证据，胡乱套用科学理论，肆意攻击科学方法等。也就是说，索卡尔一方面要让文章"坏"到极点，变成一篇纯粹是胡说八道或错误低级离奇的文章；另一方面，又要让文章"好"得不能让杂志的编辑们察觉出作者的真正意图，还要让编辑们觉得文章观点是站在后现代主义一边进行科学与人文的论战的。为此索卡尔作了充分的准备。为了收集后现代主义与当代科学的"联系"，他收集了几乎所有相关的重要文章。在充分占有材料的基础上，一篇几近"完美"的表明后现代哲学的进步已经被后现代科学，特别是量子物理学的后现代发展所"证实"的文章就这样完成了。完稿后，索卡尔向他的朋友透露，他准备把文章投给《社会文本》杂志，这份创刊于 1979 年的杂志在文化研究者中享有很高的声誉，被《纽约时报》称为"一种善于在文化论战领域创造一种趋势的杂志"。索卡尔的朋友告诫他：他可能会被这本著名杂志精明的编辑们识破，所以最好另投一家不太出名的杂志，但索卡尔还是坚持己见。

科学元勘（Science Studies）　　　　　来源：Mike Peyton, The *New Scientist.*

图 1-1　后现代主义的"科学元勘"概念示意图

在收到索卡尔的稿件后，主编安德鲁·罗斯(Andrew Ross)代表《社会文本》杂志编辑部向索卡尔表示了感谢，称这是一篇"十分有趣的文章"，并准备把此文收集到"科学大战"专刊中。在编辑们看来,此文难得之处就在于它出自一位物理学家之手,这是让后现代主义者们体验胜利的地方。索卡尔回信表示感激,并称自己感到十分鼓舞。与此同时,索卡尔已经开始着手准备对自己的文章进行曝光的工作。在他的"诈文"发表后不到一个月时间,他的另一篇文章便在《大众语言》杂志上发表,题目是"曝光:一个物理学家的文化研究实验"。

3. 社会影响

事件发生后立即触发了一场席卷全球的科学与人文的大论战。论战的一方是由科学家、持实证主义立场的哲学家组成的科学卫士;另一方则是后现代思想家结成的联盟。世界众多著名的媒体参与其中,论争引起了社会的广泛关注,人们用"诈文""玩笑""一场恶作剧""一场骗局"来描绘索卡尔的文章和这一事件。学术界的大多数人站在了索卡尔一边,认为这也是他们自己反对学术界中蒙昧和虚伪的斗争。2002 年出版的《"索卡尔事件"与科学大战》一书(索卡尔等,2002)收录了论战中的主要的、有代表性的文章。该书在翻译和出版过程中,得到了作者们的大力支持和帮助。索卡尔、罗斯等人不但把能代表他们主要观点的文章推荐给译者,而且还无偿地转让了版权,显示了他们对大战的热情和不遗余力的投入。

二、对论争的评价

离 1996 年这场发展到极端程度的科学与人文的大论战已近三十年,现在如何评价这场科学与人文的论争呢? 论争双方把科学性与人文性放在了同一层面,并且非此即彼对立了起来。实际上科学和人文应该是两个层面的事物,并且相融相通,你中有我,我中有你,相互包含,和谐而并不矛盾。首先我们需要了解科学、自然科学、社会科学、人文科学的概念。

1. 科学的分类

科学(science)是对各种事实和现象进行观察、分类、归纳、演绎、分析、推理、计算和实验,从而发现规律,并对各种定量规律予以验证和公式化的知识体系。科学的任务是揭示事物发展的客观规律,探求真理,成为人们改造世界的指南。"科学性"是指科学方法所强调的可观测性、可控制性和可预测性,其主要方法是数学方法,其哲学基础是实证主义。科学知识只有是定量的,才成其为知识。一门科学只有成功地运用了数学,才算达到真正完善的地步。精密性是科学的本质特性,科学思维以数学形式来获得精密性的特征,科学思维的精密性是衡量科学认识发展水平的标尺(周昌忠,1988)。

科学产生于古代社会的实践需要,它在 16—17 世纪开始形成(以培根[①]为代表),并在历

[①] 弗兰西斯·培根(Francis Bacon, 1561—1626)是英国哲学家、思想家、作家和科学家。被马克思称为"英国唯物主义和整个现代实验科学的真正始祖"。培根是第一个意识到科学及其方法论的历史意义以及它在人类生活中可能扮演的角色的人。他试图通过分析和确定科学的一般方法和表明其应用方式,给予新科学运动以发展的动力和方向。培根说过"知识就是力量"的名言,认为人类借助科学发现和发明,就有驾驭自然的力量。作为研究自然科学的方法,培根提倡归纳法:首先仔细观察事实,然后从观察所得的材料中归纳出原则。培根的归纳法成为演绎法的重要补充,从而使科学方法臻于完善。

图 1-2　"天眼"——中国的太空科学探索工程

史发展过程中转化为生产力。按传统观点,科学分为自然科学和社会科学两大类。随着科学的发展,也有把数学科学、系统科学、思维科学和人体科学与之并列分为六大类或把技术科学与之并列分为三大类的,也有将科学分为自然科学、社会科学和思维科学三大领域的,西方把科学分为自然科学、社会科学、人文科学三大类。钱学森也对现代科学技术体系进行过分类,其中的地理科学被提到重要的位置(北京大学现代科学与哲学研究中心,2001;马霭乃,2007)。这都反映出人们对科学分类体系的不同认识。《中国大百科全书》(中国大百科全书编辑部,2009)对自然科学、社会科学和人文科学作了如下定义。

自然科学(natural science)是研究无机自然界和包括人的生物属性在内的有机自然界的各门科学的总称。认识的对象是整个自然界,认识的任务在于揭示自然界发生的现象和过程的实质,进而把握这些现象和过程的规律性,以便顺应它们,并预见新的现象和过程。自然科学的发展与数学是紧密相关的。数学广泛应用于一切自然科学领域,而自然科学的需要,又促进了数学的发展。

社会科学(social sciences)是研究各种社会现象、社会运动变化及发展规律的各门科学的总称。社会科学用客观和系统的方法研究社会体制、社会结构、社会政治与经济进程以及不同群体或个人之间的互动关系。社会科学是一个涵盖内容极为广泛,然而又颇多争议的概念,它的范围往往依国家和发展阶段的不同而不同,甚至不同学者也对其有不同的界定或观点。在西方,一种较有影响的看法是:社会科学的核心部分包括经济学、社会学、人类学和政治学等学科;外围部分包括跨学科的社会心理学、社会和文化人类学、社会生物学、社会和经济地理学等学科,教育学通常也被包括在内。通常认为,社会科学和自然科学并列,但其间的联系与交叉点甚多。在界定社会科学的范围时,人们有时宽泛地把人文科学各学科也归并在社会科学的名下,即为广义的社会科学。

人文科学(humanities)是研究人类的信仰、情感、道德和美感等的各门科学的总称。包

地理教育研究的实证视角

括语言学、文学、哲学、考古学、历史学、法学、艺术史、艺术理论以及具有人文主义内容和运用人文主义方法的其他社会科学等,如军事学、宗教学、民族学、人口学、传播学、人文地理学和文艺学等一大批学科。人文科学一词来源于拉丁文 humanitas,是人性与教养之意,它作为一门综合性学科名称,是 12、13 世纪意大利出现世俗性的学校时开始确立的。14—16 世纪欧洲文艺复兴时期,人文研究与神学研究相对立,提出了人是宇宙的主宰,是万物之本,是一切文化科学的中心的世界观。19 世纪,人文科学的基本目标是训练人的知识技能,并使人"更富于人道精神"。20 世纪以后,西方已把人文科学作为人类社会三大类型科学(自然科学、社会科学、人文科学)之一的综合性科学,但关于它的性质、特征以及与其他科学的关系都存在很大分歧。区分社会科学和人文科学的标准,大多建立在定量化和经验性的基础上,即凡属于定量化或经验性的研究就不能算作人文科学。这种区分原则认为,社会科学是实证性的科学,人文科学是评价性的学问。

2. 科学与人文的分歧

科学与人文矛盾吗? 科学大战的背景表明,学术界存在着一种将科学精神与人文精神对立起来的倾向,认为弘扬科学精神无助于人文精神的发展,反而对人文精神是一种遏制或损害。认为科学知识只有一种,那就是自然科学知识,除此之外并不存在其他科学,所谓的人文科学并不是真正意义上的科学,只是文化生活的体验方式,是艺术。认为科学世界是纯粹的客观世界,它以认识世界为目的,在价值上保持中立。科学以事实为依据,通过数学计算和经验证实的方法,为各个研究领域建立起严密的逻辑体系。科学界有观点认为人文世界体现的是纯粹的主观性,它以体验世界为目的,采用的是丰富的想象和兴奋的情绪,追求一种富有诗意和激情的理想境界。人文世界的依据是价值判断,它所用的语言虽有表达个人情感和理想的作用,并能以此感染别人,但是并没有表述任何经验事实,因而在认识上是无意义的。

实际上科学的价值中立与人文学科的价值取向是两个语境的不同概念,正是将两个语境的概念混在一起才导致了科学与人文的论争。狭隘的科学观和人文观是导致科学与人文分离和对立的重要根源。按照这种解释,科学就被看成是某种超出人类或高于人类本质的一种自我存在的实体,否定了与人文的关联。而人文学科也厌恶枯燥的数据,认为人的价值是人类应关注的中心,反对脱离人的机械的实证,这种分歧使得科学与人文的矛盾逐渐加深,于是终于爆发了 1996 年的索卡尔事件。科学与人文的冲突可以归结为"科学是对真理的探究吗"和"科学是自由和民主的吗"两个方面。在科学大战的背后,是长期以来两种精神的对立——科学精神同人文精神的对立。据称前者诞生于太阳神阿波罗,代表理性和光明,后者诞生于酒神狄奥尼索斯,代表激情与活力。早在启蒙时代,就已经出现过这样的争论了。笛卡儿的"我思故我在"把科学精神推向了极致,而其所带来的生产力的空前发展,也进一步巩固了科学精神在人类思想世界中的统治地位。而卢梭、尼采等人以反理性为旗帜,强调人自身的地位,人之所以为人不仅仅因为他的理性,更在于他充满诗意的想象和婀娜多姿的感情。后现代主义看到了现代科学统治下的世界所缺乏的人文关怀,以人的眼光批判科学,希望人类获得真正意义的解放。而对此持相反态度的科学家们却认为科学是最为崇高的事业,是人类最纯洁的理想。两方各执己见,都有自己所坚持的理想,矛盾似乎不可调和。

图 1-3　科学与人文之争

第 2 节　认识科学与人文的关系

一、科学与人文的共同点

1. 科学与人文有共同的基础

科学与人文都承认客观。科学本身就强调客观性,人文也承认客观。虽然人文有夸大的情况,但并不改变客观事物的本质。故事片中的剧情,艺术品中的元素,虽有非真实的成分,但却反映了人类真实的情感,反映了人性中的客观。闭门造车的非客观的人文,历史和现实中许多不能流传的低下作品,以及当今的一些“神剧”,脱离客观,背离真实和真理,是没有生命力的。因此人文并非完全主观,必须有客观的成分。

科学与人文都力求抓住事物的本质。科学要抓住自然事物的本质,而人文也一样,只不过人文有时运用艺术的方法突出事物的本质,比如漫画家和文学家笔下的作品。如元朝马致远的《天净沙·秋思》描绘的“枯藤老树昏鸦,小桥流水人家,古道西风瘦马。夕阳西下,断肠人在天涯”,正是在努力反映情景

图 1-4　文学作品中的科学

地理教育研究的实证视角

与感情的本质关系,揭示着触景生情的某种规律。

科学与人文都追求揭示规律。科学要揭示规律,让规律为人类服务。人文也是如此,也是在阐述人性中的规律性,让所阐述的真理进一步为人类服务。人文主义地理学家段义孚(2017)描述了德席尔瓦(De Silva)报道的一个12岁男孩的案例,这个男孩似乎拥有自动的方向感,他不用经过深入的思考就可以确定自己的方位,并且在一个陌生的城市中从未迷路。对他方向感的解释似乎在于早期的培养,他的母亲坚持用方位词汇,而非左和右方面给他发出过一系列指令,也会说"把梳妆台北边的刷子给我"或者"去坐在门廊东边的椅子上",最终那个男孩形成了一种非同寻常的能力,能够在复杂的道路中走上相当长的一段时间,并在不去留意道路的情况下保持着他的方向感。段义孚这种人文主义的叙事方法,其实就是在揭示人的空间方向感的形成规律,他得到的规律性结论是,人类并非天生就拥有方向感,经过训练可以形成保持强烈方向感的能力。

科学精神本身是一种人文精神。所谓人文精神,应当是整个人类文化所体现的最根本的精神,或者说是整个人类文化生活的内在灵魂,它以崇高的价值理想为核心,以人本身的发展为终极目标。而坚持真理的科学精神,正是一种崇高的价值理想。文艺复兴时期意大利自然科学家乔尔丹诺·布鲁诺(Giordano Bruno)坚持日心说,反对地心说,反对《圣经》,他在长达8年之久的监狱生活中,历尽了人世间非人的酷刑和凌辱,但他丝毫没有动摇自己的信念,坚贞不屈,始终恪守自己的诺言,不放弃自己的学说和信念。他说过:"一个人的事业使他自己变得伟大时,他就能临死不惧。""为真理而斗争是人生最大的乐趣。"布鲁诺被处以火刑,最终为追求科学真理献出了生命,这种科学精神是多么伟大的人文精神。

科学在本质上是一种充满人类理想和激情的,并与人类自身发展、前途和命运息息相关的社会活动。作为整个人类文化生活的重要组成部分的科学活动,它所体现的精神就是一种人文精神,或者说是人文精神不可分割的重要组成部分。

2. 科学与人文需要相融

只有科学与人文相融,才可能形成正确的目标追求。科学要研究的是客观世界,是解决"是什么""为什么"的问题,是解决求真的问题,但不能保证其方向正确。现代科学技术这么发达,从历史来看,人类制造武器,发明炸药、原子弹,从近期来看人类可以克隆人,运用人工智能,制造机器人,将来或许还可能将智力芯片植入人体,这些科学知识和技术应用如果方向不对,会给人类带来无限的灾难。人文要解决的是"应该是什么""应该如何做"的问题,是解决求善的问题,解决对人类有没有益处的问题。越有益处越人文,越符合实际越科学,这是两个不同的问题。科学要有人文的导向,但人文也应该以科学为基础,两者不可分离,把求真同求善结合起来,才可能形成一个正确的目标追求。没有人文精神的科学是可怕的。有一次作者和研究水环境的专家谈起某湖泊富营养化和蓝藻问题。水利工程方面的专家支持政府在湖泊上建坝,这样可以拦控湖水并且还可以发电,但是作为水环境方面的专家,他们反对建坝,因为根据他们的经验,只要建坝,蓝藻一定会暴发,所以他们应该反对。但是他又开玩笑地说，现在既然政府部门非常想建坝，我们不必不知趣地极力反对，现在湖泊是"一盆清水"，建坝则必然出现蓝藻、水华，而一旦出现湖泊生态问题，治理周期就是 30—50 年，这又可以让很多水环境研究者有饭碗了，可以拿若干个自然科学基金。至于说者的观点中，建坝是不是必然出现湖泊富营养化和蓝藻问题，这里不必求证，其玩笑观点也不去评说，只想说明科学家需要有人文精神才能真正让科学为人类造福，否则，私利的追逐会让科学研究行为发生畸变，看似揭示科学规律是为人类发展服务，但实际是为自己的私利服务，甚至不去阻止问题的产生，而是不惜以问题发生和影响他人的福祉为代价。有电影描述医生在手术过程中将人毒死，然后用死者做科学实验。现实生活中也有医生为牟取暴利，在手术过程中摘取患者的器官。所以，没有人文精神的科学是相当可怕的。

只有科学与人文相融，才可能形成优秀的思维品质。一个科学家的想象力主要来源于人文。一个人的优秀思维品质包括两个方面，一是正确，二是富有原始性创新。只有正确，没有创新不行，只有创新，结果不正确更不行。保证正确属于学科思维、逻辑思维，而想象力和创新来自于人文。爱因斯坦（Albert Einstein）说，物理给我知识，艺术给我想象力。知识是有限的，而艺术开拓的想象力是无限的。所以形象思维、灵感、顿悟、直觉是发现的主要源泉，是原始性创新的主要动力。只有科学与人文相结合，才能既有正确的基础，又有原始性创新的源泉。

只有科学与人文相融，才可能形成一个和谐的个人与外界的关系。要做事情，就得同外界发生关系，关系如何，势必影响到事情做得是好还是坏。杨叔子院士，是著名机械工程专家、教育家，编有《中国大学人文启思录》一书。他倡导在全国理工科院校中加强大学生人文素质教育，在国内外曾产生强烈反响。他说，院士荣誉应属于他所在的集体。他的集体中有三条不成文的规定，一是真心真意地尊重别人的劳动，二是公开承认别人的劳动，三是时时刻刻为别人着想。这三条就是科学与人文的结合。承认别人的劳动是科学，时刻为别人着想是人文，尊重别人的劳动既科学又人文，科学与人文结合，集体发展得就更好。该集体还培养出了两位院士。因此科学与人文相融，才能正确地处理好个人与外界的关系。

3. 科学与人文的深刻关联

科学不可能在真空中成长，它需要有一个能促进科学发展的良好的人文文化背景。人文也不可能在真空中成长，它需要有一个能促进人文发展的良好的科学文化背景。一方面科学作为一种潜在的生产力，它对社会的技术创新和经济发展有着决定性的影响，因而社会需要成了科学最重要的外部动因。现在许多科学研究项目要结合当前社会的现实需求进行选题，这样才能更好地让科学为人类服务。另一方面，科学作为一种特殊的文化，它又是整个人类文化系统的重要组成部分，与其他文化有着深刻的关联，因此，触及到人类的理想和思想深层的人文背景也会对科学起着不可估量的作用。如近代西方科学的产生和发展有两个动因：一是资本主义的兴起及其生产的发展，它在经济上和技术上给科学注入了巨大的活力，产生了三次科技革命；二是包括文艺复兴运动在内的人文背景，给科学提供了有利于其成长的精神文化氛围。文艺复兴的重要成果之一，是促进了近代自然科学的产生。近代自然科学是以天文学的革命为开端的。中世纪时流行的天文学观点是托勒密的"地球中心说"，波兰天文学家哥白尼（Nicolaus Copernicus）否定了这个理论，确立了"太阳中心说"。布鲁诺捍卫哥白尼的日心说，不幸被宗教裁判所烧死在罗马鲜花广场。追求真理与文艺复兴时期的精神文化有深刻的关系。反过来，科学的发展也为人文的发展提供了良好的文化背景。亚·沃夫指出，科学在17世纪所取得的惊人进步，激励它们也同科学、技术和哲学以外的问题发生联系。18世纪的精神领袖猛烈批判教会的那些要求人们相信权威的教条，尽力使新时代成为彻底的"理性时代"，并热忱地启蒙人民，引导他们为自己的合法利益而斗争。罗素（Bertrand Russell）和怀特海（Alfred Whitehead）阐明了科学对近代人文观念的重大影响。罗素指出，近代世界与以前各个世纪的区别，几乎都可归因于科学。科学对近代世界影响如此之大，以至于人们常常将其称为"科学的时代""理性的时代""分析的时代"。在科学的时代里，人文文化就是在科学文化的熏陶中成长起来的，因此受到科学思想、科学观念和科学学术的强有力的影响。在某种意义上可以说，没有近现代科学文化，就没有多姿多彩的近现代人文文化。最终科学精神成为了一种人文文化或人文精神，这也是本著作提倡弘扬的精神。

科学在本质上也是一种文化活动，它像人文活动一样，也需要有包括理想、境界、信念、意志、兴趣和激情等在内的人文动力。人文的发展，特别是艺术的发展在很大程度上取决于材料、工艺和技术的进步，因而在很大程度上依赖于科学的进步。科学的产生与发展既有其外部动因，也有其内部动因，从科学的外部环境看，科学的产生与发展有其深刻的人文背景；从科学活动内部看，科学的探索与创新还需要有包括理想、精神境界、信念、意志、兴趣和激情等在内的人文的动力。而且，科学的内部动因要比外部动因更多地体现人文性。从某种意义上可以说，正是那些人文因素构成了"科学的生命"，推动科学生生不息地向前发展。爱因斯坦说："照亮我的道路，并且不断地给我新的勇气去愉快地正视生活的理想的是真、善、美。"他甚至认为，科学家每天的努力并非来自深思熟虑的意向或计划，而是直接来自激情。发现青霉素的威廉·弗莱明（Alexander Fleming）相信，人的爱和善良可以改变世界。

人类文化史特别是艺术史，从一个角度看是一种思想史、观念史和学术史，但从另一个角度看，又是一部材料史、工艺史和技术史。现代科学知识在工业中的运用开辟了许多新的艺术表达手段。诸如铸铁等新型材料提供了能迅速大批生产且价格低廉的装饰部件，从而满足了功能和美术上的要求。化学颜料在绘画中的运用也要归功于现代科学。合成品取代了原来的土制颜料和矿物颜料，从而使色彩更加绚丽浓艳。科学不仅带来新思想、新观念和新视角，而且也带来了新材料、新工艺和新技术，这一切都为人文和艺术的发展开辟了无限广阔的天地和前景。

科学创造过程本身也并非纯粹是科学的，它需要各种人文因素的积极参与。人文创造过程本身也并非纯粹是人文的，它需要各种科学因素的积极参与。因为从经验材料上升到普遍原理,即从观察现象到发现规律,如从各大洲大陆的轮廓现象中发现大陆漂移的规律,几乎没有直接的逻辑通道,在很大程度上需要依靠直觉、灵感和想象,而直觉、灵感和想象本身就包含着极为丰富并无限广阔的人文内涵。因此,科学创造与哲学、艺术等文化创造有某种相似的地方,都需要有诸多人文因素的积极参与。科学创造也需要自由地创造概念,也需要理论思辨,在这方面其与哲学创造有相似之处。爱因斯坦曾经指出:"科学不能仅仅在经验的基础上成长起来,在建立科学时,我们免不了要自由地创造概念,而这些概念的适用性可以后验地用经验方法来检验。"在他看来,"任何理论研究都具有思辨的性质"。思辨可能是科学方法中的演绎,也可能是非演绎的直觉、灵感和想象。

也许,正是由于科学与哲学的深刻关联及其科学创造与哲学创造的某种相似性,所以在历史上涌现出无数包括笛卡儿(Rene Descartes)、莱布尼茨(Gottfried Wilhelm Leibniz)、爱因斯坦等在内的"哲人科学家"。这些"哲人科学家"既有极高的科学素养,又有很高的哲学素养;既是伟大的科学家,同时又是哲人。这从一个侧面反映了人文因素对科学的积极作用。科学创造也是一种对美的追求,历史上有许多科学创造都同科学家的美感和对美的追求紧密地联系在一起。开普勒将数学看作是美的原型。他受毕达哥拉斯(Pythagoras)美的概念的影响,将行星绕太阳的转动和一根振动作响的弦相比较,他发现,不同行星的轨道犹如天体的音乐奏出悦耳的和声。开普勒(Johannes Kepler)通过他的行星运动定律,与最高的美取得了联系。爱因斯坦的体验是:"从那些看来同直接可见的真理十分不同的各种复杂的现象中认识到它们的统一性,那是一种壮丽的感觉。"而海森堡(Werner Karl Heisenberg)的体验是:"透过原子现象的表面,我看到的是异常美丽的内部结构。"混沌理论也可以表达成美丽的蝴蝶。

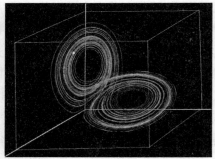

图 1-5 蝴蝶效应示意图

反过来也一样。人文创造也不仅仅只是直觉、灵感和想象的过程,它也需要理性、逻辑和数学等科学因素的积极参与。哲学、历史学、美学、伦理学等人文学科之所以被称为人文科学,关键是同自然科学一样,它们的研究方式也是理性的和逻辑的,并包含有很强的科学因素。即使是离科学较远并且反差较大的艺术创造,也离不开理性、逻辑甚至数学等科学因

地理教育研究的实证视角

图 1-6　古希腊帕特农神庙

素的积极参与。

　　古希腊艺术的主导思想之一,就被称作"理性主义"。古希腊的建筑在结构上所用的数字符合逻辑。帕特农神庙的设计所基于的有秩序的重复原则极有逻辑性,犹如欧几里得(Eucleides of Megara)几何学的命题和柏拉图(Plato)的经典语录。神庙和谐的比例反映出了比例和谐的宇宙形象,它酷似一个逻辑系统,其中的雕塑也是如此,作品的局部或整体均可由数学上的比例表现出来。

　　15 世纪佛罗伦萨文艺复兴时期艺术的主导思想之一,被称作"科学自然主义"。随着建筑家成为数学家、雕刻家成为解剖学家、画家成为几何学家、音乐家成为声学家,艺术和自然科学被紧密地联系在一起了。在向科学自然主义发展的趋势中,绘画和雕塑艺术与几何学和科学定律紧密相关。这两者的统一一直延续到 20 世纪的表现主义和抽象派艺术。19 世纪末现实主义和印象主义艺术的主导思想之一,也体现了"艺术与科学的契合"。当时各领域的艺术家都非常关注科学方法上的巨大成功。现实主义和印象主义将新的客观态度带入了艺术,并重视技法的作用,强调艺术家应成为在其领域中具有一技之长的专家。尽管以上所举的时期和事例对于整个西方艺术史来说,只是一些片段,尽管在艺术创造过程中,一般说来其直觉、灵感和想象等因素要比理性、逻辑和数学等因素多得多,但是,无论如何也不能否认,艺术创造需要理性、逻辑和数学等科学因素的积极参与。艺术创造不仅需要借鉴科学的理性精神,而且需要借鉴科学的实验精神。

　　总之,科学与人文之间并不存在一条截然分明的界线,应该看到,离开人文精神的科学精神并不是真正意义上的科学精神,而离开科学精神的人文精神,也是一种残缺的人文精神。

二、正确认识科学与人文的关系

　　1. 科学与人文的结合是真善美的结合

　　自然科学家常常认为人文学者的研究大多数没有数据,观点很难实证,人文学者又认为

图1-7 科学技术中的人文关怀

自然科学家只会盘弄那些数字，没有思想。为什么人们的思想中有狭隘的科学观和人文观？自然科学"唯我独尊"，人文学科也不屑与科学为伍，两方长期论战，也曾经互相诋毁。科学和人文的分歧经过索卡尔事件和"科学大战"的放大之后，人们看到科学主义和人文主义的对立已经演化为现代主义和后现代主义思潮的对立，它们之间的沟通和融合似乎已没有可能。

实际上，当我们运用新的思维方式——整体性思维方式来看待现代主义和后现代主义的对立时，这种对立便不再是一种对立，人能够协调这种对立，途径就是实现科学与人文的融合。这种融合是既突出人的科学精神，突出人的求"真"精神，又强调人的人文精神，强调人的求"善"求"美"精神的融合，是既坚持社会科学发展的"科学原则"，又坚持科学技术发展的"人文原则"的融合。我们提倡的人文精神应该是具有现代科学（自然科学和社会科学）意识的人文精神，我们提倡的科学精神应该是充满高度人文关怀的科学精神。实现了这种融合，人们就可以既高扬科学精神的旗帜，又坚持人文关怀的原则；既可以大力发展科学技术，又可以以负责的态度同自然界打交道，规范人的行为。

科学与人文源远流长，它们都是人类最富有创造性的活动，本身有着深刻的关联。充分认识和理解科学与人文的关联，消除两者之间的分离和对立，促进其相互融合，无论对于科学与人文两种文化的繁荣与发展，或是对经济和社会的进步，都具有十分重要的意义。

2. 人文学科科学化的必然

在教育方面，教育叙事的方式作为人文方法的形式，可以发挥它的人文作用。而科学性的思维方法照样可以在教育领域找到适合的天地，两者相互呼应，相得益彰。要改变唯我独尊的思维方式，要开放胸怀，接受和发展新事物，不断学习，尤其不要用挑剔的眼光和敌视的态度对待新事物，只有这样才能有创新的土壤，让自身得到发展。

而对于曾经存在理论交锋的课程改革的争论（王策三，2004；钟启泉等，2004），脱离不了打口水仗的嫌疑，如果没有统一目标和最终评价的支持，只能各自表达自己的话语，实际没有交锋，最终没有赢家。人文性是一种基于人性真实的教育过程，过程是否基于人性真实？结果是否达到教育者的要求？教育效果是要用评价来说话的，不管是过程评价还是结果评价，总是要让教育者的价值取向有效果检视的落脚点，可以不用科学一派的数据说话，但总也是需要让价值判断来说话的，也就是教育者基于自己的价值观，从教育过程和教育结果来看，是否把教育对象培养成教育者自己价值观所推崇的样子是需要检验的。比如学生是否具有社会主义核心价值观？他很爱国吗？爱还是不爱？爱的程度？人文取向的教育者总是应该能回答这个问题吧？是、否或介于之间，介于之间是偏向于是还是偏向于否？这个是能且必须回答的，而一旦回答，你就自然列入"科学"取向行列了，因为这里有量的存在，也就是你也在用数据说话。所以，从评价这一点来看，科学和人文在教育领域是不矛盾的，而且是高度统一的。而评价需要"科学"合理，这是双方都公认的观点。

科学与人文的融合是必然的。多年前，我遇到一位海归自然地理学博士，我说："你搞的那是真正的科学，我的人文研究和地理教育研究的科学化水平太低。"他说，国外有观点认为，人文才是真正的科学。因为科学研究最终是为人类服务的，所以真正的科学是人文科学，自然科学要追寻人文的价值，满足人们的好奇心是自然科学最低限度的人文价值。我听了感觉也有道理，但事实上人文学科没有这么高的地位。

我听过两个事例，也反映了教育学在学科中的地位低人一等。一群相互并不熟悉的学者参加朋友的沙龙活动，每人先做自我介绍，许多人在介绍自己的专业后会听到"哇噻"之类的赞叹声，如"我是研究经济学的""我是研究系统动力学的"，但是，当有人介绍"我是研究教育学的"时，下面顿时变得鸦雀无声，有人为了打破场面的尴尬，轻声并结巴地问道："教……教育学是做什么的？"显然在学者们的心目中教育学是一个提不上科学台面的学科，从事这个专业并不像从事经济学之类的科学研究有面子。另一个事例是，有一位高校教师过海关，被问及相关信息时，他说是研究教育学的，而海关人员则纳闷地问，哪个大学教师不是研究教育的？在一般人的眼中，教育是所有教师的专业，不是什么高深的学问，是"大众化"的研究。

人文科学，如教育学，科学化程度低是因为许多涉及人的因素很难定量。举例来说，自由落体的瞬时速度只与下降的时间有关，自由落体条件下，时间和速度的测量一旦可以做到，就可以建立 $v=gt$ 的自由落体瞬时速度模型。亚里士多德（Aristotle）曾错误地认为"物体下落的速度与重量成正比"，这一错误认识是因为忽视了空气阻力的因素。只要把空气阻力减小到可以忽略的程度，就基本可以从现象上验证物体下落的速度与重量无关。这一自然现象中，可能影响速度的因素是时间、空气阻力，还有亚里士多德所说的物体的重量，如果再增加风等因素，事情更复杂，但是这些因素在一定技术水平下是可以测量的，从而建立模型就不困难了。社会性指标可以通过统计获得，因此也可以相对稳定。但是人文因素就非常复杂了，人的思想千变万化，所以不光因素确定困难，定量则更困难。如影响股市的人的因素，导致股市走势预测非常困难，而相反，困扰人类数千年，在它面前只能求妈祖保佑的台风，现在的预报已非常精准，路径预测误差越来越小。正是因为人的因素变化多样，所以取得其测量的精密性和进行定量计算较难，但是，从自然科学的定量过程来看，时间的测量、铁球

图1-8　比萨斜塔上的两个铁球同时着地的实验

的下降速度、气压、风速等等，也不是天然的容易测量的，其实依赖的是技术进步。一辆汽车、一列高铁，在你面前呼啸而过，你知道它快，但你能报出它的速度吗？不能，但是技术可以做到。人文因素的测量难道天然困难吗？技术也能做到，比如，人的气质、创新能力、抑郁度、自制力等，现在都可以测量，学生的地理思维同样可以测量，所以，我们更应该期待的是技术的进步，或者由我们亲自推动测量技术的进步。

炼丹术变成化学，《圣经》中的宇宙变成日心说和现代物理学，我们脑中经典的科学学科其实只是从人文转变为科学较早的学科，只是我们淡化了它的人文阶段，认为它是天然的科学，从求仙治病、刮骨疗毒，到能测量红细胞、白细胞和血小板，生物学也成为了科学，让我们有了生物属于理科的印象，而心理学、经济学成为科学的时间还不长，所以，我们还不太能确认它们到底是理科还是文科。实际这就是一个时间和发展过程问题，从自然科学到社会科学的定量方法的成熟，再到人文学科逐渐运用定量方法，人文学科最终一定可以成为人文科学，而且科学与人文可以融合得很好，并有各自不同的取向和功能、合作与分工。教育学也将像心理学、经济学一样步入科学行列，社会对"教育科学"字眼的科学意味也会深信不疑。

主要学科步入科学行列的大体顺序是：数学→物理学→化学→生物学→……→心理学→经济学→……→教育学→……。如果用精密性来衡量学科发展的话，我们可以认为：科学是过去的人文，人文是未来的科学。

3. 认识定量与定性的关系

定量与定性对立吗？其实，所有的定量都有定性成分，而所有的定性，也完全可以走向定量，如对一套跳水动作进行评价，对歌唱水平进行评分，对人的某种精神或素养进行评价，对教师的教学水平进行评价等，都可以从定性走向定量，只是定量起来比较困难，但困难并不能否认它能用量来衡量的特征。从下面的案例中可以尝试定性和定量的转换。

请回忆你高三时的数学老师和地理老师的教学水平，用教得很好、教得较好、教得尚可、教得一般、教得不太好来作定性的判断。

结果 9 名参与调查的大学生均能作出判断，最终得到：参与调查的大学生的高三数学老师们的平均教学水平是 84.4 分，高中地理老师们的平均教学水平是 68.8 分，总体来说，数学老师们的教学水平似乎要比地理老师们的教学水平要高。

评教得很好、教得较好、教得尚可、教得一般、教得不太好，似乎是定性，其实这就是在定量，这就是将定性的描述性评价转化为定量的数据的示例。地理老师们看到这个评价结果可能要不服气了，结果准确吗？首先教学水平的内涵需要界定，根据内涵，评价者才能作出相应的等级选择。这项调查中，数据的信度和效度确实还要具体分析，但调查结果确实对教师的教学水平进行了定量的评价。有人认为，许多事物如人的个性、情感等，无好坏之分，不能定量，即使如素养这样的概念，能定量，也不能绝对化，教学水平 84.4 分，不能像量身高或称体重一样准确反映事物的实际，所以就说教育问题不宜开展定量研究。其实这只是一个测量的准确性和误差大小的问题，不影响事物可以定量的判断，我们可以通过提高技术让测量更加精准。即使持许多教育问题不能定量这样观点的人，其定量的工作也经常在做。哪怕只是说"这样的做法好"或"这样做不好"，说"他的爱国主义精神很强""他不太听话"等，都是在从一个指标和一个标准的角度在做评价，而且是可以定量的评价。即使性格内向、外向这两种无优劣之分的性格特点，也有"十分内向"和"有点内向"这样的量度之分。所以，教育是人文、是艺术，不能走科学化道路，这个观点就是不正确的了。

作者朱留明(2011)有一篇文章《精彩地理课堂的抓手——精心做好五个设计》，总结了五种教学设计造就精彩课堂的实践经验，是一种人文取向的定性研究，而我们可以进行科学取向的定量研究转化。课程精彩度可以分级、可以评分，五种教学设计有理想的满分状态，可以用它评价其他老师的教学设计和课堂精彩度。

作者沈茂德(2017)也有一篇文章《课堂应是一个活跃着生命的地方》，他提出课堂应该是书，如诗，似景，是一个活跃着生命的地方，学生在课堂上不仅吸吮着知识的甘露，还沐浴着人性的光辉，感受着民族与世界文化的灿烂，体验着成长过程中的情感。理想的生命课堂中应该充满着精、气、神。你的地理课堂离这种理想状态有多远？技术可否帮助我们衡量？我们可以依据作者对生命课堂的理解设计生命课堂评价指标体系，并完善评价标准，进行生命课堂的定量评价。

4. 了解定量的标准问题

量化可以有不同的取向和不同的标准，根据不同的取向和不同的标准，可以取得不同的评价结果。正是取向和标准的多元才成就了精彩纷呈的世界。一种价值观，我们要从中国传统文化的角度评价，而不是西方的价值观评价。一节地理课，可以从生命教育的角度评价，可以从发展地理思维的角度评价，可以从目标达成的角度评价，这是取向和指标的问题，我们也可以进行综合评价，将这些指标汇集在一起，形成一个综合的评价系统。

定量评价的评分单位也可以不一样，可以是连续性分值，也可以是等级，还可以用不同的计量单位，如对身高的评价，可以直接用长度测量工具进行测量，但也可以对身高进行另外方式的评价和量化表达。量化身高的另一种表达如：

找到实际身高均为170 cm的男女生各1人，请实验参与者对这两人的身高进行评价，分别用非常高、比较高、中等、不高、较矮来评价。

根据9名参与评价者的等级评价，计算出男生和女生的分值，评出的男生分值为58.7，女生分值为82.6。这不是用长度或高度数据来表达的一种新的身高评价值，并且将绝对身高相同的人评出了两个不同的结果。其实这种量化方法是一种基于大家心目中男女生高矮标准的相对标准，男生的170 cm身高评价者觉得身高一般，58.7分反映了不能达到理想标准，而女生的170 cm身高评价者会觉得很高，82.6分显示了评价者对女生身高的感觉非常良好。不用长度厘米用高度印象是身高评价的另一个指标，说明对一个事物的评价可以有不同的角度，同时男女生同样的高度得到两个不同的印象分值，又说明了对不同的评价对象可以用不同的标准，而且评价者之间的评价的结果不同，反映了评价可以有评价者自己的不同于别人的标准。因标准不同而带来的评价不公平,需要通过统一标准和求取平均值来解决。

评价是有标准的,标准因国家、因区域、因对象、因评价者、因价值取向而不同,也就是从不同的角度看,评价的结果可能是不一样的,定量的分值也不相同。如评价教师的价值观,我们的标准要按照社会主义核心价值观来制定的。教师的教学水平评价可能不同的区域有不同的指标和标准,刚入职的年轻教师和中年的骨干教师可以用不同的指标和标准。

第3节　教育学作为科学的可能与路径

一、教育领域科学与人文取向的论战

1996年发生的"索卡尔事件"引起了世界范围的科学大战,进而也暴露了科学与人文之间早已存在的深刻分歧。科学界认为人文学科缺少科学的本质特征——精密性——而不能成为科学,人文学者认为科学过于注重数据和定量而缺乏思想。但事实上,许多人文学科因排斥科学方法(或缺乏科学传统),确实一直处于真正的科学大门之外。在强调知识交叉渗透、方法相互借鉴、学科协同创新的今天,人文学科纷纷试图进入科学的行列,教育学也开始以"教育科学"的名义确立自己的科学地位,开始引入科学方法,注重学科交叉。然而,教育的科学化进程仍处于起步阶段,并且正在承受着学界内部的质疑和挑战。

2003年4月,施铁如(2003)在《教育研究与实验》杂志发表《"怎么都行"——学校改革研究的后现代思考》一文,提出学校改革研究的"方法中心"的科学主义取向使它在实践中遇到了许多尴尬,后现代思想对"方法中心"的否定给教育改革研究带来了广泛的选择道路。他提出教育研究要走出"科学性"的尴尬。文章问道,教育改革研究的"科学性"是什么? 这是衡量一切研究的标准吗? 教育以心理学的原理为基础,心理学研究在方法上有科学主义和人本主义两大取向,科学主义取向以方法为中心,强调研究对象的可观察性、可测量性,强调严格的控制和数据分析,其哲学基础是实证主义。教育也跟随心理学,倡导科学性,但它给学校改革研究带来了许多尴尬。

2004年2月,许锡良(2004)在同一杂志发表《评"怎么都行"——对教育"叙事研究"的理性反思》一文,提出教育科研的尴尬地位不是来自教育研究对科学性的追求,后现代思想的社会背景是利益的驱动,它助长了目前虚假的教育科研之风。文章指出,作为一种新的教育研究方法的探讨,施铁如提出了非科学化的后现代思路,教育研究因此也不再叫"教育科学研究"了,以此与科学相区别,自觉把"科学"的外衣剥去,那么教育研究究竟应该到哪里去? 文章剖析,施铁如文章中所述的"怎么都行",其实并不是真正的怎么都行,而恰恰是一切"方

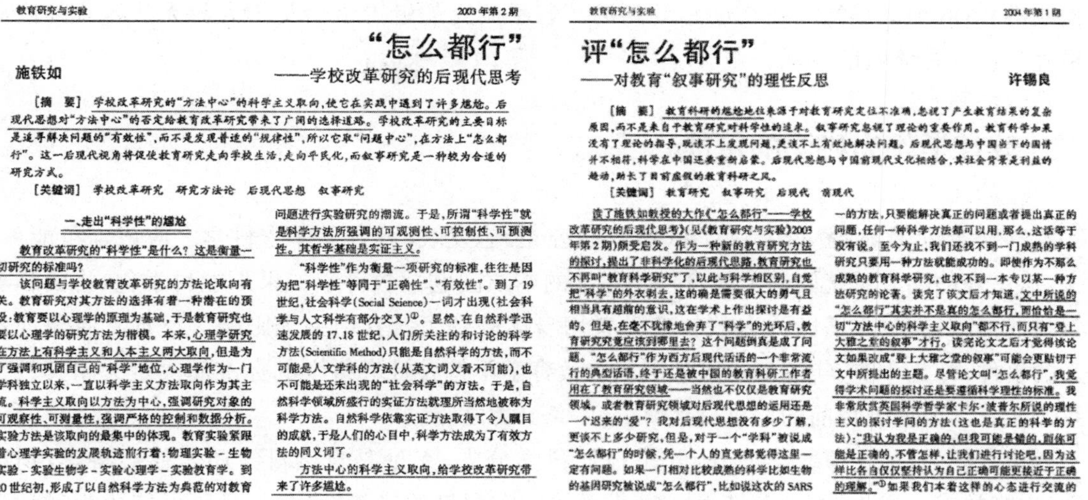
教育研究与实验　2003年第2期

“怎么都行”

——学校改革研究的后现代思考

施铁如

［摘　要］　学校改革研究的“方法中心”的科学主义取向，使它在实践中遇到了许多尴尬。后现代思想对“方法中心”的否定给教育改革研究带来了广阔的选择道路。学校改革研究的主要目标是追寻解决问题的“有效性”，而不是发现普适的“规律性”，所以它取“问题中心”，在方法上“怎么都行”。这一后现代视角将促使教育研究走向学校生活，走向平民化，而叙事研究是一种较为合适的研究方式。

［关键词］　学校改革研究　研究方法论　后现代思想　叙事研究

一、走出“科学性”的尴尬

教育改革研究的“科学性”是什么？这是衡量一切研究的标准吗？

该问题与学校教育改革研究的方法论取向有关。教育研究对其方法的选择有着一种潜在的预设：教育要以心理学的原理为基础，于是教育研究也要以心理学的研究方法为楷模。本来，心理学研究在方法上有科学主义和人本主义两大取向，但是为了强调和巩固自己的“科学”地位，心理学作为一门学科独立以来，一直以科学主义方法取向作为其主流。科学主义取向以方法为中心，强调研究对象的可观察性、可测量性，强调严格的控制和数据分析。实验方法是该取向的最集中的体现。教育实验紧跟着心理学实验的发展轨迹前行着：物理实验－生物实验－实验生物学－实验心理学－实验教育学。到20世纪初，形成了以自然科学方法为典范的对教育问题进行实验研究的潮流。于是，所谓“科学性”就是科学方法所强调的可观测性、可控制性、可预测性。其哲学基础是实证主义。

“科学性”作为衡量一项研究的标准，往往是因为把“科学性”等同于“正确性”、“有效性”。到了19世纪，社会科学（Social Science）一词才出现（社会科学与人文科学有部分交叉）①。显然，在自然科学迅速发展的17、18世纪，人们所关注的和讨论的科学方法（Scientific Method）只能是自然科学的方法，而不可能是人文学科的方法（从英文词义看不可能），也不可能是还未出现的“社会科学”的方法。于是，自然科学领域所盛行的实证方法就理所当然地被称为科学方法。自然科学依靠实证方法取得了令人瞩目的成就，于是人们的心目中，科学方法成为了有效方法的同义词了。

方法中心的科学主义取向，给学校改革研究带来了许多尴尬。

教育研究与实验　2004年第1期

评“怎么都行”

——对教育“叙事研究”的理性反思

许锡良

［摘　要］　教育科研的尴尬地位来源于对教育研究定位不准确，忽视了产生教育结果的复杂原因，而不是来自于教育研究对科学性的追求。叙事研究忽视了理论的重要作用。教育科学如果没有了理论的指导，既谈不上发现问题，更谈不上有效地解决问题。后现代思想与中国当下的国情并不相符，科学在中国还要重新启蒙。后现代思想与中国前现代文化相结合，其社会背景是利益的趋动，助长了目前虚假的教育科研之风。

［关键词］　教育研究　叙事研究　后现代　前现代

读了施铁如教授的大作《“怎么都行”——学校改革研究的后现代思考》（见《教育研究与实验》2003年第2期）颇受启发。作为一种新的教育研究方法的探讨，提出了非科学化的后现代思路，教育研究也不再叫“教育科学研究”了，以此与科学相区别，自觉把“科学”的外衣剥去，这的确是需要很大的勇气且相当具有超前的意识，这在学术上作出探讨是有益的。但是，在毫不犹豫地舍弃了“科学”的光环后，教育研究究竟应该到哪里去？这个问题倒真是成了问题。“怎么都行”作为西方后现代话语的一个非常流行的典型话语，终于还是被中国的教育科研工作者用在了教育研究领域——当然也不仅仅是教育研究领域。或者教育研究领域对后现代思想的运用还是一个迟来的“爱”？我对后现代思想没有多少了解，更谈不上多少研究，但是，对于一个“学科”被说成“怎么都行”的时候，凭一个人的直觉都觉得这里一定有问题。如果一门相对比较成熟的科学比如生物的基因研究被说成“怎么都行”，比如说这次的SARS一的方法，只要能解决真正的问题或者提出真正的问题，任何一种科学方法都可以用，那么，这话等于没有说。至今为止，我们还找不到一门成熟的学科研究只要用一种方法就能成功的。即使作为不那么成熟的教育科学研究，也找不到一本专以某一种方法研究的论著。读完了该文后才知道，文中所说的“怎么都行”其实并不是真的怎么都行，而恰恰是一切“方法中心的科学主义取向”都不行，而只有“登上大雅之堂的叙事”才行。读完论文之后才觉得该论文如果改成“登上大雅之堂的叙事”可能会更贴切于文中所提出的主题。尽管论文叫“怎么都行”，我觉得学术问题的探讨还是要遵循科学理性的标准。我非常欣赏英国科学哲学家卡尔·波普尔所说的理性主义的探讨学问的方法（这也是真正的科学的方法）：“我认为我是正确的，但我可能是错的，而你可能是正确的，不管怎样，让我们进行讨论吧，因为这样比各自仅仅坚持认为自己正确可能更接近于正确的理解。”①如果我们本着这样的心态进行交流的

图1－9　教育学中科学与人文的论争文章

法中心的科学主义取向”都不行，而只有“登上大雅之堂的叙事”才行。作者认为学术问题的探讨还是要遵循科学理性的标准，他非常欣赏英国科学哲学家卡尔·波普尔所说的理性主义的探讨学问的方法：“我认为我是正确的，但我可能是错的，而你可能是正确的，不管怎样，让我们进行讨论吧，因为这样比各自仅仅坚持认为自己正确更接近于对正确的理解。”

2006年2月，张济洲（2006）又接着在上述杂志上发表了《论教育“叙事研究”的科学性——兼与许锡良同志商榷》的文章，继续指出，教育研究“科学化”的偏执并没有改变教育学尴尬的处境。文章叙述，教育叙事研究采用工笔画般的深描手法，将教师生活淋漓尽致地展现在读者面前，透过极富人情味的教学事件，感悟教师生活理性的魅力。而实证主义者却在枯燥的数字下来验证自己预先设定的理论假设。文章说，许多学者认为教育学无法屹立于科学之林是由于教育学科学化程度不高，教育学必须走规范科学的道路，运用科学方法论去探索教育现象，揭示教育活动规律。但是从18世纪赫尔巴特创建科学教育学之日起，教育学科学化追求的步伐始终未停止过。19世纪中叶，受实证主义强大的影响，教育学的科学化呼声日益强烈，出现了将自然科学日益成熟的实证主义范式运用到教育研究的尝试。20世纪初德国实验教育学派拉伊和梅伊曼试图以观察、实验和统计的方法，对教育现象作客观的因果解释。50年代，奥康纳也认为：“现代教育学需要精确的知识，只有奠基于科学假设的教育理论才有资格称为‘理论’，除此之外的理论建构，‘理论’一词只是尊称而已。”教育学极力向“科学化”靠拢，但是却始终没有摆脱尴尬的处境，来自理论界同行的蔑视和实践一线教师的指责从未间断。教育科学化、客观化的偏执，造成教育研究见物不见人，人游离于教育研究视野之外。事实上，教育学在本质上是“成人”之学，人的世界是科学无法完全企及的世界，生命的涌动、情感的抒发是无法用清晰的理论和严谨的思辨来解释清楚的。当代日本作家渡边淳一在接受《环球时报》记者采访时说：“在人的身上，有许多用理性、知性与道理无法

说明的东西,但却是实实在在能感觉到的。"叙事研究的魅力恰恰是为人类无法言说的内心世界提供一种体验的方式。

二、教育学作为科学的可能

2015 年 1 月,项贤明(2015)在《教育研究》杂志发表《教育学作为科学之应该与可能》一文,从更高的高度系统阐述了教育作为科学的本质问题。教育学如果不能科学化,将面临着学科的消解,这种威胁已为多数教育学者切身体验到了。其中一个影响广泛且具有象征意义的事件,即是 1997 年芝加哥大学因认为教育学不符合社会科学的标准而决定关闭其教育系。教育学要摆脱目前的危机,科学化是一条必由之路。

作者认为,除纯粹数学之外,几乎任何科学分支,无论是自然科学还是社会科学,物理学、生物学或人文科学,没有借由观察获得的一定数量的经验知识,都是不可能成为科学学科的。教育学作为科学,有两个可能的理由。

第一,教育学是否能被视为科学,关键问题之一就是其知识是否以经验事实为基础,这是科学被公认的最突出特点。教育学的知识显然可以是以经验事实为基础的,即是一种可从经验事实推导出来的知识。虽然这一命题存在有限性,即只有在一定条件下它才为真,但这一局限性同样存在于所有的社会科学甚至包括自然科学之中,对所有科学来说,一方面是实证事实,另一方面是哲学和概念事实,这两者并不能绝对地进行分类。就此而言,教育学作为科学之可能性与其他学科相比只有程度的不同而没有本质的差异。由于研究对象复杂性程度的不同,各门学科在可观察事实的基础上建立其知识体系的难度有明显的差异。教育学的研究对象是人与人之间的相互影响,其复杂程度显然处在最高一级水平。按照复杂性理论,复杂性并不仅仅包含向我们的计算能力挑战的组成单元的数量和相互作用的数量,它还包含着不确定性、非决定性、随机现象。这也就意味着,教育学所探索的不仅是必然性,而且可能更多时候是或然性。不过并不能因此怀疑教育学作为科学的可能性,科学的目的是对本身不可观察却可以说明可观察的过程作出真实的描述,同时,科学还立足于不仅对事态的实然状态同时也对它的或然状态作出真实的描述。因此,和所有关涉复杂性的学科一样,或然性并不构成对教育学本身科学性的威胁,而只是成为这个学科的一个特征。

第二,实验也是科学的一个极其重要的特征,教育学是否能成为科学取决它能不能进行实验。实验可以检验迄今为止所发展出的理论的经验适当性,并指导理论的继续建构。同时,理论以扼要而又系统的形式阐述要回答的问题,并且作为实验设计中的指导因素去回答那些问题。在所有这一切中,我们都能无可反驳地坚持认为,科学的目的就是获得经验信息,这些信息是通过判断理论在经验上适当或不适当而获得的。教育学一定程度上也可运用实验的方法来获取或验证其知识,尽管它的实验同所有社会实验一样,在信度和效度等方面与自然科学实验之间仍存在着很大的差距,这种差距甚至有可能永远无法完全消除。社会科学对人自身进行研究的根本任务决定了它难以完全摆脱对反思的依赖,因而包括教育实验在内的社会实验所面临的困难要比自然科学的实验大很多倍,其知识验证作用和可推广性也受到很大限制。不过,这种差异仍然不是根本性的,自然科学的实验也并未帮助自然科学彻底摆脱主观反思,甚至越来越多的研究结果让我们认识到彻底摆脱反思是不可能的。由此我们可以说,实验的困难并不构成对教育学之科学性的根本阻碍,甚至我们还可以进一步追问:实验的方法是否是获取或验证知识的唯一方法?在长时间的社会实践中,教育学知识以及其他社会科学知识仍然是可以在实践中得到验证的。

第三,具有预测能力是科学的又一个特征,教育学要成为科学,需要具备一定的预测能力。吉姆·曼济(Jim Manzi)的研究已经证明,由于变量的复杂性和不可控性等特性,决定了包括经济学和社会学等在内的所有社会科学的"科学性"目前都仍然是相当有限的。曼济认为:"非实验性的社会科学目前还没有能力对绝大多数计划进行的政策干预的效应作出有用、可信且非显而易见的预测。"教育学乃至社会科学在预测方面的能力目前的确仍然无法与自然科学的很多学科相比拟,但混沌理论和复杂性理论等证明自然科学的预测也并非绝对可靠,两者的区别仍然只是量的而非质的区别,即便是就自然科学而言,人们可以很容易地证明,从任何有限数量的事实中不可能合法地推出一条自然定律;但我们仍然不断地获悉由事实证明的科学理论。而随着大数据时代的到来,教育学和社会科学其他学科知识的可验证性,以及其预测的能力,或许将获得突破性的进展。

从以上三点来看,教育学成为科学有着它内在的逻辑。虽然在教育学界,一种常见的说法就是教育是一种艺术而非一门科学。项贤明指出,用教育艺术来否定教育学的科学化,其实质是在用思维的初级阶段来否定思维的高级阶段,在逻辑上显然不可能成立。教育艺术与教育学的科学化并不矛盾,相反,教育学的科学化最终正是要把教育的艺术推到一个更高的水平,但这个推高须通过科学化的过程来加以实现,而绝不可能通过对其科学化的否定来实现。还有人从所谓捍卫人文的角度反对教育学的科学化,其本身就违背了它自身立论的逻辑基础。有人提出教育学是"软"科学,不适合做精密的定量研究。这种观点显然犯了偷换概念的简单逻辑错误。通过这些论证,教育学的科学与人文之争应该可以画上句号,也有必要画上句号。教育学者需要做的是,推动学科发展的科学化尝试,而不是在排斥和论争中停滞不前。

三、关于教育学的价值中立问题

教育学的科学化要面对价值中立问题。价值中立是德国社会学家马克斯·韦伯(Max Weber)在慕尼黑大学所作的演讲"以学术为业"当中提出的,他指出应当把价值中立性作为从事社会学研究所必须遵守的方法论准则。它是指在确立了研究对象之后,必须放弃任何主观的价值观念,严格以客观、中立的态度进行观察和分析,从而保证研究的客观性和科学性。他认为研究者关心的是事实的陈述，而不是对事物作好坏评价的观点。它另一层含义则是区分了事实领域与价值领域、事实判断与价值判断。

在教育学界，有人以教育的内容须包括道德等价值问题来证明教育学不应追求价值中立。这种观点的偏差在于，教育面对的真理和作为一门科学的教育学所面对的真理其实并不是一回事情。教育的内容必然包含某些价值，但这并不意味着教育学因此就不能价值中立。教育学要真正实现其价值，就应该在其研究中努力做到价值中立，因为科学最重要的价值就体现在它能以价值中立的态度面对事实，排斥主观性和保持价值中立是科学实现其价值的基础。一门学科"作为科学"意味着它是以经验事实为基础的，这里的"经验事实"实际上也包括了作为一种主观经验的价值本身，一旦价值成为科学的对象，它在逻辑上便已被转换成了一种经验事实。科学的任务就是要在经验事实的基础上来验证假设和揭示真理，即所谓"实事求是"。教育学所面对的经验事实，就是人的社会活动对人的身心发展的影响，亦即教育现象本身。作为一门科学，教育学关心对这些经验事实的描述、分析、解释和揭示，当然也包括对人的教育活动包含的价值内容的描述、分析、解释和揭示，但它的描述、分析、解释和揭示却必须是客观（中立）的，在教育学研究的每一环节都须处处严防主观的歪曲，包括严防研究者自身（价值）立场对研究结论的不适当影响甚至有意歪曲。同样作为人类社会中的事实，科学的问题与价值的问题有着根本性的区别。面对同样的事实，在科学问题上，决定对与错的是其真假；而在价值问题上，决定对与错的却是评判者的立场。这种性质的区别决定了这两类问题证明过程的不同。价值问题的证明过程是从某一价值判断出发的逻辑推导过程，人类社会历史中的经验事实在价值问题的证明过程中只能作为某种佐证，且同样的事实却可以为不同的甚至截然相反的价值问题提供支持，关键就在于证明者站在什么样的价值立场上来解释这些事实；而科学问题的证明过程实际上也就是经验事实的描述、分析、解释和揭示过程，尽管这个过程可能是无止境的，也就是说我们可能无法找到那个在决定论意义上永久有效的最终事实，但科学研究的任务从来都是不断探寻事实真相。

和所有科学一样，教育学的科学研究对价值中立的追求，虽然并不说明它全然是价值无涉的，但它却必须通过这样的追求来达成其科学化。当然，教育本身是应该、必须且必然有价值的，它要保障自己培养出来的人在道德上符合社会的要求，但这并不意味着教育学不应追求价值中立；相反，即便是在认识教育的价值时，教育学也应该、必须且可能排斥主观（价值）立场的影响，以保证其对教育价值的认识符合事实因而客观、可信。教育的确要保障所培养的人在道德上符合社会的要求，但不同的社会对其成员却有着不同的价值要求。研究社会对人的道德（价值观）要求应当是伦理学的任务，教育学在这一领域的任务是揭示人类社会活动对人的道德（价值观）发展的影响，包括揭示影响人的道德（价值观）发展的有效方式，而不是探讨道德（价值观）问题本身。如，教育科学研究教育学生形成社会主义核心价值观的有效举措，研究学生爱国主义精神形成的规律，而不是去研究社会主义核心价值观应该是什么，爱国主义精神需要不需要，尽管基于价值观的教育目标的设定也是教育研究机构和教育行政部门在做的事,再如确立中国学生发展核心素养,编制课程方案和课程标准等,但严格说这不是教育科学基于经验事实揭示教育规律建立教育学理论的研究范畴,属于教育决策和教育行政工作的范畴。教育活动涉及价值问题决定了教育学对教育活动的描述、分析、解释和揭示必然涉及价值问题,但我们切不可因此便否认教育学对价值中立追求的必要性,两种价值并不是同一个层面的概念,一个是研究对象,一个是研究取向。

四、教育学科学化的路径

18世纪末和19世纪初,赫尔巴特(Johann Friedrich Herbart)提出了科学教育学的概念。赫尔巴特运动的确在相当程度上推动了教育活动,尤其是发生在学校课堂中的教学活动的科学化,然而,这场不够彻底的科学革命除了在学校教育实验特别是教学实验中展开之外,在学科理论上却建树颇少,并没有让教育学真正发展为一门独立的科学,其原因在于,赫尔巴特和他的追随者们把研究的目的局限于试图解决教学过程中的具体问题,而不是寻求对教育现象的科学解释,他们的兴趣主要在教育领域的技术问题而不是科学问题。

其实,教育学所面对的科学问题的复杂性几乎超过了自然科学以及社会科学的其他学科,它不仅要像社会学那样面对人的社会活动这种复杂社会现象,还要进一步揭示这些社会活动对人的生长发展的影响,后者的复杂性甚至还要远远超过前者。

如弗拉森(Bas C. van Fraassen)所说,任何科学理论都会面临强烈的竞争,这场竞争是非常残酷的。只有成功的理论——那些事实上理解了自然现实规律性的理论——才能幸存下来。从世界范围来看,教育学的发展已经陷入了严重的危机。教育学要取得突破性进展,需要发动一场科学革命,必须提出一个新的科学研究纲领,其中最重要的就是对作为教育学研究对象的"教育"的新理解。这意味着,教育学作为一门社会科学,其任务就是要研究人们的各类社会活动对其生长发展的影响。在此认识基础上,教育学可以明确地将作为一种社会现象的教育,即影响人的生长发展的社会活动,当作自己的研究对象,并在此基础上提出新的一系列核心概念,进而提出新的研究纲领。在这一过程中,教育学还面临着另外三个重要的发展任务,即概念、方法与逻辑的重建。

康德(Immanuel Kant)曾经说过:"任何一种学说,如果它可以成为一个系统,即成为一个按照原则而整理好的知识整体的话,就叫做科学。"也就是说,科学是通过理性的论证把一系列证明为真的陈述按照一定的方法或程序联系成一个逻辑上能够自洽的观念体系。教育学要实现科学化,至少要做好三个方面的工作:一是以经验事实为基础,建立一系列能够构成其新的研究纲领的基本概念体系;二是确立一整套论证方法,从而能够确实可信地证明那些能够支持其纲领的理论陈述;三是形成一系列严密清晰的思维规则,能够围绕其纲领把这些理论陈述联系起来成为一个逻辑自洽的理论体系。

项贤明指出,教育学要真正成为一门科学,建立一个清晰明确的核心概念体系十分重要。如果我们连"教育"这一最基本的概念都必须弄出一个广义定义和一个狭义定义来,那我们对教育学的科学性,甚至对其更为基本的逻辑性,恐怕都难有一个较高的期望。从哲学角度来说,"教育"概念的广义和狭义之分本身就说明了我们还没有真正把握教育这一现象的"质的规定性"。我们很难想象物理学有广义的"原子"和狭义的"原子",化学有广义的"酸"和狭义的"酸",因为那必然导致科学理论体系因陷入基本概念的混乱而崩溃。我们必须首先跳出抽象的概念系统,真正对存在于社会生活中的教育现象进行整理、分析和研究,这才是教育学科学化进程中至关重要的一步。科学是要运用概念来把作为其研究对象的客观现象进行分类,而不是简单地通过主观描述来对客观现象进行无事实基础的强行命名。教育学要成为一门科学,我们首先应当做的一门功课就是对作为经验事实存在于人类社会中的各类教育现象进行科学的采集、整理、分类,进而厘清它们相互之间的联系与区别,描述其各自的内涵、外延及其相互之间的谱系关系,并在此基础上建立教育学的基本概念体系。只有建立在坚实的经验事实研究基础之上的概念体系,才有可能为教育学奠定真正科学的概念基础。

关于方法,需要认识到,方法的科学化不等于数量化,也与物理学化或自然科学化不应是一回事。在所有科学的领域,我们很难认定唯有某一类方法才是科学的方法,因为这类认定本身就是违背科学精神的,其结果除了导致方法论神话外并无其他积极的作用。无论是在自然科学还是在社会科学领域,判断一种方法是否科学,还是要看它在具体的研究过程中能否帮助我们发现真理的信度和效度,而这种信度和效度可以在相关事实中得到检验。在这里,理论的可检验性不是指技术上检验的可能性,而是指理论能否导出可进行经验验证的陈述,理论可行性的要素除了理论自身的逻辑可行性与可检验性外,关键在于它的解释经验事实的能力,而逻辑可行性与可验证性只是解释力的必要前提。一般来说,科学家考察理论的可行性,首要的是关注理论对经验事实的解释能力。科学的方法是保障教育研究的科学性的手段,却并非判断其科学性的最后标准。一种教育理论是否科学,最终还是要看它对教育现象的解释力,方法本身不应成为判别科学与否的终极标准。

项贤明继续指出,逻辑性是教育科学,尤其是在缺乏实证学术传统中的教育科学需要特别加强的。实际上,在那些缺乏实证学术传统的教育科学成果中,大量反思性的理论研究在逻辑上也同样缺乏信度和效度,其中很多结论其实没有经过令人信服的论证,而仅仅是建立在"我认为"的基础之上,因为根本问题不在于其缺乏对实证方法的应用,而在于其缺乏实证精神,即一种寻求将知识建立在确实可信的基础之上的科学精神。无论运用什么样的研究方法,我们皆需努力保证研究的结论是从客观事实或业已被证明、已获公认的前提出发,通过严格遵循逻辑的证明过程而得出的。教育科学的证明过程须遵循反应思维规律的逻辑,这本来无需太多的论证。由于其面对问题的复杂性,教育学以及社会科学其他学科都无法做到像自然科学那样充分地数量化,但在遵循逻辑以保障科学理性这一水平上我们仍有尚待努力的空间。解释依赖于一定的条件。这些条件是无法完全被满足的。正因为这样,恰恰力争满足这些条件才构成了科学思维中的一个非常基本的规范性要求。正是这样的基本的规范性要求,才能保障我们的教育学不断朝向科学化的方向发展。

在科学性的问题上,教育学长期以来并且目前仍然无法在自然科学乃至社会科学其他兄弟学科面前抬起头来。它的研究对象是永远包含着主观性的活生生的人,这本身似乎就已决定了它不可能成为真正意义上的科学。很多科学家都以不屑一顾的态度面对教育学努力实现其科学化的挣扎。实际上,教育学成为一门科学的可能性与其他科学没有本质上的差异。那种把教育学归结为所谓"人文学科"甚至"艺术"的观点,是逃避责任的怯懦想法。教育学作为科学不仅是应该的,而且是可能的。它与社会科学乃至自然科学在发现的逻辑上存在着内在的连续性和一致性,其间的区别仅在于研究对象的复杂性程度不同。作为教育学研究者,我们应当借鉴其他科学特别是社会科学其他学科的思想和方法,勇敢地选择从最艰难且最基础的工作做起,即通过以科学的方法对作为经验事实存在于人类社会中的各类教育现象进行分析研究,并且按照严密的逻辑来建构教育学理论,从而逐步推动这门学科的科学化进程。

第 4 节　让地理教育研究走进科学

一、地理教育研究需要科学化

地理教育学是教育学的分支,它的发展也需要科学化。刘树凤(2013)在 2013 年第 24 期《地理教学》杂志上发表了题为"让地理教育研究走进科学"的文章,指出地理教育研究也需要加快科学化进程。

学科教育研究经历了教材教法、教学论、学科教育学的历程,从研究教材教法到揭示学科教学的规律,学科教育研究的对象发生着变化,科学性特征开始显现(陶本一,2002)。各学科教育研究也正在科学化的路径上以不同的起点和速度前行。

科学,是对各种事实和现象进行观察、分类、归纳、演绎、分析、推理、计算和实验,从而发现规律,并对各种定量规律予以验证和公式化的知识体系。科学的本质特征之一是精密性,科学思维以数学形式来取得精密性的规定。科学发展史上,早期或狭义的科学范畴仅指自然科学,因为自然要素容易用数量表征,而人文社会学科因其涉及复杂的人的因素,要素确定及定量表征较为困难,因此常常离"科学"距离较远。不过,各社会学科都在积极努力,心理学、经济学首当其冲,步入科学行列,教育学也在以"教育科学"的名称明确其科学学科的目标。然而"教育科学"的科学化任务仍然十分艰巨,作为分支的地理教育学更是如此。

二、地理教育研究存在的问题

改革开放后的地理教育研究经历了快速发展的时期,积累了丰富的研究成果。从单纯经验到运用理论,从主观描述到出现检验,研究方法的科学化程度提高,学科体系也逐渐完善。不过,虽然地理教育研究突破了"教材教法"年代的经验水准,但离科学的地理教育研究仍有较大差距。总体而言,表现如下:①理论上,"鹦鹉学舌"般地借用教育理论,没有地理教育独特的理论体系,而且似乎没有自己的理论研究目标。②内容上,作为地理教育基点的地理核心价值、地理学思想在地理教育研究选题中经常迷失。③方法上,实践性成果大多来自经验概括,缺少理论演绎的支持,学术性研究重理论思辨轻实证实验,归纳、演绎方法的运用意识和运用水平欠缺,实证方法及实证思维更是缺乏。④范式上,经验主义的研究范式根深蒂固,将大量主观的经验总结视为"研究"成果,并反复"演绎",科学的研究范式尚未在地理教育研究中明确建立。⑤思路上,问题解决的逻辑思维不够清晰,尤其是研究结论的检验意识严重缺乏。⑥态度上,经常人云亦云,而且故步自封,缺乏质疑、求证和创新精神。喜欢寻求和炒作新概念,不重视科学性,缺乏扎实的精神。⑦成果上,理论成果缺乏,实证案例匮乏,学科发展里程碑意义的成果缺乏,老生常谈、低水平重复的成果很多。(袁孝亭,2010;王鉴等,2008;俞立中,2009;俞立中,2012;李家清等,2011)

三、地理教育研究科学化的路径

王策三(2005)认为教学研究的根本问题与任何一门学科的根本问题是一样的,就是如何保证真正揭示自己研究对象的客观规律,使其成为真正的科学。简言之,教学研究的根本问题就是如何科学化的问题。地理教学研究也不例外。袁孝亭(2010)认为,借助实证研究有助于"科学发现"的产出,研究过程和结果才具有可检验性,同时也能够使地理课程与教学研究具备"科学研究"的特征。而袁书琪(2001)认为实验实证方法是地理教育研究的重要方法,它与理论演绎方法、经验概括方法共同组成地理教育研究的科学方法体系。当前地理教育研究的内容呈现出多元化的发展态势,但无论如何,科学化应是地理教育研究的基调,是中国地理教育未来发展的基本选择和必由之路。地理教育科学化不是一个被动的目标,而应成为我们的主动追求。其基本目标一是建立地理教育学自身的理论体系,二是构建一套科学的研究方法系统和研究范式。科学理论和科学方法能够促进学科的发展和学科地位的提升,更能促进人的教育。眼前急需要做的是:加强学科发展规划,深刻地揭示地理教育规律,发展地理教育理论,确立方法系统和研究范式的目标,完善研究者的逻辑思路,用教育科学的方法进行实证研究,产生有较强说服力的原创性研究成果,进而实现研究范式的科学转变。

第2章 科学方法论

"尽管中国古代对人类科技发展做出了很多重要贡献,但为什么科学和工业革命没有在近代的中国发生?"这是由英国学者李约瑟(Joseph Needham,1900—1995)在其编著的《中国科学技术史》中提出的问题,被称为李约瑟之问、李约瑟之谜或李约瑟难题。《中国科学技术史》是李约瑟用半个多世纪时间写作、编纂的多卷本著作,全面、系统地论述了中国古代科学技术的辉煌成就及其对世界文明的伟大贡献。

面对李约瑟难题,爱因斯坦在 1953 年给美国加利福尼亚州圣马托的斯威策(J. E. Switzer)的一封信中这样写道:"西方科学的发展是以两个伟大的成就为基础,那就是:古希腊哲学家发明形式逻辑体系(在欧几里得几何学中)以及(在文艺复兴时期)发现通过系统的实验可以找出因果关系。在我看来,中国的贤哲没有走上这两步。"爱因斯坦似乎道破了李约瑟之谜。西方的哲学家发明的逻辑体系,以及系统的实验,成为了近代科技的出现及发展的基础。而中国古代在文学、历史、国家治理和为人处世等领域的成就,并不需要依靠形式逻辑推理,也不需要严谨的科学实验验证因果关系。未曾形成形式逻辑推理和未能形成通过科学实验验证因果关系的科学哲学体系,是中国近代科学出现落后的原因之一。

第1节 科学方法论概述

一、科学方法论和科学革命

李约瑟难题和爱因斯坦的表达中,涉及科学方法论问题。人们关于"世界是什么、怎么样"的根本观点是世界观。用这种观点作指导去认识世界和改造世界,就成了方法论。方法论主要解决"怎么办"的问题,是人们用什么样的方式、方法来观察事物和处理问题,它是人们认识世界、改造世界的根本方法。方法论是一种以解决问题为目标的体系或系统,会对一系列具体的方法进行分析研究、系统总结并最终提出较为一般性的原则。通常涉及对问题阶段、任务、工具、方法技巧的论述。它是普遍适用于各门具体科学并起指导作用的范畴、原则、理论、方法和手段的总和。

科学方法论是以科学研究的方法为对象,是关于科学认识及其方法的哲学学说或理论,它考察科学认识活动的总体发展形式和规律性,包括科学发现的模式,理论体系的结构和建构,科学假设的检验和发展,科学理论的评价和确认等重要问题。

爱因斯坦提到形式逻辑。在经典逻辑学中,形式逻辑是演绎逻辑和基于演绎逻辑发展起来的数理逻辑的统称。而非形式逻辑包括归纳逻辑、类比逻辑、辩证逻辑等。形式逻辑体系不以经验与实践为获取知识的方式,这源自古希腊哲学家的思想。古希腊人以理性而不是以实践经验来获取科学知识,他们认为获取科学知识的有效途径是演绎逻辑方法,一切真知识都出自自身的内在性知识,来自外部经验的不算真知识。

爱因斯坦提到的实验方法,是17世纪在伽利略(Galileo Galilei)与培根的影响下开始运用于科学理论的验证与发现的,在实验方法下,经验知识开始进入科学知识体系,科学规律不断被揭示,科学理论不断诞生。这个时期以后,科学转化为技术,使社会发生了巨大的变化。

之后西方哲学家们仍然没有停止对科学内在本质的思考,现代科学哲学家波普尔(Karl Popper)、库恩(Thomas Samuel Kuhn)等,也对科学做了深刻而系统的解释,科学方法论还在不断地演化,促进着科学的发展。科学的发展是一个复杂的动态的历史过程,主要表现为科学假设的不断形成、完善和向科学理论的转化,以及科学理论的不断完善、增加、更替等。美国学者库恩1962年在《科学革命的结构》一书中提出了科学发展进程中的常规科学、科学革命和范式转型的概念(托马斯·库恩等,2012)。

科学革命是科学范式之间的更替,以新旧范式的不可通约性强调科学革命的不连续性,在科学革命时期,不仅相应的基本理论图式发生变化,而且在一定限度内,这个时代的科学思维方式、自然观和科学的自然图景也发生变化,在人类社会发展的历史上,科学革命往往是社会变革的先驱,推动着社会进步。

常规科学时期是科学革命间歇期科学家所从事的"解谜"的工作,以一种范式的连续性解决科学遗留问题,得到的是不出人们意料之外的成果,不会带来任何理论上或现象上的新奇。而科学革命摧毁了这种连续性。

范式是指某一特定学科的科学共同体所共有的研究传统、理论框架、理念上和方法上的信念、科学的模型和具体运用的范例,即科学共同体的基本世界观和看待与解释世界的基本方式。范式是科学活动的实体和基础,科学的发展正是范式的运动,旧范式为新范式所取代,则导致科学革命,标志着科学发展的又一重大转换。

科学方法论在科学革命中起着重要的推动作用,同时科学方法论也是科学革命的产物。

常规科学其意并不在革新,而在于整理现状,它趋于发现那些它期待发现的事物,而新奇性总是与人们的期待背道而驰,"反常"总有一天会出现,并非每一项"反常"都会被人们当回事,而常常因为"反常"现象与理论相悖而被弃之一旁,但随着"反常"变得冥顽不化,即使再大的修补都无法使之纳于现有的科学,此时,将会出现一个非常规的研究,其间充斥着"相互竞争的方案的增加,做任何尝试的意愿,明确不满的表示,对哲学的求助,对基础的争论"。正是在此过程中,酝酿产生出新的思想、新的方法,直到最后,诞生新的理论,完成科学革命。所以科学方法论既是科学革命的原因,也是科学革命的结果(托马斯·库恩等,2012)。

二、研究的方法论分类

按科学方法论和研究范式对科学研究进行分类,可以将科学研究分为 2 个一级类别 4 个二级类别,最终包括 5 个三级类别。

2 个一级类别是指"依靠经验的研究(基于客观证据的研究)"和"纯理论的思辨研究(基于主观思维的研究)"。其中"依靠经验的研究(基于客观证据的研究)"可以认为是广义的实证研究。它可以分为"经验归纳研究(无演绎)""理论演绎研究(含客观证据)"和"有演绎的实证研究(有假设有经验验证)"。而"有演绎的实证研究(有假设有经验验证)"又可以分为"基于定性信息对假设进行验证的实证研究"和"基于定量数据对假设进行验证的实证研究",后者就是人们通常所称的实证研究。

表 2-1　按科学方法论和研究范式的科学研究分类

一级类别	二级类别	三级类别
依靠经验的研究(基于客观证据的研究)	经验归纳研究(无演绎)	
	理论演绎研究(含客观证据)	
	有演绎的实证研究(有假设有经验验证)	基于定性信息对假设进行验证的实证研究
		基于定量数据对假设进行验证的实证研究
纯理论的思辨研究(基于主观思维的无客观证据的理论演绎研究)		

实证研究的概念范畴有三个尺度的表述,一是广义的实证研究,就是"依靠经验的研究(基于客观证据的研究)",它包括 4 个类别,是"方法论和研究范式"分类中除了"纯理论的思辨研究"外的另外四类研究的总和,它们都属于"依靠经验的研究(基于客观证据的研究)",而纯理论的思辨研究是指"基于主观思维的无客观证据的理论演绎研究";二是狭义的实证研究,只包括"基于定量数据对假设进行验证的实证研究",是研究者通常所说的实证研究;三是介于广义和狭义的实证研究之间的一类实证研究,是"有演绎的实证研究(有假设有经验验证)",它包括"基于定性信息对假设进行验证的实证研究"和"基于定量数据对假设进行

验证的实证研究"两类,它们都有经过理论演绎提出假设的环节和依据经验进行验证的环节,所不同的只是在验证环节,前者运用定性信息,后是依据定量数据,而这些证据都是客观的。后者就是狭义的实证研究。

上述分类涉及经验主义、理性主义和实证主义方法论,下面分别介绍三种科学方法论。

第 2 节　经验主义方法论

一、概述

经验主义(empiricism)原指古希腊医生以自己的经验为依据的思维方法,即以所观察到的现象为分析依据,而不是一味接受当时的宗教教条(周尚意,2010)。

17世纪,英国人洛克(John Locke)首先系统性地阐述了经验主义。洛克主张,人的心智原本是空白的表格,后来有经验注记其上。经验主义否定人拥有与生俱来的知识的观点,也否认人们不通过经验就可以获得知识的观点。同时也认为感受到的经验必须经过适当归纳或演绎,才能铸成知识。亚里士多德、培根也都是经验主义的代表人物。经验主义相对于理性主义的基本观点是:

(1)人类知识的根本源泉来自感觉经验,不是先天的观念。

(2)经验的知识具有毋庸置疑的确实性和真理性。

(3)通过经验归纳法可以有效地获得普遍必然的知识,而不是靠理性的演绎法。

(4)人的认识能力限于一定的范围。

不过,欧洲近代理性学者也倡导利用科学方法取得实际经验,而洛克也认为超自然的知识(如宗教神学)必须单独借由直觉或推理才能取得。

二、经验主义方法论的研究方法——归纳法

人类经验的总结方式之一是归纳。归纳就是根据一类事物的部分对象或全部对象具有的某种性质,推出这类事物具有这种性质的推理。归纳是从特殊到一般的过程。如从中外名人秦始皇、毛泽东、牛顿到众多普通人,都有生老病死的历程,可以归纳出结论,生老病死现象是人成长的普遍现象。归纳法的具体方法可以分为五种。

(1)求同法

考察出现某一被研究现象的多个不同情境,如果各个不同情境除一个条件相同外,其他条件都不同,那么这个相同条件就是被研究现象的原因,因这种方法是异中求同,所以也叫

求同法。

　　① ABC 出现,a 出现

　　② ADE 出现,a 出现

　　③ AFG 出现,a 出现

　　……

　　所以 A 是 a 的原因。

　　如在甘肃白银某中学学生的空间思维能力研究中,发现智力水平(A)高,地理专业知识(B)丰富,读图习惯(C)好的同学,地理空间思维能力(a)强;在长春某中学学生的空间思维能力研究中,发现智力水平(A)高,地理兴趣(D)浓,地理实践能力(E)强的同学,地理空间思维能力强(a);在苏州某中学,发现智力水平(A)高,自我效能感(F)强,数学学习成绩(G)好的同学,地理空间思维能力(a)强。根据求同法,可以归纳得出结论,智力水平(A)是地理空间思维能力(a)的原因。

　　应注意:结论的可靠性,和经验产生的情境数量有关,经验产生的情境越多,结论的可靠性越高,而且情境要具有普遍性,情境越普遍,越能代表总体,结论的可靠性越高。有时在被研究的各种情境中,共同的因素并不止一个,因此在观察中就应当通过具体分析排除与被研究现象不相关的因素。

　　上述结论来自于 3 所学校的研究总结,如果有更多的学校,这些学校能普遍代表不同区域、不同层次的学校,则结论(智力水平是地理空间思维能力的原因)的可靠性更高。而如果在 3 所学校的研究中都发现学生的历史成绩也高,地理空间思维能力也强,则可以通过分析认为历史与地理空间思维可能是相关关系,并不一定是因果关系。

　　(2) 求异法

　　比较某现象出现的情境和不出现的情境,如果这两个情境除一点不同外,其他都相同,那么这个不同点就是这个现象的原因,因这种方法是同中求异,所以称为求异法。

　　① ABC 出现,a 出现

　　② BC 出现,a 不出现

　　所以 A 是 a 的原因。

　　如在某中学学生的空间思维能力研究中,发现智力水平(A)高,地理学习兴趣(B)浓,读图习惯(C)好的同学,地理空间思维能力(a)强;在另一所学校,发现地理学习兴趣浓(B),读图习惯(C)好的同学,地理空间思维能力(a)并不强;根据求异法,可以归纳得出结论,智力水平(A)是地理空间思维能力(a)的原因。

　　运用求异法必须注意排除了一个因素外的其他一切因素,如果相比较的两个情境还有其他差异因素未被发现,结论就会被否定或出现误差。如,在甲群体的空间思维能力研究中,发现他们图书阅读量(A)大,地理学习兴趣(B)浓,读图习惯(C)好,最终地理空间思维能力(a)强;在乙群体中,地理学习兴趣(B)也浓,读图习惯(C)也好,但地理空间思维能力(a)并不强;如果根据求异法可以归纳得到图书阅读量(A)是地理空间思维能力(a)的原因,这样的归纳就可能发生错误了,因为,甲群体的地理空间思维能力强,还可能是因为没有列出的智力水平(D)、地理专业知识(E)等因素强所致,而乙群体地理空间思维能力不强,是因为智力水平(D)、地理专业知识(E)因素不强,与图书阅读量(A)并无关系。

(3)求同求异并用法

如果某被考察现象出现(正事例组)的各个情境中,只有一个共同的因素,而这个被考察的现象不出现(负事例组)的各个情境,都没有这个共同因素,那么,这个共同的因素就是被考察现象的原因。

① ABC 出现,a 出现

② ADE 出现,a 出现

③ AFG 出现,a 出现

……

① BG 出现,a 不出现

② DE 出现,a 不出现

③ FN 出现,a 不出现

……

所以 A 是 a 的原因。

运用求同求异并用法要注意,正反两组事例的情境越多,结论的可靠程度就越高,所选择的负事例组的各个情境,应与正事例组各场合在客观类属关系上较近,以防其他因素的差异导致的正负现象差异。

(4)共变法

在其他条件不变的情况下,如果某一现象发生变化,另一现象也随之发生变化,前一现象就是后一现象的原因。

① A_1BC 出现,a_1 出现

② A_2BC 出现,a_2 出现

③ A_3BC 出现,a_3 出现

……

所以 A 是 a 的原因。

如地理教学目标呈现的方式有变化(不展示、展示、发放),教学目标的达成度就有变化(低、中、高),因此,教学目标呈现方式是教学目标达成度的原因之一。

不能只凭简单观察来确定共变的因果关系,有时两种现象共变,但实际并无因果联系,可能两者都是另一些现象一致的结果,如身高和体重的一致关系,地理读图能力与地理解题能力的一致关系。

共变法通过两种现象之间的共变,来确定两者之间的因果联系,是以其他条件保持不变为

前提的,如教学目标的呈现方式的差异导致教学效果差异、智力水平差异导致地理空间思维能力差异的研究中,需要控制其他变量才能得出可信的结论。

两种现象的共变是有一定限度的,超过这个限度两种现象就不再有共变关系。如地理笔记过程与地理学业成绩的共变关系中,当地理笔记过程的水平达到 60 分以上时,地理成绩的变化则不明显了。

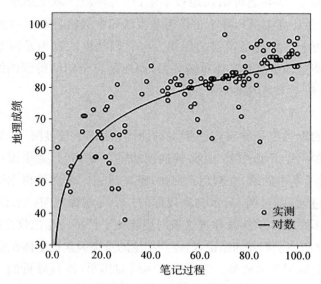

图 2-1　地理笔记过程与地理成绩的共变关系

（5）剩余法

如果某一复杂现象已确定是由某种复杂原因引起的,把其中一个确认有因果联系的部分减去,那么剩余部分也必有因果联系。

① 如果 ABC 是复杂原因,abc 是复杂现象

② 已知 A 是 a 的原因,B 是 b 的原因

所以 C 是 c 的原因。

复杂现象的复杂原因及其对应关系,不得有误差（解释率 100%,无残差）,否则剩余部分的对应关系就不准确,结论就不可靠。复杂现象剩余部分的原因可能又是复杂情况,这又要进行再分析。

三、经验主义的缺陷

（1）不能概全

经验主义分析方法有一定缺陷,即用狭隘的、不完全的经验指导对事件的分析,我们即

便是穷举"历史"上的所有经验,也不能完全准确地预测"未来"的事情。何况我们大多数时候也不能穷举所有的情境。

（2）因果错误

即使是完全归纳,有的是因果,而有的也只是相关。如"大多数学生做这道题都做错了,因此,多数学生做此题会发生错误",而事实上这种归纳是错误的,错误的发生只是这一结果仅相关了老师教学方法（如有老师错误地教学生:热力环流区域受热地方的高空是高压,地面是低压,地面的气压比高空低）,并不是作为学生认知中必然会发生的事件。

完全归纳也有可能得到的是错误的规律。有时归纳出的以为是因果规律,其实只是相关而已。如全省径赛运动员身高和体重的关系,即便是完全归纳得到的结论,事实也是错误的,因为它们两者本质上不是因果关系。

（3）忽视要素

忽视其他因素的影响也是导致归纳错误的原因。如"小马过河"的故事:小马要过一条河,因为不知道河的深浅,不敢贸然过河,他向河边的老牛询问,老牛说:"水很浅,刚没过小腿,能过去。"小马听了老牛的话,立刻跑到河边,准备过去。突然从树上跳下一只松鼠,拦住他大叫:"小马! 别过河,别过河,河水会淹死你的!"小马吃惊地问:"水很深吗?"松鼠认真地说:"当然啦! 昨天,我的一个伙伴就掉进这条河里淹死了!"小马连忙收住脚步,不知道怎么办好。老牛和松鼠各自归纳了不同的结论,但得到结论的身高因素被主体在默认中忽视了。

民间流传有天上扁担星的故事。天空中有两副扁担星（距离靠近的三颗星,像一个人用扁担挑着箩筐）,一副困在银河中,一副出了银河在银河边。传说是一位妈妈,让自己的亲生儿子挑轻轻的灯草,让非亲生的儿子挑重重的石头,两个孩子过银河时,石头因为受到浮力作用,人挑着它轻飘飘地过了银河,而灯草因为沾上了水,变得湿重,最终连人一起沉溺在河中。那位妈妈原来是想袒护自己的亲生儿子,但因为犯了经验主义的错误,而导致孩子命丧银河。她的认识忽视了物体自重外的其他因素,忽视了物体的吸水性和浮力,更忽视了道德。

第3节　理性主义方法论

一、理性主义方法论的概念

在哲学发展史上,经验主义一直和理性主义作为对比。理性主义认为大部分的知识是归于感觉上的独立思考,哲学应经由思考和演绎推理而得出结论。理性主义的方法论所依据的主要是演绎推理。演绎推理是从前提必然地得出结论的推理;是从一些假设的命题出发,运用逻辑的规则,导出另一命题的过程。

二、理性主义方法论的历史

科学是高尚的文化成就,是人类最基本的精神活动和精神生产之一,其产品主要是科学知识,科学知识不只是现象的描述,也不只是停留在感性的直观上,而要深入事物的本质,以科学的概念、定理、原理、学说、公式等抽象形式来概括自然现象,揭示自然规律。科学理性与古希腊文化密切相关。柏拉图早就认识到,知识是一种普遍的必然的东西,并不是偶然的特殊的东西,柏拉图的学生亚里士多德奠定了形式逻辑的基础,制定了三段论推理的各项形式和规则,欧几里得几何应用形式逻辑的方法,把当时已相当发达的、据信是从埃及传入的几何知识,整理概括为完备的、严密的逻辑体系,创立了应用至今的欧氏平面几何学,欧氏几何把人们公认的一些事实列为不证自明的定理和公理,共给出 23 个定义、5 个公设和 5 个公理,然后运用逻辑规则,演绎出一系列的几何命题,欧氏几何充分展示了逻辑的强大理性,为科学建立了理性的规则和范式,告诉人们科学不能停留于表面现象的记录和描述,不能停留于经验,而要从中抽象出若干规律性、普遍性的知识,并以一定的逻辑形式或符号体系表现出来。这就是理性主义的方法论。

公理是一种人们普遍接受的知识或价值观,它是无法证明的,它是理性主义方法论的前提。如人人生而平等,可以作为一切自由平等命题的前提,而奴隶制存在的前提就不是人人生而平等。初中地理《非洲》内容以苏丹达尔富尔地区的战乱给儿童带来的悲剧事实作为情境导入:"达尔富尔的孩子们失去家园,失去亲人,失去自己年幼的生命,甚至参与犯罪活动去杀害其他人。所有人都是平等的,都有生存和幸福的权利(苏丹的孩子也是人),我们如何拯救生活在苏丹战乱地区的孩子?请你设计一个和平路线图,以书信的形式呈现给联合国。如何来写好这封信,我们首先需要了解区域,并找到导致苏丹战乱的原因。如果你同情苏丹的孩子,并愿意为他们尽自己的一份力,那我们就先来学习非洲吧!"这是一个教学案例,并非科学研究,但其中蕴含着普遍接受的价值观,人人生而平等,达尔富尔的孩子们也有生存和幸福的权利。它对地理教师的教学行为起到方法论的引领作用,而在理性主义的科学研究中,这种公理性假设也是研究的起点。

在按科学方法论和研究范式的科学研究分类的 5 个类别中,除了"经验归纳研究(无演绎)"的类别外,其他 4 类都可属于理性主义的方法论,而古希腊的理性主义方法论属于"纯理论的思辨研究(基于主观思维的无客观证据的理论演绎研究)"。

三、理性主义方法论的研究方法——演绎法

三段论是演绎推理中最为常见的一种,它是由一个共同概念联系着的两个性质命题作前提,推出另一个性质命题作结论的演绎推理。如:

凡金属都是导体。

铝是金属。

所以铝是导体。

在这个例子中,我们可以看到,三段论是由三个简单性质命题所组成的,前两个命题是推理的前提,后一个命题是推理的结论。如果我们用 S、P、M 表示三个不同的概念,三段论的逻辑结构就可以用公式表示如下:

M(金属)是 P(导体)

S(铝)是 M(金属)

所以,S(铝)是 P(导体)

在三段论中,结论中作为主项的概念(铝)称为"小项",用 S 来表示,把在结论中作为谓项的概念(导体)称为"大项"用 P 来表示,把在前提中出现而在结论中没有出现的概念(金属)称为中项,用 M 表示,"中项"虽然在结论里不出现,但结论中的"小项"和"大项",正是由于"中项"在前提里起了桥梁作用才发生联系、组成新命题的,这两个前提中,含有"大项"的通常称为大前提"凡金属都是导体",包含"小项"的称为小前提"铝是金属"。由上可知,三段论就是由两个包含着共同项的命题作前提,推出一个结论命题的推理。再如:

(M)人的知识是(P)在人的已有认识(既有图式)的基础上通过经验(生活经历或做中学,同化顺应)建构的。(教育心理学理论——皮亚杰的认知发展理论、建构主义理论)

(S)地理知识是(M)一种知识。

所以,(S)地理知识需要(P)在人的已有认知(既有图式)的基础上通过经验(生活经历或做中学,同化顺应)去建构。(地理教育心理理论,或教育心理理论的地理教育的案例)

这是利用演绎法形成新的理论的过程。目前的地理教育理论多是在这种演绎过程当中形成的。不过,地理教育需要在自己学科概念体系内,建立自己独特的理论体系,并且不能仅靠理论演绎,需要借助于实证研究,去发现学科特有的规律。

四、理性主义方法论的特点

理性主义方法论中的演绎推理与经验主义方法论中的归纳推理的不同是:

(1)思维进程不同。归纳推理的思维进程是从个别到一般,而演绎推理的思维进程不是从个别到一般,是一个必然地得出的思维进程。归纳推理中的完全归纳推理其思维进程既是从个别到一般,又是必然地得出。

(2)对前提真实性的要求不同。演绎推理不要求前提必须真实,归纳推理则要求前提必须真实。

(3)结论所断定的知识范围不同。演绎推理的结论没有超出前提所断定的知识范围。归纳推理除了完全归纳推理,结论都超出了前提所断定的知识范围。

（4）前提与结论间的联系程度不同。演绎推理的前提与结论间的联系是必然的，也就是说，前提真实，推理形式正确，结论就必然是真的。归纳推理除了完全归纳推理前提与结论间的联系是必然的外，前提和结论间的联系都是或然的，也就是说，前提真实，推理形式也正确，但不能必然推出真实的结论。

演绎推理与归纳推理相联系的方面是：

（1）演绎推理如果要以一般性知识为前提（演绎推理未必都要以一般性知识为前提），则通常要依赖归纳推理来提供一般性知识。演绎推理的一般性知识有时称为公理。

（2）归纳推理离不开演绎推理。其一，为了提高归纳推理的可靠程度，需要运用已有的理论知识，对归纳推理的个别性前提进行分析，把握其中的因果性、必然性，这就要用到演绎推理。其二，归纳推理依靠演绎推理来验证自己的结论。其三，实践是检验真理的唯一标准，归纳可以检验演绎。

德国古典哲学的代表人物黑格尔（Georg Wilhelm Friedrich Hegel）后来成为绝对理性科学哲学思想的集大成者。但是由于其脱离实践，忽视经验，19世纪中期遭到人们的反对，人们推崇以经验为基础的实证科学方法，实证的经验主义认为经验最可靠，认为用经验去实证理论的科学方法是认识世界的最好方法。

第4节　实证主义方法论

一、实证主义方法论的发展历史

古希腊哲人比较重视理性，而轻视经验，在他们看来，学者只应该用思维去追求知识。到文艺复兴时期风气渐变，达·芬奇（Leonardo da Vinci）的"实验乃确实性之母"这句名言最好地表述了新风气的特征。强调实验之风反映了哲学观念的变革，培根反对只吐丝不采集的"蜘蛛丝思维"（理性主义方法论），和只采集不加工的"蚂蚁式思维"（经验主义方法论），倡导既辛勤采集（重视经验）又认真加工（理论演绎）的"蜜蜂式思维"，进一步从理论上阐述了科学实验（实证）的必要性和重要性。

实证主义（positivism）是西方的一种哲学流派，它是从近代哲学过渡到现代哲学的跨时代性哲学思潮，具有承前启后的历史地位。实证主义方法是从认识到经验主义的局限而来的。18世纪休谟（David Hume）提出怀疑论就预示着经验主义为主的时代的衰落。但实证主义也强调感觉经验，实证主义作为经验主义的一种表现形式，产生于19世纪30到40年代的法国和英国，在此之前牛顿（Isaac Newton）和休谟的经验论已涉及实证问题，而且19世纪初法国空想社会主义者圣西门（Claude-Henri de Rouvroy, Comte de Saint-Simon）最初使用

"实证主义"一词,但严格地讲,实证主义的创始人是法国哲学家、社会学家孔德(Isidore Marie Auguste François Xavier Comte)。从1830年开始,孔德陆续刊布其六卷本的《实证哲学教程》,这标志着实证主义的形成(周尚意,2010)。

二、实证主义方法论的概念

孔德从"现象主义"出发,认为事物只呈现为变化的表面现象,其内部并无绝对的本质和因果性,因而人们只能凭主观经验去感觉事物的现象,而不能谈论认识事物的因果性和规律性,因为这些特性本来并不存在于事物本身,他认为一切现实的认识都有必然的相对的性质,因此一切都是相对的。孔德的实证与我们通常所说的证明有本质的区别,孔德把感性经验奉为唯一可靠的认识,认为科学只是对"实证的事实",即经验事实的描述与记录,理论只能停留在描述经验的层次,因此他认为一切理论都必须从主观经验得到实证,不反映事物的本质和客观规律,超乎感觉经验之外的事物的本质,是不可能认识的,也是假理论而需要被推翻。他宣称唯物主义和唯心主义都是"不确实的""不科学的",因而都是"形而上学",由此提出"拒斥形而上学"的口号。

实证主义的方法论框架如下,首先从真实世界的感知经验出发,将现实世界的现象条理化,变成一因一果的分析,也就是获得真实世界的结构性映像的过程。下一步,产生先验(transcendental)的模式或命题,"先验"一词可以有很多解释,这里将其解释为独立于经验而成立的,是对事物的主观思考,它与感觉的客观经验对立,但却能使客观经验认识得以可能。根据先验的命题,提出一系列假设,然后对假设中涉及的概念进行定义、解构和测量,再通过一定的方法对数据进行分析,以验证假设,如果假设得到验证,便建立法则与理论,并对理论作出为何能成立的合理解释,否则需要对感知经验重新建立映象,重新进行实证。举一个例子,当许多次看到上海新能源小汽车的车牌都是沪A开头,而从来没有看到过非沪A开头的情况时,根据这个感知经验,归纳出上海新能源小汽车的车牌都是沪A开头的假设,带着这个假设再去更全面地观察上海新能源小汽车车牌,如果发现完全是这样,假设被证实,得出结论并作出解释,如果发现有例外,假设不成立,则重新进行归纳和提出假设,并分析为什么所见到的沪A车牌更多,以至引起错误的归纳。

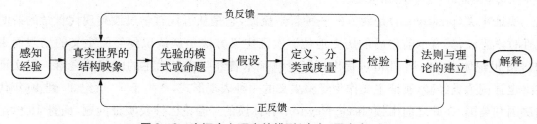

图 2-2 实证主义研究的模型(来自:周尚意,2010)

地理教育研究的实证视角

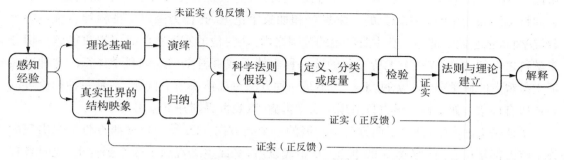

图 2-3 有演绎的实证研究框架

真正的科学家应该把可以观察到的事件作为参考实体，而避免对那些无法观察到的事件作出为何发生的解释，如果对无法观察到的事件进行解释，那就可能使人恢复到宗教或形而上学的迷信行为，这是与实证主义背道而驰的。

牛顿力学的产生就运用实证主义的方法。实证主义方法论摒弃了单纯的经验主义和理性主义方法论，但包含经验方法和理性方法。牛顿力学则是理性主义的形式逻辑体系和通过系统实验发现因果关系这两者完美结合的典范，牛顿充分利用前人和同时代人的观测资料(经验)，他经常几个星期埋头于实验室进行研究(归纳、推演)，提出了他的力学定律(法则，假设)，他的成果推迟近 20 年公布，一个重要的原因，便是等待新的观测结果(实证)。爱因斯坦曾经指出，理论不应当同经验事实相矛盾，理论应该可以通过经验或实验来证实。

三、实证主义方法论的特点

实证主义方法是从认识到经验主义的局限而来的。传统的实证主义的基本特征是：

（1）从现象学的观点出发。现象即实在，是有用的、确定的、精确的、有机的和相对的，与现象的这些属性相对应，实证一词也具有同样的意义，一切知识都是对这些现象的共存和相继的描述。实证主义者把现象当作一切认识的根源，要求科学知识是实证的。他们不承认现象之外有什么东西存在，把认识限制在现象范围之内，实证主义者接受了康德的不可知论的观点，认为科学认识只能达到可感觉的现象。

（2）对经验进行现象主义解释，主张从经验出发，拒绝通过理性把握感觉材料，认为通过对现象的归纳可以得到科学定律，强调经验上的实证对科学理论的重要性。因此实证主义又是一种证实主义。

（3）把处理哲学和科学的关系作为其理论的中心问题，带有一定程度的科学至上和科学万能倾向。认为唯有确实根据的知识才是科学的，科学即实证知识，它是人类认识发展的最高阶段。如孔德为了提高实证观点的认识论地位，还提出了著名的三阶段规律，为其实证理论寻找历史根据，即他认为人类社会发展经历了三个阶段：神学阶段、形而上学阶段与实证阶段,他指出,神学哲学是空想,形而上学是虚构,只有实证哲学才是科学。孔德还指出,过去的哲学流派往往停留在抽象的哲学思辨和抽象争论上,孔德力图以实证精神去统一各个分支学科,把它们全部建立在主观经验的范围之内,认为他的实证哲学是可以贯彻到一切分支学科之中的,能形成一个无所不包的统一科学体系或百科全书式的科学体系。这种对实证主义观点的科学定位不免过高,因为不是一种方法可以解决所有问题,不是一种理论可以解释所有现象。如牛顿力学也只适用于宏观世界,微观世界则并不适用。

实证主义的产生,开启了西方哲学发展的一个新方向。20世纪以来西方哲学中出现的许多流派都是从它演化而来。20世纪30年代以后,实证主义观念不断受到抨击,反对者宣称"实证主义死了",也有人认为实证主义在哲学中死了,但在科学中仍然活着。

四、逻辑实证主义的兴起与衰弱

逻辑实证主义是实证主义的一个哲学流派,主要产生于20世纪30年代到50年代。其核心是以石里克(Moritz Schlick)和卡尔纳普(Rudolf Carnap)为代表的维也纳学派,为与实证主义区分又叫后实证主义、新实证主义。逻辑实证主义是以经验为根据,以逻辑为工具进行推理,用概率论来修正结论的新实证主义方法论。其基本特征是把数理逻辑方法与传统的实证主义、经验主义结合起来,主要目标是取消"形而上学"和建立一种科学哲学。逻辑实证主义认为有意义的命题只有两类:一类是经验科学命题,可以由经验证实;一类是形式科学(数学和逻辑)命题,可以通过逻辑演算检验。经验证实原则是逻辑实证主义的基石,它可表述为:除逻辑命题(分析命题)外,任何命题只有表述经验,能被证实或证伪才有意义。逻辑实证主义之所以拒斥形而上学是因为形而上学命题割断了和经验世界的联系,其在经验和理论上都是无意义的。形而上学命题所涉及的对象不在感觉经验的范围之内,既不能通过经验予以证实,也不能通过经验予以否证。换一句话说,即形而上学命题不能在经验范围内确定其真假,而一个没有真假值的命题由于没有断定性的内容,因而不能给我们提供任何知识。逻辑实证主义者坚信科学仍然屹立在坚实的实证主义传统之上,同时科学理论的结构又是可以通过逻辑与经验取得联系的经验构造物。

20世纪70年代,逻辑实证主义运动消亡了。逻辑实证主义预设的有意义的陈述要么是分析命题,要么是可以被经验证实的综合命题,而这一逻辑规则本身既不是分析命题,又不能被经验证实,因此,它本身就没有意义。

实际上,20世纪科学哲学的理论思维早已走在了这个顶峰的前面,而逻辑实证主义者却还在静态的分析中教导科学应当做什么,他们把发现的前后关系和证明的前后关系混为一谈了,在大多数情形下(科学理论的前沿领域),对科学发现的行为是无法进行逻辑分析的,解释科学发现不是逻辑学家所能承担的任务,他们所做的只是去分析事实和理论之间的关系,后来才有逻辑,所以逻辑实证主义衰落了,并且它被爱因斯坦称为"坏的哲学"。

第 5 节　科学方法的作用

2006 年 8 月在布拉格召开的国际天文学联合会大会上通过了行星的定义。按照定义，那颗离太阳最远、最小的冥王星已不能算是行星了，所以原先的太阳系九大行星就变成了八大行星，即水星、金星、地球、火星、木星、土星、天王星和海王星，海王星成为太阳系中最远的行星。海王星的发现，是科学史上，乃至人类认识史上一个值得称颂的事件。海王星作为太阳系的行星之一，除了最远，本身并无什么奇特之处，然而它的发现却运用了空前新颖的方法。以前发现的行星，都是先通过肉眼或望远镜看到，然后根据观测记录计算出它们的运动轨道。而海王星的发现恰恰相反，是先通过理论分析，计算出它的运动轨道，然后用望远镜按照计算的结果去观测，最终在预言的位置发现了它。科学方法在其中的作用促进了对科学方法论的思考。

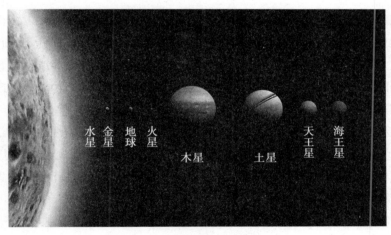

图 2-4　太阳系八大行星

一、天王星运动之谜

天王星在 1781 年被确认为是太阳系的第 7 颗行星。在此之前，天文学家曾多次在望远镜中见到过它。1820 年，法国天文学家布瓦德（Alexis Bouvard）搜集了当时的全部观测资料，在根据天体力学原理计算天王星的运动轨道时，出现了一个奇怪的现象：他算出的轨道与 1781 年以后的实际观测资料极不相符，而以 1781 年以后的天王星实际观测资料为依据反推 1781 年前的运动轨道时，又与可追溯的天王星未正式发现前的历史观测资料不相符。因为天王星在正式确认为行星前是有观测记录存在的，只是观测记录时并没有认识到其为行星。

这一令人困惑的事实，吸引了许多天文学家都来观测和计算天王星的运动。10 年之后，观测数据积累得更多，计算也更加周密，计算时考虑了离天王星最近的土星和木星因素的影响，计算误差已大大缩小。可是，理论值和观测值仍然有差异。

布瓦德等天文学家曾怀疑以往观测记录的可靠性。他们将 1750 年以后在英国格林尼治天文台对各个行星所作的全部观测记录统一地进行了复核。他们发现，除天王星以外，对于别的行星，观测记录与计算结果都能相当准确地符合。既然如此，就没有什么理由怀疑天王星历史观测记录的可靠性，而且就当时的观测技术水平来说，天王星的观测位置与计算位置相差之大，已远远超出了观测的误差范围。因此，他们断定：问题不是出自观测，应该在理论计算方面找原因。

二、科学假说的提出

面对天王星运动不规律性之谜，一些人提出疑问：为什么从牛顿力学发展而来的天体力学原理不能适用于天王星运动的计算呢？是不是牛顿的万有引力定律并不"万有"？是不是对于天王星这一距离太阳较远的行星，引力作用不再遵从牛顿力学了，或者牛顿力学理论需要修正了？当时一些科学家就沿着修正牛顿力学的思路进行研究，然而一直没有取得任何有价值的研究成果。

绝大多数科学家坚信经过一百多年实践考验的牛顿力学的正确性。他们认为可以继续依靠牛顿理论弄清楚天王星运动不规律性的原因。早在 1821 年，布瓦德就设想过，可能有某种未知的力量作用于天王星，使它的轨道发生了变化。那么，究竟是什么未知力量呢？天文学家们提出几种可能的假说。

有人提出"灾变"假说：在 1781 年之后不久，有一颗彗星撞击了天王星，使天王星改变了轨道。但是，人们并未在这一时期观测到有彗星经过天王星，而且根据这一假设进行计算，其误差之大也说明这种猜测是不可能的。

有人提出"未知卫星"假说：天王星有一颗尚未发现的卫星，它影响着天王星的运动轨道。如果真存在这样一颗能明显干扰天王星运动的卫星，其质量和体积之大应足以使人们用望远镜发现它。因而这一假说也被否定。

较多的天文学家提出"未知行星"假说。他们将天王星的运动与已知行星的摄动进行比较和分析，认为在太阳系中还有一颗比天王星更远的行星，它的引力作用使天王星的轨道发生了偏离，即摄动。天王星运动的"不规律性"正是这种摄动的表现。这颗未知的行星是尚未被人们关注的影响因素，是它造成了通过其他已关注的因素去预测的结果的误差。

随着其他假说——一被否定,在 19 世纪 30 年代后期,存在一颗"未知行星"的假说为绝大多数天文学家所接受,成为一个公认的科学假说。

三、寻找未知行星

19 世纪 40 年代,天文学界掀起了寻找这颗未知行星的热潮。德国哥廷根皇家科学院专门为此设立了奖金。但在观测方面,始终没有找到这颗行星存在的线索,因此许多天文学家都致力于计算。在计算方面,过去是已知一颗行星的质量和轨道,根据引力作用计算出它使另一颗行星的轨道产生的摄动。而现在则相反,即假定已知天王星轨道的摄动,要求计算出产生这一摄动的未知行星的质量和轨道。这种要求在理论上是可以达到的,但由于可能性很多,实际计算起来相当复杂和困难。

两位年轻的天文学家——英国的亚当斯(John Couch Adams)和法国的勒威耶(Urbain Le Verrier),在这个繁复的计算课题面前表现出高超的智慧和坚强的毅力,各自独立地算出了新行星的质量和轨道。

在建立方程和求解的过程中,他们都用了对问题中一些要素作简化假设和逐步修正的办法。例如,第一步先假设未知行星的轨道是圆形,计算结果与观测数据相差很远,于是第二步把圆形轨道修改为具有某一椭率的椭圆形轨道,所差可能比第一步略少。然后作第三步、第四步假设……这样,他们运用逐步修正假设,逐步接近准确结果的"逐次逼近"方法,经过反复多次的修正和计算,终于基本上确定出有关未知行星的各个参数的数值。

亚当斯于 1845 年 10 月 21 日和 1846 年 9 月 2 日两次向剑桥天文台和格林尼治天文台报告他的计算结果,却没有受到重视。勒威耶于 1846 年 6 月 1 日和 8 月 31 日两次提出关于新行星的备忘录,并于 9 月 18 日给柏林天文台的加勒(Johann Gottfried Galle)写信说:"我将证实,如果不引进一颗迄今未知的行星,是无法解释天王星的观测记录的……我已算出有关这一行星的轨道的下列数据……希望能找到一名有耐心的观察员,如果他愿意花费时间的话,将在这个天区发现一颗新行星。"

加勒在 9 月 23 日收到勒威耶的信,请示台长之后,他们立即着手观测,当晚就在偏离预言位置不到 1 度的地方发现了一颗八等星,查遍星图,就连最详尽的星图也没有标出这颗星。经过连续观测,数据都与预计的结果相符合。于是加勒高兴地宣布,这颗星就是所要寻找的新行星。

这时英国天文台想起了亚当斯的报告,其实他们曾经见到过这颗星,但是误以为是恒星了,没有跟踪观测。

当时人们把这颗新行星称为勒威耶星,而勒威耶则建议把这颗行星命名为海王星。后来科学界公认亚当斯和勒威耶都是海王星的发现者,两人相识于 1847 年,从此结为好友。

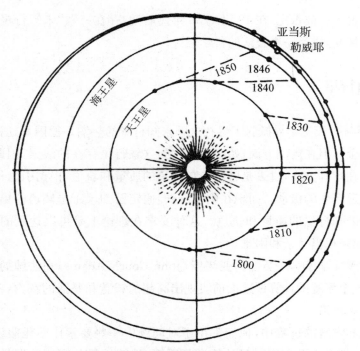

图 2 - 5　勒维耶和亚当斯推算的海王星轨道的比较

四、爱因斯坦的比喻

　　发现海王星的方法在当时是空前新颖的,后来则成为科学家们的常用方法了。在爱因斯坦和英费尔德(L. Infeld)合著的《物理学的进化》一书中,把探索自然奥秘比喻为在侦探小说中寻找线索以破案的过程。从天王星运动不规律性之谜到海王星之发现,正是说明这个比喻的一个极好的典型案例。其实,爱因斯坦的这个比喻还意味着研究自然与研究社会有类似的方法和过程。该故事在展示了科学方法作用的同时,也丰富了科学方法论的内涵。

　　(注:本节主体内容来自:孙小礼(2006):从天王星之谜到海王星之发现[EB/OL].https:∥news. sina. com. cn/o/2006-11-08/154310446397s. shtml)

第 3 章　重新认识地理教育研究

　　地理课程与教学论的研究者,有时会被问及诸如此类的问题:"你们究竟发现了、归纳了多少地理学科特有的教学原理与规律?""地理课程与教学论学科是否有自己健全的概念与原理体系?""你们的研究成果对地理教学实践的影响到底有多大?"让人深感窘迫和惭愧的是,地理课程与教学论的学术研究的确存在诸如地理学科特色不鲜明、概念与原理体系不完整、缺乏基于学科的重大命题、指导教学实践捉襟见肘等问题。不得不说,现在我们仍难以拿出有说服力的事实依据去回答和消除地理教师的质疑和困惑。袁孝亭(2010)指出,长期以来,地理课程与教学论只是在一般教育理论的"论题""热点"后面进行跟风式研究,而不是着眼学科自身的逻辑和方法论,不是对学科教学特有的规律进行耐心细致的探索,这已成为地理课程与教学研究的主流和常态。这些研究简单套用一般教学论的理论框架与研究范式,所获得的研究成果,仅能起到用地理学科教学的例证去证明某种教学理论的作用,而地理学科教学的独特问题与教学规律则很少被发现、被提炼和总结出来,这就是地理教育研究存在的问题。当目标教学、探究学习、学案、课堂观察、有效教学、翻转课堂、慕课、大单元、大观念、跨学科学习等成为一般教育教学研究的热点时,学者跟风研究虽然能够显现出与时俱进的精神,但如果没有自己长期坚持的研究方向,则是一种遗憾。地理教育研究者应该有立足于地理教育并致力于推动地理教育学发展的特有选题和既定方向。这样的选题在哪里?我们需要重新认识地理教育研究,思考我们的方向。同时作为前提,我们也需要重新回顾地理学发展的历程。

第 1 节　地理学的发展历程与性质演化

　　作为一名地理教育工作者,我们可以自豪地说,现在的地理学已不再是过去记忆河流山川、山峰高度、国家首府和政府驻地的地理学,现在的地理学已经是对社会发展有着巨大作用和贡献的地理学。然而,当有人问你地理学是研究什么的时候,你可能不会脱口而出答案,而往往要迟疑片刻,虽然你也能说出地理学是研究什么的,但在这片刻迟疑之中,你可能也在问自己,地理学究竟是研究什么的呢? 以前的地理学和现在的地理学有多大的差别? 关于地理学的研究对象和地理学的性质问题,历史上有着一个漫长而波折的认识过程,甚至现在仍在争论,而这种对学科性质的争论,在所有学科门类中,唯有地理学最为特别。

学科性质的概念是:人类的活动产生经验,经验的积累和消化形成认识,认识通过思考、归纳、理解、抽象而上升为知识,知识在经过运用并得到验证后进一步发展到科学层面形成知识体系,处于不断发展和演进的知识体系根据某些共性特征进行划分而形成学科,一门学科属于什么类型的学科就是学科性质。

虽然地理学被称为古老的学科,甚至有人认为它在古代就形成了学科体系,但是当人们谈到地理学的学科性质时,争论的激烈状态似乎就与这个学科的古老历史并不相称了。地理学科的性质问题长期以来争论不休,可能没有一个学科会像地理学一样在一边发展的过程中一边争论其学科的性质(普雷斯顿·詹姆斯等,1982;A·I·伊萨钦科,1986)。在地理学的发展史上,有哪些关于学科性质的争论,它如何影响地理学的研究方法,本节要探讨的话题是:地理学的性质决定了地理学研究的方法,而技术又决定了地理学的发展高度。

一、不同发展阶段的地理学性质与方法

陆大道(2015)指出,地理学起着沟通自然系统与人文系统之间的桥梁作用。许多学者(白光润,1993;白光润,2003;潘玉君等,2009)提出地理学既属自然科学同时又属社会科学,是自然科学和社会科学的交叉。交叉产生的地理学具有双重性质,既不同于纯自然科学,也不同于纯社会科学。因此,在各门科学之中,地理学确实很特殊。尽管对地理学性质的这种认识得到公认,但这样的认识在地理学发展过程中也不是一贯如此。我们将从地理学发展史的角度来看地理学性质的演化。地理学发展阶段可分为古代地理学、近代地理学和现代地理学三个时期。

1. 古代地理学的性质及其对方法的影响

古代地理学时期自远古至18世纪末。这一时期的地理学是工业革命之前的农牧业社会的产物,以描述性记载地理知识为主。由于环境差异和交通不便,古代地理学的体例和内容具有显著的地域差异,古代地理学的这一特点决定了地理学的研究方法主要是对自然现象或社会经济现象进行观察和描述,这一阶段还谈不上讨论学科性质的问题。

古希腊地理学是西方地理学发展的源流。人类的地理知识从人类出现之时即有之,因为人类要生存就离不开环境,离不开空间,方向、距离、地物等概念在人类头脑中早已存在。古希腊最早的地理记述出现于《荷马史诗》中。古希腊时代地理学主要围绕两个问题思考,一是自己居住的地球是什么样子,特别是离自己较远的地方是什么样子? 阿那克西曼德(Anaximander,前610—前547年)①是第一个用比例尺画地图的人,赫卡泰(Hecataeus,? —约前475年)是地理学文学传统的鼻祖,他撰写的《地球的描述》介绍了欧洲和欧洲以外的世界。柏拉图(Plato,前428—前348年)提出地球是圆的,并创立了地球中心说。他是位演绎推理大师,主张地球上一切可以观察到的事物只不过是理念的拙劣的摹像,一切可以观察到的事物都是从完美的客体退化下来的,或处于退化之中,他认为对称的形式是完美的属性之一,人类居住的地球应该是用最完美的形式创造的,所以一定是球体。亚里士多德(Aristotle,前384—前322年)与柏拉图不同,它是从特殊到一般来进行推理的,即采用归纳法来观察事物,他观察到很多事实证明地球是圆的,如月食时地球的影子是圆的,一个人向北走的时候,星辰的地平高度就增加等等,他预言地球有个南温带,认为利比亚人的黑皮肤是太阳晒的结果,并且划分了5个气候带。同样是古希腊的埃拉托斯尼(Eratosthenes,约前273—前192年)是西方第一个使用"地理学"术语的人,"地理"即地球描述之意(Geography,Ge -地球,graphy -描述),他经常来往于埃及的塞恩和亚历山大城之间②,发现塞恩有太阳直射井底的现象,而亚历山大城则没有,他根据两地正午时的太阳高度差和两地的距离,第一次计算出了地球的周长,误差仅为140英里。他的《地理论著》把世界分为欧洲、亚洲和利比亚三个地区,并绘制了一张世界图。斯特拉波(Strabo,前64/63—约公元23年)著有17卷《地理学》,探讨了数理地理和自然地理,以及欧洲、亚洲、利比亚的地理风貌。托勒密(Ptoleny,90—168年)的8卷《地理指南》成为世界上第一部地名词典,同时绘制了部分地图。他提出的"地心说"统治了人们思想长达十几个世纪。古希腊时代是奴隶制城邦国家,在奴隶主阶层内学术思想比较活跃和民主,加之航海、贸易、殖民活动发达,促进了古希腊地理学的发展。

进入中世纪以后,欧洲处于漫长而又黑暗的封建制度之下,神学处于至高无上的统治地位,科学在这种压抑环境下发展缓慢。神职学者们不去科学地分析和观察地球,而是竭力把各种文献资料和发现的事实与《圣经》《创世纪》中的经典协调起来。托勒密的"地心说"和宗教教义统治了人们的思想,这从负面反映了思想对科学发展的影响。西方中世纪的地理学仍有一些闪光点,包括1096—1270年间的欧洲8—9次十字军东征,"十字军"们返回欧洲后带回的异国风情信息,丰富了欧洲人的地理知识。9—10世纪,斯堪的纳维亚半岛上的维京人发现了冰岛和格陵兰岛,成为欧洲人最早发现的新大陆。马可·波罗(Marco Polo,约1254—1324年)叙述的《马可·波罗游记》第一次向西方系统地介绍了中国。

在古代中国,《周易·系辞》的"地理"概念比西方的"大地的记述"更符合地理学本质。战国时代的《尚书·禹贡》将古代中国版图分为九州,并概要记载各地自然条件、经济活动和物产交通,堪称世界上第一部综合地理区划的著作。同一时代的《管子·地员》探索了中国

---

① 由于涉及地理学发展史,本节提供相关地理学史中人物的生卒年,以方便识别人物成就的贡献年代。
② 是古埃及被古希腊人统治时期。

土地的分类和山地植物的垂直带谱,是世界上最早对土地进行系统分类的著作。中国古代在方志、沿革地理、域外地理、自然地理和地图等方面都有很大的成就。《管子·度地》《史记·食货志》《禹贡地域图》《水经注》《梦溪笔谈》《大唐西域记》《元和郡县图志》《徐霞客游记》《天下郡国利弊书》等,以及浩如烟海的地方志,基本上都是经验性的记述,并留下了丰富的地理信息,也形成了"经世致用"和"究天人之际"的传统。15世纪,郑和(1371—1433年)"七下西洋",比18世纪西方的地理大发现在时间上更早,且船队规模、航海技术也远胜西方,然而其社会意义和对地理学的影响与西方航海相比则相去甚远。中国传统的古代地理学的特点:①始终保持自然、经济、人文统一的传统,未经历西方的学科分化;②数理基础薄弱,文学传统深厚;③朴素唯物辩证法的哲学思想为基础;④具有为国家政治、军事、财政、外交服务的"经世致用"传统;⑤缺乏对自然规律的探讨。

以上是中西方古代地理学的发展历史,其研究方法主要是对自然现象或人文现象的观察和描述,地理学的性质主要是区域描述。

2. 近代地理学的性质及其对方法的影响

近代地理学从19世纪初至20世纪50年代,它起源于欧洲。15世纪至18世纪,欧洲长久持续的探险活动和地理大发现为近代地理学奠定了基础。近代地理学是同工商业社会相适应的知识形态,它的特点是以对地球表面各种现象及其关系的解释性描述为主体,其逻辑推理和概念体系渐趋完善,学科日益分化,学派林立。德国为近代地理学的发源地,较早受其影响的是法、英、俄、美等发达国家,进一步受影响的是不发达国家,包括中国(白光润,1989)。

德国科学家A·洪堡(Humboldt, Alexander, 1769—1859年)和C·李特尔(Ritter, Carl, 1779—1859年)不仅是德国,也是全世界近代地理学的奠基人。洪堡撰写了《新大陆热带地区旅行记》《植物地理论文集》《宇宙》等著作,他的足迹遍布欧洲和南北美洲。他总结出自然地理学和方志学研究的一般原理,指出自然界各事物间的因果关系,认为包括人在内的自然界是一个统一整体,地理学就是揭示各种自然现象的一般规律和内在联系。他探讨了地形、气候与植物的关系,用地理学的眼光来研究植物,论述了植物的水平和垂直分布规律,创立了植物地理学。他绘制了第一幅世界平均气温的等温线图,提出了"大陆性"的概念,他完善了成岩理论,提出了种族平等的概念。李特尔著有《地学通论》《欧洲地理》等专著,他的贡献在于确立了地理学的概念和体系,最早阐述了人地关系,以及地理学的综合性和统一性,倡导科学地理学,研究地理事物各要素的相互关系和因果关系,倡导比较地理学研究,比较思想成为近代地理学的主要方法论。

但是,近代早期出现的二元科学观,即要么是自然科学,要么是社会科学,影响了地理学的发展,有的国家认为地理学不是一门独立的科学,认为自然地理属于自然科学,经济地理属于社会科学,甚至认为经济地理不属于地理科学,而是经济科学的分支。当时许多国家都没有实际意义上的统一地理学或综合地理学。这种对地理学性质的认识破坏了地理学的整体性,阻碍了地理学的发展。与地理学的这一性质相联系,在方法论上,前者遵从地质学、生物学等自然科学的普遍方法论,力图寻求自然界的规律和法则,基本走的是追求共性化的道路。人文地理学则基本遵从文化科学的方法论,走的是追求个性化的道路。

受 19 世纪科学大分化的影响,地理学分割成各种各样的部门地理。这种地理学的分类性质决定了各部门按照各自的方法进行研究。

19 世纪初到 20 世纪上半叶,地理学探索人地关系这一统一的主题。地理学家探求关于人类占据地球表面规律的解释,而不只是提供按专题或地区排列有序的一条条信息,其中主要的理论有环境决定论、可能论和或然论。地理学研究人地关系统一的性质要求地理学家把自然现象和人文现象结合起来进行研究。

20 世纪上半叶,地理科学从人地关系主题开始,争论向完全分家的二元论方向发展,还是在区域框架中发展。区域学派占了上风。他们把地理学的性质定义为要对已发现的世界的区域差异的事实作出解释,具体地说是提供关于地球表面上变异特征的准确的、系统的及合理的描述和解释。

从方法上来说,区域学派明确指出了地理学追求法则、规律的局限性,区域学派的集大成者哈特向(R. Hartshorne, 1899—1992 年)说,地理学追求一般性法则的努力是受其科学性质束缚的,他认为追求一般规律和法则的地理学计量学派、空间学派的努力是将"方塞插入圆孔",是注定要失败的,他认为地理学与其他所有学科相比是不同的,其他学科研究共性的规律,地理学则是研究区域差异的。这一观点被德国地理学家谢费尔(F. K. Schaefer, 1904—1953 年)称为"例外主义"(R J 约翰斯顿,2010)。"例外主义"是谢费尔给以哈特向为代表的地理学传统区域学派方法论概括的名称。传统区域学派认为地理学的研究目的是弄清地球表层区域的差异性,而不是像一般科学那样追求建立法则和规律,它是科学中的例外,故称之为"例外主义"。

从总体上来说,近代地理学的发展使得地理学具有了科学的特征,在地理现象描述的基础上,寻找地理现象的解释。但对地理学性质的问题却产生了争论,近代后期,这种争论的存在,使地理学呈现出多元的发展方向,同时也成为推动现代地理学发展动力之一。

3. 现代地理学的性质及其对方法的影响

第二次世界大战以后,随着第三次科技革命的到来,社会生产力有了很大的发展,随之产生了许多新的社会问题,主要是人口、资源、环境问题。苏联西伯利亚的黑风暴和土地丧失生产能力、全球石油危机、南美洲滥伐热带雨林、撒哈拉沙漠扩大、世界人口迅速增长、发展中国家粮食危机、全球气候变暖、臭氧层破坏、南北关系紧张,等等。人口—资源—环境—发展问题摆在地理学面前,人地关系协调问题成为迫切需要解决的现实问题,也成为推动地理学发展的背景,现代地理学对科学和社会也产生了重要的贡献(美国国家研究院地学、环境与资源委员会,地球科学与资源局重新发现地理学委员会,2002)。

除了环境问题,另一个推进地理学发展的是空间问题。从地理大发现到两次世界大战,人类所面临的主要是空间争夺的问题。谁占有空间谁就占有资源、占有人口、占有市场,此时人们不太注意空间本身的结构问题。第二次世界大战后情况发生了变化,战争的创伤使得企图靠战争谋求空间的国家,已难以再用民族主义的口号煽动人们彼此争斗;同时,核武器的相对均衡发展,更增加了战争的可怕性,可怕的武器制止了可怕的战争,在这种形势下,空间的有限性、空间利用的质量问题,就更为突出,发达国家必须首先从本国空间考虑,合理利用本国空间,挖掘内部潜力,靠争夺殖民地来发展经济的办法已经行不通。另一方面,由于技术的发展和国际经济一体化、区域化的趋势,使得空间和资源的关系变得不明显,而空间位置和资源与市场的关系变得突出,比如日本是资源贫乏的国家,但仍然获得迅速发展,因此空间的位置意义、结构意义就更重要了,所以战后有关空间布局和合理利用的研究与实践迅速发展,诸如土地利用、国土整治、区位研究等等,这些都是地理学为社会实践服务的重要形式,这些对地理学提出了建立地表空间系统的一系列理论和方法的要求,从而刺激了现代地理学的发展。与此同时,没有国界的国际经济空间的争夺仍在继续,国际经济空间的机能结构研究也构成了现代地理学的重要方面。

第二次世界大战以前,科学只划分为自然科学和社会科学。第二次世界大战以后,系统论、控制论、信息论等横断科学的出现,深化了科学的世界观,也进一步提出了科学的方法论问题,它们向人们表明,无论自然现象还是社会现象,都是一种系统组织的表现,都有一些共同规律可循,就像生物的生长曲线、经济发展曲线、人口增长曲线都具有极为相似的同形性(S形曲线)一样,用系统论的观点,可以预报排水系统、生态系统、经济系统和其他许多系统的运动,地理学长期以来就有综合的传统,但苦于方法论的局限,近代地理学基本还停留在对地表事物的解释性描述上,上述"三论"的出现给它以新的武器,使它扬弃了繁琐和枝节,摆脱了各种现象堆砌罗列的机械的表面联系,抓住了地壳及组成部分的结构、功能、演变的主线,并配合相应的定量数学方法,能更清晰地揭示它的规律。物理学相对论和量子力学的发展,使古典物理学的世界观为之一变,从古典物理学的决定论的唯一的认识世界方法论发展为非决定论、概率论的思想,从绝对空间发展为相对空间的概念,从个体一对一的实证思想发展到群体事件的概率决定论的新思想,这为现代地理学开辟了蹊径,使困惑的传统地理学有了柳暗花明的感觉。长期以来地理学在研究人与自然环境关系、环境因素间关系时总是陷入这样无穷的争论中,一些学者提出一些例证证明地理环境的某种因果关系,另一些学者可以举出另外一些例证否定它,人们希望像实验科学那样,找出精确的地理规律,可是总是像哈特向所说的那样,将方塞插入圆孔,不能如愿,原因是用实验科学方法去研究复杂的群体现象,是用解决简单系统的方法去解决复杂系统的问题。新的非决定论思想,使得地理学可以用统计的方法、概率的方法、灰色系统的方法、定性和定量相结合的方法,找出事物的基本规律,无需再为细枝末节的个别例外所困扰。

另外,电子计算机技术、遥感技术、信息技术、空间技术的发展,使得地理学的研究手段为之一新,使它有能力迅速收集、存储、分析大量地理信息,能够实现在同一时间对地球表层整体或大区域进行综合观察和分析,使研究领域庞大、综合性很强的地理科学比其他任何科学都获益更深。

现代地理学将人类和环境空间看作统一的复合系统,地理学的结构和体系趋向一元化,把环境作为人类生存的物质基础来研究,从地理环境的描述解释、归纳分类,过渡到理论演绎、实验反馈和模式化方法。在技术支持下,现代地理学已经改变了传统地理学朴素、直观的落后面貌,有了更准确的分析预测方法和能力。

1953年,谢费尔发表了题为"地理学中的例外论:方法论的检视"(Exceptionalism in Geography: A Methodological Examination)的论文(Schaefer, 1953),向区域学派的代表人物哈特向的地理学方法论提出了挑战,他认为科学就是对法则的追求,现象是法则的一例,地理学不能是科学的例外,它应当追求法则、探索规律。有些规律暂时不能解释,不能发现,只是地理学发展阶段、发展水平问题,而不是地理学学科性质自身所决定的。谢费尔对传统区域学派的挑战推动了现代地理学的发展。

现代地理学是信息社会的产物,它强调地理学的统一性,具有理论化和数量化、行为化和生态化、科学方法论的综合化等特征,它提出了地理环境整体性的概念,产生了区域学派、景观学派、环境学派、数量学派。当前人地关系地域系统、未来地球框架成为地理学的核心概念。未来地理学的前沿方向包括地球表层过程与格局的综合研究、全球环境变化及其区域响应、自然资源保障与生态环境建设、区域可持续发展及人地系统的机理与调控、地球信息科学和数字地球战略研究。

科学哲学给出了科学发展的多种基本模式,在世界范围内具有较大影响的科学发展模式有归纳主义的累积模式、波普尔(Karl Popper, 1902—1994年)的证伪主义的科学发展模式、库恩(Thomas Samuel Kuhn, 1922—1996年)的科学革命论的科学发展模式以及费耶阿本德(Paul Feyerabend, 1924—1994年)的辩证的科学发展模式,考察地理学的发展可以发现地理学发展模式并非上述某一种模式的摹本,而是兼有多种模式的一些特点,地理学的发展既有规范性因素,又有历史性因素的作用,地理学越发展规范性因素的作用越强,历史性因素越少。这也正是康德(Immanuel Kant, 1724—1804年)在《历史理性批判》中所贯穿的"历史的合目的性"与"历史的合规律性",历史的合目的性是指"当然"的历史就是朝着一个目的在前进,所以它不是盲目的。历史的合规律性,是指"实然"的历史,就是按照规律而展开,所以它不是偶然的。科学的发展,经历了一条"整体→分化→整体＋分化"的道路,地理科学的发展也是如此,所以在这种科学发展的普遍规律的支配下,地理科学的发展也经历了从朦胧的、思辨的、整体性思维的古代地理学,到强调精细的、实证的、分析性思维的近代地理学。当分门别类地深入研究之后,又要整合,强调将不同门类的专门研究综合起来,并且忽视横断和交叉的倾向,于是以"综合(分析支持下的综合)＋分化(综合指导下的分析)"为特征的归纳复合演绎的现代地理学取代了近代的地理学。在地理学这个漫长的既有常规性、又有革命性的发展历程中,地理学的科学发展进程成为了科学之林中一片独特的风景。

二、不同研究学派眼中的地理学性质与方法

地理学的性质与地理学的方法是联系在一起的,方法服从于性质,地理学的性质决定了地理学的方法,继而形成不同的学派。下面从基于地理学学科性质的不同认识而形成争论的两个主要学派出发,谈谈地理学的性质及其方法。

1. 强调区域差异和区域描述的区域学派眼中的地理学性质和方法

(1) 形成时期(赫特纳时期)地理学的性质和方法

关于地理学的性质,有人试图从逻辑方面推导,但是得出的定义与科学的历史发展相矛盾,有人则从科学的历史发展推论来确定地理学的性质,这种做法又明显缺乏逻辑说服力。区域学派创始人赫特纳(Hettner Alfred, 1859—1941 年)认为,确定地理学的性质,必须从地理学的历史成因、它本身内容的独立性和内在联系、它与其他学科的外在关系及其方法论几个方面考虑。他认为,完善的科学体系是由物的科学、历史的科学和区域的科学三部分组成。区域科学之所以产生是由于地球上不同地点之间存在因果关系,以及同一地点的不同现象相互联系。所以,他认为物的科学和历史的科学只是附带的研究,只有充分研究现实,结果才可能是科学的。这样一来,区域科学就不仅有存在的理由,而且是完善的科学体系所要求的(陈仲雍,1983)。

区域学派产生之前,地理学差不多只是一种记述性的科学,区域学派开始注意到自然现象的因果关系,这才使地理学真正开始成为一门科学。这一阶段,常用于研究地理现象因果关系的科学方法是归纳法和演绎法。归纳法应用于地理学,就是通过直接观察或者研究地图和文献,找出现象之间的相互依赖关系,并得出结论。而演绎法则是先提出假设,寻找原因,通过思维追溯这个过程,再与现实对比进行验证。事实上,只有多种思维方法得到同样的结果,认识才是可靠的,于是产生了第三种方法,即解释法。赫特纳把它称为"严格的归纳法和严格的演绎法使用之前的由演绎法和归纳法组成的一种混合体",其实质是首先注意单个情况,并置身于其中,寻找原因,研究性质,并从性质中阐明这种情况。区域比较的方法是赫特纳认为的地理学的基本方法。

(2) 发展时期(哈特向时期)地理学的性质和方法

美国地理学家哈特向是区域学派的集大成者,1926 年发表的关于地理学中位置因素对制造业影响的论文,指出与原料来源、市场、劳动力有关的位置要比与地形、水系、土壤和气候有关的位置更为重要。1939 年出版其代表性著作《地理学的性质》(理查德·哈特向,1996),明确提出地理学的研究对象是地域分异。1959 年应对谢费尔称其"例外主义"的挑战,又出版了《地理学性质的透视》(R·哈特向,1983)一书,重新对地理学性质作出评价,系统地阐述地理学的统一性和建立科学法则等问题,被广泛视为权威性著作。他提出地理学的目的就是研究地区差异,地理学需要提供关于地球表面上变异特征的准确的、系统的及合

理的描述和解释。他反对其他学派追求一般法则的努力,认为这是由地理学的性质决定的,刻意地追求科学法则犹如将一个方塞插入圆孔。

哈特向指出,人类对视野以外的世界的普遍好奇心是所有地理学的基础。所以,我们可以通过不断的阅读来向内理清认识,向外表达困惑;通过脚步的丈量来检视书中所述,胸中所学,并始终保持对这个世界的"张望"与"普遍好奇"。在研究方法上,他主张科学描述,这种描述同时包括已知的、可推理的现象以及现象的过程关联性和组合,描述包括对未来的推测,对动态过程的综合说明和解释。

(3) 现代区域科学阶段地理学的性质和方法

20世纪五六十年代,哈特向的区域学派受到了理论革命、计量革命的挑战,这些学派和思想强调追求科学法则,导致区域学派被冷落了20年,但由于50年代新的学科——区域科学的诞生,以及统一地理学思想的出现,加上地理学理论革命和计量革命十年热潮的消退,区域学派在沉寂了20年后,又重新焕发出生命力,但此时从性质上看,其面貌也有了很大的改变,其对区域的认识深化了:从区域的形态差异分析转向系统分析,引入系统论和生态系统的概念,从区域的结构、功能、动态过程去认识区域,通过区域整体结构和物质流、能量流、信息流的分析,把握区域要素的整体特征及各要素相互作用的规律。转型后的区域学派,从研究方法上看,基本上摈弃了传统区域地理的描述体系,大量应用模型,转向演绎方法,形成区域系统研究体系,代替了传统的形态学分析方法。

2. 坚持追求法则和发现规律的空间学派眼中的地理学性质和方法

从坚持追求法则和发现规律的角度来看,古典区位论学派从某种程度上可以理解为传统空间学派,他们与现代空间学派都有从数学模型的角度揭示地理现象背后规律的研究取向。

(1) 古典区位论时期的地理学的性质和研究方法

古典区位论学派可以理解为传统空间学派,其代表人物是杜能(Johan Heinrich von Thunnen, 1783—1850 年)、韦伯(Alfred Weber, 1868—1958 年)、克里斯塔勒(Christaller Walter, 1893—1969 年)、廖什(August Losch, 1906—1945 年)等。其成果是区位理论,包括杜能的农业区位论(1826 年)、韦伯的工业区位论(1909 年)、克里斯塔勒的中心地理论(1933 年)、廖什市场区位理论(1940 年)等,又可分为旧古典区位论和新古典区位论两个阶段。他们从经济学视角来看待区位,在古典政治经济学的地租学说、比较成本学说基础上,吸收其他学科的理论成果发展起来,它们不研究事物的形态特征,而着重于事物在空间上的距离和位置,据此建立数学模型,其核心是距离衰减规律。古典区位论以完全市场结构为基础,采用静态的局部均衡分析方法,研究单个个体成本最小化的最优区位决策。尽管其观点在如今看来略显滞后,但这与当时运输成本相对较高有着直接的关系。随着社会经济的发展,运输成本不断下降,企业规模不断扩大,影响企业区位选择的因素从节约成本转变为扩大利润,在这一背景下区位理论研究的关注点也从成本转变为利润,从而形成了以一般均衡和利润最大化为出发点的新古典区位论。杜能的农业区位论和韦伯的工业区位论属于古典区位论，而克里斯塔勒的中心地理论和廖什的市场区位论属于新古典区位论。和旧古典区位论相比，它们有着不同的研究取向和理论基础。

（2）现代空间学派理解的地理学的性质和研究方法

在区域学派思想几乎一统天下的50年代，谢费尔1953年发表的论文《地理学中的例外论：方法论的检视》，向主张描述和解释的哈特向的区域学派提出了挑战。谢费尔认为地理学是关注对地球表面某一特征的空间分布起支配作用的规律的科学。他认为所有的科学都是研究规律的，研究差异性并不是地理学的本质属性。由于区域学派强调差异性研究，谢费尔称其为科学的例外主义。地理学应追求科学法则和揭示空间规律，对地理学性质持这一认识的现代空间学派，认为地理学是研究空间布局法则的学问，提出了空间科学的思想，其方法是应用精确的数学语言，数学方法被广泛应用于地理学研究中，随之而来的就是计量革命，用数学的语言建立理论、模式、模型，方法论上也由归纳法转向演绎法，并引发了60年代初的地理学理论革命（威廉·邦奇，1991；大卫·哈维，1996）和计量革命。

然而现代空间学派并没有形成重要的研究成果。国际地理联合会于1964年成立的"地理学计量方法委员会"也于1976年在莫斯科举行的第23届国际地理学大会上被宣布解散，从此地理学的理论革命和计量革命趋于失败，但是理论演绎的方法论、计量的手段，已成为现代地理学中普遍的、稳定的、重要的研究方法。

三、从临界状态解读地理学的性质和方法之争

1. "临界"状态的含义

临界，意为由某一种状态或某一物理量转变为另一种状态或另一物理量的最低转化条件。临界意味着事物从量变到质变的过渡，是量变的最大范围，是质变的最低要求。

地理学研究中，区域概念和空间概念是一对相关的概念，它们之间有一定的联系，区域是具体的（郑冬子等，1997；段义孚，2017），当我们对区域的研究达到一定熟悉的程度后，就可能发现区域中的事物分布具有一定的抽象的规律，这种规律就是空间规律。人文地理研究中，这一规律发现之前，存在一个临界状态。古代地理学和近代早期的地理学以描述为主，主要是记载区域地理事物的特征，进入临界状态阶段，区域学派承担了临界和过渡的角色，他们不光对"已发现的世界的区域差异的事实作出解释"，而且还发现了全球范围内的区域分异规律，其视角实际已从区域走向空间。而若从区域分异规律发现区域城市和城市带的点轴结构或双核结构，则是进一步上升到空间模型的角度，进一步形成相关的空间法则或理论。这中间又存在一个临界状态。

2. "临界状态"前后的地理学思想变革

由于临界状态是一种量变到质变的状态，而临界状态的到达是各因素影响造成的，因

此，考察各因素对事物状态的影响是探测临界状态的途径。由于临界状态时量变的影响力在变小，因此当我们发现因素的变化对状态的发展影响变得微弱时，事物就进入了临界状态，可能会在某一时刻或某一条件刺激下发生质变。

判断地理学思想和方法发展的临界状态对地理研究者来说非常重要，尤其是在地理学性质和方法之争由来已久而且未有定论的情势下，这种判断可以帮助人们寻找理论和方法研究的创新点。当一种地理学思想或地理研究方法遇到瓶颈，很少有成果时，或一个阶段以来的成果停留在相同的层次时，说明这种理论或方法正处于一种临界状态，要么因过时或错误而退出历史舞台，要么变革后实现新的飞跃，要么完全被一种全新的理论或方法所取代。这与库恩的科学革命不谋而合。

如 20 世纪 50 年代中叶开始，区域学派的发展开展变缓，其思想受到挑战，它的区域个性及描述手段的方法论体系受到批评，于是区域学派在这种临界状态中徘徊了 20 年。这种临界状态可能带来三个变化，一是区域学派退出历史舞台，二是区域学派变革后实现飞跃，三是被一种全新的理论所代替。事实是，区域学派并没有退出历史舞台，因为区域学派所持的理论不是错误的理论。区域学派也并没有被全新的计量地理和理论地理所击溃，因为地理学探求规律法则、用精确的数学语言描述并不是完全可行的途径，在临界状态的 20 年中，区域学派最终以吸收、融合和变革实现了它的质变，它吸收了新兴的区域科学（1954 年）的思想，在新兴的统一地理学思潮的一元论思想上站住了脚跟，加上在 20 世纪 60 年代的理论革命、计量革命热潮维持不到 10 年，将地理学变为"空间科学"的企图，用计量方法刷新地理学传统方法的企图都没有表现出大的成效的背景下，区域学派再次表现出生机。不过，临界状态过后的区域学派是完成了自身质变的区域学派，它与先前传统的区域学派必然有差异，表现为对区域认识的深化、研究方法的改进、理论上的兼容并蓄和实用性的加强。

同样，计量地理从 20 世纪 60 年代的兴起，到 10 年后的停滞，也标志着进入了发展的临界状态，它同样在徘徊中寻求质变，直至地理信息系统技术、遥感技术和全球定位技术的出现，它才走出临界状态，完成质变，并得到全新的快速发展。

3. 对地理教育"临界状态"的思考

任何科学理论和方法的发展都有其临界状态，地理学理论和方法的发展也不例外，临界状态是有其标志性特征的，通过标志性特征去把握临界状态，促进其质变是研究者重要的任务，也是研究者创新和取得成果的重要环节。

联想到地理教育研究领域，质变和飞跃之后，老生常谈的研究话题又使地理教育研究的学术贡献变小，地理教育因素的变化对学科发展的推动作用微乎其微，研究方法的乏力使从事者感到有钻至瓶颈的无奈。地理教育的发展是否也进入了临界状态？是否应该开始出现新的质的变革？我们正在期待……

第 2 节　地理教育的核心价值

中学地理教育的发展曾经遇到过窘境,20 世纪 90 年代中期,全国统一高考取消了地理学科的考试。高考取消地理科目考试虽然有偶然因素,但也有必然因素。一方面是当时的社会背景,包括当时环境问题可能并不十分严重,加上当时的教育行政部门对地理教育重要性的认识不足;另一方面是地理学科本身的问题,地理学科所传授的知识似乎不需要地理课程来承载,许多知识可以通过其他课程间接地学习到,尤其是地理课程在培养人方面的作用不大,地理学对社会的贡献不大。因此,高考取消地理学科背后的客观事实是地理学科在社会需要的人才培养方面没有作出多大的贡献。教育过程中,地理学科没有发挥学科独特的育人价值,培养出的学生不具有充分的地理素养,俞立中(2012)曾经指出,公民的基本地理素养(包括地理学的理念、知识、技能)的缺失已经到了很严重的程度,这是地理教育的责任所在。地理教育的核心的、独特的育人价值在哪里,这是地理教育者需要发现和回答的问题,也是地理学科在各学科中独立占据一席之地的基础。

而如今,随着信息科学的发展,地理信息系统、遥感、全球定位系统等信息技术的应用给地理学带来了新的认识、新的发现、新的内涵,使地理科学产生了革命性的变化。所以,今天的地理科学已经不是传统意义上的地理学,地理学对社会经济发展和人地关系的贡献达到了空前的程度,而基础教育如何培养出具有地理素养的公民,如何能为地理科学专业输送具有潜质的人才,成为中学地理教育要思考的问题,而这些问题的思考,首先要考虑的是地理教育的核心价值在哪里?

一、地理教育的核心价值体系

1. 地理教育的核心价值体系的构建

《地理教育国际宪章》(1992 版和 2016 版)(冯以浤,1993;张建珍等,2017)在地理对教育的贡献中提及地理教育对个人教育中的知识、技能、态度和价值观等方面的贡献。

龙泉(2017)对地理学科育人价值所下的定义是:地理学科的属性和功能能满足学生发展需要的效用,并将地理学科育人价值划分为认知价值、道德价值和审美价值三个层次。郭锋涛(2015)归纳了 9 方面的地理学科核心育人价值,分别是乡土情怀、环保意识、欣赏能力、系统思维、人地协调观、空间技术能力、时空观、综合实践能力、相互依存观。

在以上成果基础上,本书将地理教育的核心价值体系设定为 4 个层次,知识价值、技能价值、思维价值、观念价值。

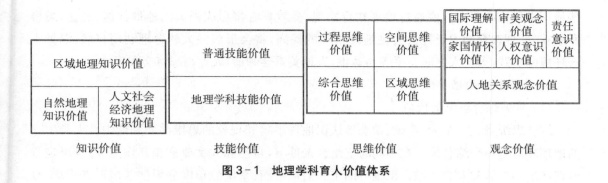

图 3-1　地理学科育人价值体系

地理教育的知识价值包括增进自然地理知识、人文社会经济地理知识、区域地理知识的价值,技能价值包括多种普通技能价值,如读写技能、口头表达技能、收集信息技能,以及地理学科技能价值,如地图阅读技能、GIS 应用技能等。地理教育的思维价值包括发展综合思维、区域思维、空间思维和过程思维等的价值。地理教育的观念价值包括形成人地关系观念、家国情怀、国际理解、人权意识、审美观念、责任意识的价值。

地理教育的思维价值包括综合思维价值、区域思维价值、空间思维价值、过程思维价值等方面。地理学具有区域性和综合性的特点,区域思维和综合思维是地理学的最基本的思维,也是地理教育的重要目标,培养学生的区域思维和综合思维是地理教育的核心价值之一。空间是区域(地方)基础上的抽象,段义孚(2017)认为空间意味着自由、运动和想象,而区域意味着安全、静止和价值。空间是感性到理性的升华,空间思维是区域思维的基础,也是区域思维的最终指向。空间思维不光关系着个体生活,更关系到地理科学发展和为社会经济服务,发展学生的空间思维也是地理教育的核心价值。地理事物是发展演化的,过程思维是认识地理区域分布、空间格局以及发展演化的重要思维。地理学科具有发展学生过程思维的价值。

人类和自然是一个整体,随着人口的增长,加上人类对环境认识的不足,以及不尊重自然规律的行为,导致人地关系的矛盾日益突出,影响了人类的可持续发展。人地关系观念教育对于形成人地协调观,促进人类可持续发展意义重大。人地关系是地理学的重要研究内容,地理教育加强人地关系观念教育是其另一个育人价值所在,也将是一切地理观念的基础。人地协调的观念可以引领学生欣赏自然世界的美,尊重别人的平等权利,体会人类各种不同的生活状态,关注后代的居住和环境质量,并可以以《地理教育国际宪章》《世界人权宣言》为基础,寻求方法解决国际、国家、地区和本土的问题,形成社会责任感。这些还将涉及家国情怀、国际理解、人权意识、审美观念和责任意识的培养,也是地理学科育人方面重要的观念价值。

以上的地理学科核心育人价值,是从不同角度表述的,不乏并列、交叉与包含,但不影响学科育人价值的本质。中学地理教育已经进入了"素养本位"时代(段玉山等,2017),如果这些地理学科核心育人价值通过地理教育实现,受教育者将形成强大的地理技能、观念、思维和素养,地理教育助力全社会公民地理素养的提高,将会形成强大的合理利用自然、保护生态环境的实践,人与人之间会平等与尊重,人地关系会和谐,人类福祉将会实现。

2. 地理教育的思维价值

(1) 发展综合思维的价值

综合思维指人们全面、系统、动态地认识地理事物和现象的思维品质和能力。人类生存的地理环境是一个综合体。在不同时空组合条件下,自然和人文要素相互作用,综合决定着地理环境的形成和发展。综合思维有助于人们从全面、系统的角度分析和认识地理环境,以及它与人类活动的关系。综合《地理课程标准》和学者研究成果,目前可以将综合思维分为要素综合、时空综合和地方综合几个思维维度,具体可以分解为全面性、主导性、联系性、分异性、整体性、动态性、协作性等7个维度。尽管这些维度结构并不并列,但仍可以从这些角度评价人的综合思维。

综合性是地理学的特性之一,地理综合思维是中学地理教育重要而独特的育人价值。环顾中学教育,除了地理,还有哪门课程会把自然和社会这两个不同属性的内涵放在一个系统里考察? 地理学前辈胡焕庸先生在20世纪30年代就提出了反映中国人口分布东西部差异的"胡焕庸线",这条线实际上也是我国自然环境、社会经济等很多要素的分界线,其提出就是在观察分析的基础上运用综合思维的结果。而2014年李克强总理在国家博物馆参观人居科学研究展时提出"胡焕庸线怎么破"的总理之问,又是一个需要综合思维才可以回答的问题。陆大道等(2016)17位地理学者在《关于"胡焕庸线能否突破"的学术争鸣》文章中的回答,都可以捕捉到地理综合思维的存在。

图3-2 《关于"胡焕庸线能否突破"的学术争鸣》体现出地理学家的综合思维

（2）发展区域思维的价值

区域思维指人们对区域的特征、问题进行分析、解释、预测的意识和能力。人类生存的地理环境存在着明显的区域差异，这是地理环境最基本的特征。不同的区域自然、人文要素不同，人地关系的形式和问题也不相同。19世纪末至20世纪前半期的近代地理学的主流纳入了赫特纳—哈特向的区域学派体系之中，赫特纳认为区域—比较方法是地理学的基本方法（阿尔夫雷德·赫特纳，1983），哈特向继承传统区域学派的观点，认为地理学就是研究区域差异的，区域思维有助于人们科学分析和正确认识地理环境，以及它与人类活动的关系，它对地理学的发展和人类文明的进步是有不可磨灭的贡献的。区域思维包括：体会"划区"认识的价值，将地理事象置于特定空间加以认识，地方感、空间定位、空间格局的觉察，分析区域特征，比较区域差异，发现区域关联，区域发展决策得失评价，区域发展规划等思维角度。区域的意义不在于位置、名称和行政从属，重要的是理解区域的整体性和差异性。区域内部因为地理要素的相互联系、制约和渗透构成一个整体，但区域内部又有更小尺度的区域，这些区域的地理要素与其他区域又存在差异，从而造成整体性的区域内部也存在区域差异，全球环境是一个整体，但内部存在差异，大洲内部环境是一个整体，但内部也存在差异，整体性和差异性只是尺度问题。基础教育阶段没有其他课程会强调区域分异，只有地理课程具有这一思维特性，教师要把握住地理学科的这一独有内涵，发挥其独特的地理核心育人价值。区域要均衡发展、和谐发展时，不能不考虑到区域间的差异，而造成区域差异的原因包含了地理区位、自然环境、社会经济条件、历史演化因素等。分析"胡焕庸线"的存在，分析我国东中西部的区域差异是怎么形成的，首先是与地理区位、自然环境有关的因素造成的，照搬东部的经济发展来解决西部的经济发展问题，用其他地区的发展经验来制定一个地区的发展规划，这样的非理性、不科学的决策和行为，与区域分异思想认识不足有关。让人们形成正确的区域思维，是地理教育的责任，也是地理教育的特长。

（3）发展空间思维的价值

空间思维是在空间感知的基础上，运用空间概念、空间推理和空间想象（意象）进行空间分析和应用的思维能力。它着眼于区域，但与区域思维有着本质的不同，是对区域及区域关系的抽象和加工，处于区域现象背后的机理层面。根据 Lee J（2012）的研究成果，空间思维可以分为8个测量维度：对方向的理解，对地图信息的比较，根据空间要素选择最佳位置，根据地形图想象剖面图，寻找空间相关性，根据二维信息想象三维图像，对图层的覆盖和叠加，理解地理事物的表达。

无论学生将来从事什么职业，空间分析能力都是很重要的。中国教育重视逻辑分析、计算能力的培养，但在想象力尤其是空间想象力培养方面比较薄弱，这也许是东西方教育的差别之一。有想象才有假设，这是兴趣的激发点，也是探究问题的出发点，更是设计科学方法证明或推翻假设的基础。如果没有充分的想象力，没有合理的假设，也就没有问题，更谈不上解决问题。地理学科的空间侧重于地理空间、物质空间和宏观空间,在培养想象力和空间能力方面具有独特的价值,需要发挥空间思维具有抽象性的有利条件,培养学生空间思维和空间想象力。

(4)发展过程思维的价值

地理过程思维是从时间维度出发认识地理事象的发展变化的思维形式。地理过程思维从形式上来看可以分为:过程属性思维、过程模式思维、过程关联思维。过程属性思维包含动态时序思维、进程速度思维和状态变化思维三个二级维度,是地理过程思维自身基础属性的呈现。其中,动态时序思维指认识地理过程时间属性和时间尺度的能力;进程速度思维指认识地理过程速度变化与其规律性的能力;状态变化思维指认识地理过程动态演进时状态变化的能力,包含对地理过程量变状态、质变状态和量变与质变相结合的演进性质的认知。过程模式思维包含循环思维、演变思维、扩散思维和波动变化思维四个二级维度,是地理过程具体内容的分类呈现。循环思维指对地理事物或现象在一定的空间范围内循环往复地动态变化过程的思维;演变思维指对地理事物或现象随着时间的演变出现的盛衰消长、新旧更替的变化过程的思维;扩散思维指对地理事物或现象由某一源地或中心向四周进行扩散过程的思维;波动变化思维指对地理事物的数量在一定时间尺度内发生时空不连续、规律不明显的持续变化过程的思维。过程关联思维包含过程协同思维和过程叠加思维两个二级维度,是多个地理过程复杂耦合、共同发展演化性质的呈现。过程协同思维指对地理过程变化的同时使其他地理过程产生协同性适应变化过程的思维;过程叠加思维指对不同地理过程在特定时间断面上相互作用耦合、发生效应叠加过程的思维。

从过程思维的维度的独立角度分类,地理过程思维可以分为三个维度:对地理过程客观存在的意识、过程性思维的潜在运用意识、对地理过程动态规律的认识。对地理过程客观存在的意识是指知道地理过程的客观存在性,对地理过程的类型、状态属性和基础特性有一定认识。过程性思维的潜在运用意识是指能自发地运用地理过程思维,想到处于过程变化状态的地理事象实例。对地理过程动态规律的认识是指能感知地理过程的动态变化规律,知道地理过程具有动态性、规律性和可预测性等特性。

地理学是以探求陆地表层自然要素与人文要素在时间和空间两方面的变化规律为目标的学科,地理学的研究对象中包含一类具有生消演变属性的事象,比如:涡流、台风、人口增减变化的趋势和疾病的传播等,这些地理现象在空间和时间上的生消演变即地理过程,而对存在于地球表层系统的地理过程的变化和预测则是地理学研究的重要内容。相关的主要研究的课题包括:地理要素在空间格局上的分布规律;地理要素在时间维度上的变化过程;驱动地理要素变化的动力关系。地理过程是地理现象的属性,地理过程思维伴随着地理学的研究过程。而作为教育学生认识地理事物的地理教育,则离不开对地理过程思维的教育,地理教育具有过程思维教育的独特价值。

3. 地理教育的观念价值

(1) 形成人地关系观念的价值

科学发展观强调的是人和自然的协调发展,就是资源、环境、人口与可持续发展的问题。人与自然需要和谐相处,人类社会经济的发展要尊重自然规律。由于人与自然的相互作用,自然要素之间的复杂关联,必须用人地关系的辩证思维全面认识技术进步、经济增长和社会发展。人地关系思想是地理教育的核心价值之一(陈胜庆,2015),人地协调观作为地理学科核心素养,是人地关系观念教育的目标。

人地关系是地理学最为核心的研究主题和基本的思维视角。人地协调观是人们对人类与地理环境之间关系秉持的和谐和可持续的价值观。面对出现的人口、资源、环境和发展问题,人们越来越深刻地认识到,人类社会要更好地前进,必须尊重自然规律,协调好人类活动与地理环境的关系。学生形成对人与自然系统相互作用和相互依存关系的认识,人地关系观念的最高目标是和谐观、协调观,即人类尊重自然规律,具备人类与自然环境和谐共处的观念。人地协调观侧重于人地关系的静态视角,但也包含人地关系的动态变化观念,即人地发展观。人地发展观的核心是可持续发展观,它是一种动态视角的人地关系观念,与人地关系观具有交叉渗透的关系。

(2) 培养家国情怀的价值

《地理教育国际宪章》(1992 版)中要求,受教育者要积极寻求方法,以解决国际、国家、地区和本土的问题,其中国家、地区、本土问题的解决当然要有基于对家乡和国家的热爱,也就是要有家国情怀。我国强调爱国主义教育,2014 年教育部在《关于全面深化课程改革落实立德树人根本任务的意见》中指出要发挥学科的育人价值,加强学生的家国情怀教育。2019 年中共中央、国务院印发的《新时代爱国主义教育实施纲要》明确提出要通过厚植家国情怀,培育精神家园来加强爱国主义教育。可见家国情怀在学生爱国主义教育中的重要作用。家国情怀中的"家"指家乡,"国"指祖国。"家国情怀"是一个人对自己国家和人民的深深热爱,对国家富强和人民幸福的理想追求,对自己国家的高度认同感、归属感、责任感和使命感。家国情怀的发展主要经历三个阶段,从地方依恋、爱国主义再到家国情怀,家国情怀的形成要在了解家乡、了解国家的基础上实现,地理教育中的区域认知,可以加强学生对家乡区域的认知,增强其地方意识与归属感。由家乡小尺度到国家大尺度,地理教育能引导学生从热爱家乡到热爱祖国,将家乡依恋之情向国家层面转化,上升为对国家的认同与热爱,为爱国主义和家国情怀的培养提供基础。地理教育有家国情怀教育的价值。

(3) 促进国际理解的价值

《世界人权宣言》第 26 条指出,教育的目的在于充分发展人的个性并加强对人权和基本自由的尊重。教育应促进各国、各种族或各宗教集团间的了解、包容和友谊,并应促进联合国维护和平的各项活动。《地理教育国际宪章》(1992 版)指出,在人类面对各种困扰的情况下,接受教育的权利包括接受高水准的地理教育的权利。地理教育应鼓励区域平衡和国家之间的认同,以及信仰国际的和全球的观点。国际地理联合会地理教育委员会通过《地理教育国际宪章》倡议各国地理教育应加强国际理解教育。促进国际理解成为地理教育的核心观念价值。

(4) 加强人权意识的价值

《世界人权宣言》第 25 条指出:人人有权享受为维持他本人和家属的健康和福利所需的生活水准,包括食物、衣着、住房、医疗和必要的社会服务;在遭到失业、疾病、残废、丧偶、衰老或在其他不能控制的情况下丧失谋生能力时有权享受保障。第 26 条含有:人人都有受教育的权利。《地理教育国际宪章》(1992 版)叙述,要解决我们世界面对的主要问题和困难,需要全人类世世代代的全心投入。人口增长、食物和饥荒、城市化、社会经济差异、文盲、贫困、失业、难民、违反人权、疾病、罪恶、性别歧视、人口迁移、动植物的绝灭、伐林、土壤侵蚀、荒漠化、自然灾害、毒废料和核废料、气候变化、空气污染、资源限制、种族冲突、战争、地方主义、民族主义等,都有很强的地理成分,这些困难和问题所造成的冲突给人类带来了挑战,也给地理教育工作者提出了挑战。解决环境问题的措施、保障人权的观念应通过地理教育向学生传播。地理教育应该有唤起受教育者保障人的基本生存权、健康福利权和受教育权意识的教育行为,加强人权意识的育人价值是地理学科的育人价值之一。

(5) 形成审美观念的价值

《地理教育国际宪章》(1992 版)在地理对教育的贡献中指出,地理教育可以让受教育者欣赏自然世界的美。在地理教育内容的选择上,要促进地理课程在审美等方面发挥实质性作用。因而地理教育形成人的审美观念的价值便可以体现。地理教育可以在地理自然美、地理人文美、地理艺术美、地理和谐美和地理科学美等五大美态上挖掘审美教育素材,中学地理审美教育需要教师挖掘、加工地理学科审美教育素材,帮助、引导学生在美的地理教学活动中建构地理知识体系的同时获得对地理审美对象的审美体验,并从地理审美实践活动中得到身心满足的愉悦感,从而保持学生生动活泼的生命力,促进学生情感生命的成长。

审美是一种主观心理活动,审美在审美主体和审美客体之间产生。亚里士多德认为审美过程能够达到伦理教诲的目的。A·G·鲍姆加登认为,审美是一种思维方式,审美过程是将低级认识论提升到理性的高度的途径。审美可以净化情感,升华道德。这也是地理教育中审美观念教育的意义。尽管当前的地理教育在审美方面的价值发挥并不足,但地理教育具有审美教育的价值,以后需要加强。

二、地理教育研究的对象

认识一门学科,除了要认识学科的性质,还需要明确其研究对象。"地理教育学"或"地理课程与教学论"作为一门学术性学科,需要明确它的研究对象到底是什么?尽管在中国的学科体系或学科分类目录中,这两个学科名称尚未有明确的位置,但作为从事这个方向的研究者,还是要明确其学科的位置,并通过努力将其发展为一门有独立的理论体系和独立地位的学科。任何一门独立的学科,都有自己特定的研究对象和研究领域,否则就失去了这门学科存在的价值。而任何一门学科的研究对象实际上是在学科发展过程中不断变化和发展的,是与学科发展的思想史相对应的。地理教育学科的研究对象也经历了一个发展变化的过程。早期以地理教学方法或称教材教法为研究对象("地理教学法"阶段),后来研究教育理论及其在地理教学过程中的应用("地理教学论"阶段),现在有研究者提出地理教育应以地理教学的独特问题与地理教学规律为研究对象,并提出构建地理教育理论体系、完善地理教育研究方法论和研究范式的目标,认为地理教育研究应循着科学化的研究路径发展("地理教育学"阶段)。袁书琪(2001)提出地理教育学的研究对象是地理教育系统,这是一个开放的系统,是一个由相互联系、相互依存的各种地理教育活动(现象)和为实现地理教育目的而组成的有机整体,地理教育系统既是地理教育学研究的出发点,同时也是这门科学研究过程中始终要把握的总的归结点。本书所认同的地理教育研究对象是以地理教育规律为核心的地理教育体系。地理教育研究应该揭示地理教育现象的机制,发现地理教育内在的客观规律,据此发展地理教育理论,在理论基础上指导地理教育实践。尤其要强调的是,作为地理教育研究对象的理论,是地理教育学独特的理论,而不是"解释学派"那类"鹦鹉学舌"般的普通教育理论的地理教育案例。

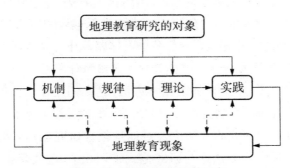

图3-3 地理教育研究的对象

《地理教育国际宪章》(1992版)在"地理教育研究"部分也回答了地理教育研究对象和研究内容的问题。地理教育研究旨在改进初等、中等、高等、职业和成人等教育阶段地理学科的教与学两方面的工作,也应对一般性的教学理论作出贡献。地理教育研究可以分为基础和应用研究两类。基础研究,旨在发展地理教育的基础理论。它研究地理教育的基本问题,例如儿童空间认识的发展、对环境的观念以及对人、地问题的态度。应用研究,着重地理教育实践,例如发展和评估包括新的信息技术、环境和发展教育,以及多元文化和全球研究等范畴的教学法和教材。

三、地理教育研究的任务与选题

地理教育研究的对象是地理教育规律,研究任务是揭示地理教育现象发生和发展的机制,发现地理教育内在的客观规律,研究目标是建立地理教育理论,在理论基础上能科学高效地指导地理教育实践。

《地理教育国际宪章》(2016版)在"地理教育研究"部分提出了鼓励地理教育政策制定者和地理教育者开展的研究任务,包括:对教室内和教室外的研究及其应用投注时间和资源,珍视当前在地理教育领域的研究和知识建构,不断寻求确定本领域内恰当的、相关的研究重点;同时提供了重要的研究选题,包括:学生需要学习什么地理内容?学生的错误认知和前概念是什么?如何提升其地理知识理解力和技能?如何理解学生的地理学习进展?怎样对他们进行最好的测量和评估?提升地理教育质量的有效教学资源和材料的特征是什么?哪些教学方法在提升地理教育质量方面既有效果又有效率?如何提升地理教师的培训水平,以及如何提升教师的教学质量和学生的学业水平等。

袁孝亭(2010)提出确立地理教育理论体系构建的逻辑起点、基于地理思想方法发现、解释、提炼和总结地理学科自身特有的教学规律原理。刘树凤(2013)提出建立地理教育方法论体系、确立研究范式、完善研究的逻辑思路、运用科学方法、开展实证研究等实现地理教育研究任务的路径。鉴于目前地理教育研究的学术水准低(袁孝亭,2010)和科学化程度低(刘树凤,2013)的现实,本书将一些完成研究任务的具体路径作为具体任务陈述如下。

1. 研究地理教育研究方法论并构建地理教育研究的科学范式

方法论是人们认识世界、改造世界的根本方法,是人们用什么样的方式、方法来观察事物和处理问题。传统的地理教育研究重在解决问题,很少关注问题解决的方法研究,即很少关注方法论研究。地理教育研究的方法论是对地理教育研究取向和研究方法的思想认识,是对研究的更高层次的思考。方法论与研究范式密切相关,范式是指某一特定学科的科学家所共有的基本世界观,它是由其特有的观察角度、基本假设、概念体系和研究方式构成的,它表示科学家看待和解释世界的基本方式。科学取向的方法论是本书强调的方法论,在科学方法论的基础上,才能建立地理教育研究的科学范式。

2. 研究科学研究的数量化方法在地理教育研究中的适用范围

科学,是对各种事实和现象进行观察、分类、归纳、演绎、分析、推理、计算和实验,从而发现规律,并对各种定量规律予以验证和公式化的知识体系。科学的本质特征之一是精密性,科学思维以数学形式来取得精密性。科学研究领域有大量的计算、统计、分析、推理方法,这些科学方法能够挖掘数据中的知识,发现数据背后蕴藏的规律。这些定量基础上的科学方法之前在地理教育研究领域很少被应用,因而科学方法在揭示地理教育规律方面的作用尚未发挥。我们要从跨学科的角度出发引入定量研究方法,统计和分析,发挥方法在揭示规律方面的特长。但是现在要研究的是哪些方法可以用在地理教育的哪些领域,哪些方法更适合挖掘地理教育数据中蕴含的知识,更适合应用于发现地理教育的规律。

3. 确立地理教育理论体系构建的逻辑起点

任何一种成熟的理论体系都必须有自己的逻辑起点。瞿葆奎等(1986)指出,学科的科学理论体系,应当从其逻辑起点出发,借助逻辑手段,按照学科的内在规律,层层推导,逐步展开,形成严密的逻辑系统。地理教育理论体系的构建首先应遵从地理科学知识认知的基本逻辑,揭示学生学习地理知识的认知过程和地理素养发展过程的独特性及其影响因素,这是地理教育的核心问题。同时遵从教育的逻辑,发现地理教育过程中的主要要素及其相互关系,从而总结出地理教育的原理与规律。

4. 基于假设开展实证研究构建地理教育理论体系

在地理教育理论体系的逻辑起点基础上,基于假设,通过大量的实证研究,对地理教育的诸要素及其相互关系的规律进行实验或实践检验,构建起一个地理教育的理论体系,这是重要的科学取向的地理教育研究的基础工作,也是地理教育研究的最核心和最重要任务。

5. 地理教育实践指导的方法论研究和实践

地理教育如何指导实践,也有方法论问题。要构建实践指导的方法论,并在方法论指导下,科学地去指导实践。要认识实践研究不是地理教育学研究的重点,实践研究一般不直接以理论建构为目标,只是地理教育理论的应用,主要是借助规律和理论,探究通过什么技术可以提高教育教学的效果。其目的,一是理论指导下的技术研究,二是解决教育教学对象的具体问题。不过,不能否认实践研究有时对理论也有贡献,毕竟规范的实践研究成果证明的是一套在实现目标上行之有效的实践措施,这里有对既有理论的再次证明,即提供了更多经验归纳的证据,同时也会发现新的教育目标的影响因素,只是它不以理论建构为直接目的,但有时确实可以从中找到新理论的痕迹。地理教育的实践研究可以很普遍,尤其在一线教师和教育硕士研究生中,但在地理教育学的学术研究圈内,实践研究不能喧宾夺主,不能将其理解为地理教育学研究的重点。有时,过多的实践研究会让地理教育学的研究者忘记了学科发展的目标,迷失地理教育学真正的研究方向。

6. 开展测量与评价的技术研究

数据统计与分析方法的应用前提是数据的采集和准确性,地理教育科学研究首先需要有相应问题的数据,采集准确的数据是分析和解决问题的前提。地理教育研究的数据采集是相对比较困难的,尤其是影响因素的数据,因为影响因素众多,内在因素都是涉及人的因素,目前因为量表的普遍缺乏,测评都很困难,所以我们首先需要在地理教育研究领域加强测量和评价技术的研究和测量工具的开发。地理教育领域的很多测量与评价都类似于心理学的测量与评价,需要开发测量量表,测量工具的开发技术在地理教育领域中的应用并不普遍和熟练,并且从事测量工具开发研究的学者非常少,学界的重视程度也不够,需要加强,开发测量工具是地理教育学科学化的前提。

第 3 节　地理教育理论研究和学科科学化的路径

一、地理教育理论研究首先需要加强测量工作

1. 科学发展建立在测量和数据之上

"因为所以,科学道理",儿童口中的歌诀浅显地表达了科学深奥的本质。科学的重要目的是解释世界(Samir, 2009),发现事物间的因果关系,揭示事物发展变化的规律,并且对世界进行预测(陈彦光等,2004)。科学通过观察、分类、归纳、演绎、分析、推理、计算和实验等科学方法,对各种定量规律予以验证和公式化(刘树凤,2013),从而形成模型并具备预测功能。科学研究的主要任务是建立数学模型(Neumann, 1961),一般能够对现象进行定量测量并建立数学模型的学科才算进入科学行列。天文学、物理学的科学化得益于运动物体的测量,化学的科学化得益于物质的识别及其质量的测量,生物学的科学化得益于生物指标检验的实现,自然地理学因为实现了对自然要素的测量,也被公认居于科学之列,这些自然科学已成为科学的代表。各社会学科也在积极努力成为具有可测量和模型化特征的"科学",心理学、经济学首当其冲,已步入科学行列,心理学的科学化起步于心理测量的发展及量表开发的成就,经济学的科学化来源于经济指标的建立和数据的可获取,而人文地理要素测量的实现和统计的支持,让人文地理学也在科学化的道路上迅速推进(陆玉麒,2011)。由此可见,科学发展建立在测量和数据之上,人文和社会科学可能也不例外。

2. 教育学是一门科学,正逐步认同数据测量和实证研究

教育学是研究教育活动及其规律的一门社会科学。《辞海》认为"教育学"和"教育科学"概念相同,它对"教育科学"的定义是,以自然科学研究方法论为原则,由运用实验等实证方法获得的有关教育的科学认识所构成的知识体系(夏征农等,2009)。新中国成立后,我国成立了"中国教育科学研究所",现更名为"中国教育科学研究院",它是教育部直属的国家级综合性教育科学研究机构。目前全国高等院校中,以"教育科学"命名的学院不胜枚举。以上三点证明了教育学的确是科学,并且表明了我国教育界志在实现教育科学化的决心。然而教育的科学化任务仍然十分艰巨。一方面是因为教育具有非常突出的人文性,教育面向的是人,其生理和心理发展的影响因素庞杂,系统机制异常复杂,并且教育现象和影响因素很难定量测量;另一方面,受学术界由来已久的科学与人文论争的影响,教育学领域有反对科学化的传统力量。传统观点认为教育是艺术,有价值取向,不符合科学的价值中立原则,认为教育研究的"科学化偏执"(张济洲,2006)会使教育陷入尴尬境地。因此,从整个教育学领域看,目前无法接受教育科研的主要是对建立数学模型的认识。不过,在当前教育科学化的

洪流之中,至少可以接受把定量测量和建立模型看作教育学科学化的标志,使其成为教育学的一个实证方向(袁振国,2017a;袁振国,2017b;袁振国,2019;袁振国,2020)。好在国内的这种努力自 2015 年华东师范大学联合多家单位共同创办全国教育实证研究论坛以来,声势正在逐年壮大。

图 3-4　全国教育实证研究论坛会场

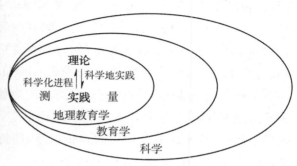

图 3-5　地理教育学内在属性及与教育学、科学关系图

3. 地理教育学是教育学的分支,但尚未成为独立的学科

我国的学科教育研究经历了教材教法、课程与教学论、学科教育学的历程(陶本一,2002),目前已成为我国教育科学体系中最有活力、成果丰硕、在推进素质教育中发挥重要作用的一个领域(裴娣娜,2019)。地理教育研究发展到地理教育学阶段,成为教育学中具有独特地位的分支学科似乎势在必行,并且曾经迹象明显。1990—2001 年,至少出版了 8 本以"地理教育学"为名称的教材(李涵畅等,1990;孙大文,1992;关伟等,1992;褚亚平等,1992;袁书琪,1995;杨新,1997;褚亚平,2000;袁书琪,2001),但自 2002—2022 这 20 年间,只在 2012 年出版了一本《中学地理教育学》(李晴,2012),为数众多的同类教材均仍以"地理教学论"的书名出现。为何"地理教育学"名称出现退热之势,又回归到"地理教学论"阶段?这从侧面说明了地理教育学尚未成为独立的学科。学科确立的标志是独特的理论体系的建立,目前的地理教育理论可能尚不能支撑起真正的"地理教育学"的学科大旗,而"地理教学论"概念的解读空间较大,可以理解为地理教学用到的理论,可以不具有地理教育的独特性。例如,建构主义理论就可以说是地理教学(用到的)理论,可以以"解释学派"(袁孝亭,2010)的视角为这些教育理论提供地理教学的特殊案例,因而亦可称为"地理教学论"。而它与地理综合思维、地理空间思维等发展理论的性质就不同,后者是真正的"地理教育学"所需要的,也是支撑地理教育学成为独立学科所必需的理论。地理教育学内在属性及与教育学、科学关系如图 3-5 所示。再从我国地理师范教育专业设置来看,本科专业是地理科学(师范),因为作为地理教师,标志性的特征是具有专业的地理科学知识,所以,本科培养重在地理科学专业知识,授予的是理学学士学位。但是真正到了研究生培养阶段,地理教育方向的硕博

士学术类专业是课程与教学论,下设地理教育方向,专业学位类硕士专业的名称是学科教学(地理)。两个专业所对应的学位是教育学硕(博)士学位和教育硕士学位,培养期间传授的知识主要是教育类知识。尽管目前有一些高校(首都师范大学、南京师范大学、江西师范大学)尝试在地理学一级学科下自设"地理教育学"专业,从地理学角度培养地理教育方向的硕士和博士,但课程体系仍在建设和探索阶段。所以从学位培养和专业设置来认识,地理教育更突出教育知识的传授,在学科归属上,它属于教育学科体系,教育理论是其学科的核心理论,但是,毋庸置疑,地理教育内容又具有地理学科的独特性,地理教育要成为独立学科必须建立系统的地理教育理论,这是普通教育理论不能代替的,是学科独立的标志。"课程与教学论"专业尚未分化出"地理课程与教学论"专业,地理教育只是其中的一个研究方向,这同样说明地理教育尚未成为独立的学科,并不具有独立的理论体系。学科寻求理论的生长点,形成多样化的理论形态,以保持持久的生命力,仍是一个艰苦而漫长的过程,建构地理教育学科的理论体系,路漫漫其修远兮,需要研究者不断求索(袁孝亭,2010)。

4. 地理教育学的独立需要科学化进程

教学研究的根本问题与任何一门学科的根本问题是一样的,就是如何保证真正揭示自己研究对象的客观规律,并形成理论,使其成为真正的科学。简言之,教学研究的根本问题就是如何科学化的问题(王策三,2005)。百年来,教育心理学家一直为建立科学取向的教学理论而努力(皮连生等,2011),致力成为独立学科的地理教育学也应加速科学化进程。地理教育学要真正迈入科学的行列,需要将发展地理教育理论体系明确列入学科建设目标和发展规划(刘树凤,2013)。从科学化的方法来看,首先要建构一套科学的研究方法系统并形成科学化的研究范式,坚持实证研究的路径,提高地理教育研究"科学发现"的产出,使其具备"科学研究"的特征。这样,地理教育的理论体系才能逐渐建构起来,最终成为教育学领域内有独特地位的分支学科,而不是教育学内部"鹦鹉学舌"型的附庸。

5. 促进地理教育学科学化首先需要加强测量工作

科学发展是建立在测量和数据之上的,因此,地理教育学的科学化也需要以地理教育测量和数据为基础。一门科学成熟的标志就是数学的进入(高夯,2021),研究者需要在经验归纳和理论演绎的基础上,形成地理教育的数学模型和理论假设,再通过数据测量和实证检验,证明理论假设的正确性和数学模型的精确性。地理教育学是以地理教育系统为研究对象,探索地理教育本质及其规律的学科。目前最迫切需要探索的是地理核心素养发展方面的机制,主要包括地理空间认知的机制、区域认知的机制、地理综合思维发展的机制、人地协调观形成的机制、环境行为发生的机制、地理实践力形成和培养的机制等,在发现了机制、揭示了规律的基础上形成地理教育理论。而要在这些方面开展研究则需要对这些素养进行测量,但地理教育领域内一直缺乏成熟的测量工具,这导致规律揭示和理论研究无法顺利进行。例如,要探索环境行为的发生机制,但环境行为水平无法衡量。虽然可以通过理论推演提出环境经历、环境态度、环境信念是影响环境行为的因素，但这些假设因素的水平又同样无法测量。没有测量数据，如何形成探索或验证因素和行为关系的数学模型？如何认识环境行为的发生机制呢？地理教育领域存在众多的关键概念，但很少有对应的测量工具，即使零星有，也因为没有形成后浪推前浪的研究潮流，其质量也不尽如人意。尤其是测量工具的研究在地理教育研究领域内尚处于边缘地位，加上教育具有艺术性、涉及人的概念、要素不可量化或不可精确测量的观念根深蒂固，导致地理教育测量发展缓慢。当前需要加强认识，改变观念，开启一个建构地理教育理论体系，为实现地理教育研究科学化的地理教育测量时代。

二、地理教育研究中测量的现状

1. 地理教育研究以定性方法为主，很少基于定量和测量

从国内三本地理教育类期刊《地理教育》《地理教学》《中学地理教学参考》中，随机抽取2021年各1册期刊，3册期刊共包括论文61篇。对论文所属的类型进行统计（见表3-1）。从定量（用数据作论据）和定性（没有用数据作论据）的分类来看，定量研究的论文占13.1%，定性研究的论文占86.9%；从研究的范式来看，属于经验归纳研究的论文占32.8%，属于理论演绎研究的论文占60.7%，属于实证研究中的基于定量数据对理论演绎提出的假设进行验证的论文仅占6.6%；从研究目标来看，直接以理论建构为目标的论文占3.3%，以建立规范和标准（汤茂林等，2020）为目标的论文占41.0%，间接涉及科学理论建构的应用研究论文占8.2%，纯应用研究的论文占47.5%。再从能代表地理教育学术研究最高水平的、国内仅有的两本设有地理教育栏目的CSSCI期刊《课程·教材·教法》和《天津师范大学学报（基础教育版）》来看，其2021年所发表的所有13篇地理教育类论文中，定量研究论文占23.1%，定量的实证研究论文占15.4%，未统计到直接以建构地理教育理论为目标的论文。统计结果反映了当前国内主流的地理教育研究以定性为主，定量研究较少；发现"是什么"（规范和标准）和解决"怎么办"（应用）的研究较多，发展地理教育理论的研究很少。另外，随机抽取2021年某期《教育研究》《心理发展与教育》《地理学报》期刊，统计它们所表征的宏观教育、教育心理学、地理科学领域学术顶层成果的研究取向，发现《教育研究》侧重中国教育的宏观性和政策性，定量的实证研究和理论研究确也不多，但教育心理学和地理科学方向上，则几乎都是定量的和以建立理论为目标的实证研究。相比而言，当前地理教育研究科学化水平偏低，定量研究、实证研究、理论研究很少，这种状态不能很有力地推动学科发展，因此要推进地理教育学科学化，应首先着力加强地理教育测量研究，从而为定量研究和实证研究提供基础和前提。

表 3-1　2021 年地理教育类论文与教育学、教育心理学、地理学权威期刊发表论文的结构对比

分类取向	类别	地理教育类一般领域普刊		地理教育类权威领域C刊		《教育研究》		《心理发展与教育》		《地理学报》	
		n	%	n	%	n	%	n	%	n	%
测量数据	用测量、调查或统计数据的分析结果作为论据	8	13.1	3	23.1	1	6.7	18	100	11	73.3
	没有用数据的分析结果作为论据	53	86.9	10	76.9	14	93.3	0	0	4	26.7
方法论和研究范式	经验归纳研究(无演绎)	20	32.8	5	38.5	4	26.7	0	0	0	0
	理论演绎研究(含客观证据)	37	60.7	5	38.5	9	60.0	0	0	3	20.0
	基于定性信息对假设进行验证的实证研究	0	0	1	7.7	1	6.7	0	0	2	13.3
	基于定量数据对假设进行验证的实证研究	4	6.6	2	15.4	1	6.7	18	100	10	66.7
	纯思辨研究—理论演绎研究(无客观证据)	0	0	0	0	0	0	0	0	0	0
研究目标	直接以建构科学理论为目标	2	3.3	0	0	3	20.0	16	88.9	13	86.7
	以建立规范和标准为目标	25	41.0	10	76.9	8	53.3	2	11.1	1	6.7
	间接涉及科学理论建构的应用	5	8.2	1	7.7	0	0	0	0	0	0
	纯应用(未设置理论建构目标)	29	47.5	2	15.4	4	26.7	0	0	1	6.7
样本文献数量		61		13		15		18		15	

2. 地理教学和研究领域对测量存在认识偏差，认同"考试"排斥"测量"

地理教育旨在发展学生的地理思维和核心素养，而学生的地理思维和核心素养水平却常常无法测量，教师无法知道学生的综合思维水平、区域认知水平、空间思维水平、人地协调观水平、地理实践能力水平。没有这些数据就无法评价地理教育在实现培养目标方面的成效，无法向他人证明教师的教学探索是科学合理的，在理论研究方面，也无法检验自变量对因变量的影响以及规律的存在。所以，测量和评价是科学研究的前提，而地理教育教学目标的准确测量是地理教育研究科学化的基础，地理教育研究需要掌握开发测量工具的科学方法，需要开发出一系列可信度高的测量工具。然而，尽管考试本身就是一种测量，试卷及其内容就是测量工具，但许多地理教师对"测量"的概念存在一种偏见。"考试"概念说得再多，月考、周考、日考、午考做得再"出格"，似乎都无碍，但只要换个"教育测量"的概念出现，许多

教师就会心生排斥。认为学生是活生生的个体,不可机械测量;认为情感态度与价值观具有多元性,不好测量或不宜测量。而对一些能测出结果的水平数据,如综合思维素养、地理实践能力、人地协调观水平、区域认知水平等又不屑一顾。核心素养测量不像地理学业考试,尽管目前客观上这些素养的测量工具仍存在质量和可靠性问题,测量出的结果可能并不能认为很精准,但客观上核心素养是完全可以测量的(段玉山,2018),发展和完善测量工具才是负责任的态度,而不是以此为由拒绝测量。在地理教育测量问题上,一方面完全视"测量"为异类;另一方面又对自己熟练操持的地理考试津津乐道,认为考试既传统又经典,甚至还会在无直接测量证据的情况下,凭借考试分数就宣称学生核心素养水平得到了提高。这些认识偏差阻碍着地理教育测量的发展。

3. 测量技术和分析方法不足,难以窥见现象背后的规律

目前在许多人文社会科学研究中,面向数据的测量技术和分析方法已相当成熟,而在地理教育研究领域,尽管在改革开放后迅速积累了丰富的研究成果,但科学方法的应用还非常少。在地理教育实践研究领域,考试分析中会运用到双向细目表、平均分、标准差、内容效度、信度、难度等指标和方法,但总体来说应用不普遍、专业性不高。因为教学一线的考试主要以评价学业水平和诊断学习问题为主要目的,测题研究、数据背后的规律探索、数学模型建构和地理教育理论的发展不是考试工作的重点,更不是中学一线地理教师的工作本职。在地理教育理论研究领域,揭示地理教育规律、建构地理教育理论的研究目前仍很少,基于测量的理论研究虽然逐渐出现,但并不多见,测量和统计方法的运用仍然不普遍、不成熟,尤其是基于定量数据开展实证研究的理念尚未形成,科学研究的技术路线和研究范式尚未建立,测量技术和分析方法的应用尚未成为学科发展的内在需求,诸如相关分析提供的因果关系检验、回归分析提供的机制和预测模型、因子分析提供的潜变量和降维分析、结构方程模型指向的多元机制分析、项目反应理论提供的测量工具质量分析以及各种新的数据分析方法,对许多地理教育研究者来说仍然显得陌生,对地理教育研究需要科学革命和范式转型没有足够认识,对传统方法的坚持和坚守仍然很"坚定"。而运用新的方法对测量数据进行科学分析,除了具有理论假设的实证功能,更有"发现未知的色彩",缺少测量技术和分析方法,那些隐藏在地理教育现象背后的、未知的科学规律就很难被发现,地理教育理论体系就很难建立起来(袁孝亭,2010)。

三、实现地理教育研究科学化的路径

1. 认识学科科学化和科学革命

1879 年,冯特(Wilhelm Wundt)在德国莱比锡大学创建了世界上第一个心理学实验室,用自然科学的实验方法对人的心理进行研究,这是心理学成为一门独立科学的标志。进入科学范畴的社会学科,前期都经过了艰难的科学革命,才建立了科学的研究范式,它们的科

学化历程给教育学指引了"科学革命"的道路。库恩(托马斯·库恩等,2012)在《科学革命的结构》中创设了"常规科学"和"科学革命"的术语。前者描绘了科学革命间歇期科学家所从事的"解谜"性质的工作样态,得到的是不出意料之外的科学发现;而后者是科学研究从旧的科学范式转变为新的科学范式的过程,是认识危机出现后世界观的改变,科学所发现的是一个有着完全不同运转方式的新世界。库恩认为,科学革命较少发生,大多数时候科学都处于常规活动状态,科学史是偶尔被科学革命中断的漫长常规科学时期。心理学、经济学、管理学等学科,不属于自然科学,但是它们都相继完成了科学革命,实现了研究范式转型,最终进入了科学行列。而志在跨越成为科学的教育学,需要通过科学革命接受科学的研究范式。地理教育学也不妨从地理教育理论体系的建构开始,在遇到瓶颈之时,思考科学化的路径,进行方法论的变革,乃至科学革命。目前地理教育学界可尝试深化地理教育研究科学化和科学革命的认识,用观念变革开启一个新的地理教育学时代,并用测量掀起促进地理教育发展的新一轮"冲击波"。

图 3-6　威廉·冯特　　　　图 3-7　托马斯·库恩

2. 解决科学化和测量的意愿问题

事物均有特定属性,某个事物是否符合某类事物的概念和具备其属性特征,需要进行判断或测量。测量是根据一定法则对事物进行数量化描述而非文字化表述的过程(张厚粲等,2012),目的是确定特定事物是否属于概念中的事物,或在多大程度上符合该事物的特征和理想标准。例如,地理教师展现出来的某些教学行为是否属于综合思维教学行为,或在多大程度上符合综合思维教学行为的理想标准,可以评几分。测量从技术上实现取决于能否找到量化的指标以及是否有实现准确测量的技术,而在现实中的实现则首先取决于是否认为有必要去做量化的工作。测量植根于社会活动(Duncan,1984),原本是为了满足人们的日常需要。古人在解决实际问题过程中,成功实现了对长度、面积、体积、重量以及时间的测量,测量虽然并不是科学研究专属的需求,但科学据此发展了起来。因此,科学的每个领域后来都发展出自身的一套测量程序,以加速科学发展的进程。教育学要素的测量不像自然科学那样成熟,这些要素无形无色,难以捉摸,而且衍生于多个变化不定的理论之中,确实难以精确测量。但要认识到教育现象本质并非不能测量，只是暂时无法实现测量，这并不是测量技术的问题，而是能不能接受科学化和定量测量的观念，或者愿不愿意去发展测量技术的问题。而一旦解决了观念和意愿的问题，攻克测量技术难关绝不会比当年心理学解决测量问题更困难，毕竟现在是一个技术爆发的时代，脑电图、眼动仪、机读卡、电子书包、智慧教室、元宇宙（metaverse）等各类基于硬件的技术，以及诸如测量工具开发技术、测谎技术、心理实验者生成系统（E-Prime）软件、元分析（meta-analysis）技术等不胜枚举的各种非硬件的新技术、新手段、新软件，可以越来越多地应用到教育测量领域。技术永远为我们的意愿服务，两者相伴才能共同助力教育科学化。而两者一旦"璧合"，则会促使教育理论体系细分和深化，教育理论建构将会出现"珠联"式增长。期待地理教育学在这个观念转变过程中不甘落后。

图3-8　眼动追踪技术在教育测量中的应用（左为眼动轨迹图、右为眼动热点图）

3. 坚信教育因素可以量化

所有事物及其所涵盖的元素都是可以测量的（黄璇，2016），作为教育目标的情感、态度与价值观也和自然、生理、心理因素一样，并不例外于科学，生物学和心理学的发展已经证明生理和心理因素水平的测量并不困难。通常认为，价值观有多元性，不具有唯一标准，不好测量。其实不同的测量是从不同的侧面刻画同一现象，可以得到不同的结果（罗伯特·F·德威利斯，2010）。价值观的测量并不否认多元性，测量者只是基于一个特定的标准去评价其符合度，一种思想或行为，换用不同的标准（如社会主义核心价值观和西方价值观）衡量，就会有不同的结果，而并不是不可测量。以教育是艺术、有价值取向为由拒绝承认其可测量性是站不住脚的，教育是否符合学生的认知规律是可以评说的，教育行为和教育结果是否符合社会主义核心价值观的要求是需要评价的，低分的、不符合的是需要摈弃的。教师总是能用语言去评价学生，如某学生有非常强的家国情怀，某学生毫无家国意识，尽管教师还坚称"这不好定量衡量"，但实际他已经在定量了，前者为1分，后者为0分。如果觉得要么为1、要么为0的定量过于绝对，就提供5个等级，家国情怀非常强（5分）、比较强（4分）、一般（3分）、较弱（2分）、很弱（1分），由教师去判断两个学生的家国情怀分别属于什么等级，从而实现定量。或者作为评价者，理应拿出家国情怀的评价指标和各指标的评价标准，将学生在家国情怀指标方面的表现与评价标准进行比对,看看属于标准中的哪个等级,从而实现量的测定。如果各个指标在评价中的重要性有所不同,就用权重去调节。可见,量化并不神秘,难的是信念。坚信教育因素可以量化,余下的同样就是容易实现的技术问题了。

4. 遵循测量工具开发的技术路线

地理教育加强测量工作,就需要有相当可观的测量工具,这是基础,也是目前特别缺乏的。同时,需要有一批测量工具的开发者,以保证测量工具开发的持续性。当然,更需要有严谨的开发测量工具的技术,这是测量工具开发工作的技术保障。测量工具开发的主要环节包括概念的界定、维度的划分、评价标准的确立、测量工具的编制和检验等环节,开发和检验过程具有相对的复杂性,可以分为如图3-9的五个步骤(卢晓旭,2023)。测量工具的质量检验要考虑试测样本是否具有代表性,考虑质量检验指标和检验方法,同时要考虑能不能得到常模。以环境行为水平测量工具开发为例,首先,要对环境行为作定义。环境行为是个体在日常生活中主动采取的作用于环境状况改变的行动,理想的环境行为是对环境友善、有利于环境保护,促进人地协调的行为。其次,要定量测量个体环境行为水平,需要在定义的基础上根据文献资料从理论的角度确定它细分的维度,包括财务行为、说服行为、生态管理行为、公民行为四个维度,根据这四个维度编制测题,并进行内容效度检验。再次,通过代表总体的样本试测,检验信度、结构效度等指标,经过一个反复修改的过程,得到一份质量检验通过的环境行为水平测量工具。最后,再在代表总体的样本测试中得到常模。测量工具的开发者要掌握并遵循这套技术路线,并不断发展和完善,最终能使开发出的地理教育测量工具具有更高的质量。

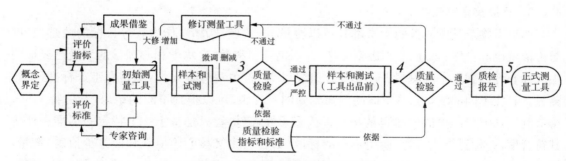

图 3-9 测量工具开发的技术路线

5. 增强研究的检验意识

每项实证研究都有理论假设和研究目标,测量可帮助检验假设并判断是否能实现研究的目标。有了测量,假设是否成立,实验是否成功,效果是否显著,过程可否终结都可以作出判断,因此,研究者需要有研究假设和研究目标的检验意识。以教师人地协调观教学倾向的理论研究(谢淑敏等,2022)和实践研究为例,理论研究选题是揭示和表达人地协调观教学倾向的形成规律,需要从理论推演中先提出教师人地协调观教学倾向的影响因素假设和机制模型假设,此项研究的目标是在假设检验的基础上建构教师人地协调观教学倾向的发展理论。实践研究选题的假设是一套培训和管理措施可以提高教师样本的人地协调观教学倾向水平,研究目标是提出一套经实践检验科学有效的可提高教师人地协调观教学倾向水平的培训和管理措施。要检验假设,首先需要有测量教师人地协调观教学倾向水平的工具,以及各影响因素的测量工具,还要有培训和管理措施的规范或标准。当这些因素可以实现测量时,假设模型是否成立、教学措施是否有效就可以实现检验了,研究任务是否完成就可以有了终结的标准。这是有检验意识的研究的技术规程,而许多研究在立项后,似乎时时、处处都在做研究,一方面不知何时能结题,另一方面又似乎随时都可结题,这就是缺乏研究假设和研究目标的检验意识的现象。所以,检验可以促进测量的作用发挥,帮助确定是否实现目标和完成使命。

期待地理教育研究加强测量工作,助力地理教育研究完成范式转型,实现地理教育研究的科学化,迎接地理教育学科学化的"春天"。

第4章　地理教育研究的科学取向范式

　　自古至今，指导教学实践的理论，基本是哲学取向的。中国从孔子到陶行知，西方的苏格拉底、夸美纽斯、赫尔巴特、杜威、罗杰斯等人的教学理论，都是哲学取向的。同哲学取向的教学理论相比，科学取向的教学理论只有很短的历史。100年前美国著名哲学家兼心理学家威廉·詹姆斯说：心理学是科学，而教学则是艺术。近百年来，科学心理学家一直为建立科学取向的教学理论而努力。早期美国行为主义心理学家桑代克、斯金纳和心理与教学测量专家做了许多努力，直到1969年才出现教学心理学这个专门术语。教学心理学也就是科学取向的教学理论，斯金纳的程序教学理论，布鲁纳的认知发展理论和发现教学模式，奥苏伯尔的有意义学习理论和接受学习模式，维特罗克的生成学习理论、信息加工心理学的陈述性知识与程序性知识相互作用与转化的理论，加涅的学习条件理论，布卢姆教学目标分类学等，都是科学取向的教学理论。科学取向的教学理论中的概念一般经过严格定义，由这些概念构成的原理含义清晰，教学理论是处方式的，能明确地说明教师要做什么和如何做，可操作性强，因为是实证过的科学理论，其指导教学的效率高，用这样的理论培训教师，其教学水平提高快，专业发展也相对较快（皮连生等，2011）。但是在地理教育领域，一方面独特的地理教育理论体系尚未形成，科学取向的地理教育理论就更加缺乏。教学理论是指导教学的，它要明确教学要向哪里去的教学目标问题，要研究如何实现目标的科学有效的教学策略问题，同时要研究学生是否已经达到了目标的科学精准测量问题。如何开展地理教育理论建构研究、地理教育实践研究以及地理教育目标的测量工作？本章介绍科学取向的地理教育理论研究、实践研究范式，以及测量工具开发的技术路线。

第 1 节　地理教育理论研究范式

地理教育学是一门应用理论学科。作为应用理论学科,它应该有一套面向地理教育实践的理论体系。传统的地理教学研究缺乏创新和独特的理论成果的一个重要原因就在于学科轻视理论研究,就事论事,以具体的经验总结代替理论研究的成果,实践经验虽然客观真实,也不乏归纳概括,但其和系统化的科学理论相比,还缺少系统性和准确性(袁书琪,2001)。地理教育学要站在更高的层次上,研究地理教育系统,揭示地理教育现象的本质,提出并解决地理教育实践中出现的矛盾和问题,就必须建立在坚实而深厚的理论基础之上,因此必须开展地理教育理论研究。

一、地理教育理论研究的概念

有一件趣闻,据说有两个人在飞机上聊了起来。一个人说他从事的是理论研究,另一个人说他是做应用研究的。从事理论研究的人就问从事应用研究的人:"什么是应用研究?"应用研究的人很郁闷,但不知怎么回答,于是反问对方:"那什么是理论研究?"理论研究的人也无语。于是,两个人下了飞机后,聚在一起,开始认真研讨什么是理论研究,什么是应用研究。他们开始研讨的第一个问题,也是一个最简单的问题:"地球是方的还是圆的,这个研究到底是理论研究还是应用研究?"(孙西洋,2021)

这个趣闻多少有点笑话的意味,那到底什么是理论研究,什么是应用研究呢? 笔者查阅了知网上的文献,试图找到答案,可是出现数百万篇全文中有"理论研究"的文献,数万篇标题中有"理论研究"的文献,可是最终仍然找不到"什么是理论研究"这一问题的答案,也没有直接找到一个所谓的理论研究的通用范式。可能是限于认识的浅薄,什么是理论研究,以及什么是地理教育的理论研究一直是笔者在思考的问题。地理教育实践研究的科学范式已先行建立起来,并成为作者集体的研究规则,而理论研究又是什么? 地理教育理论研究的科学取向范式又应该如何建立? 则需要思考。严格说来,范式不是研究出来的,而是从大家共同遵守的研究准则中总结出来的,但是,面对学科科学化的需求,新的科学取向的范式需要建构,并需要扩大共同体的范围。

让我们不避开"理论研究"的概念来说它的概念,它有两层含义:一是利用理论进行推演的研究,不涉及实践,就是一种以演绎为过程特征的研究;二是以理论建构为目的的研究,即研究理论,并提出新理论(或完善现有的理论),它不仅包括前者的利用理论进行推演(演绎法)形成理论,还包括在实践中归纳总结(归纳法)形成理论,并且,这些理论如果作为假设,理论研究则还包括通过实验或实践对理论假设进行实证的过程。

什么是地理教育理论研究？举例来说，怎样才能培养学生的地理空间思维能力？这是理论研究还是实践研究？如果将其界定为实践研究，可能多数情况下，教师就是根据实践经验，提出一些教学措施，并有可能在实践中检验教学措施在提高学生地理空间思维能力方面是否有效。这些操作方法的提出有没有理论根据，教师可以并不在意，可以凭经验教学，再看教学的效果。这是实践研究的范式，其中有检验环节，具有一定的科学取向。而提出的教学措施科学吗？高效吗？怎样才能尊重学生的认知、顺应认知规律去有把握地开展教学实践，高效率地提高学生的地理空间思维能力呢？我们需要知道学生地理空间思维能力的内在和外在的影响因素是什么，它们的作用机制是什么？这种因素和作用机制是不是普遍的规律？要研究这些问题，就属于理论研究。地理空间思维是地理学科独特的概念，它的发生规律的揭示和发展理论的形成是地理教育学独特的任务，没有其他学科以此为研究目标。这种在地理教育独特的概念体系框架下，所开展的理论体系建构研究，就属于地理教育理论研究。它将为地理教育实践提供科学和高效的指导。

地理教育理论研究是谁的责任和任务？地理教育学的主要任务是揭示地理教育规律，建构地理教育理论。地理教育学经历了地理教材教法、地理教学论和地理教育学的发展阶段，地理教育学的出现是学科科学化的要求，也是学科发展的必由之路。地理教育学不只是教材教法，也不是普通教育理论的学科案例，它是一门科学，发展这门科学是地理教育学理论工作者责无旁贷的任务，没有其他人能够代替。而地理教育实践研究是地理教育学的一个分支，或者说是应用方向的延伸，地理教育学理论工作者是可以去做，教学一线的教师更应该去做，即使高校的地理教育学理论工作者不去做，仍然还有一线教师可以承担。而如果地理教育学理论工作者不开展理论研究，地理教育理论研究的"前沿阵地"几乎就没有应该在这个位置上的"战士"了，而作为"后方"的地理教育实践领域的老师们就会茫然，因为实践没有了理论的指引，就会呈现"个人经验主义"和混乱的无组织状态了。尽管实践领域不会真正出现"混乱的无组织状态"，但地理教育理论的缺乏确实会使得地理教学实践低效，也会使地理教育学学科地位低下。在这里有必要再回顾一下袁孝亭（2010）提及的尴尬场面：课程与教学论的研究者有时会被问及诸如此类的问题："你们究竟发现了、归纳了多少地理学科特有的教学原理和规律？""地理课程与教学论学科是否有自己健全的概念、原理体系？""你们的研究成果对地理教学实践的影响到底有多大？"让人深感窘迫和惭愧的是，地理课程与教学论的学术研究存在诸如地理学科特色不鲜明，概念原理体系不完整，缺乏基于学科的重大问题，指导教学实践捉襟见肘等问题，不得不说，现在我们仍难以拿出有说服力的事实依据去回答和消除地理教师的质疑和困惑。十多年过去了，现在我们是否已经可以拿出有说服力的事实依据去回答地理教育理论建构的问题？我们是否已经建构起了系统的地理教育理论体系？可能这十年多年来，地理教育领域增添了许多成果，但还是如袁老师所说，路漫漫其修远兮，仍然需要我们地理教育研究者们继续求索。

还有一个问题，就是教育决策和课程标准研究是否属于理论研究。本书理解，这不属于直接的理论研究，而是理论之上的行动决策。作为国家层面的教育决策和国家课程标准的研制，可以理解为理论研究塔基最顶端的塔尖，是所有教育理论的集大成，在课程标准中形成的新理论视角。不是课程标准研制者因为水平高而想出了核心素养，而是长期大量的理论研究提出了核心素养，课程标准研制者本身也是高水平的理论研究者，他们代表国家将这些理论研究的成果综合集成到具有国家意志的课程标准中，让理论研究成果从学术界走向教育实践，从学术期刊和专著中走进中小学课本。

教育决策和课程标准的研制是理论研究基础上的决策，是需要理论支撑的，在没有充分理论的情况下，科学有效的教育决策是很难做到的，试想，如果没有马克思主义理论和毛泽东思想的指导，中国革命的战略决策，是很难做到的，或很难成功的。也正如国家行政机构需要研究职能机构提供的咨询报告，国家领导人的案头也会放有《经济研究》《教育研究》等学术期刊，这些是理论为国家制定政策服务的例证。而有了丰富的地理教育理论，国家地理教育方向的选择、地理人才培养的目标、地理课程标准的制定，就有了更多的依据，制定过程中的分歧就会少很多。所以，无论一线的教学实践，还是国家决策层的政策和标准制定，都需要丰实的理论研究作为基础。

二、地理教育理论研究的范式

如何开展地理教育理论研究，这是一个研究范式的问题。尤其是科学取向的地理教育理论研究应该如何开展？

按照托马斯·库恩等（2012）的论述，"范式"是从事某种特定学科的研究者们在这一学科领域内所达成的共识及其基本观点，是一个学科共同体在研究准则、理论架构、概念体系、价值取向等方面的某些共同约定，尤其是通过研究实践中的范例，即"一组标准事例"来理解的共同约定和研究规则。因此，从这个意义上说，范式是一种世界观，是最高层次的方法论，它有共同的基本理论、观点和方法，共同的自然观、价值取向和信念。不同学科的研究范式不尽相同，相同的学科也会存在不同的研究范式。但无论是哪种科学研究，都是在一定的研究范式指导下观察对象、收集并分析资料、检验假设、发展知识的过程。不论在实际生活里，还是在认知逻辑上，"范式"都意味着共同体成员围绕着特定学科或专业领域建立起来的共同信念、共同取向和共同的研究范围。没有范式，科学研究也就无从进行，而范式如果没有共同体遵循，也不能成其为范式（文军，2012）。

地理教育理论研究从宏观来看，是学科发展的方向和路径。从微观来看，是具体选题研究的技术路线。有必要建立基于实证研究的、科学取向的、理论研究的范式，并希望该范式能成为地理教育理论研究共同体遵循的规范，从而使其成为一个现实的范式。

1. 宏观(方向上)的地理教育理论研究

袁孝亭(2010)指出任何一种成熟的理论体系都必须有自己的逻辑起点,学科的科学理论体系一般认为,首先应当确认它的逻辑起点,从逻辑起点出发,借助逻辑手段,按照学科的内在规律,层层推导,逐步展开,建构严谨的内容和逻辑系统。地理课程与教学论学科,找到自己研究的逻辑起点,进而构建其学科特色鲜明的理论体系,这是走出困境及学术低水准状态的必由路径。

刘树凤(2013)在谈到中国地理教育的未来发展时提到,科学化应是地理教育研究的基调,是中国地理教育未来发展的基本选择和必由之路。地理教育科学化不是一个被动的目标,而应成为我们的主动追求。其基本目标一是建立地理教育学自身的理论体系,二是构建一套科学的研究方法系统和研究范式。学科发展需要做的首先是加强学科发展规划,确立理论体系的建设目标,在此引导下,全面地揭示地理教育规律,最终形成地理教育理论体系,并建立方法系统和研究范式。

可见两位老师都认识到地理教育理论是学科发展的短板,及加强地理教育理论体系的建构对学科生命力的意义,而加强学科理论建设规划就显得非常重要,它对学科发展具有前瞻性和指引性。总结得到,地理教育理论体系建构的实证研究范式如图4-1所示。

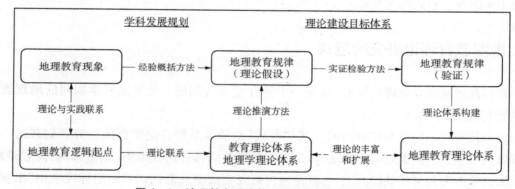

图4-1 地理教育理论体系建构的实证研究范式

袁孝亭(2010)在分析地理教育理论缺乏问题时认为,长期以来地理课程与教学论只是跟在一般教育理论的论题、热点后面进行跟风式研究,而不是着眼学科自身的逻辑和方法论,不是对学科教学特有的规律进行耐心细致的探索,这已成为地理课程与教学研究的主流和常态。例如,一般教育、教学倡导探究学习了,于是大家去开展地理探究学习的研究;当有效教学成为一般教育、教学的研究热点时,大家就跟在后面进行地理有效教学的研究,如此等等。这样的研究简单套用一套教学论的理论框架与研究范式,所获得的学术成果即便不是拾人牙慧,往往也仅能起到用地理学科教学的例证去证明某种教学理论正确性的作用,而地理学科教学的独特问题与教学规律则很少被发现、被提炼和总结出来。目前地理课程与教学研究过于偏重思辨式的演绎研究,导致其在理论体系的建构上,只是简单地从普通教学论的理论框架"鹦鹉学舌"式的演绎移植过来,因而具有明显的"解释学派"的特征,既没有自己的话语系统,更没有建构起自己的概念原理体系。

袁孝亭指出,真正意义上的地理课程与教学研究应当是基于地理学科的,以地理思想方法为主要方法论依据的研究。这种研究的显著特点应当是从地理思想方法的指向性要求出发,立足于提出、归纳、提炼和总结地理教学中特有的问题、规律与原理。一方面要遵从学科的基本逻辑,努力揭示学生学习地理的认知过程的独特性及其影响因素,着眼解决地理学科教学本源、核心的问题,另一方面还必须遵从教育教学的逻辑,揭示地理教学过程中诸要素及其相互关系,总结出相应的教学原理与规律。在学科逻辑与教育逻辑的共同关照下,形成对地理特有教学规律的认识。但由于地理课程与教学论学科尚未找到构建自身理论体系的逻辑起点,所以现阶段真正意义上的地理课程与教学研究还未很好地开展起来,这是导致这门学科仍未形成成熟的概念与原理体系,学科特色不鲜明,学科地位低下,对实际教学影响很小的根本原因。

而实证研究可以揭示事物之间的相关性。占有第一手资料,对科学研究极其重要,而实证研究是获取第一手资料的必要方法。借助实证研究有助于科学发现的产出,研究的过程和结果,才具有可检验性,同时也能够使地理课程与教学研究具备科学研究的特征。当我们基于地理思想方法去发现、总结地理教学领域更具特色的区别于一般教育教学理论的元素时,其研究带有很强的发现未知的色彩,仅仅通过演绎是难以有大的作为的,而针对基本思想方法提出的具有基础意义的问题做实证研究,在归纳基础上再进行理论抽象,地理课程与教学的理论体系才能真正建构起来。据此,总结出宏观方向上的地理教育理论研究的实证范式,如图 4-2 所示。

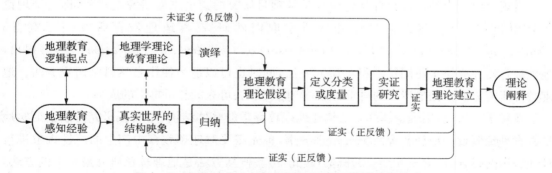

图 4-2 宏观(方向上)的地理教育理论研究的实证范式

地理教育需要建构的理论体系应围绕地理学科核心育人价值展开,同时参考了《地理教育国际宪章》(1992 版)①的地理教育理论研究方向,它强调基础研究旨在发展地理教育的基

---

① 《地理教育国际宪章》虽然有新版本 2016 版,但是 2016 版宪章中也说明了新版是一个简洁的版本,它建议如果需要寻找更多详细信息,还是需要查阅 1992 版宪章的内容。这意味着,两版宪章有互补之处,可配合使用。所以,本书在许多地方引用了 1992 版《地理教育国际宪章》的内容,并不说明引用了旧资料,而是表明有些内容还必须从 1992 版宪章中获取。

础理论,研究地理教育的基本问题,例如儿童空间认识的发展、环境观念的形成以及地理思维的发展等。此处提出包括但不限于以下方面的理论研究选题。列出这些选题旨在为地理教育理论研究者进一步提出更全面和更深入的地理教育理论研究选题、规划地理教育理论体系起抛砖引玉的作用。

- 地理知识点(如热力环流知识)的学生认知因素和教学理论
- 地理学科技能(如地图技能)的发生机制和发展理论
- 社会需求对公民地理素养结构的要求
- 地理综合思维的生成机制和发展理论
- 地理区域思维的生成机制和发展理论
- 地理空间思维的生成机制和发展理论
- 地理过程思维的生成机制和发展理论
- 环境行为的生成机制和发展理论
- 人地观念的生成机制和发展理论
- 国际理解的生成机制和发展理论
- 家国情怀的生成机制和发展理论
- 地理审美观念的生成机制和发展理论
- 地理教师地理教育素养的结构要求
- 地理教师教育素养的生成机制和发展理论

2. 微观(项目上)的地理教育理论研究

微观(项目上)的地理教育理论研究是从项目研究的角度来看研究范式的,即一个理论研究项目选题,应该如何具体开展科学取向的研究。《地理教育研究国际宣言》(*International Geographical Union Commission on Geographical Education*, 2015)提出,地理教育研究应切实使用社会科学研究方法,同时也可以适当使用自然科学研究方法。地理教育研究需要依托最严谨的科学方法,产生有效的、可靠的和可推广的成果。

在科学方法上,用理论演绎方法构建地理教育学的整体结构,用实证研究方法去证实地理教育理论假设。地理教育研究要走进科学,首先需要对地理教育中产生的感性现象进行理性认识的提升,这离不开经验的概括,因此,经验概括方法是地理教育研究最基本的方法,它从教育实践出发,对感性现象进行理性思考。地理教育作为一门学科,需要构建其学科体系,需要发现规律,提出理论假设,这些都需要借助理论演绎方法。而理论演绎所形成的知识或理论体系需要数据的支持和实证的检验,以确认其不仅为经验概括和理论推演的结果,而且是可以重复和检验的规律。实证研究方法与理论演绎方法、经验概括方法共同组成了地理教育研究的方法论体系(袁书琪,2001)。

从理论研究中规律的普遍性来看,规律的普遍性代表了其能覆盖所有样本,当然是统计意义上的或者是或然论基础上的,而例外又是另一个话题,可理解为其他因素发生的作用干扰了普遍规律的表现。而一个研究者的研究是不可能取得全样本或总体样本的,也很难取得完全能代表总体的样本,因此要求,无论是大样本还是小样本的研究,所研究的地理教育问题的本质和研究过程都应该是力求科学的,在研究取得可信的成果基础上,它们和基于其他样本的同类成果共同为地理教育研究提供更全面和深入的普遍性信息。

多样化的科学方法对于地理教育研究意义重大,这些方法包括实证研究方法、理论推演方法、经验概括方法、比较研究方法、历史研究方法,以及多种定性和定量角度的研究方法,还应遵循解释性的和实证性的范式等。研究者要根据研究目的、调查中的问题和研究的背景仔细选择方法。并且,所有研究都应符合国家和相关机构的研究伦理要求的最高道德标准。本文以实证研究方法论为基础,设计了如图4-3所示的微观(项目上)的地理教育理论研究的实证范式。

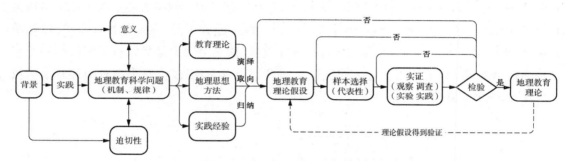

图4-3 微观(项目上)的地理教育理论研究的实证范式

地理教育理论研究者在一定的教育社会背景下,从直接实践或间接实践中提出具有较大意义和解决迫切性的地理教育的科学问题,在地理学思想方法的取向下,通过教育理论演绎和实践经验归纳,形成先于经验的命题,即地理教育理论假设。然后设计研究思路,开发或选择测量工具,检验测量工具的质量,初选研究对象,在此基础上进行研究伦理论证,通过伦理审查之后招募志愿者样本,通过后开展实测和实证研究,检验理论假设的正确性,如果假设得到实证,则一项理论研究完成,否则重复上述研究过程。

例如,研究影响地理教学目标实现度的影响因素,研究者从教学实践中发现,将教学目标呈现给学生和不呈现给学生,呈现中发放给学生和简单展示给学生,对教学目标达成度的影响不同,于是根据认知理论提出假设,地理教学目标呈现方式对地理教学目标实现度有不同的影响。下一步按自变量教学目标呈现方式将选择的样本分组,控制其他变量,开展仅有教学目标呈现方式不同的教学,并运用教学目标实现度测量工具,对各实验分组进行教学目标达成度测量,最终检验假设。不过这项研究在地理思想方法上独特性欠缺,仅是用地理学科教学的例证去证明某种普通的教学规律,对地理教育学科独特的理论体系的建构作用并不独特。

表 4-1　教学目标呈现方式的教学效率实验研究变量

	因变量 Y	自变量 X_1	控制变量 1	……	控制变量 m
	教学目标达成度	目标呈现方式	变量 1		变量 m
班级 1	低?	不呈现	控制相同	控制相同	控制相同
班级 2	中?	展示呈现	控制相同	控制相同	控制相同
班级 3	高?	发放呈现	控制相同	控制相同	控制相同

再如,地理教学专家型教师和新手型教师教学效率不同是一个事实,但究竟哪些差异因素是导致教学效果差异的原因。地理教学效率差异的规律究竟是什么? 我们可以去探索。张璐(2002)在 John Carroll 的教学模式基础上,总结绘制了教学效率的影响因素及其结构关系图(如图 4-4)。据此理论分析,新手型教师由于教学经验不足,在教学设计水平、教学质量水平、激励水平等方面与专家型教师往往存在差异,这三个因素是导致新手型教师和专家型教师教学效率差异的原因。为了求证这个假设是否成立,以多位新手型教师和专家型教师为样本,开展实证研究。

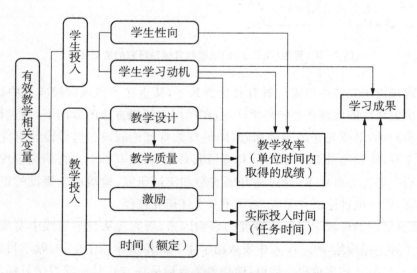

图 4-4　教学效率的影响因素及其结构关系图

教师教学效果差异的三个影响因素具体可分解成 11 个次级因素和一些其他因素,如表 4-2 所示。通过专家型教师和新手型教师的 11 个指标数据的比较,最终检验新手型教师和专家型教师教学效率差异的原因假设。

表4-2 新手型教师与经验型教师教学效果差异的因素假设

因素大类	因素分解	因素属性
A教学设计水平	1. 学科知识水平	新手短期难提高
	2. 学情认知水平	新手短期难提高
	3. 学科教学知识水平	新手短期难提高
	4. 教学目标设计水平	新手可短期提高
	5. 教学过程设计水平	新手可短期提高
B教学质量	6. 目标关注意识	新手可短期提高
	7. 教学过程和方法实施水平	新手可短期提高
	8. 组织教学和应急处理水平	新手短期难提高
	9. 评价水平	新手短期难提高
C激励水平	10. 激励意识	新手短期难提高
	11. 激励实施水平	新手短期难提高
D其他因素	12. 其他(学生基础、教学环境)	差异较大,实验控制或随机大样本研究

表4-3 地理教学专家型教师和新手型教师教学效率差异的因素研究

	因变量 Y	自变量 X_1	自变量 X_2	……	控制变量 Xm（有差异）	控制变量 Xn（无差异）
	教学效果	教学因素1	教学因素2	……	变量 Xm	变量 Xn
新手1						
新手2						
……						
专家1						
专家2						
……						

再如,地理空间思维的发展规律这一理论问题。我们要提出地理空间思维发展理论,如何才能得出这个理论？教育学者通过普通空间思维的理论演绎,得到了一些影响地理空间思维的因素,研究也可完成。而袁孝亭(2010)认为演绎对于地理教育理论的发展是难有作为的,因为,演绎研究不能获得第一手数据,不能从中发现具体的规律,更不能建立科学模型,所以需要做实证研究。下面展示了空间思维、综合思维、环境观念等实证性理论研究的技术路线。具体地理教育理论研究的案例可见第7章。

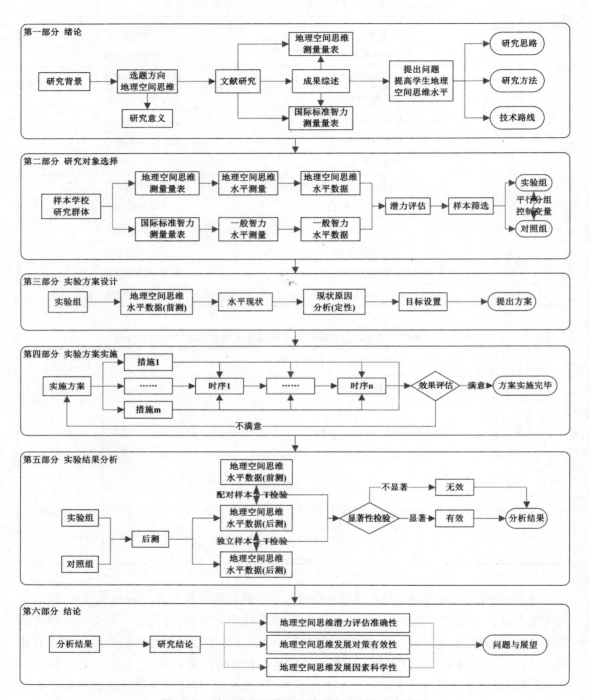

图 4 - 5　地理空间思维实证性理论研究的技术路线

　　　　　　　　地理教育研究的实证视角

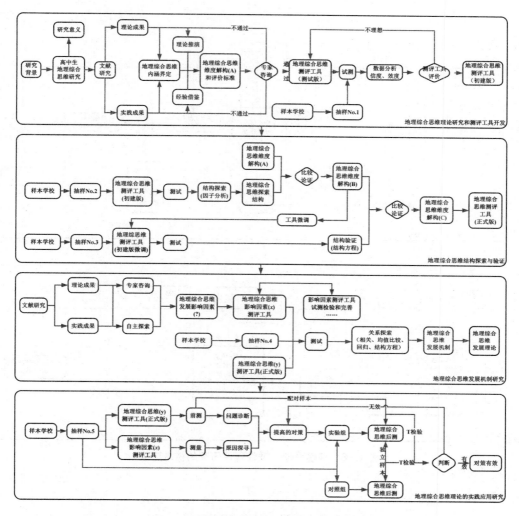

图4-6 地理综合思维实证性理论研究的技术路线

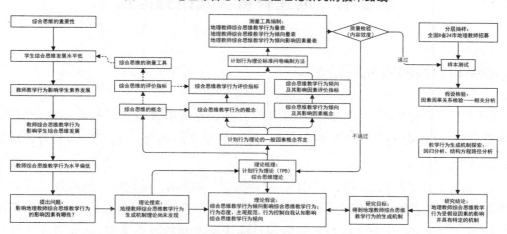

图4-7 地理教师综合思维教学行为理论研究的技术路线

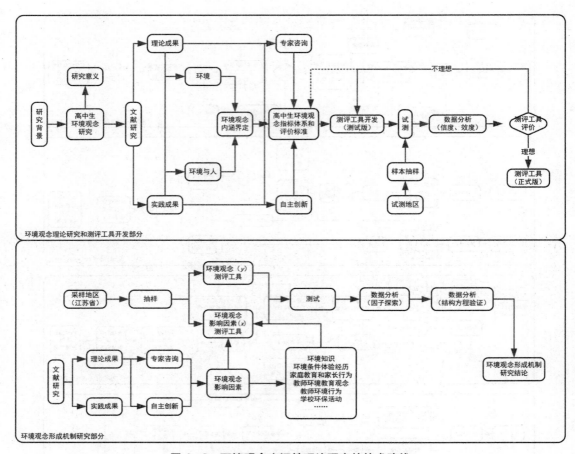

图4-8 环境观念实证性理论研究的技术路线

第2节　地理教育实践研究范式

一、地理教育实践研究的概念

现代汉语词典给"实践"下的定义是：人们有意识地从事改造自然和改造社会的活动。"实践研究"和前面的"理论研究"一样，也是一个很难定义的概念。在这里，将教育领域的实践研究表述为两种含义。

一是通过实践进行理论研究，即用实际行动去检验真理。是指以一定的教育理论为指导，提出具体的理论假设，运用科学实验或实践的原理和方法，操纵教育因素，并观察和测量其对目标变量的影响，考察这些教育措施与目标变量之间的因果关系，从而验证或证伪假设,探求教育规律,它以实践的方式检验假设,发现规律,形成理论。这种类型的实践研究还是属于理论研究范畴,只不过是理论研究中的实践(或实验)研究,这种实践(或实验)与调查(或访谈)等研究方式不同,更和纯理论推演的研究不同,有面向对象的实际教育行动,仍然可以属于理论研究的范畴,是通过实践(或实验)进行的理论研究。

二是指应用研究,旨在通过实践去改变对象的现状的研究。它遵循问题解决的思维,可以包括发现问题、分析问题、提出假设、检验假设等环节。在发现研究对象的某些方面的问题和原因之后,根据理论提出具体的指向目标的对策假设,然后实施对策,最终检验研究对象的问题是否解决。这种应用性的实践研究不以理论建构为目标,主要以解决研究对象的问题、提高研究对象的水平为目标,不过这种研究也是在科学理论指导下形成实践的对策措施,作为实践研究的成果,研究对象水平问题得以解决固然是其目的,但作为科学研究的一部分,其研究目标往往可以表述为提出一套经实践检验行之有效的解决研究对象问题、提高其水平的对策措施,其对理论有可能存在贡献,或者贡献了一种科学理论基础之上的技术,或为理论提供了又一个案例,尤其作为写成论文的实践研究成果,更是要上升到普遍性的高度,给读者以可学习、可借鉴、可推广的成果。在这里还要明确的是,实践和实践研究有很大的差别,如果是实践,目标仅是实践对象问题的改善。如果是实践研究,目标则明显不同,在于通过实践证明实践方法的科学性和合理性,实践指向对象的问题是否解决或其水平是否提高,成为证明实践方法是否科学和合理的手段。

本节所介绍的实践研究是第二种类型的实践研究,主要是应用理论解决实际地理教育问题的研究,适合在中学地理教育一线使用,并且常常以总结提炼经验、形成技术性成果或对理论有贡献为特征。

二、地理教育实践研究的范式

1. 问题解决的思维

从心理学理论上看,问题解决的思维过程包括四个阶段:发现问题、分析问题、提出假设和检验假设。

图 4-9　问题解决的思维过程

问题是在一定的情境中产生的,要解决问题首先要分析问题产生的原因,并根据分析结论提出解决问题的假设,并在实际的解决问题的行动中检验假设的正确性。问题是探究的源头和动力,为了解决这个问题,需要分析原因,提出假设,解决问题,在这一过程中,又会发现新的问题,又需要进一步分析和解决,以此类推,直到问题相继解决,最后才能解决最初的问题。其过程如图 4-10 所示。

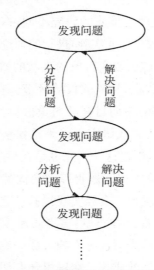

图 4-10 问题解决的思维循环过程

2. 地理教育实践研究的范式

地理教育实践研究是对地理教育的实践行动进行研究,它建立在科学理论尤其是地理教育理论的基础上,遵循问题解决的思维,以发现地理教育实践中存在的问题为前提,以科学分析为基础,旨在依据理论推演和实践经验提出一套地理教育行动方案,以提高地理教育实践行动的效率。完整的实践研究还包括对行动方案的有效性进行检验的环节。实践研究的范式如图 4-11 所示。

实践研究的范式主体包括问题解决思路的四个步骤。下文将在介绍实践研究范式的基础上,将其转化为若干个问题,并以一项基于地理核心素养的课堂转型研究为例,来介绍实践研究范式的完整过程。

第一阶段,是确定选题。研究者从理论体系或实践背景中寻找研究选题,考虑自己遇到的问题、存在解决迫切性的问题,或自己感兴趣的领域,或者以热点问题作为选题方向,并且要考虑解决问题对于自己、某个部门或某个研究领域有意义。自己遇到的问题对于选题最具意义,它引导研究者思考,通过一个论证的过程,最终确定是否研究该问题。在初步确定了选题方向后,论证的开始是对解决该问题的现有研究成果进行梳理,包括理论研究和实践研究的成果,发现当前该问题的研究到达了什么水平,是否有同类研究已解决了这一问题,或者提供了怎样的解决方案,供自己参考借鉴,同时要关注相关理论,为研究提供理论基础。在文献阅读阶段,尤其还要发现同类选题在研究过程中存在的问题、空白的区域,所用的方法是否存在不足等,这是自己研究创新点生长的区域,因为研究者的研究要解决前人未解决的问题,确认本研究有现实意义和地理学科价值,他人的研究存在哪些需要进一步完善或继

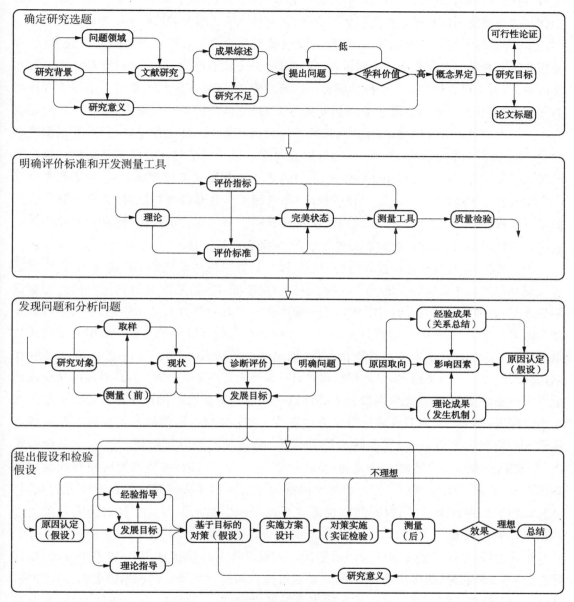

图 4 - 11 实践研究范式

续推进的地方,这样自己的选题就可以确认了。这个阶段,要将最初的方向性问题变成具体的问题,并用疑问句表达。研究问题确定后,下一步要对研究问题中的核心概念进行界定,明确所研究的到底是什么问题,或研究的概念是什么,防止歧义。这个问题是研究对象身上存有的问题,改变现状并解决问题是研究的目的,形成一套经实践检验行之有效的解决该问题的策略是这项研究的目标,这个问题是否能在研究者力所能及的范围内解决需要论证,如果可行,则可以正式开展研究,此时需要将问题和疑问句的表述转化为一个项目的陈述句的标题。这是确认问题和确立研究选题的阶段,也是技术路线图上的第一个阶段。

第二阶段,是建立评价指标、标准和开发测量工具阶段。对于一项实践性研究来说,涉及实践研究对象身上存在的某个问题,该问题对应一个核心概念,第一阶段要对概念进行明确的定义,这样概念就有了方向性的解释。在第二阶段,需要在定义的基础上进一步查找该概念相关的理论,一方面是概念形成和发展方面的理论,为后面的对策服务,另一方面是概念本身的内涵界定方面的理论,据此可以将该概念细分为下一级的维度或指标,并根据理论确定这些维度或指标的评价标准,标准可以分等级。这个标准的满分状态是研究对象发展的完美状态。有了评价指标和评价标准,就可以进一步开发或选择测量工具,如果有完全符合概念及其标准的测量工具,则可以选用,但要确保工具具有较高的质量,如果没有现成的测量工具,则需要自主开发,并需要通过质量检验。以上建立评价指标、标准和开发测量工具也包括认定原因时,各影响因素的评价指标、标准和测量工具。

第三阶段,是发现问题阶段和分析问题阶段。研究对象是研究者早已确定的,研究前已经发现其存在某些方面的问题,但这些问题是印象性的、定性的,实证性的实践研究需要以测量为基础,确认其问题的特性。本阶段要使用测量工具对研究对象的问题现状进行测量,如果研究对象很多,不能全部进行测量,则可以抽样,否则可以全员测量。根据测量结果数据对研究对象的现状水平进行诊断性评价,如总体水平状态属于优、良还是差,是否还存在结构性问题等。一般来说,如果最初感觉研究对象身上存在一定的问题,其测量的结果应该能反映问题的存在,接着要根据数据来诊断这个问题在对象身上的严重性。此时根据一些原则或要求,要确定研究对象通过后面的对策措施之后要提升达到的发展目标。在问题严重性和目标确定之后,明确其差距和提升空间,明确改善的时间限制。下一步是分析原因,在实践经验和理论基础上,从影响因素出发,一一分析判断,得到研究对象存在问题的具体原因,以利于对症下药。同时也要明确哪些因素不是导致研究对象存在问题的原因。从实证研究的角度来看,原因的判断也需要通过影响因素水平测量工具对研究对象进行测量后作原因判断。

第四阶段,是提出假设和检验假设阶段。在原因认定的基础上,进一步根据经验、依据理论、参考发展目标,提出一系列对策,这些对策指向问题产生原因的影响因素水平的改善,并制定相对应的实施方案。接着按实施方案开展实践,以改变现状,提高水平,达到发展目标。实施期满后,再次运用测量工具对研究对象的问题水平进行后测,检验是否达到目标,从而证明指向目标的对策实施的有效性。

本书将以上四个阶段归为 18 个环节,设计了 37 个问题,可以用于研究者自我梳理实践研究的思路。

表 4-4　地理教学实践研究思路梳理谈话法提纲

环节	谈话提纲
准备	1. 现在你有什么问题要问我？ 说明：你会说出一个带问号的句子，请说出一个与你要做的研究无关的问句，如"今天天气怎么样？"我要告诉你的是所谓的问题必须带有问号。
提出问题	2. 你的论文要解决什么问题？（请写出这个能带上问号的句子，只允许写出一个问题。） 说明：问题是一个或一组（相关的）带问号的句子。读者读了你的文章，这个带问号的疑问就解决了。 3. 这个问题是否具有地理教育的核心价值？
研究综述	4. 在这方面，有哪些人做过哪些研究？ 5. 他们取得了哪些成果？ 6. 研究中还存在哪些不足和缺漏？今后的研究需要做的工作或努力的方向是什么？
概念界定	7. 请准确界定你的问题的相关概念属性。 说明：以让读者明确你的问题，不至于因对概念产生歧义而导致问题指向游移。
背景意义	8. 你是怎么想到这项研究的（背景）？ 说明：只列出几点提纲，不要大段叙述性文字，以利于明确提出真正的背景。 9. 它属于哪个研究领域？ 10. 做这项研究有意义吗？有什么意义？
项目研究目标	11. 这个问题你能最终解决吗？如果你不能解决，那谁能解决？ 12. 你的论文要把这个问题解决到什么程度？你要在什么方面做出或提出什么观点？完成什么成果？ 说明：即你的研究目标，论文要完成的任务，如提出行之有效的提高学生空间思维能力的对策。此目标不是后面第23条实践问题解决所要达到的程度目标（即不是把空间思维能力由65分提高到85分），而是研究的成果目标。
标题	13. 你的研究论文的题目是什么？ 说明：这时候才能考虑准确的题目。
评价标准	14. 你认为以上问题要从哪些方面衡量其状态？ 15. 什么程度算是最理想和完美的状态？ 说明：即问题解决的评分标准，包括满分标准（完美状态），用于评价现状以及评价对策实施后对象达到的水平（评价是否实现目标）。 16. 什么程度分别对应什么样的水平？ 17. 你是用什么工具进行测量和评价的？
研究对象	18. 你的研究对象是谁？
现状（明确问题）（问题解决的起点和目标）	19. 你如何组织实施对对象的测量工作？ 20. 你如何取样？ 21. 目前在这个问题方面研究对象的现实状况是什么？ 22. 离完美状态的距离有多远（评价）？ 23. 你的实践目标是要将对象的水平由现状提高到多少（不一定要达到满分的完美状态）？ 24. 根据现状，对象明确和细化的问题是什么？ 说明：提供科学合理准确的测量和评价方法。提出研究对象身上明确的问题（依据科学的诊断结论）。

环节	谈 话 提 纲
分析原因（问题原因诊断）	25. 现状水平所反映的问题可能是哪些方面的原因造成的？ 26. 涉及的影响因素是哪些？ 27. 有哪些理论提出了该问题的影响因素？影响因素有哪些？ 28. 你有哪些理论根据或实测数据，或实践经验帮助你判断问题产生的原因？ 29. 最终推断的问题产生的原因是哪些？ 说明：根据经验和理论进行分析。
提出假设	30. 你认为应该怎么针对这些原因对症下药采取措施解决这些问题，以达到目标状态？你的依据是什么？ 说明：从经验总结、理论演绎角度提出假设。
检验假设设计	31. 你准备如何去检验你的这些设想的实施效果。 说明：需要有实践岗位。
实施过程	32. 你的设想实施了吗？
实施效果	33. 实施后重新测量对象的状态了吗？ 34. 实施的效果怎么样？ 说明：重新测量和评价。
检验和调整	35. 根据效果你是否可以总结一下，你的解决问题的措施哪些值得认可并向读者推广、哪些需要返回改进和重新检验？
标题	36. 请再确认一下你的论文的题目是不是和刚才的过程叙述内容一致？
技术路线图	37. 请画出你的研究的技术路线图。 说明：重要。

下面以"基于地理核心素养的课堂转型"研究为例，来经历一下地理教育实践研究范式的完整过程。该研究是 2017 年华东师范大学教师教育学院承担的扬中市教师发展中心的项目，当时新的课程标准和学科核心素养呼之欲出，扬中市教育局提前谋划，委托华东师范大学为其各学科教师开展基于核心素养的课堂转型培训项目，期望通过项目引领促进各学科教师实现基于核心素养目标的课堂教学转型，这里介绍的是地理学科的子项目"基于地理核心素养的课堂转型"，项目历时一年，负责人是华东师范大学教师教育学院的陈昌文老师和卢晓旭老师。

表 4-5　地理教学实践研究思路梳理谈话法提纲和案例

环节	谈 话 提 纲
准备	1. 现在你有什么问题要问我？ 研究者答：今天天气怎么样？ 教师：很好！我要告诉你的是，所谓的问题就像你刚才说的，是一个问句，句子最后带有问号。

环节	谈 话 提 纲
提出问题	2. 你的论文要解决什么问题?(请写出这个能带上问号的句子,只允许写出一个问题。) 研究者答:地理教师如何实现基于核心素养的地理课堂教学转型? 3. 这个问题是否具有地理教育的核心价值? 研究者答:地理核心素养是即将推出的《普通高中地理课程标准》的重要课程目标,新课程将要求教师发展学生的核心素养,传统课堂注重三维目标,并没有明确突出核心素养,这项研究及时引领教师超前于课程标准发布实现基于核心素养的课堂转型,以促进地理课程更好地发展学生的地理核心素养,研究具有地理教育的核心价值。
研究综述	4. 在这方面,有哪些人做过哪些研究? 研究者答:OECD、欧盟、美国等国家和组织先后开展了核心素养体系研究,辛涛、张华、张娜、裴新宁、李艺等做过大量核心素养的研究,地理学科核心素养方面,王民、韦志榕、林培英等做过地理核心素养体系结构的研究。 5. 他们取得了哪些成果? 研究者答:OECD、欧盟、美国等发布了核心素养体系,中国于2016年发布了中国学生发展核心素养,分为文化基础、自主发展、社会参与三个方面,综合表现为人文底蕴、科学精神、学会学习、健康生活、责任担当、实践创新六大素养,具体细化为国家认同等18个基本要点。地理学科核心素养方面,综合思维、区域认知、地理实践力、人地协调观等四个类别已基本稳定,学者们对地理核心素养的概念进行界定和对维度进行解构,其中综合思维的维度研究成果较为突出。 6. 研究中还存在哪些不足和缺漏?今后的研究需要做的工作或努力的方向是什么? 研究者答:在发展核心素养的教学对策方面,教师面向核心素养的课堂教学方面研究还没有起步。研究地理教师如何发展学生的地理核心素养,面向学生核心素养的地理教学新课堂应呈现什么特征,教师如何实现基于核心素养的课堂转型将是值得研究的新课题。
概念界定	7. 请准确界定你的问题的相关概念属性。 研究者答:核心素养,特指学生应具备的,能适应终身发展的和社会发展需要的必备品格和关键能力。课堂教学转型,是指教师以发展学生的学科核心素养为目标的课堂与传统课堂相比的主动转变。
背景意义	8. 你是怎么想到这项研究的(背景)? 研究者答: 1. 中国学生发展核心素养的概念已提出; 2. 最近将推出新的课程标准,其中学科核心素养将作为重要的课程目标; 3. 扬中市教育局教师发展中心委托我们开展基于核心素养的课堂教学转型的培训项目。 9. 它属于哪个研究领域? 研究者答:地理教育实践研究。 10. 做这项研究有意义吗?有什么意义? 研究者答: 1. 有利于发展学生的地理核心素养; 2. 促进地理教师实现基于地理核心素养的课堂转型; 3. 总结出一套行之有效的促进教师实现基于核心素养的教学转型经验,作为培训成果,有利于为全国地理教师提供面向核心素养的课堂教学转型经验。
项目研究目标	11. 这个问题你能最终解决吗?如果你不能解决,那谁能解决? 研究者答:提高教师基于核心素养的课堂转型从高校的技术上可以做到,从实践上来说有扬中市的项目保障。 12. 你的论文要把这个问题解决到什么程度?你要在什么方面做出或提出什么观点?完成什么成果?

环节	谈话提纲
	研究者答:实现扬中市地理教师基于核心素养的课堂转型,作为一项培训成果。同时,要总结出一套行之有效的发展学生地理核心素养的教师教学经验,为全国地理教师提供面向核心素养的课堂教学转型经验。将在培训目标、培训策略、教师教学行为方面提供成果。
标题	13. 你的研究论文的题目是什么? 研究者答:基于核心素养的地理课堂转型:目标、策略和成效。
评价标准	14. 你认为以上问题要从哪些方面衡量其状态? 研究者答:基于核心素养的课堂转型可以从两个一级指标四个二级指标方面衡量:两个一级指标为转型成绩指标和转型动力指标。具体指标体系如表4-6。 15. 什么程度算是最理想和完美的状态? 研究者答:各指标的满分评价标准如表4-7。 16. 什么程度分别对应什么样的水平? 研究者答:各指标1—5分的评价标准如表4-7。 17. 你是用什么工具进行测量和评价的? 研究者答:见表4-6中的"测量工具"列,主要是教师提交的课例和动力量表。
研究对象	18. 你的研究对象是谁? 研究者答:扬中全市共有33名地理教师,分布于2所高中和7所初中。本项目启动时项目组成员包括16位教师,过程中有3位教师退出,又先后增补了2位教师,最终有15位教师完成项目。15位教师中男性3名,女性12名,分布于2所高中和5所初中,其中高中教师8位,初中教师7位。项目组成员平均年龄36周岁,最高50周岁,最低28周岁,其中50周岁1位,40—49周岁2位,30—39周岁8位,30周岁以下4位。研究生学历2位,本科学历13位,中教高级职称4位,中教一级职称8位,中教二级职称3位。项目组成员均获得过县市级、地市级等各类荣誉。
现状(明确问题)(问题解决的起点和目标)	19. 你如何组织实施对对象的测量工作? 研究者答:赴扬中市培训现场,以布置作业形式在项目实施前和实施后分别进行前后测。动力指标量表当场完成,不匿名,强调客观真实作答。 20. 你如何取样? 研究者答:培训教师全员采样。 21. 目前在这个问题方面研究对象的现实状况是什么? 研究者答:前测数据如表4-10。按二级指标等权重计算综合分,综合水平为47.2分。 22. 离完美状态的距离有多远(评价)? 研究者答:前测47.2分离完美状态100分有52.8分。 23. 你的实践目标是要将对象的水平由现状提高到多少(不一定要达到满分的完美状态)? 研究者答:各指标目标如表4-8(事后发现这是一个高调的目标,项目结束时几乎全部没有实现)。 24. 根据现状,对象明确和细化的问题是什么? 研究者答:根据前测,发现各项指标中,转型动力和提升动力水平为68.5分和65.2分,教学目标的地理性水平为61.7分,其他指标前测得分均在60分以下,其中目标意识中目标指向性、目标实现度为30.0分和33.3分,过程模式的导入全程性指标为31.7分,这些指标水平均存在问题,都有较大的提升空间。如何提高低分指标的教师水平?
分析原因(问题原因诊断)	25. 现状水平所反映的问题可能是哪些方面的原因造成的? 研究者答:从经验来看,是教师在核心素养认知和教学水平上存在不足,直接影响核心素养教学目标的理解、面向核心素养的教学过程、核心素养培养的目标意识等。

环节	谈 话 提 纲
	26. 涉及的影响因素是哪些？ *研究者答：教师对地理核心素养的认识、教师自身的地理核心素养、教学基础、专业发展动机。* 27. 有哪些理论提出了该问题的影响因素？影响因素有哪些？ *研究者答：教师专业发展理论：认识、理性、权力（卢乃桂等，2007）。* 28. 你有哪些理论根据或实测数据，或实践经验帮助你判断问题产生的原因？ *研究者答：经验判断，未进行实际测量。* 29. 最终推断的问题产生的原因是哪些？ *研究者答：从与教师的接触中发现教师的基础有待提高，教师的专业发展内在需求不足，平时的专业成长缺少平台。市教育局的培训机制未能激发教师参与培训的内动力。*
提出假设	30. 你认为应该怎么针对这些原因对症下药采取措施解决这些问题，以达到目标状态？你的依据是什么？ *研究者答：依据教师专业发展理论（卢乃桂等，2007），主要从认识和理性角度，面向学科核心素养水平和认识水平不足、专业发展内在认识不足、交流平台少、专业发展外在动力机制缺乏等问题出发提出对策。*
检验假设设计	31. 你准备如何去检验你的这些设想的实施效果。 *研究者答：实践后后测。*
实施过程	32. 你的设想实施了吗？ *研究者答：顺利实施。*
实施效果	33. 实施后重新测量对象的状态了吗？ *研究者答：重新测量。* 34. 实施的效果怎么样？ *研究者答：效果较好，指标水平均有大幅度提高，但没有实现原定目标。如表4-10。综合成绩由47.2分提升到70.3分，提升48.9%。*
检验和调整	35. 根据效果你是否可以总结一下，你的解决问题的措施哪些值得认可并向读者推广、哪些需要返回改进和重新检验？ *研究者答：在基于素养的课堂教学的目标设计、过程模式、目标意识等方面的教学研讨措施成效显著，总体提升67.3%，措施值得推广，而转型动力方面成效不足，动力提升仅8.7%。或者说在动力提高方面的措施并没有什么显著效果，期能从委托方的培训机制方面出发，增加教师基于核心素养的课堂转型动力。具体建议如下：* *① 教师专业发展项目采用教师申报审核制* *教师专业发展项目实行教师申报参与和条件评审制度。教师专业发展项目作为教师专业发展的优质资源和路径，首先明确项目目标，全市教师根据专项项目的目标对号申报，申报时拟定参与计划、个人目标和成果内容，教育部门评审后限额或按比例录取，这种制度可能具有较好的保持培训教师的内动力机制。* *② 教师专业发展项目与多元化的教师培养目标相结合* *根据不同的目标设计不同教师发展项目，如特级教师培养项目、学科带头人培养项目、优秀青年教师培养项目，合格教师规范化培训项目、教师基本素养提升项目、科研型教师培养项目、卓越教师成长项目、领军教师保驾护航项目、高校访学项目等，长期分层开展，并将参与项目作为荣誉申报和职称申报的考核条件。让教师专业发展项目助推扬中市教师层次的快速提升。*

环节	谈话提纲
	③ 发挥教师的自主性和积极性 建议教师专业发展项目充分发挥各类教师的自我规划能力,调动各层次教师的主动性和积极性,让参与教师有自主选择学习途径、自主支配发展经费的权利。自主支配的教师专业发展经费可用于自主性的学术交流差旅和会议培训,购置图书资料等方面,在总目标统领下,通过经费手段,支持其对自己的专业发展进行自主规划。
标题	36. 请再确认一下你的论文的题目是不是和刚才的过程叙述内容一致? 研究者答:一致。
技术路线图	37. 请画出你的研究的技术路线图。 研究者答:略。

表 4-6　扬中市中学地理学科"基于地理核心素养的课堂转型"项目目标体系

指标大类	一级指标	二级指标	测量工具	指标解释及要求
转型成绩指标	A 教学目标(核心素养的目标设计水平)	A1 教学目标地理性	课例	知识目标引申至课程目标和核心素养
		A2 教学目标表述	课例	主谓宾语完全符合要求
	B 过程模式(问题解决的教学设计水平)	B1 导入问题的设计	课例	有高质量的问题和悬疑,能激发强烈求解动机
		B2 导入的全程性	课例	导入贯穿整个课堂,明线明显引领知识学习
		B3 导入的地理性	课例	导入内容具有地理属性,属地理核心知识范畴
	C 目标意识(目标实现的过程实施水平)	C1 目标指向性	课例	有强烈的目标意识,教学过程显著围绕目标
		C2 目标实现度	课例	既定的目标高效实现
转型动力指标	D 动力系统(课堂转型的动力保障水平)	D1 课堂教学转型动力	量表	具有面向核心素养和新教学模式的转型动力
		D2 教学水平提升动力	量表	具有提升自我的发展动力

表 4-7　扬中市中学地理学科"基于地理核心素养的课堂转型"项目指标体系和评价标准

指标大类	一级指标	二级指标	评分标准(5分)
转型成绩指标	A 教学目标(核心素养的目标设计水平)	A1 教学目标地理性	1 分:没有显性表达的地理核心知识与技能(素养)目标。 2 分:有涉及具体教学资源的地理知识与技能(素养)目标(不再考虑 3 分以上得分)。 3 分:有与课程标准中内容标准相对应的目标。 4 分:有与课程标准中课程目标相对应的目标。 5 分:在 4 分的基础上,恰当设置了人地协调观、综合思维、区域认知、地理实践力中至少 1 项核心素养目标。

指标大类	一级指标	二级指标	评分标准(5分)
		A2 教学目标表述	主语 1分:没有或少数[0—40％]目标的行为主体是学生。 2分:一半左右(40％—60％]目标的行为主体是学生。 3分:多数(60％—80％]目标的行为主体是学生。 4分:绝大多数(80％—100％)目标的行为主体是学生。 5分:所有[100％]目标的行为主体是学生。 谓语 1分:主语是学生的目标中没有或少数[0—40％]行为动词具有可测量性。 2分:主语是学生的目标中一半左右(40％—60％]行为动词具有可测量性。 3分:主语是学生的目标中多数(60％—80％]行为动词具有可测量性。 4分:主语是学生的目标中绝大多数(80％—100％)行为动词具有可测量性。 5分:主语是学生的目标中所有[100％]行为动词具有可测量性。 宾语 1分:主语是学生的目标没有内涵表述,且至少有1条目标内涵不明确(理解很难统一)。 2分:主语是学生的目标没有内涵表述,但所有目标内涵明确(理解无分歧)。 3分:主语是学生的目标有内涵表述,但仅对部分目标的内涵进行了表述。 4分:主语是学生的所有目标均有内涵表述,但至少有1条目标的内涵表述不明确。 5分:主语是学生的所有目标均有内涵表述,且所有目标的内涵表述都明确。
	B 过程模式(问题解决的教学设计水平)	B1 导入问题的设计	1分:导入部分没有明显的问题。 2分:提出的问题比较浅显,答案基本明确或不能明显激发求解动机。 3分:问题具有一定的深度,答案在课程学习的部分单元中获取。 4分:问题具有一定的深度,答案需要在课程全部内容基础上综合或总结获取。 5分:在4分的基础上,问题还具有悬疑性或趣味性,能激发强烈的求解动机。
		B2 导入的全程性	1分:导入部分没有明显问题,内容不能明显贯穿到教学过程中。 2分:导入部分没有明显问题,但内容与教学过程有较显著的关系;或设计的导入问题在课程开始时就基本解决;或导入的问题虽在课程中后段解决,但没有通过设计的教学明线专门解决此问题。 3分:利用导入的问题设计了问题解决的教学明线,在课程中间段解决了问题。 4分:导入的问题通过问题解决的教学明线在课程后段解决了问题。 5分:在4分的基础上,还通过拓展延伸巩固了暗线教学目标,或在解决问题的明线上明显串接了暗线教学目标。
		B3 导入的地理性	1分:导入部分没有明显问题,内容不蕴含明显的地理核心知识和技能。 2分:导入部分没有明显问题,但内容富含地理核心知识和技能。 3分:导入部分提出了问题,并且在教学过程中表现出地理属性,用于实现内容标准的目标。

指标大类	一级指标	二级指标	评分标准(5分)
			4分：在3分的基础上，导入的问题还用于落实与课程目标对应的教学目标。 5分：在4分的基础上，导入的问题在教学过程中对课程内容起到了较强的综合和统领作用；或导入的问题在教学过程中表现出核心素养的地理属性，用于实现核心素养。
	C 目标意识（目标实现的过程实施水平）	C1 目标指向性	1分：教学实施过程完全以教学内容为流程，实施过程中没有明显的目标指向意识。 2分：教学实施过程能以内容标准为目标，表现出能以目标为中心开展教学。 3分：教学实施过程能以内容标准为目标，强烈表现出以目标为中心开展教学。 4分：在达到3分的前提下，还能表现出课程目标指向的教学意识。 5分：在达到4分的前提下，还直接以核心素养的内容为目标开展教学。 以上内容理论上应由评价者通过观察获得，如果在对被评价者的自陈式成果进行评价时，需要由被评价者在总结文本或说课中加以说明。如果没有说明按1分评价。
		C2 目标实现度	1分：与内容标准对应的知识性目标实现度≤40%。 2分：与内容标准对应的知识性目标实现度在40%—70%之间。 3分：与内容标准对应的知识性目标实现度≥70%。 4分：在3分的基础上，课程目标层面的目标实现状况良好，但需要表现在学生的反馈中。 5分：在4分的基础上，核心素养目标实现状况良好，但需要表现在学生的反馈中。 以上数据或证据理论上应由评价者通过测评获得，如果在对被评价者的自陈式成果进行评价时，需要由被评价者在总结文本或说课中拿出数据或证据。如果没有数据或证据按1分评价。
转型动力指标	D 动力系统（课堂转型的动力保障水平）	D1 课堂教学转型动力	1. 我经常对我的教学感到不满意。 2. 我经常对我工作以来积累的教学经验感到不满意。 3. 我感到我的工作遇到了瓶颈。 4. 我对我的课堂教学模式不满意。 5. 我对多数人习以为常的课堂教学模式不满意。 6. 我对课堂教学改革有兴趣。 7. 我有教学水平提高的外部压力和危机感。 8. 我经常提出创新的教学观点。 9. 我经常实践创新的教学方法。 10. 我经常思考课堂应该如何改革。 11. 我经常审视自己的课堂教学存在的问题。 12. 我经常能发现教学中需要研究和改进的问题。 13. 我能接受信息时代的新事物。 14. 我能学习新的教育技术并应用于课堂。 15. 我非常愿意了解和学习别人的新教学方法。 16. 我能将别人的新方法迅速应用到自己的教学中来。 17. 我对核心素养的话题非常关注。 18. 我最近研究过什么是核心素养。

指标大类	一级指标	二级指标	评分标准（5分）
			19. 我非常清楚核心素养的内涵。 20. 我思考过体现核心素养的课堂应该如何改革。
		D2 教学水平提升动力	1. 我对课堂教学有兴趣。 2. 我有提高学历水平的动力。 3. 我非常喜欢研究教学。 4. 我经常开展教学问题的研究。 5. 我经常写教学论文。 6. 我经常发表教学论文。 7. 我经常看教育方面的新书。 8. 我经常查阅大学时的地理专业书（如气象学、水文学、人文地理学等）。 9. 我经常去看学术杂志。 10. 我经常从知网等平台下载教育教学类论文。 11. 如果学校需要我开一节公开课时，我非常有承担的积极性。 12. 如果校外有一项研究任务，邀请我参加，我有较强的积极性。 13. 我非常重视参加教研活动。 14. 我经常参加校外的教研活动。 15. 我能积极寻找参加一些教研活动（或学术年会或专家报告）的学习机会。 16. 我愿意参与教学科研项目。 17. 我经常有机会在校外展示自己的课堂教学或研究成果。 18. 如果有申报各级教学研究课题的机会，我会积极申报。 19. 学生为我教学水平的提高提供了压力和动力。 20. 我对自己事业的满意度很高。 21. 我对自己生活的满意度很高。 22. 我的工作压力适中。 23. 学校的素质教育开展得很好。 24. 学校在积极为我们的教学水平提高想方设法提供保障。 25. 我们学校校内教研活动开展得很规范。

表 4-8　"基于地理核心素养的课堂转型"项目参与教师前测水平和目标预设

指标大类	一级指标	二级指标	项目组前测水平	项目预设目标
转型成绩指标	A 教学目标 （核心素养的目标设计水平）	A1 教学目标地理性	61.7	85
		A2 教学目标表述	44.4	95
	B 过程模式 （问题解决的教学设计水平）	B1 导入问题的设计	40.0	80
		B2 导入的全程性	31.7	80
		B3 导入的地理性	50.0	80
	C 目标意识 （目标实现的过程实施水平）	C1 目标指向性	30.0	80
		C2 目标实现度	33.3	80
转型动力指标	D 动力系统 （课堂转型的动力保障水平）	D1 课堂教学转型动力	68.5	85
		D2 教学水平提升动力	65.2	85

表 4 - 9　项目集中活动一览表

序号	日期	活动内容
1	2016.10.27	华东师范大学教师首次赴扬中洽谈合作方案
2	2016.12	华东师范大学教师与项目组教师正式会晤,调研访谈
3	2017.3.29	研讨课:资源开发与区域可持续发展 研讨课:中东
4	2017.4.26	研讨课:区域水土流失及其治理 访谈:教师专业发展话题集体访谈 研讨课:澳大利亚 讲座:基于核心素养的课堂转型项目的目标 讲座:教学目标的地理性和教学目标的叙写 研讨:教师专业发展的动力机制
5	2017.5.24	研讨课:巴西 讲座:地理核心素养测评与析取方法 研讨课:交通运输布局 讲座:基于问题的教学模式转型
6	2017.6	布置暑期学习任务和作业
7	2017.9.24	公布基于核心素养的课堂转型课例、反思等作业要求 研讨:作业形式和要求
8	2017.10.23	研讨:作业评析 研讨:录像课《农业区位因素》说课、研讨和点评 研讨:录像课《挽救橘子洲》说课、研讨和点评
9	2017.11.20	作业现场指导和提交 示范课磨课
10	2017.12.28—29	示范课公开教学展示、结题报告、项目结题活动

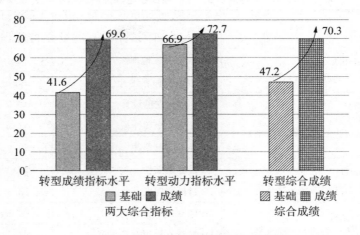

图 4 - 12　地理课堂转型综合成效图

地理教育研究的实证视角

表 4－10　基于核心素养的地理课堂转型指标成效

指标大类	一级指标	二级指标	承载形式	前测水平	项目目标	后测水平	目标完成	水平提升度	提升显著性 p 值
转型成绩指标	A 教学目标	A1 教学目标地理性	课例	61.7	85	84.7	√	37.3%	0.007＊＊
		A2 教学目标表述	课例	44.4	95	74.2	×	67.1%	0.000＊＊
	B 过程模式	B1 导入问题的设计	课例	40.0	80	65.3	×	63.3%	0.021＊
		B2 导入的全程性	课例	31.7	80	58.3	×	83.9%	0.004＊＊
		B3 导入的地理性	课例	50.0	80	70.7	×	41.4%	0.029＊
	C 目标意识	C1 目标指向性	课例	30.0	80	65.0	×	116.7%	0.000＊＊
		C2 目标实现度	课例	33.3	80	69.0	×	107.2%	0.000＊＊
转型动力指标	D 动力系统	D1 转型动力	量表	68.5	85	74.9	×	9.3%	0.032＊
		D2 提升动力	量表	65.2	85	70.4	×	8.0%	0.084△
□转型成绩指标综合分				41.6	82.9	69.6	×	67.3%	提升幅度大
□转型动力指标综合分				66.9	85.0	72.7	×	8.7%	有所提升
■转型综合成绩				47.2	83.3	70.3	×	48.9%	提升明显

√目标基本完成；×目标暂未完成；＊前后差异＜0.05 级别；＊＊前后差异＜0.01 级别；△前后差异无显著性。

第 3 节　地理教育测量工具开发的技术路线

定量数据的收集离不开测量和统计，测量是对样本的指标水平进行判定，相对客观的指标可以运用相应的测量工具直接测定，如身高可以通过量尺测量，相对主观的指标需要通过较为复杂的测量工具（量表）来测定，如学生的人地协调观水平、垃圾分类意识水平等，本节介绍测量工具开发的技术路线。

一、测量量表的概念

测量是按某种法则给观察的事物分配数值，分配数值时，需要根据相关标准或依据测量量表。量表是一种具有一定单位和参照点的数值连续体（罗伯特·F·德威利斯，2010）。

参照点，是计量的起点或零点，数据的参照点不同，就无法直接进行比较，例如，摄氏温标以 0 度为结冰的参照点，100 度为水的沸点，人体平均体温约为 37 摄氏度，华氏温度以 32 度为结冰点，212 度为水的沸点，人体平均体温接近华氏 100 度。两个体系的温度值不经换算是无法直接比较的。参照点有两种：一种以绝对 0 点为参照点，如人的体重。在地理教育研究中，地理学习兴趣的绝对无兴趣就是绝对 0 点，参照点设为绝对无兴趣，每道测题的最低分 0 分要与绝对无兴趣的特征吻合。另一种是人为制定的参照点，即选用一个意义明确和稳定的事物为参照点，如某年龄段学生体重的平均值。以教育研究成果中的文献引用水平量表编制为例，发现研究者在文献引用水平方面均能引用 10 篇以上文献，作为甄别和区分性质的量表，就可以把引用数量的参照点（零点）设置为 10 篇，并且引用的权威性、忠实性、恰当性的参照点也要与引用数量 10 篇文献所能代表的文献引用处于同一参照水平上，否则不同指标的相同水平数据不具有同等意义，加权形成综合分时存在误差。同样，量表中的相同量级均对应同一个参照点，最高量级所反映的事物的属性都对应着同一个最高参照点，即文献引用数量、权威性、忠实性、恰当性的最高分反映文献引用水平的层次是同样的。不过，测量工具并不都以甄别和区分为目的。

单位，是事物数量（标准量）的名称。如某项研究中把长度的单位设为米，事物的任何测得的值都是以米为单位的，之所以没有用厘米、毫米等单位，是因为在这项研究中，把米长度作为了标准量。如果没有单位，就无法表示数量的大小，如数据值为 5，并不能知道其为 5 厘米，还是 5 米或 5 千米。

连续体，是指在实测数值的系统中，"数"具有序列性和等距性。序列性的数据可以是连续数据也可以是离散数据，序列数据的 1 分、2 分、3 分、4 分、5 分实际是将事物水平等距分割为最低（1 分）到最高（5 分）的数值范围。1 分对应数值范围的 0—20％段，2 分对应 20％—40％段，3 分对应 40％—60％段，类推，如果实际获得的 3 分实际代表的程度处于 70％的程度，则序列数据不等距，需要对量表各量级对应的内容进行调整。

满足以上三个条件的量表属于严格意义的测量量表。

二、测量工具开发的过程

1. 测量工具对地理教育学的意义

地理教育学发展需要自己独特的理论体系，理论体系的构建如果仅建立在理论演绎的基础上，我们只能移植普通教学论的理论框架。地理教育理论体系构建要依赖——基于地理思想方法的实证的科学研究，它可以发现地理教育领域特有的规律，建立区别于一般教育理论的地理教育理论体系。基于实证研究的学科科学化是地理教育学科发展的方向。目前地理教育学科科学化程度低，有一个重要原因就是测量的困难，地理课程的多种目标，包括地理技能与能力、地理情感态度与价值观，尤其是地理核心素养等目标目前还很难准确测量，导致学科教育研究只能长期停滞在经验层面。学科科学化和理论体系构建的前提是开发测量工具，地理教育发展需要一个真正的测量时代。这个时代的到来将加快地理教育学科科学化的步伐。

测量工具是用于量化测评对象属性特征的工具,测评结果用数字大小来表达,测量工具的质量有所不同,有的测量工具有零点、有单位、测量结果是一个连续体,这样的测量工具称为测量量表。有时调查问卷也有测量作用,我们把调查问题、测量工具、测量量表看成是由低到高三个质量等级的测量工具,其中测量量表质量要求最为严格,三者又都泛称为测量工具。高质量的测量工具对地理教育研究和学科发展具有更为重要的价值,因此要提高测量工具开发的质量。

2. 测量工具开发的技术路线

高质量的测量工具是科学地理教育学建立的重要保证,而如何开发测量工具则是技术性前提。其他学术领域有相对成熟的测量工具开发的技术路线,在加工借鉴的基础上,通过全面总结形成了一套测量工具开发的技术路线和测量工具质量检验的指标和标准,可专门用于测量工具的开发。以一般性的测量工具开发为指向,其技术路线大致包括五个技术步骤,如图 4-13 所示。

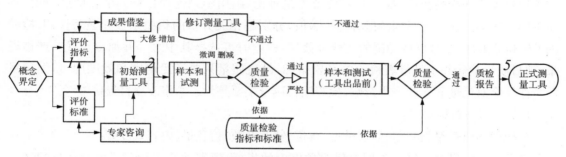

图 4-13 测量工具开发的技术路线

第 1 步,建立评价指标体系,包括界定概念、推演评价指标、制定指标的评价标准等,有的还需要进行指标权重的设置。

第 2 步,开发初始测量工具,包括依据指标和标准开发数量丰富的、以供删减的测量项目,组成内容有效、结构完整的初始测量工具。测量项目通俗地说就是题目,测题、考试题、调查题、问卷题、主观题、客观题等都可以是测量项目。

第 3 步,测量工具反复试测、检验和修订。使用初始测量工具在适当的样本群体中进行反复试测,在试测数据的基础上,对照测量工具质量标准进行检验,不合格则修订,修订后可以直接进行检验,或者重新进行试测后再进行检验。测量工具修订后有重新试测和直接检验两个去向,如果仅删减项目,进行微调,可以不用重新寻找样本试测而直接进行检验,如果修改较多,还要增加测量项目,则需要重新寻找样本再次试测后重新进行检验,第 3 步在不断循环之中,直到测量工具质量检验达到标准而通过。这里严格控制质量检验通过的出口,一般要求大多数指标达到严苛标准等级方可进入下一环节第 4 步。

第 4 步,测量工具再次测试和质量再检验。修订后达标的测量工具再次更换样本进行一次工具出品前的测试,如果质量依然是合格的,则测量工具开发完成,进入第5步,如果再检验不能合格,本步骤则仍作为第3步的试测和检验环节,之后继续从第3步开始进行修订、试测和质量检验。

第5步,正式发布测量工具。在第4步顺利通过的情况下,也就是最终稳定不变的测量工具在不同样本测试的基础上,最后两次检验均合格,则量表开发完成,可正式发布测量工具,同时出具第4步质量检验的结果报告,作为产品附带的质量检验合格证明。

3. 测量工具质量检验的指标

所谓测量工具质量检验指标就是指从哪些方面来检验测量工具的质量。在参考多个领域,综合大量学者的研究成果的基础上,构建了一套测量工具质量检验指标和标准(如表4-11),包括三类,一是项目质量检验,二是测量工具整体信度检验,三是测量工具整体效度检验,下设多个检验指标,检验时可以根据需要使用其中的部分指标,有些指标对应于不同的检验方法,选择不同的检验方法,指标也不同。比如项目质量检验中的信息量指标,就是对应于项目反应理论的指标,如果使用传统测量理论,则用不到这项指标。项目的区分度,对应不同方法会形成三个不同的区分度检验值,分别是相关分析的相关系数和显著性、T检验的t值和显著性、项目反应理论的区分度值等,检验时可选择其中之一并加以交代。严格说来,项目质量检验并不是量表检验的必要指标,量表质量只要满足信度和效度即可,但项目质量往往会对信度和效度产生影响,检验项目质量主要是为了给修改项目提供参考。

(1) 项目质量检验指标

具体的项目质量指标包括:区分度、难度、猜测系数、信息量、内容效度等。

区分度是测量项目区分不同等级对象能力的指标,甄别类的测量需要测量项目的区分度高,而合格性的、标准参照性的测量,如会考、教育质量监测等不一定强求项目的区分度。

难度是测量项目的难易程度,它不是测量工具检验中重要的指示性指标,只是在分析测量项目区分度时作参考,没有区分度的测量项目可能是因为太容易的原因,也可能是因为太难的原因。

信息量是项目反应理论中用以刻画测量项目有效性的工具,它是直接反映测验分数对学生能力估计精度的指标。

内容效度是反映一个测量项目是不是测量了所要测的内容的程度。如在学生英语水平一般的情况下,地理测试却用一套英语表达的地理卷,其所测出的成绩可能在一定程度上反映了英语的水平,而不全是地理水平。我们想要测量地理综合思维素养或区域认知素养,但用的还是地理知识性的测题,得到的是知识掌握情况,并不是真正的思维和素养,这些都反映了测量的效度不足。内容效度的测量常用的方法是专家咨询,由专家们对要测的内容和测量项目进行对照,判断两者的吻合程度,再进行量化。要测的内容一般以严格的概念界定为依据。

对应选择题和项目反应理论方法的质量检验指标**猜测系数**,反映了测量项目的答案被猜对的可能性,它的值越大,说明不论受测者能力高低,都容易猜对,这是来源于项目反应理论三参数模型的指标,多用于考试题中选择题项目的质量评价。

（2）信度检验指标

信度是测量结果的一致性和稳定性的程度,是测量结果的可信程度。测量工具整体信度指标包括:内部一致性信度、折半信度、再测信度等。

内部一致性信度是从测量工具的多个测量项目间的一致性程度来估计信度。它有比较简洁的算法,在 SPSS 中就是科隆巴赫系数。

折半信度是将测量工具的测量项目分为相等的两半,看两半得分是否一致的信度指标。因为分半的组合多,计算的工作量比较大。

再测信度是对同一批测试者前后进行两次测试,看两次测试结果是否一致的信度指标。一个质量好的测量工具对同一事物反复多次测量,其结果在理论上应该保持一致,通俗地说就是测量结果一样。就像用一台秤测量你的体重,多次测量,每次测得你的体重应该是一样的,如果反复称,一次重、一次轻,数值不稳定,说明这个测量工具是有质量问题的,测量结果也是不可信的。

除这些指标外,还有复本信度、评分者信度等指标。复本信度是用一式两套的形式情境不同、但本质相同的测量工具,看两者测试结果是否相关的信度指标;评分者信度是看评分人的评分结果是否一致、是否可信赖的信度指标。

（3）效度检验指标

测量工具整体效度指标包括内容效度、结构效度和效标效度等。

在项目检验时也有**内容效度,这里的内容效度是工具整体的内容效度**。一份测量工具整体的内容效度是所有测量项目的内容效度的平均值,并且要保证单个项目内容效度达到最低要求。

结构效度是测量工具在实际测量中所得到的事物结构是否与理论上预设的结构相符合的程度。它一般通过探索性因子分析和验证性因子分析进行检验。探索性因子分析从探索的角度分析,运用主成分分析方法,主要看所有预设在某个维度上的项目是否集聚在同一个公因子上,而预设在其他维度上的项目也集聚在另一个公因子上,不明显交错,这样,公因子也正是预设的维度。理想的结构效度表现为项目呈现预设维度内的项目集聚和与预设维度外的项目有区分的现象。验证性因子分析从验证的角度分析结构效度,它将项目预设在相应的维度上,运用结构方程模型,通过数据分析,以多项绝对适配指数、增值适配指数、简约适配指数来表现实测数据与预设结构拟合的程度,间接反映测量工具的结构效度。

效标效度是测量结果与作为测量标准的参照物之间的相一致的程度。同类测量可以作为效标,相关度高的事物、因果联系强的事物也都可以作为效标。如大学的入学成绩可以作为大学学习成绩的效标,旧的地理学习兴趣表可以作为新的地理学习兴趣量表的效标,综合性自评可以作为由多个项目组成的测量工具的效标,如地理学习兴趣的综合自评(你认为你的地理学习兴趣怎么样)可作为由几十个项目组成的地理学习兴趣量表的效标。

除内容效度、结构效度、效标效度三个效度指标外，还有一些其他表述的效度概念，但实质上都和以上三类效度概念相同或相近，如聚敛效度和区分效度、构念效度等，都属于结构效度。还有如构想效度，是衡量一个测量工具能否测量出预测构想的程度，它的内涵更广，其中也包括结构效度，如测量的结构是否符合原先的理论假设的构想，也包括效标效度，如智力测量的结果是否符合与效标——学习成绩相关的构想，智力测验的结果是否符合随年龄增长的构想等。

以上的测量工具质量检验指标对应着一定的检验方法，具体如表4-11。可以将采集到的数据通过方法计算出指标的结果，许多指标的计算过程可以通过软件帮助完成。

对于一份特定的量表，运用多项指标和多种方法进行检验，得到的也应该是相似的质量检验结果。正如同信度的概念一样，如果是一份质量合格的测量工具，不管用什么方法检验，结果应该都是合格的，否则检验也就不可信。

另外，除了以上三大类指标外，有的情况下还需要对量表进行公平性指标的检验，如性别公平性、城乡公平性等，不公平性和差异是不同的概念，公平性检验主要通过项目反应理论来完成，其原理是能力相同而性别（城乡）不同的样本，如果测量结果存在显著差异，则测量工具有男女（城乡）不公平倾向。而公平的差异则是，虽然有男女（城乡）差异，但能力相同的男女（城乡）样本，测量结果并没有显著差异。

表4-11　测量工具质量检验指标和标准一览表

内容	指标	方法	具体检验指标（依托方法）	严苛标准	一般标准
项目质量	区分度	相关分析	区分度（相关系数）的显著性	P<0.01	P<0.05
		独立样本T检验	区分度（t值）的显著性	P<0.01	P<0.05
		项目反应理论	区分度值	0.3—3	0.3—3
	难度	项目反应理论	难度值	—4—4	—4—4
		平均得分率	难度值	适中可偏高偏低	适中可偏高偏低
	内容效度	专家咨询	项目内容效度（项目内容与测量概念的符合度）	>0.8	>0.7
	信息量	信息峰值函数	信息峰值	>25	>16
	删后信度	SPSS默认	信度变化百分比	<0.03	<0.05
量表信度	内部一致性信度	可靠性检验	总量表科隆巴赫信度	>0.8	>0.6
		可靠性检验	分量表科隆巴赫信度	>0.7	>0.5
	折半信度	相关分析	总量表折半信度（分半值间相关系数显著性）	P<0.01	P<0.05
	再测信度	相关分析	总量表再测信度	P<0.01	P<0.05

内容	指标	方法	具体检验指标（依托方法）	严苛标准	一般标准
量表效度	内容效度	项目反应理论	量表单维性检验（第一、第二因子特征根比）	3	3
		专家咨询	内容效度（量表内容与测量概念的符合度）	＞0.85	＞0.75
		正态性检验	量表难度值分布（所有项目的难度构成）	呈正态分布	基本呈正态分布
		信息峰值函数	信息峰值平均值（总信息量/项目数）	＞28	＞25
	结构效度	因子分析	KMO 值	＞0.7	＞0.6
			巴特利特球形检验 P 值	＜0.01	＜0.05
			公因子累积方差贡献率	＞60%	＞40%
			项目对预设公因子集聚程度	内集聚外区分明显	内集聚外区分存在
		结构方程模型	绝对适配指数　　χ^2	显著性概率 P＞.05（未达显著性水平）	
			绝对适配指数　　GFI	＞0.90	＞0.80
			绝对适配指数　　AGFI	＞0.90	＞0.80
			绝对适配指数　　RMR	＜0.05	＜0.08
			绝对适配指数　　RMSEA	＜0.05（适配良好）	＜0.08（适配合理）
			绝对适配指数　　ECVI	理论模型＜独立模型＜饱和模型	
			绝对适配指数　　……	……	……
			增值适配指数　　NFI	＞0.90	＞0.80
			增值适配指数　　RFI	＞0.90	＞0.80
			增值适配指数　　IFI	＞0.90	＞0.80
			增值适配指数　　TLI(NNFI)	＞0.90	＞0.80
			增值适配指数　　CFI	＞0.90	＞0.80
			增值适配指数　　……	……	……
			简约适配指数　　χ^2 自由度比	1—3	3—5＞5 模型需要修正
			简约适配指数　　CN	＞200	
			简约适配指数　　PNFI	＞0.50	＞0.50

内容	指标	方法	具体检验指标(依托方法)		严苛标准	一般标准
				PCFI	＞0.50	＞0.50
				PGFI	＞0.50	＞0.50
				AIC	理论模型＜独立模型＜饱和模型	
				CAIC	理论模型＜独立模型＜饱和模型	
				……	……	……
效标效度	相关分析	量表综合测值与效标值的相关系数(效标效度)显著性			P＜0.01	P＜0.05

4. 测量工具质量检验的标准

量表质量检验指标合格的标准分个两个等级,一是一般标准等级,二是严苛标准等级。具体指标的质量标准值如表 4 - 11。

大多数指标达到一般标准的测量工具,质量可以算合格,但质量不是最佳,绝大多数甚至全部指标达到严苛标准的,测量工具质量较高。在测量工具开发的第 3 步,通过删减不合格的测量项目可能会使测量工具质量达到了严苛标准,但在第 4 步再次测试和检验时,有可能未必能达到严苛标准,甚至可能连一般标准都达不到。原因在于前者通过不断删减测量项目,保留合乎要求的测量项目,数据会变得相当整齐,重测数据未必如此理想,若第 4 步质量检验不能通过时,还要继续修改完善,回到第 3 步,直至最终测量工具连续两次通过质量标准的检验。

5. 中学生环境行为量表的修订与检验

下面结合中学生环境行为量表的修订与检验来介绍测量工具开发的技术路线和质量检验标准的利用过程。

以下内容介绍建立在两篇已发表的成果之上,一是潘艳等(2017)发表在《教育研究与实验》杂志第 4 期上的《高中生环境行为的影响因素及作用机制》一文中的环境行为量表部分,另一篇是孙裕钰等(2019a)发表在《天津师范大学学报(基础教育版)》第 3 期上的《中学生环境行为量表的修订与检验》。

潘艳等最初在开发环境行为量表时进行了大量的理论研究,并对环境行为的概念加以界定,说明了环境行为是人们日常生活中在利用、改造、保护环境方面所采取的行动。理想的环境行为是指个人在日常生活中主动采取的有助于环境状况改善与环境质量提升的行动。并参考相关研究成果将环境行为解构为财务行为、说服行为、生态管理行为和公民行为等四个维度。这算作测量工具开发技术路线中的第 1 步——建立评价指标体系。

接着她参考了多份类似量表,包括孙岩等(2012)的环境行为测量量表、2007公众环境意识调查报告(中国环境意识项目办,2008)、沈昊婧等(2010)的大学生环境行为测评量表、龚文娟(2008)的公私领域环境行为自评量表,并根据高中学生的特殊性,引用和自编了多个测量项目,组成了包括财务行为、说服行为、生态管理行为和公民行为等四个维度的初始量表。这是技术路线中的第2步——开发初始测量工具。

接着是第3步——测量工具反复试测、检验和修订。量表初步在上海市民本中学试测(有效样本55份),根据试测数据分析和质量检验结果(不通过),删减和修改形成了包括18个测量项目的量表,再在南京市汇文女子中学试测(有效样本195份),经再次检验,所有测量项目区分度合格,科隆巴赫信度系数为0.878,量表内部一致性良好,因子分析也显示,各行为所属的测量项目的因子旋转载荷系数基本反映了其类属的一致性及与其他类别测量项目的区别性,说明量表具有良好的结构效度,量表的内容效度也有一定保证。因此可以认为删减保留的18个项目组成的量表质量检验初步合格。技术路线的第3步通过。

由于潘艳等在南京市汇文女子中学的研究并不是以修订量表为目的,而且测试样本量、样本范围比较小,样本类型也比较少,虽然量表质量检验合格,但从量表开发的角度看,质量检验步骤还未完整,于是,需要再次对18个项目的测量量表进行大规模的测试,再次检验量表的质量。这是测量工具开发的第4步,测量工具再次测试和质量再检验。

再次测试和质量再检验的工作由孙裕钰等(2019a)完成,其样本数据来源于江苏省南京市和连云港市的另外5所中学,不包括南京市汇文女子中学的原数据,5所样本学校分布于苏南、苏北,有一定代表性,学校包括重点中学和普通中学、城区中学和县乡中学、高级中学和初级中学,在样本学校的部分或全部年级随机抽取两个班级进行测试,最终获得1600份样本数据,其中有效样本1476份。在这些数据的基础上,进行了量表的质量检验,质量指标得分见表4-13的"修订前"一栏。结果显示,量表的质量并不很高,需要修订,现在进行的技术路线第4步则变为第3步,或者说修订工作回到第3步,分析发现原来项目中的B4、D3项目是影响量表质量的特殊项目,B4是"我经常主动向他人说明环保的重要性",D3是"我经常参加政府组织的环境宣传教育活动",原先在上海、南京的城市样本检验中它们有区分度也是可以解释的,样本放大后则发现了它们的问题,于是决定将其删除。删除后余下16个项目的环境行为量表没有再经过第3步的试测环节,直接进入第3步的质量检验环节,其中区分度指标完全合格,信度优秀,内容效度达到91分,因子分析显示的结构效度非常理想,因子载荷图如表4-12,测量项目分布在四个预设维度上的现象确实非常明显,并且结构方程的所有指标都显示结构优良,以5个环境行为影响因素作为效标的效标效度虽未全部达到0.01的显著性水平,但其他也达到了0.05的显著性水平。结果显示量表完全达到理想的严苛标准,如表4-13"修订后"一栏,检验通过。

表4-12　修订后量表的探索性因子分析结果

行为类别	题号	因子旋转载荷系数			
		1	2	3	4
A 财务行为	A1	0.805	0.250	0.235	0.147
	A2	0.804	0.271	0.197	0.211
	A3	0.554	0.305	0.323	0.368
B 说服行为	B1	0.178	0.781	0.235	0.228
	B2	0.180	0.845	0.211	0.189
	B3	0.260	0.789	0.151	0.249
	B5	0.131	0.627	0.288	0.333
C 生态管理行为	C1	0.117	0.250	0.824	0.090
	C2	0.307	0.066	0.672	0.224
	C3	0.185	0.113	0.787	0.125
	C4	0.106	0.243	0.739	0.218
D 公民行为	D1	0.133	0.228	0.154	0.818
	D2	0.010	0.149	0.168	0.778
	D4	0.147	0.110	0.069	0.781
	D5	0.212	0.264	0.282	0.575
	D6	0.136	0.201	0.382	0.518

注:阴影部分项目的因子载荷>0.45。

表4-13　测量工具质量检验指标和标准一览表

内容	指标	方法	具体检验指标(依托方法)	理想标准	修订前	修订后	提高度
项目质量	区分度	相关分析	区分度(相关系数)的显著性	* $P<0.05$, ** $P<0.01$	均为0.000	均为0.000	——
		独立样本T检验	区分度(t值)的显著性	* $P<0.05$, ** $P<0.01$	94%达标	均为0.000	↑
		项目反应理论	区分度值	0.3—3	0.89~3.13 94%达标	1.07~2.44 100%达标	↑
	难度	项目反应理论	难度值	−4—4	−4.67~ 2.78 94%达标	−3.75~ 2.99 100%达标	↑
		平均得分率	难度值	适中可偏高偏低	78%及格	84%及格	↑
	信息量	信息峰值函数	信息峰值	>0.625	0.413~ 1.325 60%>0.625	0.587~1.754 87.5%> 0.625	↑

内容	指标	方法	具体检验指标(依托方法)	理想标准	修订前	修订后	提高度
量表信度	内容一致性信度	可靠性检验	总量表科隆巴赫信度	>0.7	0.863	0.921	↑
		可靠性检验	分量表科隆巴赫信度	>0.7	75%达标	100%达标	↑
	折半信度	相关分析	总量表折半信度	>0.7	0.862	0.876	↑
量表效度	内容效度	专家咨询	内容效度(量表内容与测量概念的符合度)	>80	85.3	91.0	↑
		正态性检验	量表难度值分布(所有项目的难度构成)	呈正态分布	正态分布	正态分布	——
		项目反应理论	总信息量	>25(良好) >16(一般)	一般	良好	↑
	结构效度	因子分析	KMO值	>0.7	0.789	0.876	
			巴特利特球形检验 P 值	* P<0.05, ** P<0.01	0.000	0.000	
			公因子累积方差贡献率	>60%	68.4%	72.5%	↑
			项目对预设公因子集聚程度	内集聚外区分完全符合预设	基本符合	完全符合	↑
		结构方程模型	绝对适配指数 GFI	>0.90	0.912	0.907	↓
			绝对适配指数 RMSEA	<0.05	0.052	0.046	↑
			增值适配指数 NFI	>0.90	0.890	0.910	↑
			增值适配指数 CFI	>0.90	0.878	0.916	↑
			简约适配指数 χ^2 自由度比	1—3	2.13	1.53	↑
			简约适配指数 PNFI	>0.50	0.743	0.675	↓
			简约适配指数 PCFI	>0.50	0.755	0.812	↑
	效标效度	相关分析	量表综合测值与效标值的相关系数(效标效度)显著性	P<0.01	0.000~0.032	0.000~0.031	——

　　以上步骤完成后,下一步有两个选择,一是,发布正式的环境行为量表,直接将检验结果作为质检报告,宣布量表合格。二是,再寻找样本进行 16 个项目的环境行为量表的测试,再度寻求质量检验,如果理想才正式发布环境行为量表,如果质量检验不能通过,还得重新修订完善。而按照严格的技术路线,应该是第二个选择,即到了这一步,量表还没有开发完成。尽管可以看到量表已有足够的质量保障,但还需要再次进行质量检验,如果通过,量表质量检验才能算最终完成。读者可以尝试帮助作者检验。

第5章　地理教育研究中的科学方法

　　科学研究不只是描述客观现象,更是要探索现象产生的原因和发展变化的规律。解释"为什么"才是科学的本质。如历史学家推断出久远的武王伐纣发生的年份,然而这只是"是什么"的历史,作为科学研究,要回答的是在史料不足的情况下是如何推断出这个年份的,即"为什么"是这个年份,要用证据证明"是什么"。记述区域地理现象是不是地理科学? 不能算是,那是方志,现代地理学不满足于地理现象的记述,而是要揭示地理现象存在的规律,为什么在那里? 为什么有区域差异? 编制地理教育测量量表,也是得到一个"是什么"的事物,但作为科学研究,要回答的是,"为什么"这个量表是好的? 地理教育学的学科研究目标不只是介绍地理教学法,作为科学研究,应该要回答的是"为什么"这种教学法能更好地发展学生的地理思维,实现地理课程的目标? 它遵循了什么认知规律,运用它为什么会更高效?

　　作为科学研究,要回答"为什么"的问题,不光需要理论假设,更需要实证研究和科学方法来证明假设。科学方法不光种类繁多,而且发展更新越来越快,然而我们并不能用"过时"和"新潮"来评价科学方法。科学方法主要是帮助我们揭示科学规律的,虽然有些方法非常传统,但它能高效揭示规律,所以衡量方法的好坏应该看是不是适合我们去揭示研究对象的发展规律。有些现象道理比较浅显,用传统方法就可以把其中的规律揭示出来。相反如果生搬硬套非要用新潮的复杂方法,揭示出来的规律反而并不准确。明明是线性关系,非要用非线性的模型,看上去技术先进,实则小题大做,故弄玄虚,并且错误。所以我们不能用眼花缭乱的方法来显示自己研究的高端,而应该用最切实的方法去揭示事物的本质规律。

　　科学方法应用于地理教育研究,可以为揭示地理教育规律和创立地理教育理论提供工具,从第一代统计分析技术相关分析、t检验、方差分析、回归分析、因子分析等,到第二代结构方程模型理论及其分析技术,再到现在的神经网络人工智能技术,探索科学规律的技术和方法越来越多,反过来,随着科学的发展,技术也不断更新,经典的研究方法被延续和保存下来,低效的方法被淘汰和更新。本章以地理教育为例,介绍5种最经典的研究方法,目的在于以点带面,以利于读者在迷雾中辨识地理教育研究科学化的路径,引导读者探察地理教育研究科学化的蹊径是否可以远行。

我们更需要思考一种科学方法如何为地理教育研究服务，其是否适切。这首先需要对方法的了解，再结合地理教育研究的需求，从而产生适切的应用。除了本章介绍的经典方法，读者还可进一步了解更多的方法，如项目反应理论、扎根理论、模糊理论、粗糙集理论、分形理论、系统动力学理论、自组织理论、空间统计分析、时间序列分析、元分析、文献计量统计分析、引文分析、知识图谱分析、个案分析、案例分析、层次分析、德尔菲法、民族志（人种志）、焦点访谈、社会网络分析、Q 方法、投入产出分析、BP 神经网络、眼动实验、脑成像分析等等，实证研究方法并非全是定量研究的方法，定性的研究方法也是实证研究方法的一类，我们要考虑这些实证方法如何扎根于地理教育研究，为揭示地理教育规律、发展地理教育理论、实现地理教育研究的科学化服务。

第 1 节　相关分析法

一、相关关系的概念

描述同一群体的学生地理成绩与其他学科成绩的关系，描述学生的智力水平与地理学习成绩的关系，描述某一道地理试题的得分与地理考试总分之间的关系，都是用相关量来描述。

相关关系是客观现象存在的一种相互依存关系，但这种关系是一种非确定的关系，对于自变量的每一个取值，因变量由于受随机因素的影响，与其所对应的数值是非确定性的。它与函数关系相区别，函数关系中，两个变量值是一一对应的精确和稳定的关系。相关关系是一种统计意义上的依存关系，不代表现象之间存在因果关系，其自变量和因变量没有严格的区别，可以互换。现象之间是否有因果关系在于前期的理论推断，如果理论假设二者有因果关系，相关关系的显著存在可以证明因果关系的成立，而相关关系不显著也未必能据此否定因果关系的存在，只是暂时未能得到证明。

二、相关关系的方向和程度

从相关的方向来看，相关关系有正相关、负相关和零相关三种。两个变量的变化方向一致，一个变量值变大时，另一个变量值也随之变大，而这个变量值变小时，另一个变量值也随之变小，这两个变量之间的关系称为正相关。如学生的智商与地理学习成绩之间的关系可能就是正相关关系。两个变量的变化方向相反，即一个变量值变大时，另一个变量值随之变小，这个变量值变小时，那个变量值随之变大，这两个变量之间的关系称为负相关，如地理解题能力,与解题所用时间长短的关系就可能是负相关关系。两个变量值变化方向无一定规律,即一个变量值变大时另一个变量可能变大也可能变小,并且变大、变小的机会趋于相等,这两个变量之间的关系称为零相关或不相关。

用来描述两个变量 X、Y 相互之间的变化方向及密切程度的数字特征量称为相关系数,一般用 r 表示。最常用的相关是简单积矩相关,又称为皮尔逊相关,相关系数 r 的一种计算方法是:

$$r = \frac{\sum (X - \overline{X})(Y - \overline{Y})}{\sqrt{\sum (X - \overline{X})^2} \sqrt{\sum (Y - \overline{Y})^2}}$$

相关系数的数值范围在 -1 到 $+1$ 之间,"$+$"表示正相关,"$-$"表示负相关,$r=0$ 表示零相关。r 的绝对值表示两个变量之间的密切程度及强度,绝对值越接近于 1,表示两个变量关系越密切,越接近零,表示两个变量之间关系越不密切,如果 r 等于 1 表示两个变量为完全正相关,r 等于 -1 表示两个变量完全负相关。

三、相关系数与统计显著性

显著性,又叫概率水平,用 P 值、Sig 值或"显著性值"表示。统计学假设检验中的 P 值是推断统计中的一项重要内容,反映某一事件发生的可能性大小。统计学根据显著性检验方法所得到的 P 值,一般以 P<0.05 为有统计学意义,P<0.01 为有显著统计学意义,P<0.001 为有极其显著的统计学意义。相关显著性的含义是指两个变量之间的关系是由于本身关系导致而不是受偶然因素的影响。相关系数 r 是根据样本数据计算出来的,它存在着抽样误差,即使从总体相关系数(用 ρ 表示)等于 0 的总体中随机抽取的样本,由于抽样的偶然性,计算出的 r 都有可能不等于 0,因此,还不能根据 r 的绝对值的大小,对 X 与 Y 之间的关系的密切程度作出判断,还要考虑不同抽样得到的 r 在以 0 为中心的抽样分布上出现的概率如何。如果 r 值与 ρ 值(0)有显著性差异,这时即使 $|r|$ 数值较小,也应认为 X 和 Y 是相关的,如果 r 值与 ρ 值(0)无显著性差异,这时即使 $|r|$ 数值再大,也不能认为 X 和 Y 是相关的。只有在前一种情况下,即 r 值与 ρ 值(0)有显著性差异的情况下,才能根据样本 $|r|$ 的大小来说明 X 与 Y 相关关系的密切程度如何。

经常会遇到数据通过了统计学的显著性检验,但相关系数较低的情况。如果 P 值小于 0.01 即说明某件事情的发生至少有 99% 的把握,如果 P 值小于 0.05 则说明某件事情的发生至少有 95% 的把握。P<0.01 或 P<0.05,说明统计结果具有统计学意义。相关系数,是研究变量之间线性相关程度的量,用于说明两个变量之间是否存在相关关系,以及相关关系的紧密程度。一般相关系数在 0.7 以上说明关系非常紧密;0.4—0.7 之间说明关系紧密;0.2—0.4 说明关系一般。相关系数回答的问题是相关程度强弱,而显著性回答的问题是变量

之间的关系是不是偶然因素导致的(具有统计学意义);如相关系数 $r=0.279$,P<0.05,意味着二者之间存在一般程度的相关关系($r=0.279$),而相关关系确实存在,并非偶然(P<0.05)。而如果 P>0.05,相关系数 $r=0.701$,则意味着二者之间相关非常紧密($r=0.701$),而这个相关非常紧密的结果可能是偶然因素导致的,即不具有统计学意义。

四、相关关系和因果关系

显著性检验中具有显著性(极其显著、显著)的相关系数也只是能描述两个变量之间的变化方向及密切程度,并不能揭示两者之间的内在本质联系,如果要分析其内在本质联系,必须借助与这两个变量有关的专业知识,另外,存在相关的两个变量也不一定存在因果关系,相关关系可能是因果关系,也可能不是因果关系,若想判断存在相关的两个变量是否存在因果关系,同样要根据理论推断和经验作进一步的分析和研究。

人为改变一个因素导致另个因素按一定规律变化,可确定为因果关系。而许多相关关系不一定是因果关系,如体重与身高。如果将其理解为因果关系,去改变体重,发现身高并不变。发现地理笔记水平与地理成绩有相关关系,如果依据倡议认真记笔记,地理笔记质量提高了,但地理成绩并没有显著提高,而如果这种现象具有普遍性,则可以说明,地理笔记水平与地理成绩之间只是相关关系,而不是因果关系。如果在控制其他变量的情况下,提高笔记水平,发现地理成绩也显著提高,并且现象普遍,则可以归纳出地理笔记水平与地理成绩之间是因果关系。居贝妮等(2016)已经证明了地理笔记水平与地理成绩之间有相关关系,是否是因果关系,或者其因果关系的条件是什么,研究者可以去进一步研究和证明。

特别说明,本书侧重于科学方法在地理教育研究中的应用,限于统计学的专业性和作者的水平,本书对于统计指标的计算方法,统计检验的原理和过程一般不作详细介绍,仅对统计结果进行地理教育研究应用层面的介绍和解释,统计学原理请参见统计学专业书籍。

五、偏相关关系

偏相关,也称为净相关、纯相关或条件相关,它是相关分析中的重要概念。是两个随机变量在排除了其余部分或全部随机变量影响情形下的净相关性或纯相关性,是两个随机变量在处于同一体系的其余全部或部分随机变量取给定值的情形下的条件相关性。根据被排除或取给定值的随机变量个数为 0 个、1 个、2 个……可分为零阶偏相关、一阶偏相关、二阶偏相关……,零阶偏相关即简单相关。

偏相关分析就是在对其他变量的影响进行控制的条件下,只分析其中两个变量之间相关程度的过程。如研究身高与肺活量之间的关系,身高与肺活量都同体重有关,如果不考虑体重的影响,得到的身高和肺活量的关系就不准确,中间掺杂了体重因素的干扰。如果真正要研究身高和肺活量之间的关系,在样本体重相同的情况下去考察,它们之间呈现出来的关系会更准确,它排除了体重因素的干扰。偏相关分析的原理就是控制体重因素的影响,在考虑样本体重不等的前提下通过算法排除它的影响,呈现出身体和肺活量的纯净关系。研究空间思维习惯对地理空间思维的影响时,排除智力因素对空间思维的影响属于偏相关分析。研究环境行为的影响因素时,环境知识、环境经历、环境态度、环境信念、社会政策等因素都共同起着影响作用,如果要确定环境行为和其中某个因素的相关程度时,将其他变量作为控制变量进行偏相关分析,可以得到两个变量之间的四阶净相关水平。

六、相关分析在地理教育研究中的应用

相关分析和偏相关分析可以通过 SPSS 软件来完成。选择山东省某中学的高二高三学生作为研究对象,研究空间思维习惯和地理空间思维的关系,分别运用空间思维习惯量表、地理空间思维量表、标准智力测验对样本进行测量,有效样本总数为350,其中男女样本数分别为 144 和 206,比例分别为 41.1% 和 58.9%,高二样本 199,高三样本 151。相关分析结果如表 5-1:

表 5-1 空间思维习惯与地理空间思维、智力水平的相关分析结果

	地理空间思维	空间思维习惯	智力水平
地理空间思维	1		
空间思维习惯	0.250**	1	
智力水平	0.308**	0.252**	1
**. 在 0.01 级别(双尾)相关性显著。*. 在 0.05 级别(双尾)相关性显著。			

(来自:赵云璐,2023)

结果显示,地理空间思维和空间思维习惯的相关系数为 0.250,相关极其显著。但事实上,这种关系可能受到了智力水平的影响,呈现出不准确的结果。于是把智力因素作为控制变量,考察地理空间思维和空间思维习惯的净相关关系,结果如表 5-2。

表 5-2 空间思维习惯与地理空间思维的偏相关分析(智力水平为控制变量)

地理空间思维			
	偏相关系数	P 值	显著性
空间思维习惯	0.187**	0.000	极其显著
**. 在 0.01 级别(双尾)相关性显著。*. 在 0.05 级别(双尾)相关性显著。			

此时得到的偏相关系数为 0.187,相关极其显著。虽然和相关分析结果的性质相同,但数值结果是不同的。偏相关系数 0.187 是控制了或剥离了智力因素后,地理空间思维和空间思维习惯的更为准确的净相关关系。

第 2 节　均值比较法

一、均值比较的概念

统计学上的均值比较又称为平均数差异的显著性检验。这个概念和教师在日常工作中进行班级的平均分比较有明显的不同。在应试教育背景下,追求升学率的要求迫使老师们追求分数,每次考试后都要比较各位老师所教班级的平均分,并进行排名,一个班级的平均分哪怕只比另一个班高出 0.01 分,排名也是靠前的。这种均值比较纯粹看平均分数值的大小,其实两个班级的平均分即使有一些数值差异,可能学生的学习情况也并无本质不同,更不要说 0.01 这样微小的差异了。统计学上的均值比较可能难以理解,它是以抽样是否代表总体的概率为基础进行的,是根据抽样样本观测结果作关于单个或两个正态分布的总体平均数的统计推断的方法,包括单样本、独立样本、配对样本的均值比较,常用 t 检验的方法;而对多组平均数进行比较也属于均值比较的范畴,不过,为了提高效率,用方差分析的方法进行比较。

均值比较在地理教育研究中常用于两个样本之间的水平对比,如在进行综合思维水平提升实验时,选择的实验班和对照班在前测中需要无显著差异,而实验后,预期的效果是实验班学生的综合思维水平显著优于对照班,需要对实验班和对照班这两个独立样本的综合思维均值水平进行差异比较,这种独立样本 t 检验方法比较就是具有上面所说的统计学意义的,单纯看平均分高低是不严谨的。另一种比较的需要是,实验班在实验前后学生的综合思维水平是否有显著差异,也同样不是看平均分值的提升,而是要对前后平均分进行统计意义上的配对样本 t 检验,如果前后均值有显著差异,有可能反映了实验有显著效果。对照班同样也需要进行前后测均值配对比较,如果前后测均值差异无显著性,说明对照班综合思维水平无本质变化,这样能说明实验班的实验因素取得了预期的效果。

二、单样本均值比较

单样本均值比较用于样本均值与一个数字之间的差异比较。

当对某一总体参数进行假设检验时,首先从该总体中随机抽取一些样本,取出统计量的值,并根据经验对相应总体参数提出一个假设值,这里的零假设是:这个样本统计量的值是这个假设总体参数值的一个随机样本,即这个样本是来自于这个总体,而样本统计量的值与总体参数值之间的差异是由抽样误差所致,根据这一假设,可以认为像这样的一切可能样本统计量的值应当以总体参数(假设的)为中心,形成该种统计量的一个抽样分布态势,如果这个随机样本统计量的值在其抽样分布态势上出现的概率较大,这时只好保留这个假设,就是说不得不承认这个样本是来自于这个总体,而样本统计量的值与总体参数值的差异仅是由抽样误差所致。如果这个随机样本统计量的值在其抽样分布上出现的概率极小,根据小概率事件在一次随机抽样中几乎是不可能发生的原理,于是不得不否定这个样本统计量的值是来自于这个总体参数值的假设,同时也不得不承认样本统计量的值与总体参数值(假设的)的差异不是由抽样误差所致,而是存在着本质差异。故称这个样本统计量对应的总体参数值与假设的总体参数值差异显著。

参数,是描述总体特征的概括性数字度量,总体未知的指标叫做参数,它是研究者想要了解的总体的某种特征值,如总体的均值、总体的方差等都是总体参数。样本统计量和总体参数的概念是并列,前者用来描述样本特征,后者用来描述总体特征。样本是从总体中抽取的一部分元素的集合,是总体的一部分,必须取自总体内部,有多种抽样方法,以具有代表性、客观性。样本统计量是用来描述样本特征的概括性数字度量,它是根据样本数据计算出来的一个量。由于抽样是随机的,所以样本统计量是样本的函数;由于样本是已知的,所以统计量总是知道的。抽样的目的就是要根据样本统计量去估计总体参数。

如研究抽样学生的地理空间思维水平与中国学生地理空间思维水平的常模(a)相比是否存在差异,也就是所抽样本水平是不是代表中国学生总体的水平。当数据呈现正态分布时,用单样本 t 检验的方法完成。

三、独立样本均值比较

独立样本均值比较,是两组相互独立存在样本的平均值差异的显著性检验。

不管是两组独立样本的均值比较,还是下面所说的一组样本的前后配对的均值比较,首先都要对两组样本相应的总体平均数之间提出没有差异的零假设,然后以两组样本平均数差的抽样分布(即以两个总体平均数之差等于零为中心的一切可能样本平均数之差的概率分布)为理论依据,来考察两个样本平均数之差是否来自两个总体平均数之差为零的总体。也就是要看样本平均数之差在其抽样分布上出现的概率如何。当样本平均数之差较大,大到在其抽样分布上出现的概率足够小时,就可以作为从实际可能性上否定零假设的理由,于是应当拒绝零假设,这就意味着样本平均数不是来自于两个总体平均数之差为零的总体,说明两个总体平均数之间确实有本质差异,两个样本平均数之差是由两个相应总体平均数不同所致,如果样本平均数之差较小,在其抽样分布上出现的概率较大,那么应保留零假设,这意味着样本平均数之差是来自两个总体平均数之差为零的总体,或者说明两个样本平均数是来自同一个总体或来自平均数相同的两个总体,而样本平均数之差只是由抽样误差所致。

当两样本数据都满足正态性和方差齐性,则可以使用独立样本 t 检验或者方差分析(单因素方差分析)进行研究。

独立样本 t 检验的应用除了前面介绍的用于实验班和对照班的实验结果的均值比较外,还可以用于测量工具开发过程中项目区分度的研究,按测量工具测得的样本总分高低将样本分为高分组(前 27%)和低分组(后 27%),比较两个组的某个测量项目的均值是否有显著性差异,如有显著性差异反映项目有测量区分度,否则认为项目无明显测量区分度。同时在一个要素对另一个要素的影响方面,也可以使用独立样本均值比较因变量 Y 的高低分组之间的自变量 X 均值是否有显著差异,如有,说明 Y 的水平高低受到了 X 的影响;或者自变量 X 的高低分组之间的因变量 Y 值是否有显著差异,如有,说明 X 是决定 Y 水平高低的因素。如地理空间思维研究中发现,地理空间思维水平的高分组和低分组之间,样本的地理学习兴趣无显著差异,说明了地理空间思维能力高并不明显源于地理学习兴趣高,地理空间思维能力低也不明显因为对地理学习无兴趣,空间思维能力的高低受到更重要因素的影响。但地理学习兴趣的高分组和低分组之间,样本的地理空间思维水平值有显著差异,说明地理学习兴趣高的样本地理空间思维能力显著高于地理学习兴趣低的样本。这个研究(万静宜等,2017)从细微的视角发现了地理学习兴趣对地理空间思维发展确实有影响,但影响地理空间思维发展的因素又很多,地理学习兴趣对地理空间思维的影响有时能被发现,但有时又因为作用较小,而被其他因素的影响所遮盖。

四、配对样本均值比较

两组样本内个体之间存在着一一对应关系,这两组样本称为配对样本。配对样本有两种情况:一种是用同一个测验对同一组样本在实验前后进行两次测验,先后两次所获得的两组测验结果是配对样本;另一种是根据某些条件基本相同的原则,把被试一一匹配成对(注:这里换用"被试"一词,以区分"被试"和"样本",这里的"被试"作为个体,而"样本"作为一组被试组成的群体),然后将每对被试随机地分入实验组和对照组,对两组被试实行不同的实验处理之后,同时对两组被试进行测验,所获得的测验结果,也可以组成配对样本,因为实验组和对照组中每对被试各方面条件基本相同,可以看作同一个被试,对他们实行不同的实验处理之后,同一个测验的得分,可以看作同一个被试在实验前后在同一个测验上的两次得分,所以也可以定为配对样本。当两组配对样本的数据差值满足正态性时,可使用配对样本 t 检验进行均值比较分析。

如在地理教育研究过程中,要研究思维导图教学对学生综合思维的影响(黄芝洁,2023;杨叶,2023),在思维导图教学实验前后,采用前后测数据的配对样本进行学生综合思维水平的均值比较,以检验思维导图教学对学生综合思维是否存在影响。这项采用思维导图教学的实验可以在正常教学基础上实施,同时最好是在教师长期(2年左右)担任某个班级地理教学的情况下实施,原因在于,教师运用传统的方法教学,学生的综合思维受教师教学方法的长期影响,如果能提升已经提升到一定高度,不会因为教学时间的延长而迅速提高综合思维水平,在这个时间进行实验,如果取得综合思维水平提升的效果,则是叠加的新方法思维导图教学这一因素所致。这是在没有对照班的情况下的实验设计,也是配对样本的第一种情况的实验。

配对样本的第二种情况,是把一个班级内的学生根据其条件相同的原则——配对,如配对时考虑智力、地理学业成绩、学习兴趣、学习风格、家庭情况等相同,然后将配对学生随机分到两组样本中,对其中一组学生实施教学干预,运用思维导图开展课外教学实验,另一组同学不使用思维导图,但也同样开展相同内容的课外教学,从而使其成为对照组,实验结束后,对两组样本的学生进行综合思维测试,以配对样本的方法进行均值比较,检验思维导图教学的效果,验证思维导图教学对综合思维的影响作用。

五、方差分析

以上均值差异的显著性检验是对两个均值的比较。在实际研究工作中,往往还需要对两个以上均值进行比较,而如果仍用每对均值差异的显著性检验,就会使检验的效率降低。例如,在比较四组均值时,如果逐对进行均值比较,需要进行六次。因此,在比较多组均值的时候,常用方差分析方法,综合性地确定几个均值差异的显著性。方差分析的基本功能就在于对多组均值差异的显著性进行检验。

用一个例子来说明方差分析的逻辑,假如从同一年级的平行班级中随机抽取三个班级,分别运用三种教学方法来提高他们的环境行为水平。实验后测量他们的环境行为水平。三个班级学生的环境行为水平可能存在这两种情况,一种是班级内部学生差异小,而班级之间平均水平差异大,另一种情况是班级内部学生差异大,而班与班之间平均水平差异不大。如果把各班均值之间的差异称为组间差异,把班级内部学生分数之间的差异称为组内差异,当组间差异相对较大,而组内差异相对较小,即组间差异对组内差异的比值越大,则各班级环境行为水平的均值差异就越明显。通过对组间差异和组内差异比值的分析来推断几个相应平均数差异的显著性,这就是方差分析的逻辑。

方差分析前提是,在不同水平下,各总体均值服从方差相同的正态分布。所以方差分析就是研究不同水平下各个总体的均值是否有显著的差异。统计推断方法是计算 F 统计量,进行 F 检验。若组间差异用组间方差表示,组内差异用组内方差表示,由于组间与组内方差互为独立,可用 F 检验来检验组间与组内方差是否相等,如果组间与组内方差相等,即 F 比值等于或接近 1,表明各组平均数无显著性差异。如果 F 值很大,F 值大到超过 F 抽样分布上某种显著性水平的临界值,相伴概率 P 小于显著性水平 0.05 或 0.01,则应拒绝组间与组内方差无显著差异的假设,而接受组间与组内方差有显著差异的假设,认为实验变量不同水平下因变量各总体均值有显著差异。这一结果说明,分组所依据的因素,举例中是三种提高学生环境行为水平的教学方法,对实验结果学生环境行为水平有重要影响,或者说实验者所操纵的实验因素作用较大,三种不同的环境行为教学方法产生了显著不同的学生环境行为水平的效果。

实验中的自变量称为因素,只有一个自变量的实验称为单因素实验,有两个或两个以上自变量的实验称为多因素实验,某一个因素的不同情况称为因素的水平,包括量差或质别两类情况,按各个水平条件进行了重复试验,称为各种处理,例如上述为了比较三种教学方法是否有显著区别,将学生分成三个班,对每个班的学生分别施以不同的教学方法,因为教学方法是实验中唯一的自变量,构成为单因素实验。假如要研究两种地理教学资源及三种教学方法对学生环境行为的影响,该实验是双因素的实验,一个因素是教材,它有两种水平,另一个因素是教学方法,它有三种水平,这个实验称为 2×3 的实验设计,共有六种处理。用方差分析法检验某一个因素对因变量的作用称为单因素方差分析,检验某几个因素对因变量的作用称为多因素方差分析。

单因素方差分析只能够判断控制变量是否对观察变量产生了显著影响,而多重比较检验可以进一步确定控制变量的不同水平对观察变量的影响程度如何,哪个水平显著,哪个不显著。

方差齐性检验是控制变量不同水平下各观察变量总体方差是否相等的检验。采用方差同质性检验方法,相伴概率大于显著性水平 0.05 时,可认为总体方差相等。也可以用方差最大组的方差比最小组的方差,如果比值显著不等于1,那就是方差不齐性。一般来说方差不齐性是不可以进行后续的方差分析的,因为在均值检验中各个实验处理的效应被认为是一种固定效应,对所有样本的作用一样,也就是说,处理的作用就是给每个样本原来的水平加上一个相同的常数,这样的话,每个被试组原来是什么方差,实验处理后还是什么方差,如果不同被试组的方差不齐性,也就是方差之比显著不等于1,就说明被试之间原本就差异很大,那方差分析就得不到准确的结论,不知道究竟是实验处理造成了不同被试组间的差异,还是说这里面也混淆了个体差异。就算只有两个组之间方差不齐,其他都齐,但这也会对不同部分的计算造成影响。方差不齐性,原则上不能进行方差分析,但 SPSS 里的方差分析是在最小二乘法的框架下完成的,和一些统计学教材中介绍的方差分析的算法不一样,好处是这样的方差分析比较稳健,对于方差齐性的问题不敏感,即使方差不齐,对结果影响也不大,结果仍然比较可信。因此,运用最小二乘法时,方差齐性并不是方差分析的必要条件。

六、均值比较在地理教育研究中的应用

研究者在学生中开展了一项地理教学改革,教学改革作为自变量 X,旨在改变一系列学

生地理学习指标的状况,如表5-3。实验前后,对学生的指标水平分别进行了自陈式的前后测,采用配对样本t检验的方法对教学改革的效果进行检验。

表5-3 地理教学改革面向的学生发展指标体系

一级指标	二级指标	三级指标	调查内容
A. 地理学习状态	A1. 改变学生地理学习状态	A101. 地理学习自主性	1. 学生能主动学习地理。
			2. 学生喜欢安排自己的地理学习计划。
		A102. 地理学习投入度	3. 课前学生经常预习地理。
			4. 地理课上学生的注意力很集中。
			5. 课后学生很重视完成地理作业。
		A103. 地理学习扎实性	6. 课堂上学生的地理学习有目标指向。
			7. 课堂上学生有地理学习兴趣。
			8. 学生能有意识地去构建地理学习内容的知识结构。
	A2. 提升学生地理学习效率	A204. 地理教学目标实现度	9. 学生的地理预习效果令人满意。
			10. 学生的地理学习效果令人满意。
		A205. 地理学习效率	11. 学生的地理预习效率高(完成预习用时短)。
			12. 学生地理课上的学习效率高(学会知识用时短)。
			13. 学生的地理作业效率高(完成作业用时短)。
	A3. 引导学生自主学习地理	A306. 地理学习兴趣	14. 学生平时对学习地理有兴趣。
			15. 学生平时在地理学习上愿意花时间。
		A307. 地理学习方法	16. 学生的地理预习方法好。
			17. 学生能很好地掌握学习地理的方法。
	A4. 促进学生地理知识整合	A408. 地理知识掌握	18. 学生地理知识掌握深刻牢固。
		A409. 地理知识体系建构	19. 学生能建构起地理课程的知识体系结构。
		A410. 地理知识迁移应用	20. 学生能灵活运用所学地理知识解决现实问题。
		A411. 地理批判性思维	21. 学生能质疑地理书本知识。
			22. 学生能对地理课程中的疑问开展求证和探索。

实验前后数据统计结果如表5-4所示:

表5-4 实验前后各级指标和测题统计结果

配对类	前后测	平均值	个案数	标准差	标准误差平均值
一级指标	前 A	67.606	94	10.8469	1.1188
	后 A	67.900	94	11.9441	1.2319

配对类	前后测	平均值	个案数	标准差	标准误差平均值
二级指标 1	前 A1	69.208	94	12.046 2	1.242 5
	后 A1	70.059	94	13.081 4	1.349 2
二级指标 2	前 A2	65.071	94	12.383 1	1.277 2
	后 A2	66.170	94	13.873 1	1.430 9
二级指标 3	前 A3	69.309	94	13.788 0	1.422 1
	后 A3	67.181	94	15.232 2	1.571 1
二级指标 4	前 A4	66.835	94	12.947 2	1.335 4
	后 A4	68.191	94	13.327 0	1.374 6
三级指标 1	前 A101	66.915	94	18.376 4	1.895 4
	后 A101	66.064	94	18.092 8	1.866 1
三级指标 2	前 A102	72.482	94	12.755 7	1.315 7
	后 A102	72.199	94	15.260 0	1.574 0
三级指标 3	前 A103	68.227	94	13.943 9	1.438 2
	后 A103	71.915	94	14.854 8	1.532 2
三级指标 4	前 A204	62.553	94	14.733 2	1.519 6
	后 A204	64.043	94	15.541 8	1.603 0
三级指标 5	前 A205	67.589	94	13.319 0	1.373 8
	后 A205	68.298	94	14.752 0	1.521 6
三级指标 6	前 A306	75.532	94	17.265 6	1.780 8
	后 A306	70.638	94	18.996 8	1.959 4
三级指标 7	前 A307	63.085	94	15.728 0	1.622 2
	后 A307	63.723	94	16.262 9	1.677 4
三级指标 8	前 A408	70.000	94	14.883 1	1.535 1
	后 A408	68.723	94	17.241 7	1.778 3
三级指标 9	前 A409	64.894	94	18.242 4	1.881 6
	后 A409	72.553	94	17.347 6	1.789 3
三级指标 10	前 A410	72.128	94	15.301 4	1.578 2
	后 A410	70.213	94	15.448 8	1.593 4
三级指标 11	前 A411	60.319	94	18.691 2	1.927 8
	后 A411	61.277	94	17.179 3	1.771 9
测题 1	前 1	68.72	94	20.226	2.086
	后 1	69.79	94	20.053	2.068

配对类	前后测	平均值	个案数	标准差	标准误差平均值
测题 2	前 2	65.11	94	20.932	2.159
	后 2	62.34	94	21.121	2.178
测题 3	前 3	54.47	94	18.872	1.947
	后 3	61.70	94	21.080	2.174
测题 4	前 4	78.09	94	16.083	1.659
	后 4	73.62	94	19.502	2.011
测题 5	前 5	84.89	94	16.510	1.703
	后 5	81.28	94	19.413	2.002
测题 6	前 6	66.17	94	17.109	1.765
	后 6	74.47	94	19.099	1.970
测题 7	前 7	76.38	94	17.092	1.763
	后 7	69.57	94	19.172	1.977
测题 8	前 8	62.13	94	18.191	1.876
	后 8	71.70	94	17.697	1.825
测题 9	前 9	57.66	94	17.316	1.786
	后 9	62.13	94	17.219	1.776
测题 10	前 10	67.45	94	17.098	1.764
	后 10	65.96	94	17.799	1.836
测题 11	前 11	57.45	94	16.127	1.663
	后 11	64.68	94	17.209	1.775
测题 12	前 12	72.77	94	16.024	1.653
	后 12	71.49	94	18.431	1.901
测题 13	前 13	72.55	94	17.837	1.840
	后 13	68.72	94	19.796	2.042
测题 14	前 14	73.83	94	19.014	1.961
	后 14	67.66	94	20.553	2.120
测题 15	前 15	77.23	94	18.222	1.879
	后 15	73.62	94	20.783	2.144
测题 16	前 16	56.60	94	19.375	1.998
	后 16	59.36	94	19.333	1.994
测题 17	前 17	69.57	94	16.258	1.677
	后 17	68.09	94	17.430	1.798

配对类	前后测	平均值	个案数	标准差	标准误差平均值
测题18	前18	70.00	94	14.883	1.535
	后18	68.72	94	17.242	1.778
测题19	前19	64.89	94	18.242	1.882
	后19	72.55	94	17.348	1.789
测题20	前20	72.13	94	15.301	1.578
	后20	70.21	94	15.449	1.593
测题21	前21	55.32	94	23.723	2.447
	后21	54.26	94	21.477	2.215
测题22	前22	65.32	94	20.357	2.100
	后22	68.30	94	20.616	2.126

表5-5　实验前后各级指标和测题配对样本t检验结果

指标	配对	t值	P值	显著性判断
一级指标1	后A—前A	.180	.857	前后无显著性差异
二级指标1	后A1—前A1	.543	.589	前后无显著性差异
二级指标2	后A2—前A2	.679	.499	前后无显著性差异
二级指标3	后A3—前A3	−1.035	.304	前后无显著性差异
二级指标4	后A4—前A4	.814	.418	前后无显著性差异
三级指标1	后A101—前A101	−.496	.621	前后无显著性差异
三级指标2	后A102—前A102	−.164	.870	前后无显著性差异
三级指标3	后A103—前A103	1.964	.052	前后无显著性差异
三级指标4	后A204—前A204	.907	.367	前后无显著性差异
三级指标5	后A205—前A205	.404	.687	前后无显著性差异
三级指标6	后A306—前A306	−2.283	.025	前后有显著性差异(↓)
三级指标7	后A307—前A307	.289	.773	前后无显著性差异
三级指标8	后A408—前A408	−.598	.551	前后无显著性差异
三级指标9	后A409—前A409	3.091	.003	前后有极其显著的差异(↑)
三级指标10	后A410—前A410	−1.290	.200	前后无显著性差异
三级指标11	后A411—前A411	.499	.619	前后无显著性差异

指标	配对	t 值	P 值	显著性判断
测题 1	后 1—前 1	.727	.469	前后无显著性差异
测题 2	后 2—前 2	−1.215	.227	前后无显著性差异
测题 3	后 3—前 3	3.144	.002	前后有极其显著差异(↑)
测题 4	后 4—前 4	−2.128	.036	前后有显著差异(↓)
测题 5	后 5—前 5	−1.967	.052	前后无显著性差异
测题 6	后 6—前 6	3.863	.000	前后有极其显著差异(↑)
测题 7	后 7—前 7	−3.135	.002	前后有极其显著差异(↓)
测题 8	后 8—前 8	3.737	.000	前后有极其显著差异(↑)
测题 9	后 9—前 9	2.605	.011	前后有显著差异(↑)
测题 10	后 10—前 10	−.695	.489	前后无显著性差异
测题 11	后 11—前 11	3.611	.000	前后有极其显著差异(↑)
测题 12	后 12—前 12	−.570	.570	前后无显著性差异
测题 13	后 13—前 13	−1.971	.052	前后无显著性差异
测题 14	后 14—前 14	−2.655	.009	前后有极其显著差异(↓)
测题 15	后 15—前 15	−1.643	.104	前后无显著性差异
测题 16	后 16—前 16	1.146	.255	前后无显著性差异
测题 17	后 17—前 17	−.640	.524	前后无显著性差异
测题 18	后 18—前 18	−.598	.551	前后无显著性差异
测题 19	后 19—前 19	3.091	.003	前后有极其显著差异(↑)
测题 20	后 20—前 20	−1.290	.200	前后无显著性差异
测题 21	后 21—前 21	−.554	.581	前后无显著性差异
测题 22	后 22—前 22	1.379	.171	前后无显著性差异

独立样本 t 检验结果显示,实验在一级目标层、4 个二级目标层和 9 个三级目标层均无显著改进,另有 1 个三级目标"地理知识体系建构"(A409)方面有极其显著的提高,另 1 个三级目标"地理学习兴趣"(A306)有显著下降。说明了教学改革基本没有取得理想的预期,尤其明显的是教学改革降低了学生的地理学习兴趣,只在地理知识体系建构方面取得了显著的成效。总体来说,地理教学改革的投入效率低,效果不理想,甚至有点得不偿失。

第 3 节　回归分析法

一、回归分析的概念

相关表示两个变量之间的双向相互关系。如果我们将存在相关的两个变量,一个作为自变量,另一个作为因变量,并把两者之间不十分准确、稳定的关系用数学方程式来表达,则可以利用该方程由自变量的值来估计预测因变量的估计值,这一过程就是回归分析。回归表示一个变量随另一个变量做不同程度变化的单向关系。在回归分析中输入变量或者带有"原因"性质的变量称为自变量或解释变量,而依赖于自变量的变量,称为因变量或响应变量。

回归分析的主要目的,包括研究因变量与自变量之间的依赖关系以及预测因变量的取值。回归分析的一般模型表示为:

$$Y = f(X_1 + X_2 + \cdots + X_p) + e$$

式中,e 为随机误差,表示一些随机性的、难以预知且不可控的因素的影响效应,f 为回归函数,而 $Y = f(X_1 + X_2 + \cdots + X_p)$ 为回归方程。

依据回归函数 f 假设形式的不同,回归分析模型分为线性回归模型和非线性回归模型等。其中线性回归模型是历史最久、研究和应用最为深入广泛的一类回归模型。

由一个变量值估计预测另一个变量值的准确性随这两个变量之间的相关程度而变化,若两个变量之间相关为 0,即两者之间无相关,由一个变量值无法预测另一个变量值,此回归就失去了意义。在存在相关的情况下,变量相关程度越高,由一个变量值预测另一个变量值就越准确,误差就越小,当相关系数为 1 或 −1 时,预测会完全准确,没有误差。

在地理教育研究中,如果我们要研究地理空间思维和智力的关系,在确定二者有相关性的前提下,可以用回归分析建立两者关系的模型,从而可以用智力水平预测地理空间思维水平。这个是只有一个自变量的回归,称为一元回归。如果两者的关系是直线型的,回归方程是 $Y = a + bX$,就是一元线性回归,如果关系不是直线型的,如自变量是 X^2、$\sqrt{X}$、$\log(C_1 X + C_2)$、e^{x-c} 或 $1/cX$ 等,就是非线性回归。

二、一元线性回归

在自然科学中,两个变量之间有的是直线函数关系。当自变量取一个值,因变量有唯一确定的值与之对应,将 Y 和 X 一一对应的值绘成图是一条直线。例如在初速度恒定的匀加速运动中,物体从起点到终点所用的时间与其即时速度就是一种很明确的线性函数关系,其表达式为:$V_t = V_0 + at$。当物体运动所用的时间t(自变量)取一个值,即时速度V_t(因变量)就有一个完全确定的值与之对应。

在教育研究中,不少变量之间存在一定的关系,但是由于关系比较复杂,而且受偶然因素影响较大,两者只是一种不十分确定的回归关系,从相关散点图(如图5-1)上的各点不都在一条直线上,也说明了这一点。如X取一个值时,并不一定只有唯一确定的Y值与之对应,而可能有许多Y值与之对应。但是如果散点的分布有明确的直线趋势,我们就可以配置一条最能体现散点图上分布趋势的直线,这条最优拟合线称为回归线,也就是说回归线上的某一点就是与某一X值相对应的诸Y值中的代表,这时X与Y的对应关系就可以用一条直线来表示,也可以用函数来表达。常用的拟合这条回归线的原则就是使各点与该线纵向距离的平方和为最小。

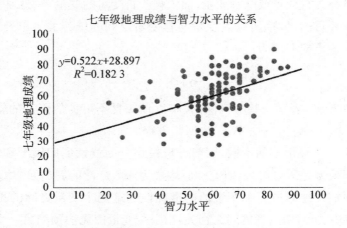

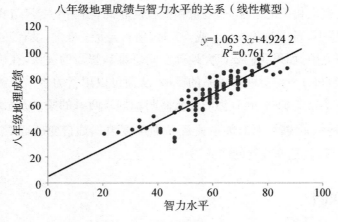

图5-1 七、八年级学生地理成绩与智力水平的关系

(注:八年级的散点分布与七年级不同是教育措施干预后的。来自:索朗央吉,2018)

地理教育研究的实证视角

一元线性回归方程的公式是：

$$Y = a + bX$$

式中，a 是回归线在 Y 轴上的截距，b 是回归线的斜率，称回归系数。可见一旦 a 和 b 这两个关键的统计量的值根据实测数据通过算法计算出来之后，这个回归方程就确定了。

回归方程的显著性检验。根据样本数据计算出的回归方程，用样本自变量推算因变量时，可能有一定的误差，为了评估这两个变量在总体内是否存在线性关系以及回归方程对估计预测因变量的有效性如何，在回归方程应用之前，首先应对线性回归方程进行显著性检验。一元线性回归方程的显著性有三种等效的检验方法：一是对回归方程进行方差分析；二是对两个变量的相关系数进行与总体零相关的显著性检验，若相关系数显著，其表明两个变量存在线性关系，则回归方程也显著；三是对回归系数进行显著性检验。回归方程的显著性检验可以通过 SPSS 完成。

测定系数是重要的检验指标，它又叫判定系数、决定系数和拟合优度。回归方程经检验有显著性，这只表明从总体上说，X 和 Y 两个变量之间存在显著的线性关系，但是回归方程的预测准确性如何，需要进一步加以评估。这个指标叫测定系数，用 r^2 表示，也就是 X 和 Y 两个变量相关系数的平方，它等于回归平方和在总平方和中所占的比例。平方和是指：

$$\sum (Y - \overline{Y})^2$$

如果 $r^2 = 0.756$，也就是说在因变量的总平方和中，回归平方和占 75.6%，说明 Y 变量的变异中有 75.6% 是由 X 变量的变异所引起的，Y 变量的变异中，有 75.6% 可以由 X 变量推测出来。

一般来说，回归模型中的测定系数越大越好，有一种说法是要达到 60%。测定系数越大，反映自变量能够更多地解释因变量，预测也更准确。就像物理匀加速运动的物体即时速度公式 $V_t = V_0 + at$，如果随着时间的改变物体运动的实际速度和通过公式计算的速度没有任何差异，那么速度就是时间的函数，解释率就是 100%。但是事实上，实际观测到的即时速度与计算出来的数值是有差异的，因而时间的解释率就达不到 100%。空气阻力、地面的摩擦力等在其中也起着一定的作用。其实自然科学领域，现象中观测到的要素关系也不是完全决定性的函数关系，就像上面的匀加速运动的速度公式，它是在排除了其他众多影响因素，如地面摩擦力、空气阻力、非直线运动等因素的"理想""真空"条件下，得到的理想模型，有了这些因素影响后的测量结果，模型的决定系数就达不到 100%。在教育研究中，由于教育现象的影响因素很多，并且不能被我们全部发现、考虑或排除，而考虑的自变量对现象的解释率，就可能受到未考虑因素的影响而表现得不够准确。如果教育也可以在"真空"中进行，教育自变量和教育因变量也可以和理想的匀加速运动公式一样，建立解释率为 100% 的函数关系模型，而教育研究的事实是不可能达到这个程度的，甚至远远达不到这个程度，有时候发现的有些自变量对因变量的解释率只有百分之几,但影响作用是存在的,且是显著的,如认知风格对地理空间思维影响的解释率为 2.76％(罗茜,2021),空间思维习惯、智力对地理空间思维影响的解释率为分别 6.25％、9.49％(赵云璐,2023),数据是客观的,因为因素对因变量有影响,但其作用客观上就小,而更多影响因素没有发现或没有在多因素的研究视域内考虑。如果这些因素都被考虑进来,解释率就会提高,如综合考虑智力、空间思维习惯、认知风格三个因素,就大致可以解释 18.5％的空间思维变异。

而教育的各影响因素中,有的因素对教育现象的影响强度大,有的因素影响强度小,这是客观的事实。本书并不认可测定系数要在 60％以上的理想回归模型标准,理由是,如果一个自变量对因变量的影响本来就很小,只要我们能发现它们之间有关系,或者发现它们之间实际上的很小的影响强度存在就是研究成果了,如果一个因素对因变量的解释率本身很小,仅 5％,而我们说这个模型解释率不高,不理想!难道我们要把一个本来影响很小的事实浮夸后,才能说两者有关系吗?如小时候搭积木的经历对人的空间思维有影响,而人的空间思维受先天智力、后期专项空间思维训练的影响很大,积木游戏在其空间思维形成中只有较小的解释率,这是客观事实,科学就是揭示规律的,影响较小就是客观规律,真实地揭示规律才是真理。再如,上述的罗茜(2021)在揭示认知风格对空间思维的影响时,发现认知风格确实影响空间思维,相关系数和回归方程都极其显著,显著性 P 值为 0.002,但影响作用很小,解释率只有 2.76％。研究者问,解释率太低是不是结果不理想,研究不成功?我的回答是:解释率低,这就对了!

三、多元线性回归

多元线性回归是指有两个或两个以上自变量的线性回归。在教育研究中,某一种现象的变化往往是由多种因素共同作用的结果,因此若能用多个优化组合的自变量来共同估计预测因变量,那么定会比用一个自变量估计预测更加准确、有效、切合实际,这就是多元线性回归的意义。

多元线性回归的原理和一元线性回归是一样的,只不过计算量要大得多。以二元线性回归方程为例,用公式表示是:

$$Y = a + b_1 X_1 + b_2 X_2$$

公式中 Y 是 X_1 和 X_2 的共同估计值。a 为常数项,b_1 和 b_2 是 Y 对 X_1 和 X_2 的偏回归系数,所谓 Y 对某一自变量的偏回归系数,就是说在其他自变量都固定不变的条件下,该自变量变化一个单位所引起 Y 变化的比率。在二元线性回归中 b_1 表示当 X_2 固定不变时 X_1 每变化一个单位,引起 Y 改变 b_1 个单位;b_2 表示当 X_1 固定不变时,X_2 每变化一个单位,引起 Y 改变 b_2 个单位。

标准回归方程。在自变量的量纲不统一的情况下，有时为了比较两个自变量 X_1 和 X_2 在估计预测因变量时所起作用的大小，就不能直接由原始数据求得的两个偏回归系数的大小来判断它们的贡献大小，因为原始分数的单位不一样。这里就需要建立标准回归方程。也就是要将 Y、X_1 和 X_2 转换成标准分数后建立回归方程。标准回归方程的形式是：

$$Y = b_1 X_1 + b_2 X_2$$

回归方程中没有了常数项。两个标准回归系数 b_1 和 b_2，就可以用来判断 X_1 和 X_2 对 Y 的作用大小了。

二元线性回归方程也需要进行方程的显著性检验和测定系数检验。而二元回归方程显著只表明整个方程显著，并不等于两个单独的偏回归系数都显著，甚至可能整个方程显著，而两个偏回归系数都不显著。因此在回归方程显著的情况下，还需要对两个偏回归系数进行显著性检验。在多元线性回归方程中，偏回归系数不显著的自变量在回归方程中作用不明显，应当从方程中剔除出去。因为最好的多元线性回归方程，要求既要整个方程显著，又要每个偏回归系数都显著，这样预测的效率才高。

回归模型主要是用于预测的，或表达自变量与因变量的数量关系的，不是证明因果关系的，因此，变量的取舍主要考虑解释率的提高。为了建立最好的多元线性回归方程，必须对自变量进行选择。自变量之间的相关程度是选择自变量的重要因素之一。当自变量之间相关越高，偏回归系数 b 达到显著性的可能性越小。相反若自变量之间的相关为零，则回归系数的显著性就由其单个自变量来决定，因此研究者可根据这一原则事先选择自变量。人为选择自变量是一种办法，但当遇到超过两个变量的回归时，选择组合会很多，这时候我们可以用 SPSS 软件提供的逐步回归方法来选择自变量。逐步回归的原理是按每个自变量对因变量的作用，从大到小逐个放入回归方程，每引入一个自变量，要对回归方程中每一个自变量（含新引入的）都进行显著性检验，即对偏回归系数进行显著性检验，因为回归方程中原来具有显著作用的自变量，可能因引入新的自变量而变得不显著，对于不显著的自变量应当剔除，而每剔除一个自变量，又要对留在方程中的自变量再进行显著性检验，如发现又有自变量变得不显著，则再加以剔除，这样逐步地引入自变量并剔除不显著的自变量，直至将所有的自变量都引入，并将不显著的自变量都剔除为止，最后形成的回归方程就是最优的方程。

回归分析与变量因果关系分析的说明。回归分析主要是建立自变量和因变量的关系模型，并应用于预测，而预测以更准确为目标。多元线性回归的逐步回归方法建立的模型，可能保留了一部分自变量，这反映了这些自变量的预测能力。研究者有时把回归分析的预测功能忽略了，认为保留的自变量是因变量的影响因素，没有保留的变量不是影响因素，这个观点是错误的，是不是影响因素取决于理论假设和相关分析或偏相关分析的显著性检验，不能看逐步回归分析中是否保留。

另外，回归分析中引入的有些变量，如性别、城乡、年级等属性信息，并不能说它们是直接的影响因素,但从预测准确的角度,引入模型会预测得更准确,可以提高因变量的解释率,我们也不能因为它在回归分析中有一席之地,就说它是影响因素或有因果关系,可能它们之间确实有一定的因果关系,但内在的机制还需要研究。而毫无相关关系或因果关系的变量,是不能强行进行回归分析的,因为没有意义。

四、非线性回归

尽管线性回归因为模型简单和算法高效而被广泛使用,然而实际应用中的因变量和自变量之间往往并不是线性关系,如新冠病毒的传播效应,感染人数和时间的关系模型等,在这种情况下使用线性回归函数并不能精确地拟合实际数据,这时需要使用非线性回归模型来描述变量之间实际存在的非线性关系。

非线性回归是回归分析的一种形式,其自变量 X 与因变量 Y 的关系模型是:

$$Y = f(X, \beta) + \varepsilon$$

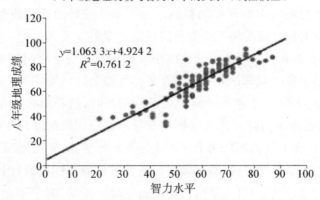

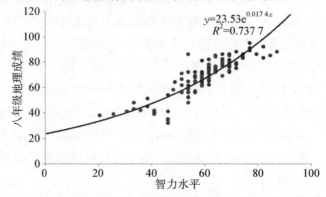

图5-2 八年级学生地理成绩与智力水平的线性和非线性关系模型

地理教育研究的实证视角

公式中 ε 表示误差变量，β 表示待估的模型参数，f 是关于 β 的非线性函数。

研究只涉及一个自变量时称为一元非线性回归研究，涉及两个或两个以上自变量叫做多元非线性回归。图 5－2 用一元非线性回归模型拟合了西藏拉萨二中八年级学生地理成绩与智力水平的关系（索朗央吉，2018），但从拟合优度 r^2 来看，还不如线性模型，反映了地理成绩和智力的关系本身并不是典型的非线性关系，基本还是线性关系层面的事物，或者说在这个量级的层面上，线性方式和非线性方式呈现的地理成绩和智力关系差异还不大。另一个案例中，初中生地理笔记水平和地理成绩的关系（居贝妮等，2016），如图 5－3，非线性的对数函数模型的拟合优度较佳。

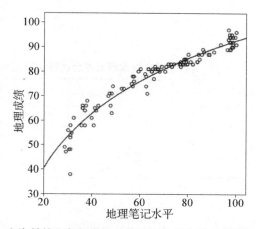

图 5－3　上海某校六年级学生地理笔记水平和地理成绩的关系模型

选用非线性回归模型通常是基于理论考虑，或是已知某研究因素的非线性效应的结果，通常根据问题背景或者数据特征假定一个非线性函数，用于描述因变量和自变量之间的关系，非线性回归主要工作是通过数学和计算方法，求得模型中的参数解。即使当线性回归近似的效果较好时，也可以考虑建立非线性回归模型，以方便解释。非线性模型的主要优点是简洁、可解释和预测。如果事物本身适用给定的非线性模型，可能就更简洁，更易于解释。

五、回归分析在地理教育研究中的应用

万静宜等（2017）采集了甘肃省白银市第一中学高一年级 126 个学生样本的地理空间思维能力（Y）、一般智力水平（X_1）、生活环境特征（X_2）、地理学习兴趣（X_3）、地图使用习惯（X_4）、地理问题关注习惯（X_5）、方向敏感程度（X_6）、地理专业知识（X_7）等变量数据，试图证实地理空间思维能力的影响因素和作用机制。空间思维能力测量量表由 J. 李和贝德纳兹开发（Lee J 等，2012），国际标准智力测验来自网络，生活环境特征、地理学习兴趣、地图使用习惯、地理问题关注习惯、方向敏感程度问卷由研究者自行开发，地理专业知识数据来自学生

的两次重要地理考试（最近一次期中和期末）成绩。所有数据进行了标准化处理。

7个影响因素数据中一般智力水平、地理专业知识、地图使用习惯与地理空间思维能力明显相关，通过独立样本t检验法，发现地理学习兴趣对地理空间思维能力也有一定的影响，从而证实智力水平、地理专业知识、地图使用习惯与地理学习兴趣是地理空间思维能力的影响因素。

以这4个因素作为自变量，以地理空间思维能力作为因变量，运用SPSS软件进行多元逐步回归分析，软件淘汰了地图使用习惯、地理学习兴趣两个自变量，保留了一般智力水平、地理专业知识两个自变量，因此，可认为一般智力水平和地理专业知识是地理空间思维水平的重要影响因素和有效预测变量。

回归模型结果数据如表5-6：

表5-6 4个影响因素与地理空间思维能力的逐步回归分析结果

影响因素	标准系数	非标准化系数	标准误差	t值	P值	显著性
常量		0.101	0.077	1.311	0.192	
一般智力水平	0.368	0.516	0.113	4.558	0.000	极其显著
地理专业知识	0.301	0.353	0.094	3.733	0.000	极其显著

其回归方程为：

$$Y = 0.516X_1 + 0.353X_2 + 0.101$$

其中，Y 表示地理空间思维水平，X_1 表示一般智力水平，和 X_2 表示地理专业知识。该回归模型的 r^2 为0.308，即这两个自变量对因变量的总解释率为30.8%；方程显著性程度较高，P值为0.000，两个变量的偏回归系数的P值也是0.000，反映的偏回归系数也非常显著，说明这一回归模型能在一定程度上通过智力水平和地理专业知识水平预测地理空间思维水平。

第4节　因子分析法

一、因子分析的概念

因子分析是一种多元统计分析方法，由英国心理学家斯皮尔曼于1904年率先提出。他发现学生的各科成绩之间存在着一定相关性，一科成绩好的学生，往往其他各科成绩也较好,从而推想是否存在某些潜在的共性因子(或称一般智力条件)影响学生成绩。因子分析就是用少数几个不可观测的因子(潜在变量)来解释原始变量(观测变量)之间的相互关系。它可以减少变量个数,通过对变量间相关关系的探测,将原始变量进行分类,即将相关性高的变量分为一组,用共性因子代替该组变量。人的许多基本特征,如兴趣、爱好、技能、智力、情感、态度、价值观等,常常是不可直接观测的,我们把它称为潜在变量。而对人的测量,如考试成绩、家庭收入、喜欢某个事物、学习时间、辨别方向、读图、画图等是显在的,可以观测的。对潜在变量(以不可直接观测为基本特征)的测量是通过一些具体表现性指标进行的,透过具体表现可以看到其背后的潜在变量的一些特征。因子分析正是利用这些潜在变量或本质因子去解释可观测的表现变量间的关系和结构,以揭示事物间的内在联系的一种工具。如人的地理空间思维的结构就可以通过因子分析去解构,学生的综合思维核心素养构成也可以通过因子分析去探索。

二、因子分析的原理

因子分析法是用少数几个不可观测的共性因子(潜在变量)$F_1, F_2, \cdots, F_m$ 去描述多个观测变量 $X_1, X_2, \cdots, X_p$ 之间的关系。观测变量(X)与潜变量(F)之间的关系模型可表示如下:

$$\begin{cases} X_1 = a_{11}F_1 + a_{12}F_2 + \cdots + a_{1j}F_j \cdots + a_{1m}F_m + d_1Y_1 \\ X_2 = a_{21}F_1 + a_{22}F_2 + \cdots + a_{2j}F_j \cdots + a_{2m}F_m + d_2Y_2 \\ \vdots \\ X_i = a_{i1}F_1 + a_{i2}F_2 + \cdots + a_{ij}F_j \cdots + a_{im}F_m + d_iY_i \\ \vdots \\ X_p = a_{p1}F_1 + a_{p2}F_2 + \cdots + a_{pj}F_j \cdots + a_{pm}F_m + d_pY_p \end{cases}$$

其中 X_i 表示样本的第 $i(i=1, 2, \cdots, p)$ 个观测变量的数值;F_j 表示样本的第 $j(j=1, 2, \cdots, m)$ 个共性因子(潜变量)的数值,是隐含于观测变量并从中抽象出来的潜变量。Y_i 表示样本的第 $i(i=1, 2, \cdots, p)$ 个有关的特殊因子上的数值,是误差变量,当样本容量足够大时,其抽样误差极小,误差项可以忽略不计。a_{ij} 表示第 i 个观测变量在第 j 个共性因子 F_j 上的系数,称为因子载荷。d_i 表示与第 i 个观测变量有关的特殊因子 Y_i 的系数,称为特殊因子载荷。因子分析的根本任务就是求因子负荷 a_{ij} 构成的因子负荷矩阵。

公共因子抽取后,它们所代表的实际意义有时还不十分明确,还需对因子负荷矩阵进行旋转变换,旋转变换就是通过对因子坐标轴位置的改变,在保持变量间原来相对位置的条件下,使因子负荷向 0 或 1 两极分化,使其矩阵结构变得简单,以便能准确识别及解释一个公共因子的实际意义。旋转的方式有两种,正交旋转和斜交旋转。因子分析中,因子负荷矩阵的旋转是必要的。因子旋转的原理虽然从认知上有些难于理解,但可以想象成调整显微镜的焦距,以便更清楚地观察物体(柯惠新等,2005)。

三、因子分析的计算指标

因子负荷。因子负荷 a_{ij} 是观测变量 X_i 与公共因子 F_j 之间的相关系数,反映了观测变量 X_i 对公共因子 F_j 的依赖程度。表5-7反映了中学生9门课程中的因子状况。

表5-7　旋转后的因子负荷矩阵[a]

观测变量		潜在变量			变量共同度[b]
		F_1	F_2	F_3	
X_1	YUW	.404	.731	.224	.747
X_2	SHX	.733	−.170	.394	.721
X_3	YIY	.612	.463	.243	.647
X_4	WUL	.685	−.380	.358	.742
X_5	HUX	.853	−.232	.036	.783
X_6	SHW	.806	−.101	−.222	.710
X_7	LIS	.610	.093	−.622	.768
X_8	ZHZ	.733	.349	−.192	.696
X_9	DIL	.790	−.286	−.133	.723
因子观测变量负荷平方和[c]		4.454	1.197	.885	

提取方法:主成分分析法。旋转方法:凯撒正态化最大方差法。

a. 旋转在5次迭代后已收敛。
b. 观测变量的公共因子负荷平方和。
c. 公共因子的观测变量负荷平方和。

变量共同度。因子分析中有一个变量共同度的概念,亦称公因子方差。观测变量的方差由两部分构成:其中一部分是公共因子共同度,即变量共同度,是各公因子的方差,是因子负荷矩阵中观测变量的公共因子负荷平方和;另一部分是特殊因子方差,是因子负荷矩阵中特殊因子负荷的平方,它是由特殊因子影响观测变量方差的部分,也是由公共因子对观测变量方差不能作出解释的部分。

变量共同度的意义。变量共同度是衡量因子分析效果的常用指标之一,是某一观测变量 X_i 在所有公共因子 F_j 上载荷的平方和,表示各变量所含信息能被所提取主成分解释的程度,反映所有公共因子对该观测变量的方差(变异)的解释程度。当特殊因子方差接近 0 时,观测变量方差主要由公共因子方差来决定,即观测变量主要受公共因子的影响;当特殊因子方差接近 1 时,观测变量方差主要受特殊因子的影响。如果因子分析结果中大部分变量共同度都高于 0.8,说明提取的公共因子已经反映了原变量 80% 以上的信息,因子分析效果较好。如以下公因子方差表中的“提取”列,其中语文的变量共同度 0.747,就是第 1 个观测变量 YUW 在 3 个公因子上的载荷 0.404、0.731、0.224 的平方和。这里变量共同度均没有高于 0.8 的,说明特殊因子在观测变量方差中有较明显的作用。

表 5-8 公因子方差

观测变量	初始	提取
YUW	1.000	.747
SHX	1.000	.721
YIY	1.000	.647
WUL	1.000	.742
HUX	1.000	.783
SHW	1.000	.710
LIS	1.000	.768
ZHZ	1.000	.696
DIL	1.000	.723
提取方法:主成分分析法。		

公共因子的观测变量负荷平方和。是因子负荷矩阵中某一列因子负荷的平方和,反映了同一个因子对所有观测变量所提供的方差之和,也能反映某一个公共因子对全部观测变量总方差所做的贡献,同时也反映了这个公共因子在所有公共因子中的相对重要性。它的值越大,表明该公共因子对全部观测变量的影响越大,它相对越重要。若将因子负荷矩阵中各列因子负荷的平方和计算出来,并按大小排列,就可以从中找出影响最大的公共因子。见表 5-9“总方差解释”表,第一个公因子的观测变量负荷平方和 4.454,占总方差的 49.488%,它的贡献最大,第二个公因子的贡献是 13.3%,前两个公因子方差共占总方差的 62.788%,这两个是因子载荷大于 1 的因子,它们承载的信息超过了一个观测变量的信息,而其他公因子的载荷小于 1,说明它们承载的信息还不如一个观测变量的信息,所以在分析中经常忽略因子载荷小于 1 的公因子。

表5-9 总方差解释

成分 （公因子）	初始特征值			提取载荷平方和			旋转载荷平方和		
	总计	方差百分比	累积%	总计	方差百分比	累积%	总计	方差百分比	累积%
1	4.454	49.488	49.488	4.454	49.488	49.488	2.721	30.235	30.235
2	1.197	13.300	62.788	1.197	13.300	62.788	2.109	23.432	53.667
3	.885	9.834	72.622	.885	9.834	72.622	1.706	18.955	72.622
4	.571	6.347	78.969						
5	.502	5.580	84.550						
6	.416	4.619	89.169						
7	.402	4.470	93.639						
8	.332	3.688	97.327						
9	.241	2.673	100.000						

提取方法：主成分分析法。

四、公共因子的计分

公共因子的计分是研究如何以已知的观测变量的线性组合来表示假设的公共因子，这种由变量的观测值来估计被试个体在各公共因子上的得分的方法称为因子计分估计方法，一般用多元线性回归。

公共因子（F）的计分模型实际是多个观测变量（X_i）的多元线性回归方程，为：

$$F_j = \beta_{j1}X_1 + \beta_{j2}X_2 + \cdots + \beta_{ji}X_i + \cdots \beta_{jp}X_p \quad (j = 1, 2, \cdots, m)$$

式中 β 是因子负荷。

学生九门学科抽取 3 个公因子，可以用以上回归方程进行 3 个公因子的计分。

五、因子分析适宜性检验

因子分析的目的是在互为相关的许多变量中寻找能反映它们之间内在联系以及起主导作用的、数目较少的公因子，通过对这些因子的研究，既无损于原来多个变量的信息，又便于对它们进行分类和解释。因此，要想使用因子分析方法，其前提是：原始数据中多个变量之间应有较强的线性相关关系。如果原始变量之间的线性相关程度太小，它们之间就不存在具有说服力的公因子，这时进行因子分析就没有实际意义。所以，在应用因子分析时，首先要判断数据是否适宜使用因子分析，也就是要进行因子分析的适用性检验。

KMO(Kaiser-Meyer-Olkin)检验统计量是用于比较变量间简单相关系数和偏相关系数的指标,其取值在 0 和 1 之间。当所有变量间的简单相关系数平方和远远大于偏相关系数平方和时,KMO 值越接近于 1,意味着变量间表面接近完全相关,实际几乎完全受中介因素(协变量、公共因子)的影响,这个中介因素就是公因子,所以原有变量越适合作因子分析;当所有变量间的简单相关系数平方和接近 0 时,KMO 值接近于 0,意味着变量间的表面的相关性很弱,自然偏相关也很弱,变量间没有相互关系,因此变量就越不适合作因子分析。KMO 值接近 0 还有一种情况,就是变量间的简单相关系数平方和和偏相关系数平方和接近,说明两个变量的相关就是直接的相关,中间没有中介变量(协变量、公共因子)影响,因此,没有必要也不适合做因子分析。Kaiser 给出了常用的 KMO 度量标准:一般 0.9 以上表示非常适合;0.8 表示适合;0.7 表示一般;0.6 表示不太适合;0.5 以下表示极不适合。实际分析中,KMO 在 0.7 以上时可以做因子分析;当 KMO 统计量在 0.5 以下时,不适合应用因子分析法,应考虑重新设计变量结构或者采用其他统计分析方法。

巴特利特球形检验:巴特利特球形检验是一种检验各个变量之间相关性程度的检验方法。一般在做因子分析之前都要进行巴特利特球形检验,用于判断变量是否适合用于做因子分析。巴特利特球形检验是以变量的相关系数矩阵为出发点的。它的零假设是相关系数矩阵是一个单位阵,即相关系数矩阵对角线上的所有元素都是 1,所有非对角线上的元素都为零。巴特利特球形检验的统计量是根据相关系数矩阵的行列式得到的。如果该值较大,且其对应的相伴概率值小于用户心中的显著性水平(<0.05),那么应该拒绝零假设,认为相关系数不可能是单位阵,即原始变量之间存在相关性,适合于作因子分析。相反不适合作因子分析。如表 5-10,该检验结果适合做因子分析。

表 5-10 KMO 和巴特利特检验

KMO		.880
巴特利特球形检验	近似卡方	6 621.933
	自由度	136
	显著性	0.000

另外,因为因子分析是寻求变量的内在结构,要求样本量比较充足,样本量与变量数的比例应该 5∶1 以上,总样本量不得少于 100,而且原则上越多越好。

六、因子分析在地理教育研究中的应用

学生的素养是一个体系,会全面体现在课程学习表现上,基于高一学生 9 门学科课程的成绩数据,运用因子分析方法进行学生素养结构的探索,找出素养公因子,并进一步发现各

学科承载的主要素养(卢晓旭等,2017)。

1. 样本数据来源

样本来自江苏省 13 个地市(C01—C13)的 74 所学校,学校随机抽取,平均每市 5—6 所,考生样本 57 558 份,其中无效样本(部分课程或全部课程缺考)977 份,有效样本共 56 581 份,样本有效率为 98.3%。样本数据为 2016—2017 学年度高一第一学期期末语文、数学、英语、物理、化学、生物、政治、历史、地理等 9 门课程的考试成绩。期末考试试卷均由各市或学校自主命制,考试均为常模参照性质。广泛取样也规避了基于同一份试卷而可能存在的试卷本身问题对结论的影响,有利于得到普遍规律。

2. 数据质量描述

在各市、校命制的试题中,语文、数学试题满分有 160、150、120 和 100 分 4 种,英语试题满分有 150、120 和 100 分 3 种,物理、化学、生物、政治、历史、地理满分有 120 和 100 分 2 种。对非百分制的成绩均进行百分制转化。全省所有样本的学科成绩平均值和标准差如表 5-11 所示。

表 5-11　江苏省样本的学科成绩平均值和标准差

学科	平均值	标准差
语文	62.70	8.52
数学	51.44	21.23
英语	59.16	17.84
物理	53.81	20.99
化学	47.72	19.72
生物	65.55	19.12
政治	67.06	12.56
历史	64.27	13.21
地理	59.40	17.02

由 9 门课程成绩构成的学业测评体系具有 0.932 的科隆巴赫测评信度,对于仅有 9 项成绩数据的测试,具有如此高的信度是可贵的,说明了全省各地的测试质量较高,数据具有可靠性。

3. 因子分析适宜性检验

因子分析前,首先需要进行 KMO 检验和巴特利特球形检验,KMO 检验系数 >0.5,巴特利特球形检验的卡方统计值的显著性概率 P 值 <0.05 时,测试才有结构效度,才适合做因子分析。统计显示,全部样本数据的 KMO 值为 0.944,巴特利特球形检验 P 值为 0.000,说明数据非常适合做因子分析。

4. 因子分析

采用三分法降维处理,得到三大公因子的累积方差贡献率达到80.5%,模型保留了大部分的方差信息。根据共性因子中载荷较大(大于0.6)的变量归类所显现出的特征,总结得到的三大素养是语言素养、科学素养和人文素养,语言素养主要承载的课程是语文、英语,科学素养的主要承载课程是数学、物理、化学、生物,人文素养的主要承载课程是政治、历史、地理,如表5-12。

表5-12　固定三个共性因子降维并旋转后的成分矩阵

学科	科学素养	人文素养	语言素养
语文	.291	.371	.775
数学	.653	.315	.520
英语	.369	.302	.773
物理	.817	.270	.342
化学	.798	.294	.331
生物	.733	.417	.188
政治	.288	.781	.313
历史	.285	.794	.303
地理	.487	.676	.282

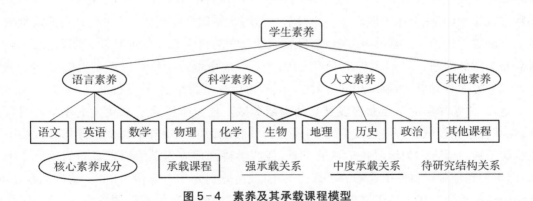

图5-4　素养及其承载课程模型

5. 课程承载素养的特殊性分析

数学、政治学科也能显著地发展人的语言素养。数学学科在语言素养发展方面具有较高的载荷系数(0.520),反映了数学学科特有的逻辑思维还兼有良好的语言素养发展功能,它有助于学生的语言表达更加具有逻辑性和严密性。政治学科虽然在全省数据中未发现明显的语言素养发展功能,但在分地市分析中(数据略),却发现有近一半(6个)地市的政治学科有语言素养发展功能,这一现象似乎可以理解和解释,但其内部机理或6地市的特殊原因有待挖掘。

地理、生物学科可以同时发展科学与人文素养。以因子分析旋转矩阵中载荷0.4为基准,发现生物学科也具有人文素养的发展功能,这或许缘于中学生物学科的内容和学习方法具有人文学科的特征,并且其在生命教育和环境教育等人文素养方面有显著的贡献。分析同样发现地理学科除了人文素养,也有较强的科学素养发展功能,这也是地理学科不应失去的特征,与地理学性质兼跨文理的学科属性相吻合。

语文学科似乎缺失了应该具有的人文素养。工具性与人文性的统一是语文课程的基本特点,人文素养应是语文课程主要承载的素养。全省数据显示,语文学科显著发展了学生的语言素养(载荷系数0.775,下同),但人文素养却是明显缺失的(0.371),甚至还弱于地理(0.676)、生物(0.417)学科对人文素养的发展功能。由于测试卷已多元化,所以可能有另外的致因:语文课程标准的制定、不同主体对语文课标的理解、语文教材的编写、语文教师的教学等,特别是语文教材多以文体为单元编写,可能是导致教材和教学人文性欠缺的原因,少数语文教材以情感和内容为单元,这可能有助于语文学科人文性功能的提升。而分地市数据分析发现,C07、C11地市的语文学科在人文素养发展方面有较高的载荷(大于0.4),是语文课程人文素养发展的较理想状态,可以对其教材、教学和试卷进行分析,对经验进行挖掘和推广。

地理学科的科学素养发展功能偏弱并且存在地区不平衡。测试所在的高一上学期,地理课程的主要教学内容是自然地理,它理应明显地培养学生的科学素养,但全省数据显示,地理课程主要承载的仍是人文素养发展功能(0.676),科学素养发展功能较弱(0.487),分地市数据也显示,有6个地市地理学科的科学素养的发展功能极不明显。为什么自然地理教学主要发展着学生的人文素养,许多地市自然地理教学的科学素养发展功能较弱,这是地理学科需要注意的问题。而C03、C07、C09、C10、C11等地市地理学科在发展学生的科学素养和人文素养方面有并重的载荷(均同时大于0.5),可以总结其经验,并进行推广。

地理、生物学科的语言素养发展功能有所欠缺。任何学科除了承载其主导发展的素养外,在其他素养领域也有或多或少的承载力,具体表现为成分矩阵中每个位置均有大小不等的载荷系数。语言作为学习各学科的工具,任何学科都理应为学生语言素养的发展作出贡献,但生物和地理学科的语言素养承载力最小,载荷分别为0.188和0.282。访谈调查显示,近年来地理教学对学生的语言表达有所忽视,如地理现象的区位分析教学中,侧重于区位因素的认定,评价多根据因素要点评分,与多年前地理考试中存在论述题型的情况可形成鲜明对照,这种变化导致了地理学科的语言素养发展功能受到削弱。生物的考试中几乎都为选择题和填空题,很少有问答题,问答和论述是引导语言发展的重要教学形式,虽然数理化等学科也同样如此,但生物学科的逻辑性又不如数理化等学科强,这可能是生物学科语言素养发展功能最弱的原因。

6. 素养水平的计算

本文计算出江苏省及各地市样本的高一学生三大素养水平的平均分,可用在区域之间、素养成分之间、男女之间以及不同属性对象之间进行对比分析与评价。如,分析发现 C01 地市学生科学素养的男女差异显著,而人文素养和语言素养不存在性别差异,如表 5－13,原因可进一步探究。如果历次的测量工具均具有较高的稳定性和可靠性,还可以用于阶段性和发展性评价。

表 5－13　样本数据计算出的素养水平分

区域		评价指标	科学素养	人文素养	语言素养
全省		水平分	270	257	225
		标准差	72.4	54.8	51.3
		差异系数	26.81%	21.32%	22.80%
C01		水平分	333	309	273
	其中:男	水平分	338	309	273
		标准差	40.7	32.9	28.5
	其中:女	水平分	328	309	273
		标准差	44.4	36.3	32.1
	男女差异	T 检验 P 值	0.001	0.915	0.967
		差异结论	有	无	无

第 5 节　结构方程模型

一、结构方程模型概念

结构方程模型(Structural Equation Modeling,简称 SEM)的前身是因子分析,由斯皮尔曼在 1904 年开始研究,中间经过多位学者的不断努力,在理论及应用上不停地改良,终于在 1973 年由 Joreskog 开发出第一套结构方程的计算机软件 LISREL,标志着结构方程模型理论和方法的诞生。越来越多的学者陆续进入结构方程研究领域,结构方程模型理论的发展更趋完善,各种软件(LISREL、Mplus、AMOS、EQS、CALIS、MX、RAMONA、SEPATH、R 语言等)也不断地完善其分析功能,共同推动使其成为成熟和方便使用的统计方法。结构方程模型有 50 年的历史,它相对于有 100 多年历史的经典而持久有效的相关分析、t检验、方差分析、因子分析、回归分析等称为第二代统计技术（张伟豪等，2020），它们都是过去、现在和未来学术研究领域里的重要理论和方法。结构方程模型相对于第一代统计技术，可以让研究者通过一个单独的系统检验一组研究假设，并且可以用较直观的图形方式呈现分析结果，它以传统统计技术力所不能及的优势，受到研究者的青睐。

结构方程模型是当代行为与社会研究领域量化研究的重要统计方法，它融合了传统多变量统计分析中的因子分析和线性回归分析的统计技术，对于各种因果模型可以进行模型辨识和拟合检验，同时考虑了模型的交互作用、非线性关系、自变量相关、测量误差、测量误差相关、多指标外生潜变量及多指标内生潜变量等，它还是多元回归、路径分析、因子分析及时间序列分析的另一种分析途径。结构方程模型研究目的与回归相似，但它的分析功能更强大，而且更具说服力。它可以让研究者去检验观测变量与潜变量之间的关系假设，陈述、估计以及检验变量之间线性相关，现在也能处理非线性相关，可以同步检验一组观测变量或潜变量之间的直接效应和间接效应的假设，它是许多相关统计技术程序的集合。

结构方程模型隐含着观测变量之间的协方差矩阵结构。协方差是度量两个随机变量协同变化程度的方差，是两个随机变量之间相关性量度的数字表示，它与相关系数有着密切的联系，与传统统计方法都是基于线性的统计模型。在某些统计假设下，结构方程模型和传统统计方法都是有效的，传统统计方法假设数据是正态分布的，结构方式模型假设数据是多元正态分布的，两种方法都提供了因果关系的推论，前提也都是需要符合理论上的要求。多元正态是当每一个观测变量都是正态分布的情况下，与其他的观测变量结合后，仍维持正态分布的现象。

结构方程模型和传统的统计分析方法也有不同之处。

第一，传统统计方法指定预测的模型，结构方程模型需要研究者依据理论和研究经验来事先进行模型假设，也就是说，结构方程模型需要在严谨的理论支撑下假设模型，而后才进行模型的评估与检验。

第二，结构方程模型是一个整合观测变量及潜变量的多变量统计技术，而传统统计方法只能分析观测变量，不能分析潜变量。结构方程模型在分析时将观测变量的误差考虑在内，清晰地指定测量误差，而传统统计方法则假设测量是没有误差的。结构方程模型参数估计方法利用多个方程式同步分析，估计所有相关的参数，并通过图形的方式呈现模型中的复杂关系，这比传统方法以表格的方式呈现更清楚、直观且更容易理解。以计划行为理论为例，基本理论架构如图5-5。传统分析方法，首先要将每一个概念的几个测题的分数加总平均，再将加总平均值带到多元回归分析中，因为有间接效应，模型要执行两次回归，才能分析完所有变量之间的关系，同一模型分两次分析，使得模型的整体置信水平下降。而结构方程模型中的计划行为理论，每个概念即潜变量，至少有三个观测变量来反映。图5-5中可以看到每个观测变量后面都有估计残差，因此它可以比较真实地反映样本数据的原貌。因此估计的偏差较少，又因为不做分数的加总平均，信息的损失可以降到最低，所以结构方程模型提供的信息更多,且更严谨、更准确。

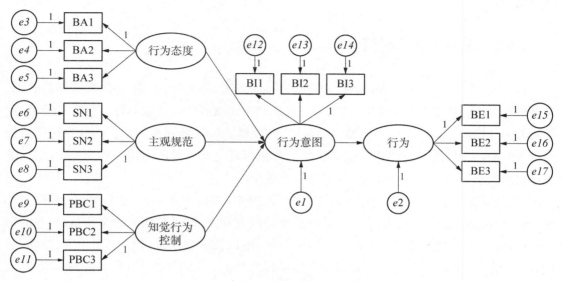

图 5-5　计划行为理论的结构方程模型

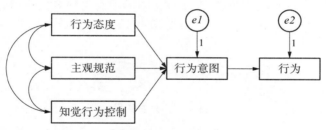

图 5-6　计划行为理论的路径分析结构

第三,结构方程模型很好地解决了研究的多重共线性问题,一个潜变量包含多个测量指标,且代表的是不同的含义,因此多重共线性问题几乎不可能发生在潜变量之间。

第四,传统统计方法提供了直观的显著性检验,判断群组的差异变量之间是否相关或变量的解释方差,结构方程模型除了拥有以上功能外,还提供了模型拟合度报表,利用多重拟合指标(χ^2、CFI、NNFI、RMSEA 等),判定模型好坏。

第五,传统统计方法通常是利用一种统计检验来判定分析结果是否显著,结构方程模型依靠数种检验来判定假设模型与数据的拟合程度。如 χ^2 检验表示模型期望协方差矩阵与样本协方差矩阵之间差异的程度,卡方值越接近零表示模型期望协方差矩阵与样本协方差矩阵之间差异越小。除此之外,统计显著性的检验必须大于 0.05(P>0.05),原因是结构方程模型的零假设是模型期望协方差矩阵与样本协方差矩阵之间没有差异,因此大概率接受零假设,才能证明两个矩阵之间没有差异,才能进一步说明假定模型与样本数据的拟合度是没问题的。

二、结构方程模型的专有名词

1. 潜变量(latent variables),有许多同义词,如因素、构面、构念等,均代表同样的意思。潜变量是无法直接观测到的变量,需借由一组观测变量(题目)间接地测量和观察来推论,测量的方法可以来自调查或各种测验。绘图时,潜变量一般用椭圆来表示。通过测量项目去测量学生的综合思维、区域思维、空间思维,这些思维就是潜变量。结构方程模型中,潜变量最理想的测题数是 4 个,不宜过多,也不能少于 3 个。

2. 观测变量(observed variables),同义词也很多,包括测量变量、观察变量、操作变量等,观测变量是一组变量的集合,用来定义或推论潜变量,有时也采用问卷来衡量,问卷的每个题目也都是一个观测变量。绘图时,观测变量一般以长方形代表。如,通过语文、数学、英语、物理、化学、生物、政治、历史、地理等 9 门课程的学业水平测量去反映学生的科学素养、人文素养和语言素养,科学素养、人文素养和语言素养就是潜变量,9 门课程就是观测变量。

3. 外生变量(external variables),同义词有自变量、预测变量、独立变量,外生变量指的是在模型中不受其他变量影响的变量,也就是在图形中箭头朝外的变量,外生变量可以是观测变量也可能是潜变量。

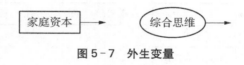

图 5-7　外生变量

4. 内生变量(internal variables),同义词有因变量。内生变量指的是模型中受到其他变量所影响的变量,也就是图形被箭头所指到的变量。内生变量可以是观测变量,也可以是潜变量。

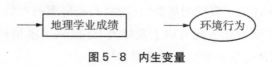

图 5-8　内生变量

5. 模型(model),结构方程模型中的模型是变量之间关系的表达。模型以图示方式具体展现,可以称为研究架构图或路径图。结构方程模型就是在检验这个模型是否与样本数据一致,如果 P 值不显著($P>0.05$),表示研究模型与样本数据一致,模型拟合良好。模型假设与估计的重要原则是:研究者经过一系列文献回顾之后,会提出符合理论的模型,并且试图用数据证明模型中关系的存在。但在实际分析中,即使假设的模型已经过严谨的推论,有充足的理论依据,数据仍然会让研究者面临一些程度不一的不符合理论预期的分析结果。研究者要尽可能找出与样本数据拟合良好的特定理论模型,并产生有意义并且可以解读的结果。

6. 参数(parameters),参数分为固定参数和自由参数。模型中没有被估计的值,通常固定设为 0 或 1,这称为固定参数。将潜变量的标准差设定为 1 称为标准化设定,如图 5-9。将潜变量所估计的多个指标中的一个指标的因子负荷固定设为 1,称为非标准化设定,如图 5-10。模型中所估计的参数均为自由参数,通常包括因子负荷量、非标准化(标准化)路径、方差、协方差、相关系数等。

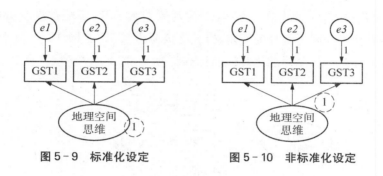

图 5-9　标准化设定　　　　　图 5-10　非标准化设定

7. 双相关(covary),如果观测变量或潜变量之间没有因果关系的存在,只是有关联就称为双相关或共变。

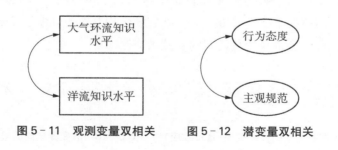

图 5-11　观测变量双相关　　　图 5-12　潜变量双相关

8. 因子负荷(factor scores),是一条直线直接从潜变量指向特定的观测变量,代表因子与观测变量之间的关系,这条关系解释为因子负荷量,如图 5-13。该因子负荷的平方称为变量估计的共同性(commonality),其实就是潜变量对特定观测变量的解释能力,称为多元相关平方(square multiple correlations, SMC),多元相关平方可解释为方差或者 R^2,是内生(潜在)变量被外生(预测)变量所解释的百分比。

9. 测量误差(measurement errors),也称为残差或扰动,代表的是特定的观测变量无法

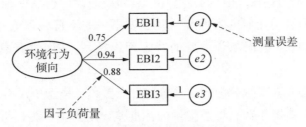

图 5-13　因子负荷量和测量误差

被相关的因素所解释的独特的方差。如图 5-14 中的 $e1$、$e2$、$e3$。要衡量测量误差,每一个测量误差的方差需要被估计(非标准化),标准化残差为 1-SMC,在 AMOS 中需要自行计算。衡量测量误差的残差负荷如图 5-14,$e3$ 为观测变量 EBI3 不能被潜变量环境行为倾向所能解释、而被其他未知因子解释的残差,残差的负荷为 0.55(非标准化),其平方等于 0.30,是测量误差(残差)的方差(非标准化),标准化残差为 $1-0.30=0.70$。

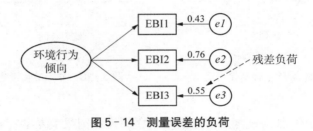

图 5-14　测量误差的负荷

10. 单向因果关系(causality),又称为递归路径。一路传递出去的路径,其所有的结构模型路径都是单方向指向下一个变量,没有两个变量相互影响,也没有反馈路径的存在,所以单向因果关系又称为变量与变量之间的直接效应。

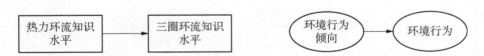

图 5-15　观察变量单向因果关系(直接效应)　　图 5-16　潜变量单向因果关系(直接效应)

11. 间接效应(indirect effect),一个变量(潜变量或观测变量)通过另一个变量(潜变量或观测变量)产生的效应,其中中间的变量称为中介变量。

图 5-17　中介变量和间接效应

12. 拟合度指标(fit indices),又叫适配度。结构方程模型以协方差矩阵作为分析的基础,当研究者设定一个包含固定参数及自由参数的模型后,其与样本数据协方差矩阵一致性的程度。常用的拟合度指标为 χ^2、CFI、NNFI 以及 RMSEA 等。

13. 结构方程模型的组成,一般结构方程模型包含测量模型与结构模型两部分,测量模型评估的是潜变量与测量指标之间的关系,又称为验证性因子分析模型,而结构模型描述的是潜变量与潜变量之间的关系,不包含潜变量的测量指标。

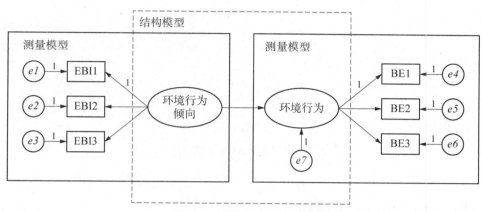

图 5-18   测量模型与结构模型

14. 验证性因子分析(confirmatory factor analysis),指的是所有观测变量直接与潜变量连接,并让因子负荷量自由估计。箭头需由潜变量指向观测变量(反映性指标)。模型辨识的要求是潜变量方差设为 1,或者某一观测变量因子负荷量设为 1,如图 5-18。每个潜变量要有 3—4 个观测变量。

15. 迭代(iteration)与收敛(convergence),迭代是数学上的一种演算法,对一组问题求解,从初始估计出发,先预估初始解,再寻找一系列近似解来解决问题的过程。这个过程使得后一个解比前一个解更接近实际,直到得到与实际值差异可忽略不计的解为止,这一过程所使用的方法,统称为迭代法。收敛只是一连串的迭代结果最后与实际值相接近,数学上通常以 0.001 为接近的许可标准。迭代与收敛过程打比方,如在字典里面查某个单词,先翻到中间位置,发现不是单词所在位置,然后再根据单词的排序确定向前翻还是向后翻,确定后再翻一半,如没有找到,再用这样的方法来迭代,最后终于找到单词所在的位置,从而结束迭代行为。收敛指标不要求完全找到这个单词,如找到单词所在的页或附近位置就可以结束,这就是收敛结束迭代的条件。

16. 结构方程模型样本数(sample size),结构方程模型是一种大样本的分析技术,样本数要达到一定要求,才能取得稳定的参数估计。由于结构方程模型在估计参数值时要考虑各种情况,包括研究者假设的理论模型,同时也要估计饱和模型及独立模型的情况,否则有一些参数难以估计,因此统计上就需要有足够的量来保证有足够信息估计参数。张伟豪等(2020)综合各种观点得出,一般的结构方程模型要保持 200—500 个的样本量。

17. 独立模型(independent)、假设模型(dufault model)和饱和模型(saturated model):所谓饱和模型是将所有的模型参数全部纳入分析,因此自由度为 0,是最复杂的模型。独立模型不需要估计任何参数,是最精简的模型。

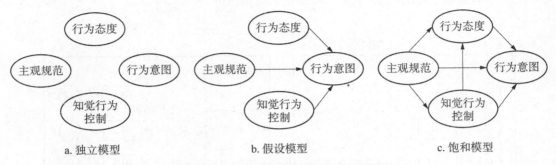

图 5-19　独立模型、假设模型和饱和模型

三、结构方程模型的分析流程

结构方程模型的分析流程包括模型假设、模型辨识、测量工具开发或选择、样本选择、数据测量、模型拟合、模型修正、结果报告等环节。具体如图 5-20 所示。

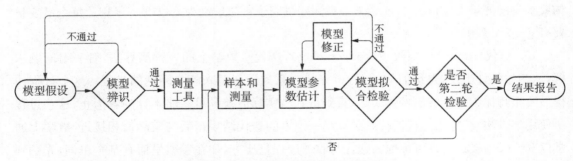

图 5-20　结构方程模型分析流程图

1. 模型假设

模型假设是结构方程模型分析最重要的步骤,也是最困难的一步。因为后续的每一个步骤都是在假设模型基础上进行的,如果模型假设有问题,那么整个研究工作可能毫无意义。

一般来说,在进行模型假设时,要有合理的理论依据或具体的理由。模型假设包含了研究中的所有变量的相关理论,以及对过去研究成果的文献回顾以后建立的假设。模型中要指定变量之间是否存在因果关系或共变关系,然后利用图形的方式将其呈现出来。同时也要考虑模型可能的变化,因为有可能在分析过程中会重新假设模型。模型假设后,不仅要检查这个模型是否指定了观测变量或潜变量之间的关系,还要检查某些研究假设可能遗漏的路径。

在结构方程模型的研究中,主要分析目的是检验理论上假设模型的协方差与真实总体的模型协方差矩阵是否一致。因此需要有严格的、代表总体的抽样,数据才能更有效地检验两者是否一致。结构方程模型以协方差矩阵为核心进行估计,因此样本数据在分析中被转换成样本协方差矩阵,而理论上的假设模型会根据收集的样本数据转换成期望的协方差矩阵,如果研究者的期望矩阵与样本矩阵一致,表示假设模型和数据拟合较好,不过,P>0.05表示理论上的假设模型与数据拟合是理想的。

2. 模型辨识

模型辨识就是识别理论上的假设模型是否可以分析,即假设的模型在理论上是否能够提供足够的信息可求出数学上的最优解。如果没有解,也就是模型无法辨识,模型辨识是自由度和估计参数的函数,如果模型无法辨识,无论研究样本是多少,都是无法辨识的,这种情况应该回到结构方程模型分析的第一步重新开始模型假设,否则后续的努力也必将是徒劳的。

模型辨识分为理论上的辨识和操作上的辨识。模型辨识主要是指模型所提供的自由度信息是否足够用来估计参数。理论上的模型辨识分为三种,第一种是模型过度辨识,即协方差矩阵提供的信息(自由度)大于估计参数个数。一般结构方程模型,估计都要维持在过度辨识水准,也就是说在模型参数估计完毕后,要有剩余的自由度,自由度不为零,表示答案具有无穷多解。结构方程模型借由迭代的过程找出最佳点,使得模型期望协方差矩阵与样本协方差矩阵之间相差最小。第二种是模型恰好辨识,协方差矩阵提供的信息(自由度)等于估计参数个数,模型只有一个解,卡方值为0,所以拟合度指标不是0就是1,在结构方程模型的估计中并不鼓励这样的模型。第三种是模型不足以辨识,协方差矩阵提供的信息(自由度)小于估计参数个数,这样模型将会无法辨识,也得不到任何估计参数,在结构方程模型中是不允许这种情况发生的。有时发现理论上模型辨识符合标准,自由度大于估计参数个数,模型假设也没有错误,但实际上却不能执行分析的情况,这通常是因为样本数据有问题造成的。这种现象称为操作上的模型辨识不足。模型辨识的具体操作请查阅相关结构方程模型书籍。

3. 测量工具

模型辨识通过后,就可以进入到采集数据的阶段,而采集数据需要有测量工具。测量工具可以选择现有的成熟的测量工具,也可以自主开发,自主开发的测量工具应保证质量,要提供设计过程和质量检验的报告。测量工具质量关系到数据采集的质量,也决定了后续研究的有效性和可靠性。还需要注意一个变量的测题数的限制,一般3—5个。

4. 样本和测量

研究首先要通过责任单位的人类受试者保护机构的伦理审查,之后才能进行样本招募和测试工作。样本的选择首先要考虑到样本能代表总体,因此要重视抽样方法,并说明其对总体的代表性。同时抽样要满足样本的数量要求,一般在200—500之间。数据采集之前要招募样本,样本招募要尊重样本意愿,组织者要做好样本信息的保密工作,招募过程要认真组织,组织过程要规范严密,应募的样本要签署知情同意书,未成年人要有家长的知情同意书。样本测试时要能保证认真参与,回答的信息要客观准确,非常有必要进行一定方式的动员,同时在必要的情况下要采用一定的技术识别并剔除无效样本,以保证数据质量。要记录抽样、招募的方法和过程,还要记录数据采集的详细过程。数据采集后要按要求进行整理,并对数据进行静态分析和质量检验,同时做好数据的保密工作。

5. 模型参数估计

在结构方程模型中,模型参数估计的方法有许多种,其中最大似然估计法(MLE)是最常用的估计方法,也是绝大多数结构方程模型软件默认的估计方法。用最大似然法进行模型参数估计,前提假设是,内生变量为连续变量,且为多元正态,每个样本都是独立的,变量与变量两两之间的联合分布是正态分布,所有的两两变量关系须为线性关系,而残差的分布是同质的。模型参数估计前,要做单变量正态检验,同时还要检验多元正态分布。除此之外还要对极端值进行检验。极端值并没有特别的定义,但一般认为某一个样本中的一个变量的观测值比平均数大三个标准差以上就是极端值,要检验是否为极端值,可将变量值标准化转为 Z 值,如果绝对值大于 3 就代表是极端值。

模型参数估计是由假设模型所产生的期望协方差矩阵与观测数据的协方差矩阵比较结果来决定的,一旦模型假设完毕,分析实际观测数据时,先指定估计参数的方法,上面所说的常用最大似然法,不同的估计方法是在不同的假设条件下完成的,利用不同的公式将卡方差异值最小化,当估计程序收敛至一个合理值时,模型参数估计程序就将完成。

6. 模型拟合检验

结构方程模型主要是评估样本协方差矩阵与模型期望的协方差矩阵的最小差异,也就是求取两个矩阵差异的最小值的函数。一旦模型可以辨识和参数可以估计,就会在模型拟合过程中产生多个拟合度指标。拟合度指标指的是研究者的假设模型与收集的数据之间的拟合程度,因为拟合度代表假设模型对样本数据的解释程度,即理论模型是否受到样本数据的支持。如果拟合度不佳,研究者要重新对模型进行修正,但修正的过程要有理论上的依据和实践上的具体证明。如果拟合度较好,则可以通过,但需要进行第二次检验,以保证检验结果的可靠性。

在模型拟合检验的过程中有三种理念。一是严谨的验证性检验,研究者建构理论模型并取得样本数据,分析过程中不做任何模型修正,最后的结论是模型是否可以接受。二是对立(或竞争)模型检验,研究者假设了几个对立(或竞争)的模型,用同样的样本数据分析每一个模型,在考虑模型精简条件的同时,找出这几个模型当中的最佳模型。三是模型生成,研究者通常会先假设一个模型,假如一开始假设的模型与数据并不拟合,则模型就要加以修正,如删除标准化因子负荷量太低的变量,并用这批数据再次检验。在这个过程中可能会产生几个不同的模型,最终的目的是找到一个与数据最为拟合的模型,而且模型中的每一个估计参数均能产生具体的解读意义,模型修正的过程也许是根据理论修正,或是根据数据修正,最后总是找出最有意义的可从理论上解释的模型。以上三种理念中,虽然结构方程模型研究者建议采用严谨的验证性检验,或采用对立(或竞争)模型检验,但整体来看,仍是模型生成这一理念在研究过程中占主导,也就是多数情况下研究者都是修正模型。

7. 模型修正

当分析验证性因子分析或结构方程模型时,并不是每个模型都能符合研究的预期,研究者有时需要重新改善模型拟合度不佳的情形,这就是模型修正的过程,模型修正时可以依照理论或结构方程模型软件产生的参考指标,对拟合度不佳的模型或不必要的估计参数加以修正。虽然软件会提供多种信息协助研究者修正模型,但借此信息来执行模型的修正时需要理论作为依据,并需要有研究者合理的评估。软件提供的修正指标(MI)和标准化残差协方差矩阵是最适合的协助修正模型的标准。模型修正过程中,最忌讳的是根据数据来修正,修正后拟合度是更优了,但是模型在理论上、变量在关系上却无法解释。所以模型修正时还是要强调理论依据,这时候对理论的梳理可以说是补充性的,也可以说是为修正而寻觅的,但一定以理论解释合理,或者说以说得通为原则。

8. 再次检验

无论如何,模型生成总是属于探索式数据驱动的研究,最后产生的模型可能只是这一批数据的结果,换了一批数据,可能模型根本不成立,这样就可以发现假设的模型或修正的模型是不佳的模型。而如果这个模型真的是有理论依据的,是具有科学性的正确模型,那么它势必会在另外一批代表总体的数据上有同样上佳的表现,因此,我们就应该用另一组样本进行模型稳健性的检验。当然这在操作上又会有一定的难度,还需要重新组织测试,而另一种在操作上比较可行的办法则是,将采集到的样本随机地分成两个子样本,分别进行检验。看两者检验的结果是否吻合,如果吻合,则可以更加放心地得出结论。当然这样的方法需要一次性采集更多的样本数据。

9. 结果报告

最后一步是提供检验报告描述整个分析的过程和结果。报告中应有理论依据和模型假设、潜变量的操作性定义、样本数、模型识别、共线性检验、分析软件和版本、分析方法、潜变量的相关、卡方值和多个拟合指标(GFI、AGFI、CFI、NNFI、SRMR、RMSEA 等)、测量模型和结构模型的参数估计(含标准化和非标准化估计值及显著性报告)、SMC 及可解释方差、竞争模型、最终模型图示、交叉效度等。

结果报告中的内容还应遵循一些准则:只得出研究模型是否拟合于数据的结论,不能得出模型是唯一最优的模型的结论。因为仍然会有其他的等价模型或更精简的模型在拟合度上优于研究模型;在样本足够大(>300)的情形下,应将数据分成两组样本,重新检验研究模型,比较交叉效果;考虑其他的竞争模型;使用两阶段检验法,先检验测量模型,再检验结构模型;评估模型具有理论依据及统计拟合指标配合;报告多个统计拟合指标;报告数据是否符合多元正态检验;寻找更精简的模型;考虑模型中观测变量的尺度(均为连续尺度),以及变量的分布是否为正态或有极端值;不要使用低于 100 的小样本做结构方程模型分析。

四、结构方程模型的拟合度指标

在结构方程模型分析中,模型拟合度指标决定研究模型是否可以接受,如果模型拟合度是可接受的,接下来才可以进行路径系统的显著性检验及解读。模型拟合度可接受,并不代表变量之间的关系是显著的,也不代表模型是正确的,只是说明研究模型与样本数据是一致的,其他结论需要从理论层面寻求解读。模型拟合度只是表明与样本拟合的程度,并不表示模型预测能力(R^2)的高低,有可能模型拟合度很高,但预测能力却很低。

在结构方程模型分析中所产生的拟合度指标,可完整检验假设模型与收集的数据的拟合差异大小,在判断模型拟合度时,首先要对整个模型做拟合度的判断,接着再做竞争模型与结构模型的拟合度判断。整体模型评价指标可分为 4 种:绝对拟合指标、增值拟合指标、简约拟合指标与竞争拟合指标。绝对拟合指标只评估整体模型,不对过程拟合作修正;增值拟合指标以假设模型与研究者指定的对比模型作比较;精简拟合指标只是对自由度做调整。由于没有一个或一组指标是公认最好的,所以实际研究中最好的做法是,从以上类型指标中各选一个或两个作为代表性指标。竞争拟合度指标原理虽然与前三种拟合度指标相同,但其值却无一定的标准来评价,只是越低越好,因为没有评价标准,所以一般用于两个模型以上的比较。拟合度指标的标准(吴明隆,2009;张伟豪等,2020)如表 5 - 14。

表 5 - 14　结构方程模型拟合度指标

类别	指标名称	范围	标准
绝对拟合指数	χ^2	—	P>.05
	χ^2/df	—	1—3
	GFI	0—1	>0.90
	AGFI	0—1	>0.90
	RMR	>=0	<0.05
	SRMR	0—1	<0.05 良好<0.08 接受
	RMSEA	0—1	<0.05 良好<0.08 接受
增值拟合指数	CN	—	>200
	CFI	0—1	>0.90
	NFI	0—1	>0.90

类别	指标名称	范围	标准
	TLI(NNFI)	0—1	>0.90
	IFI	0—1	>0.90
	RFI	0—1	>0.90
简约拟合指数	PGFI	0—1	>0.50
	PNFI	0—1	>0.50
	PCFI	0—1	>0.50
竞争拟合指标	上述指标	—	更优
	AIC	—	更优
	ECVI	—	更优
	MECVI	—	更优
	BIC	—	更优
	CAIC	—	更优
	NCP	—	更优

五、结构方程模型的分析方法

1. 路径分析

传统的回归分析最大的缺点是只能分析观测变量,而且只能分析直接效应。它们首先要将每个变量的测题加总或平均形成一个观测变量值,才能加以分析,碰到有间接效应时,就要看模型中有多少个因变量,有多少个因变量就要分多少次执行回归,这样会使整个研究的置信度下降,效率也低。实际的研究中有许多变量是属于心理测量的潜变量,并不是观测变量,而且关系也不会只有直接效应,更包含了间接效应。传统方法就难以高效地解决这个问题,而结构方程模型在分析潜变量和间接效应方面就显示出它的特长。并且,结构方程模型不只在分析潜变量模型上有较好的表现,在观测变量的评估(路径分析)上也有上佳的表现。实际上路径分析就是结构方程模型潜变量简化的结果,是结构方程模型的特例。

(1) 模型假设

行为意图结构方程模型如图 5-21 所示,假设模型中,共有 4 个观测变量。易用性为外生变量,有用性、态度既是外生变量也是内生变量,行为意图为内生变量,内生观测变量被外生观测变量估计,会产生可解释方差及不可解释方差两部分,$e1$ 到 $e3$ 共 3 个残差(不可解释方差)。

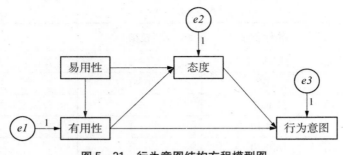

图 5‑21　行为意图结构方程模型图

（2）模型辨识

理论上的假设模型是否可以估计,必须先符合模型辨识的必要条件,自由度(df)>=估计参数(p)。

模型的变量个数(v)决定自由度的大小。

$$df = \frac{v(v+1)}{2} = 4 \times \frac{5}{2} = 10$$

估计参数是假设模型预计要估计的个数,模型分析基础是 6 个协方差,要估计的参数包括 3 个内生变量的残差,1 个外生变量的方差,还有 5 条因果路径的系数。模型全部估计参数为 9,小于自由度 10。假设模型为过度辨识,模型理论上可以辨识,辨识后的自由度为 10−9＝1。

（3）模型参数估计

确定模型可以辨识后,接下来是模型参数估计。用最大似然法估计模型参数,得到以下结果。

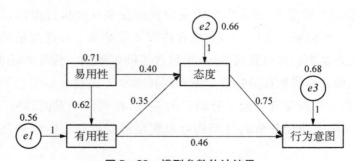

图 5‑22　模型参数估计结果

（4）模型拟合检验

模型参数估计后,下一步是检验模型拟合度,并估计参数显著性。表 5‑15 中显示了模型路径分析的 P 值为 0.193>0.05,所以整体模型检验是不显著的,表示研究假设模型与样本数据一致,除此之外再看看其他模型拟合度指标,包括卡方自由度比、GFI、AGFI、

RMSEA、SRMR、TLI、IFI 及 CFI 等。本路径分析的拟合度指标,均符合一般学者建议的经验法则标准,因此模型与样本并没有太大差距,拟合很好。

表 5-15　模型拟合检验结果

序号	拟合指标	理想标准	模型检验值	结论
1	χ^2	越小越好,P>.05	1.697(P=0.193)	理想
2	χ^2/df	1—3	1.697(df=1)	理想
3	GFI	>0.90	0.998	理想
4	AGFI	>0.90	0.976	理想
5	RMSEA	<0.05 良好<0.08 接受	0.045	理想
6	SRMR	<0.05 良好<0.08 接受	0.013 8	理想
7	TLI(NNFI)	>0.90	0.990	理想
8	IFI	>0.90	0.998	理想
9	CFI	>0.90	0.998	理想

模型所有估计参数都是显著的,各个标准化回归估计值也呈现在表 5-16 中,最后一列为三个内生变量各自的解释率 SMC(R^2)。

表 5-16　模型估计参数及显著性

	非标准化系数估计值	标准误 S. E.	C. R. 值	显著性 P 值	标准化系数估计值	SMC (R^2)
有用性←易用性	0.620	0.047	13.141	***	0.574	0.330
态度←易用性	0.404	0.063	6.417	***	0.340	0.338
态度←有用性	0.345	0.058	5.925	***	0.314	
行为意图←态度	0.750	0.051	4.904	***	0.247	0.339
行为意图←有用性	0.463	0.056	8.254	***	0.416	

***代表 p<0.001。

（5）模型修正

路径分析模型所呈现的修正指标没有任何建议,模型已经不需要再做任何修正,表示模型与数据已经拟合得非常好。

2. 验证性因子分析

除了路径分析,结构方程模型还可以验证潜变量的测量模型。验证性因子分析的目的是验证一组观测变量（题目）是否真的属于某一个潜变量。

　　这里的潜变量验证性因子分析有两种情况：一种情况是一个结构模型里面的所有潜变量的验证性因子分析，包括有因果关系的内生变量和外生变量，如易用性、有用性、态度、行为意图等构成的模型中的4个变量，再如智力、家庭资本、地理空间思维三者关系模型中的这3个变量，它们有一个共同的关系网，可以共处，但也各异，又有各自的测量模型。另一种情况是一个潜变量（Y）的多维度内部结构性潜变量（A、B、C、D等）的验证性因子分析，A、B、C、D有相对独立的测量模型，而它们又隶属于上一层的潜变量Y，从理解上类似于平时的指标、维度和测题，这种类型可以用一阶和二阶的验证性因子分析方法进行检验，更倾向于二阶检验，因为二阶的操作更符合量表的实际，一阶和二阶选择的微妙差别在于下层维度的紧密度以及对上层概念的隶属度。

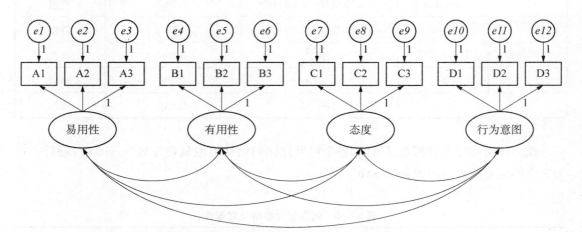

图5-23　结构模型里所有潜变量的验证性因子分析（行为意图的影响因素，一阶）

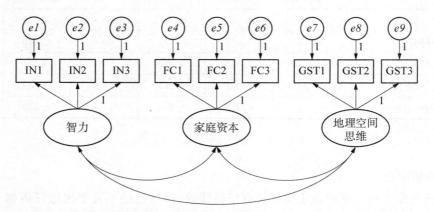

图5-24　结构模型里所有潜变量的验证性因子分析（家庭资本、智力与地理空间思维，一阶）

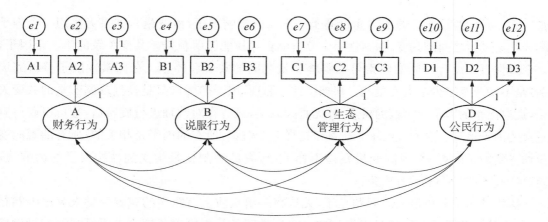

图 5-25　一个潜变量的多维度内部结构性潜变量的验证性因子分析(环境行为,一阶)

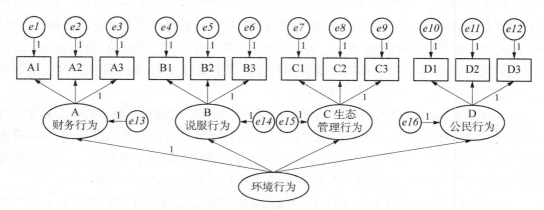

图 5-26　一个潜变量的多维度内部结构性潜变量的验证性因子分析(环境行为,二阶)

　　以上两种类型检验的结果肯定会有差异,因为第一种情况虽然各个潜变量之间有共同的关系网络(因果关系),但是,可能有两个潜变量之间相关很小甚至没有相关,检验中要具体问题具体分析并关注验证性因子分析的结果和第二种情况的差异。第二种情况中的潜变量是一种亲缘性和层次性关系,它的检验又分成一阶和二阶两种操作方法,一阶和二阶检验的不同之处在于:量表结构体系中,层次隶属直接和维度间亲密的用二阶检验,层次隶属不甚明显和维度间显得疏离的可用一阶检验。这种微妙不同从检验数据来看,是一阶验证性因子分析模型中发现原先的一阶潜变量(指标的维度)之间有中高程度的关联,反映一阶潜变量明显受到更高级潜变量影响,这个更高级的潜变量就是这个量表(指标)的概念,它可以解释所有的一阶潜变量。换句话说,就是这个指标概念和维度体系非常严谨,它分成若干个维度,各维度又有多个测题。

　　在继续介绍验证性因子分析(CFA)之前,需要回顾一下探索性因子分析(EFA)。探索性因子分析,也是通常所说的因子分析,它的功能是决定一组观测变量题目中有几个潜变量。它一开始假设所有的观测变量属于一个共同影响因子（潜变量），如果无法用一个因子解释观察变量之间的共变，探索性因子分析就会寻找能够解释残差共变关系的第二个因子，这个过程直到没有额外的因素可以解释变量之间的共变后停止。在探索性因子分析完成前，是不知道有多少个潜变量的。根据统计学原理，因子的提取只是捕捉观测变量的共变关系，提取出来的因子只有数的概念，并无直接意义，只有在对数轴进行旋转后，才可以获得有意义的因子信息。探索性因子分析基于这样 5 个假设：所有的因子是相关的；所有的观测变量均受到因子的影响；观测变量残差不相关；所有的观测变量均受到独特因子的影响（残差）；所有残差与因子没有相关。

探索性因子分析最大的问题在于，无法将一组实质上有意义的观测变量人为地限制在一起，而验证性因子分析是可以做到的。验证性因子分析可以从理论上假设观测变量隶属于某个潜变量，然后运用数据，对数据所反映的结构和理论假设的结构进行拟合检验，来审视这种理论假设的结构划分是不是得到实测数据的支持。验证性因子分析的前提有：因子的个数由研究者先行决定；研究者决定每个潜变量的观测变量为哪些题目；研究者决定潜变量之间的关系；每个潜变量的观测变量只和自己的潜变量有关系，不与其他的潜变量有关系，即交叉负荷量为 0，残差之间可以相关。

验证性因子分析是结构方程模型分析的一部分。如果结构方程模型分析中的测量工具存在问题，即便结构模型分析得到的结果比较理想，也不能肯定是理想的结果，因为测量本身早就可能有问题存在，其测量结果以及结构模型分析的结果都是不可靠的。因此，结构模型的检验首先要从测量模型的检验开始。不过，测量模型的检验也可以单独进行。

一个测量模型要满足下列几个条件，称为具有收敛效度：一是因子负荷量大于 0.7；二是组成信度大于 0.7；三是平均方差提取量大于 0.5；四是多元相关系数的平方大于 0.5。一般模型修正做的大多数是变量缩减。根据以下三个条件修正：一是删除因子负荷量过低（如小于 0.5）的变量，负荷量过低，代表该观测变量信度不佳，无法反映出真正的潜变量的含义；二是删除有共线性存在的观测变量；三是删除残差不独立的观测变量。后面两个条件需要依靠结构方程模型软件提供的修正指数 MI 信息的协助，MI 提供信息让研究者修正模型，以达到更高的模型拟合度，当然必须强调这种修正需要有理论为基础。大的 MI 值，代表模型需要重新设定，如果较大的 MI 值出现在变量与变量之间，代表这两个变量有共线性关系存在；如果大的 MI 值出现在变量与变量的残差之间，代表这两个变量不独立；实际研究中，一般不会将变量之间或残差之间的共变加以连接，基于模型精简原则，会选择其中一个删除，并重新分析，直到测量模型达到可接受的拟合度为止。验证性因子分析的结果以表格呈现，因子负荷量及测量模型因子变量的共同性，呈现的内容需包括标准化负荷量、非标准化负荷量、标准误、显著性、组成信度、平均方差提取量、适当的拟合度指标。结构方程模型的研究，先针对每个潜变量做验证性因子分析，确认潜变量的测量模型的信度、效度，再进行结构方程模型分析。

验证性因子分析的检验过程仍然是模型假设、模型辨识、模型参数估计、模型拟合检验、模型修正等步骤,具体参考路径分析中的操作要点。

3. 结构方程模型分析

结构方程模型分析是指在测量模型假设得到数据拟合支持的基础上,进一步所做的整个结构模型的检验。以行为意图形成的结构方程模型分析为例。案例来源于张伟豪等(2020)。

(1) 模型假设

研究在理论的基础上假设了以下测量模型和结构模型。模型中共有 1 个外生潜变量,3 个内生潜变量,每个潜变量各有 3 个观测变量,总共有 12 个观测变量。所有潜变量均为观测变量的因子,因此箭头指向观测变量。观测变量被潜变量估计会产生可解释变异和不可解释变异两部分。标准化因子负荷量的平方是可解释变异,$e1$ 到 $e12$ 共 12 个观测变量的残差是不可解释变异。

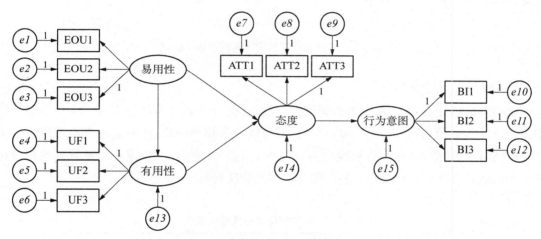

图 5-27 行为意图结构方程模型理论假设

(2) 模型辨识

模型辨识是要了解研究理论假设的模型是否可以估计,需要先符合识别的必要条件及自变量数,即自由度(df)>=估计参数(p)。

模型的变量数(v)决定自由度的大小。

$$\mathrm{df} = \frac{v(v+1)}{2} = 12 \times \frac{12+1}{2} = 78$$

模型要估计的参数包括 15 个残差,加上 1 个外生变量的方差,12 个因子负荷中扣除 4 个观测变量的因子负荷已经设为 1,因而为 8 个,模型有因果路径 4 条,所以有 4 个回归系数需要估计。这样总计有 28 个需要估计的参数。假设模型为过度识别模型,理论上可以辨识,辨识后的自由度为 78-28=50。

（3）模型参数估计

运用最大似然法进行模型参数估计，参数估计结果如图5-28。

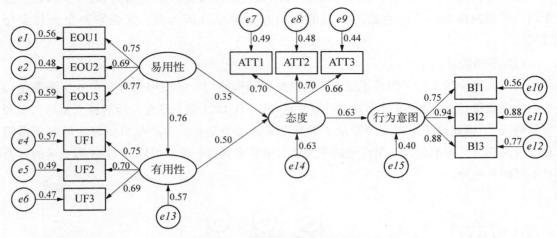

图 5-28　行为意图结构方程模型估计参数

（4）模型拟合检验

模型参数估计后，下一步是检验模型拟合度，并估计参数显著性。表5-17中显示了模型路径分析的 P 值为 0.002<0.05，所以模型与样本数据不一致，这可能是样本数过大造成的，或者存在一些微观问题，这给模型拟合优度打上了一个问号，总体还需要看其他拟合指标。而其他拟合度指标均符合一般学者建议的经验法则标准，拟合较好。

表 5-17　模型拟合检验结果

序号	拟合指标	理想标准	模型检验值	结论
1	χ^2	越小越好，P>.05	84.344(P=0.002)	理想
2	χ^2/df	1—3	1.687(df=1)	理想
3	GFI	>0.90	0.951	理想
4	AGFI	>0.90	0.924	理想
5	RMSEA	<0.05 良好<0.08 接受	0.048	理想
6	SRMR	<0.05 良好<0.08 接受	0.054	理想
7	TLI(NNFI)	>0.90	0.971	理想
8	IFI	>0.90	0.978	理想
9	CFI	>0.90	0.978	理想

模型估计各个标准化和非标准化回归系数、主要估计参数如表5-18，估计的参数均显

著,数据还是较为理想。

表5-18 模型估计参数及显著性

	非标准化系数估计值	标准误 S. E.	C. R. 值	显著性 P 值	标准化系数估计值	SMC (R^2)
有用性←易用性	0.694	0.081	8.545	***	0.758	0.575
态度←易用性	0.360	0.128	2.817	0.005	0.345	0.119
态度←有用性	0.569	0.144	3.959	***	0.499	0.249
行为意图←态度	0.643	0.083	7.754	***	0.630	0.397
EOU1←易用性	0.845	0.077	11.012	***	0.693	0.480
EOU2←易用性	0.969	0.088	11.076	***	0.693	0.480
EOU3←易用性	1.000				0.750	0.563
UF1←有用性	1.000				0.686	0.471
UF2←有用性	1.149	0.113	10.145	***	0.703	0.494
UF3←有用性	1.115	0.108	10.277	***	0.753	0.567
ATT1←态度	1.019	0.101	10.058	***	0.696	0.484
ATT2←态度	1.018	0.105	9.671	***	0.662	0.438
ATT3←态度	1.000				0.701	0.491
BI1←行为意图	1.000				0.751	0.564
BI2←行为意图	1.222	0.075	16.238	***	0.937	0.878
BI3←行为意图	1.175	0.076 1	5.524	***	0.877	0.769

***代表 p<0.001。

（5）模型修正

模型修正指标如表5-19,只列出 MI 值大于 10 的项。由于 MI 值并不很大,加上残差的协方差相关和两个观测变量的关联理论依据并不足,综合判断,模型无须修正。

表5-19 模型修改指标

协方差				
			M. I.	Par Change
$e5$	⟷	$e15$	11.870	0.139
回归权重				
			M. I.	Par Change
EOU3	←	BI2	10.202	0.124

（6）竞争性模型

这项研究的理论假设是把态度当作完全中介变量来考虑的，即易用性对行为意图的效应，以及有用性对行为意图的效应，完全借由态度来传递，完全中介是模型的理论假设，但理论上也有可能态度是一个部分中介变量，如果研究者认为完全中介具有重要的意义，那应该要证明竞争模型及部分中介模型并没有比完全中介模型好。

竞争模型与假设模型比较从四个方面进行：

（1）评估竞争性模型新增的路径系数是否显著；

（2）考虑竞争性模型因变量可解释变异（SMC）是否提升；

（3）看竞争性模型的卡方是不是更小，显著性 P 值有没有增大；

（4）检验竞争模型的其他拟合度是否有显著的改善。

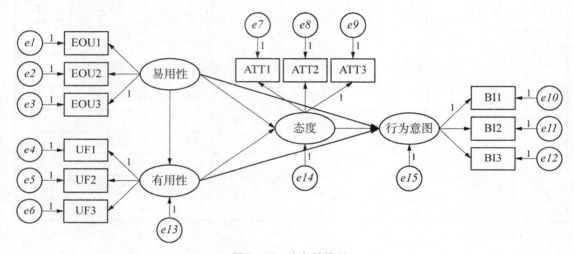

图 5-29　竞争性模型

研究中设定了竞争性模型，新增的两条路线，"易用性→行为意图"及"有用性→行为意图"，竞争性模型的路径系数非常显著，行为意图的可解释的变异由假设模型的 40% 提升到 44%。卡方大幅度减小，但显著性 P 值 0.001，没有增大。

综合分析，竞争性模型相对于假设模型，拟合偏向于更好，应该给予考虑。

六、结构方程模型在地理教育研究中的应用

1. 路径分析的应用

（1）地理学习成绩的影响因素的路径分析

把握地理学习成绩的影响因素对科学高效地提高地理学习成绩至关重要。假设地理学

习兴趣、地理学习动机、地理学习习惯、地理学习自我效能感、智力水平和地理笔记质量是高中生地理学习成绩的影响因素。借助高质量的第三方量表和地理期中考试,获得上海市民本中学高一年级 104 份有效样本的地理学习成绩和上述影响因素数据。分析发现地理笔记质量、智力水平、地理学习自我效能感、地理学习兴趣是地理学习成绩的影响因素,并且对地理学习成绩作用的强度依次由强到弱;通过结构方程模型的多群组路径分析发现,地理笔记质量、智力水平、地理学习自我效能感对地理学习成绩的影响存在明显的性别差异。

运用结构方程模型对与地理学习成绩具有相关性的四个影响因素进行路径分析,结果如表 5-20。对地理成绩的作用强度由高到低依次是笔记质量、智力、效能感、兴趣,标准化路径系数分别为 0.550、0.266、0.182、0.055。兴趣对地理成绩的作用未能显现出显著性。

表 5-20　地理成绩的影响因素结构方程路径分析结果

路径		路径系数	标准化路径系数	p 值
地理学习成绩	←地理笔记质量	.272	.550***	.000
	←智力水平	.149	.266***	.000
	←地理学习自我效能感	.121	.182*	.028
	←地理学习兴趣	.030	.055	.523

上述地理成绩影响因素模型有较为显著的路径系数,但模型 χ^2 的 p 值为 0.000,未达到大于 0.05 的理想模型拟合要求,χ^2/df 为 5.233,未达到小于 3 的要求,绝对适配度指标 RMSEA 为 0.202,未达到小于 0.08 的要求,因此,整个模型与数据的拟合优度不佳,这与回归方程解释率偏低的现象同样说明,地理成绩的影响因素很多,更多因素及其综合作用机制还有待进一步探索。

再以四个影响因素构建地理学习成绩影响因素模型,采用结构方程模型的多群组路径分析比较因素对地理成绩影响的男女差异。结果如图 5-30 和表 5-21 所示。

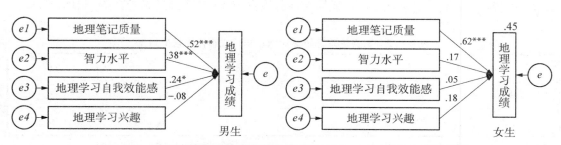

图 5-30　地理成绩的影响因素模型多群组(男生、女生)结构方程路径图

表 5-21　地理成绩的影响因素模型多群组(男生、女生)结构方程路径系数和显著性

路径		男生			女生		
		路径系数	标准化路径系数	p 值	路径系数	标准化路径系数	p 值
地理学习成绩	←智力水平	.215	.378**	.001	.099	.172	.088
	←地理学习自我效能感	.143	.238*	.043	.043	.053	.631
	←地理笔记质量	.264	.516***	.000	.330	.624***	.000
	←地理学习兴趣	−.048	−.084	.520	.100	.179	.101

智力、自我效能感、笔记质量对男生地理成绩均有显著影响,而对女生地理成绩有显著影响的只有笔记质量,智力、自我效能感无显著影响,兴趣对男女生地理成绩均未见显著影响。

分析认为,通常地理成绩受智力的影响不如数理化等学科明显,即使智力偏低,但只要努力学习,地理成绩亦可提高,女生通常学习认真,这使智力以及效能感对地理成绩的影响受到干扰或削弱以至于不明显,而男生通常在地理方面投入精力不多,尤其是样本学校的男生地理学习认真和努力程度不及女生,其地理成绩的取得更多凭借智力基础和自信心(效能感)。而笔记是扎实的学习工具,它对男女生的影响效应总是存在。兴趣仍然再次被证明对学习成绩的影响不显著,原因在于,高中生的学习都富于理性,课程也富于挑战性,兴趣对地理成绩的作用减弱了,它的影响只表现在前文分析的兴趣水平高低分组之间地理成绩存在差异,即兴趣极低的学生的地理成绩显著低于兴趣极高的学生,而在整个群体中其影响作用则不能明显发现。

继续用传统回归方法分析发现,各影响因素和地理成绩中,仅笔记质量有显著的男(0.535)女(0.628)性别差异,其他方面男女生均无显著性差异(统计数据略)。因此继续研究笔记质量对地理成绩的作用强度是否有男女性别影响。将男女生的笔记质量与地理成绩做单因素线性回归分析,结果如表 5-22。得出结论:**女生笔记质量对地理成绩的提升效应明显大于男生**。女生笔记质量提高 1 分,地理成绩提高 0.35 分,而男生则提高 0.3 分。并且女生笔记质量与学习成绩的线性回归方程表现出了更好的拟合优度(R^2(女)= 0.412 > R^2(男)= 0.321),女生笔记质量对地理成绩的解释度和预测性均更好(张子江等,2018)。

表 5-22　男女生笔记质量对地理学习成绩作用强度对比

	常量	系数	R^2	F 值	p 值
男生	0.552	0.300	0.321	21.295***	0.000
女生	0.496	0.350	0.412	38.465***	0.000

(2)地理教师人地协调观教学倾向和教学行为路径分析

计划行为理论认为,人的计划性行为都是经过深思熟虑的计划的结果,所有影响行为的

条件都会通过影响信念进而影响态度、主观规范和知觉行为控制,最终影响行为倾向和行为。基于计划行为理论框架建立地理教师人地协调观教学倾向和教学行为模型假设,拟用统计学中的路径分析思想通过数据拟合并证实模型。

编制各因素测题,共44题,借助华东师范大学地理教育研究志愿者平台,向中学地理教师群体随机发放不记名问卷。最终回收问卷65份,其中有效问卷60份,问卷有效率为92.3%。选取10位教师进行访谈以获取更多信息。60个有效样本来自全国20个省级行政区的40个城市,来源地域广泛,具有一定的代表性。其中,男性教师18名,女性教师42名;初中教师17名,高中教师43名;正高级教师2名,高级教师5名,一级教师20名,二级教师33名。除行为测量工具仅1题无需信度检验外,其余7项测量工具经实测数据检验的信度在0.716~0.922之间,高于0.6的标准,证明测量工具可靠。使用AMOS 21.0对基于计划行为理论的地理教师人地协调观教学行为的影响机制模型进行路径分析和拟合优度检验。

模型参数估计和拟合检验结果如图5-31所示。该影响机制模型各路径的显著性结果与回归分析的结果一致,进一步证明了从回归的角度看,模型是基本成立的。然而,重要的拟合优度指标CFI、GFI、IFI只大于0.7,未达到0.9,说明数据和假设模型的拟合情况尚不是最理想的状态,这可能是模型中缺少一些变量导致的,或许也是样本量较小造成的。后续研究应扩大样本以检验地理教师人地协调观教学倾向和行为模型的科学性,或者进行模型修正。

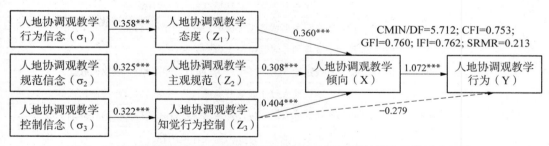

图5-31 地理教师人地协调观教学行为影响机制模型的结构方程模型分析结果

教师的人地协调观教学倾向显著影响教学行为,且受到教师对人地协调观教学所持有的态度、主观规范、知觉行为控制等因素的影响,而这些因素又受到相应教学信念的作用。地理教师人地协调观教学行为因素体系的构建是计划行为理论指导下的实践应用,其实证检验的不成功反映了教育研究和地理教育研究科学化道路上的艰难,教育规律本身的不显著,模型建立本身的困难,以及科学方法的简陋,让我们更懂得需要坚持(谢淑敏等,2022)。

2. 验证性因子分析的应用

准确评价中学生环境行为是实施环境教育、提高中学生环境行为水平的前提。基于江苏南京、连云港市五所学校1476份中学生样本,修订并检验中学生环境行为量表,为中学生环境行为的测评提供可靠的工具。应用经典测量理论和项目反应理论等相关方法,从项目、量表信度、量表效度三个方面检验并修订初始的中学生环境行为量表,最终得到由 4 个维度,16 个项目组成的新量表。其中量表的结构效度是通过验证性因子分析进行拟合检验的。环境行为量表结构模型假设如图 5-32。

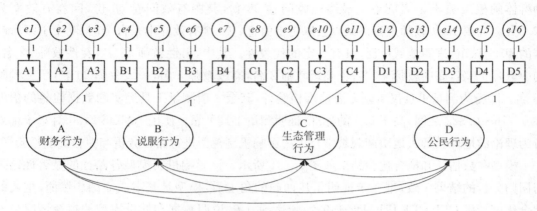

图 5-32 环境行为量表结构模型假设

表 5-23 高中生环境行为分类和测量工具项目

行为类别	原题号	测量项目
A 财务行为	A1	我一般会注意不去购买对环境有危害的产品。
	A2	我会选择购买那些重视环保的厂商所生产的商品。
	A3	我购买日常用品时经常自己带购物袋。
B 说服行为	B1	我经常鼓励他人实施环境行为(如节约能源和水、废物回收等)。
	B2	我经常劝告他人停止破坏环境的行为(如乱丢垃圾、排放污水等)。
	B3	我经常劝告他人不要违反环境法规或告知其行为已违反环境法规。
	B4	我经常主动与他人讨论如何解决环境问题。
C 生态管理行为	C1	我经常分类可回收的垃圾(如回收废纸、塑料瓶、废电池等)。
	C2	我经常节约能源(如随手关灯、有节制地使用空调等)。
	C3	我经常节约用水(如随手关水、减少淋浴时间等)。
	C4	我不经常用一次性的个人物品(塑料袋、方便筷、纸巾、纸杯等)。
D 公民行为	D1	我经常为环保事业捐款。
	D2	我经常参与学校环保活动。
	D3	我参与过环保倡议签名活动。
	D4	我对环境问题进行过投诉(如打市长热线或环保热线)。
	D5	我主动关注媒体中报道的环境问题和环保信息。

模型拟合度指标证明量表结构尚可(孙裕钰等,2019a)。

表 5-24　高中生环境行为量表验证性因子分析检验结果

序号	拟合指标	理想标准	模型检验值	结论
1	χ^2	越小越好,P>.05	121.134(P=0.167)	理想
2	χ^2/df	1—3	1.53	理想
3	GFI	>0.90	0.907	理想
4	AGFI	>0.90	0.922	理想
5	RMSEA	<0.05良好<0.08接受	0.046	理想
6	SRMR	<0.05良好<0.08接受	0.023	理想
7	TLI(NNFI)	>0.90	0.915	理想
8	IFI	>0.90	0.933	理想
9	CFI	>0.90	0.916	理想

3. 结构方程模型分析的应用

人类环境行为与环境问题的产生密切相关,探讨中学生环境行为影响因素的普遍性规律,提高中学生环境行为水平,是实现全民参与保护环境的基础。基于南京、连云港五所学校的初高中学生样本,探讨了前人研究得出的环境知识、环境经历、环境态度、环境信念、社会政策五个影响因素对中学生环境行为作用的普遍性。运用结构方程模型,检验了中学生环境行为的影响因素以及各因素间的关系,并量化各因素对中学生环境行为影响的总效应。结构模型如图 5-33 所示。

测量工具选自学界现有的量表,质量均有保证。样本学校包括南京、连云港市的重点中学、普通中学、城区中学、县乡中学等多个类型。具体包括连云港市海州高级中学、新浦中学、赣榆高级中学、厉庄高级中学四所高中,以及南京市外国语学校河西分校(初中)。共完成问卷 1600 份,测谎删除 124 份,有效问卷 1476 份,包括高中 1127 份,初中 349 份,有效回收率约为 92%。

模型参数估计结果如图 5-33。模型参数估计的同时,判断理论假设模型与实际测量数据之间的拟合程度。得到最终的模型拟合指标(见表 5-25),模型的整体拟合度较好。说明各影响因素与中学生环境行为的结构方程模型与测量数据之间有良好的契合度,能够较好地反映相互之间的关系,模型可被接受用来解释中学生环境行为。

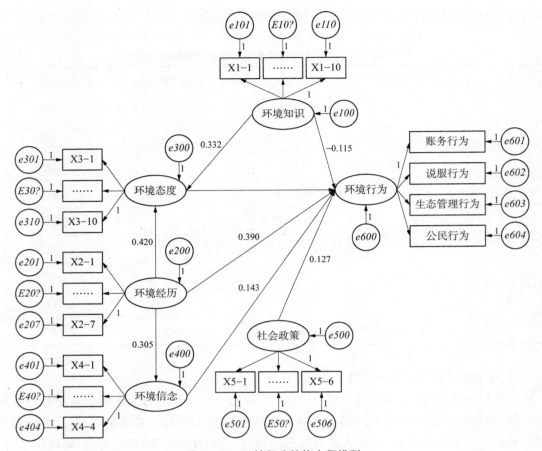

图 5‑33　环境行为结构方程模型

表 5‑25　结构方程模型拟合指标和拟合结果

序号	拟合指标	理想标准	模型检验值	结论
1	χ^2	越小越好,P>.05	116.533(P=0.084)	理想
2	χ^2/df	1—3	1.976	理想
3	GFI	>0.90	0.927	理想
4	AGFI	>0.90	0.934	理想
5	RMSEA	<0.05 良好<0.08 接受	0.034	理想
6	SRMR	<0.05 良好<0.08 接受	0.018	理想
7	TLI(NNFI)	>0.90	0.908	理想
8	IFI	>0.90	0.915	理想
9	CFI	>0.90	0.925	理想

另外,通过结构方程模型分析可知,各影响因素对中学生环境行为的直接作用由强到弱依次为环境经历、环境态度、环境知识、环境信念、社会政策,其路径系数分别为0.390、0.278、—0.155、0.143、0.127。但各因素对中学生环境行为影响的总效应包括了直接效应和间接效应,间接效应为相应路径系数的乘积。计算得出各因素的总影响效应如表5-26所示,其中环境态度、环境信念和社会政策只有直接效应,环境经历和环境知识既有直接效应又有间接效应。最终,五因素对中学生环境行为的总影响效应由大到小依次为环境经历、环境态度、环境信念、社会政策、环境知识。此结论既验证了偏相关分析的结果,证明环境经历对中学生环境行为的作用机制最强,又将各影响因素对中学生环境行为以及各影响因素之间的作用关系进一步量化。

表5-26 各因素对中学生环境行为的影响效应分析

影响因素	直接效应	间接效应	总效应
环境经历	0.390	0.160	0.550
环境态度	0.278	——	0.278
环境信念	0.143	——	0.143
社会政策	0.127	——	0.127
环境知识	—0.155	0.092	—0.063

以上是结构方程模型在地理教育研究中的应用案例,不得不承认这些研究还不规范,有些检验结果并不十分理想,离真正反映客观事物本质的模型还有很大差别。虽然稚嫩,但作为切实的地理教育领域的案例,列于此处旨在抛砖引玉,并鞭策作者继续前行(孙裕钰等,2018)。

第 6 章

地理教育测量量表开发案例

科学发展建立在测量和数据之上,一门科学成熟的标志就是数学的进入,科学取向的研究需要在经验归纳和理论演绎的基础上,形成数学模型和理论假设,再通过数据测量和实证检验,证明理论假设的正确性和数学模型的精确性。地理教育学是以地理教育系统为研究对象,探索地理教育机制及其规律的学科。目前最迫切需要探索和发现的是学生地理核心素养发展的机制和规律,主要包括地理空间认知的机制、区域认知的机制、地理综合思维发展的机制、人地协调观形成的机制、环境行为发生的机制、地理实践力培养的机制等,在发现了机制,揭示了规律的基础上形成地理教育理论。而要在这些方面开展研究,则需要对这些素养及其影响因素进行测量,但地理教育领域内一直缺乏成熟的测量工具,导致规律揭示和理论研究无法顺利进行,因而开发测量量表是当前地理教育学发展和学科科学化的迫切任务,地理教育需要开启一个测量时代。本章以地理素养的测量为线索,提供 8 个地理教育测量量表,同时也简述开发过程和质量检验结果,供读者参考,旨在呼吁地理教育研究者投入量表开发的行列,为地理教育学科学化建构基础。

第 1 节　地理综合思维量表

一、概念和维度

人们运用综合的观点,系统、全面、动态地认识地理环境的思维方式称为地理综合思维。《普通高中地理课程标准》(2017 年版)将其分为要素综合、时空综合、地方综合三类。

要素综合思维是指在全面把握地理要素的前提下,分析地理要素之间的联系,并确定和保留主导要素和要素联系中的主导联系的思维过程。时空综合思维是在认识不同区域地理环境的整体性和认识区域间分异性的基础上,考虑地理要素的时间变化对地理环境整体性和区域分异格局影响的思维过程。地方综合思维是认识区域内要素相互作用及其对区域环境整体性产生影响的思维过程,以及认识不同区域间相互以地理要素的形式作用于另一个区域,从而使两个区域发生联系和产生相互影响,形成两地地理特征的思维过程。

综合思维可以分为 6 个二级维度,其内涵和满分标准如表 6-1 所示。

表 6-1　地理综合思维小类和评价依据

一级维度	二级维度	内涵	满分标准
要素综合思维(A)	要素体系思维(A1)	知道自然要素和社会经济要素所包含的多个要素,并能定势成从地理要素角度思考地理事象的习惯,同时有主导要素的意识(全面、系统)。	在思考地理事象时无须任何提示、能自然而然地分层次考虑所有地理要素,并有把握主导要素的意识。
	要素联系思维(A2)	知道地理要素相互联系、制约和渗透,具备地理要素的联系意识(系统)。	在思考地理事象时无须任何提示、能自然而然地从要素联系的角度分析问题。
时空综合思维(B)	整体分异思维(B1)	知道区域地理事象整体内有小尺度的区域差异,具备地理事象的整体性意识和区域分异思想(全面、系统)。	在分析相关地理事象时无须任何提示、能自然而然地从区域整体或空间分异的角度分析区域。
	时间变化思维(B2)	知道地理事象及地理要素会随时间而发生演变,具备地理事象和地理要素演变的动态思维(动态)。	在分析相关地理事象时无须任何提示、能自然而然地从时间变化的角度认识区域地理事象的发展变化。
地方综合思维(C)	区域内综合思维(C1)	知道区域内各地理要素通过相互作用、相互影响形成区域地理特征(系统)。	在认识区域地理事象时无须任何提示、能自然而然地从地理要素相互作用和影响的角度综合解释区域地理事象,并能提取形成地理事象的主导要素。
	区域间综合思维(C2)	知道外区域作为一个特殊的地理要素对本区域地理特征的形成有影响(系统)。	在认识区域间联系时无须任何提示、能自然而然地把其他区域理解为本区域的发展或演化要素,并从区域联系角度综合解释区域地理特征和提出区域发展路径。

二、量表编修和样本试测检验

测量量表经过多次质量检验和修改,后面一次正式检验于 2017 年 10—11 月进行,分别在南京城区某高级中学高二高三年级 4 个班级、张家港市某高级中学高二年级 2 个班级中试测。两所学校处于两个明显的办学层次,并且分布于城市和乡村,样本有层次差异。参与试测的学生共 252 名,其中测谎未通过的学生 8 名,有效样本 244 份,有效率 96.8%。

之后,又于 2018 年 3 月至 2020 年 1 月间,项目组结合样本可得性,并从样本分布尽可能代表总体的角度出发,先后在上海、江苏、湖北和贵州等4省市8所学校采集得到3078份高中生地理综合思维水平数据,通过测谎手段剔除无效样本285份,得到有效样本2793份,有效率为90.7%。样本总数量较大,满足样本的数据量要求,分布上也具有一定的总体代表性。运用这批样本,又对量表进行第二次质量检验。

三、量表质量检验报告

第一次试测结果显示了两所学校的层次差异性,地理综合思维水平分别是72.3和57.9,均值差异的独立样本 T 检验 t 值为9.972,P 值为0.000,有显著差异,间接反映了测量量表的区分度。24 个测量项目得分与其地理综合思维得分均具有极其显著的相关性,P 值均为0.000,说明所有项目的区分度良好。测量量表的科隆巴赫信度系数为0.928,反映信度极高,6 个小类量表信度分别为0.631、0.735、0.716、0.684、0.786、0.752,均超过分量表要达到0.6的基本要求,量表信度合格。另外设置的5项效标题组成的分量表信度为0.876,它的测量结果与24个项目的测量结果相关系数达到0.837,P 值均为0.000,说明效标效度良好。研究者重新审视最终的24个项目与其指向的小类内容的对应性,评价其内容效度,认为所有24个项目与小类的对应程度都在4分以上,绝大多数为5分(满分),反映了量表具有较高的内容效度。另外,测量量表的结构效度检验结果不理想。

第二次试测数据结果显示,24个测量项目得分与其地理综合思维得分均具有极其显著的相关性,P 值均为0.000,说明所有项目的区分度良好。测量量表的科隆巴赫信度系数为0.946,反映信度极好,6个小类量表信度分别为0.807、0.782、0.747、0.754、0.776、0.786,均超过分量表达到0.6的基本要求,量表信度合格。5项直测性效标题组成的分量表信度为0.875,它的测量结果与24个项目的测量结果相关系数达到0.845,P 值均为0.000,说明效标效度良好。而测量量表的结构效度检验结果依然不理想,数据如表6-2。

表6-2 地理综合思维量表结构效度检验结果

方法	具体检验指标		合格标准	第二次试测检验结果	结论
因子分析	预设项目公因子集聚程度		内集聚、外区分明显	不明显	不理想
	KMO 值		>0.7	0.971	合格
	巴特利特球形检验 P 值		<0.01	0.000	合格
	公因子累积方差贡献率		>60%	54.9%	基本合格
结构方程模型	绝对适配指标	卡方检验	P>.05(不显著)	0.000	不理想
		GFI	>0.90	0.883	不理想
		AGFI	>0.90	0.856	不理想

方法	具体检验指标	合格标准	第二次试测检验结果	结论
	RMSEA	<0.05	0.068	不理想
增值适配指标	NFI	>0.90	0.899	不理想
	CFI	>0.90	0.906	合格
	RFI	>0.90	0.886	不理想
	IFI	>0.90	0.906	合格
	TLI(NNFI)	>0.90	0.893	合格
简约适配指标	卡方自由度比	1—3	13.904	不理想
	PNFI	>0.50	0.792	合格
	PCFI	>0.50	0.797	合格
	PGFI	>0.50	0.716	合格

　　试测的结果显示了所开发的地理综合思维量表具有较好的区分度、信度、内容效度和效标效度,而地理综合思维的认知结构未能得到验证,即测量量表的结构效度未能达标,但这一结果并不影响测量量表用于测量学生的地理综合思维。原因在于学者们从地理综合思维的外在形式角度提出的结构不失逻辑性和合理性,对应形式结构的地理综合思维测量量表本身具有足够的内容效度,完全可以测量学生的地理综合思维水平,包括其 3 个大类和 6 个小类的思维水平,测量结果可以用于样本个体的诊断分析,用于样本间的对比分析,用于发现样本地理综合思维水平的时间变化,以及用于地理综合思维发展理论的实证研究。

　　结论:依据形式结构开发的由 3 个大类和 6 个小类构成、24 个项目组成的地理综合思维量表虽然结构效度不理想,但信度和内容效度达到要求,可以用于测量学生的地理综合思维的总体水平。

四、量表内容和维度归属

　　以下问卷共 24 个项目,主要了解你的地理综合思维水平,请你判断各项目的内容表述与你的实际情况相符的程度,从"非常不符合"到"非常符合"分 5 个等级。

　　1. 我能全面而准确地说出自然地理环境的五大要素。

　　2. 我能说出五个以上影响人类生产活动的社会经济要素。

　　3. 在解读"一山有四季,十里不同天"这样的自然现象时,我也要从自然因素和社会经济因素方面分析。

　　4. 在分析产业发展(如化学工业、果树种植等)问题时,我有明显的"在全面分析地理因素的基础上确定主导因素"的意识。

5. 我能用各种案例向他人清楚地解释自然地理要素之间的关系(如地形与气候、植被与土壤等)。

6. 在判断一个地区的土壤是否肥沃时(如热带雨林土壤贫瘠,东北黑土肥沃),我能将该区域的各地理要素与土壤肥力联系起来思考。

7. 当一种新的产业或产品(如智能手机、共享单车、电影产业)风靡于世时,我即刻能意识到是一个地理要素(如科技)适应了时代公众消费的要求。

8. 我对自然因素与社会经济因素间存在联系有过直接的思考和明确的认识(如气候与市场、绿水青山与"金山银山"即旅游资源)。

9. 我意识到降水的区域差异其实是一个更大区域的内部差异。

10. 我对"全球气候是一个整体"有明显的意识和深刻的认识。

11. 我很习惯从上、中、下游的角度整体认识河流地貌及其形成原因。

12. 我认为一个国家内部的聚落形态虽然有区域差异,但仍然有共同特点。

13. 我思考过国家计划生育政策推行和二胎政策放开的深层次社会经济原因(不仅仅是控制人口和防止人口老龄化的表面问题)。

14. 我认识到随着时间的推移,影响农业或工业的地理因素会发生变化,从而导致一些历史文明(如楼兰古国、东北老工业基地)的兴盛和衰弱。

15. 我能从山脉形成时间和遭受侵蚀的久远程度来认识不同山区的地貌特征(如喜马拉雅山、燕山、桂林山水等)。

16. 我从一些现象中认识到我国上世纪八九十年代所具有的廉价劳动力资源优势正在消失。

17. 我能清晰地分析出国家提出新型城镇化政策是源于当前哪些地理要素的客观现实。

18. 我能准确指出哪些自然地理要素影响了西欧温带海洋性气候的形成。

19. 在旅行途中看到新的地貌景观时,我能从多个内外力因素角度分析其对地貌形成所起的作用。

20. 我思考过一些大型工程项目(水库、工厂、交通线等)论证过程漫长是因为项目建设(地理因素变化)对环境的危害程度一时很难确定。

21. 我曾经思考过西部发展和环境问题的解决也要靠东部发达地区的努力和责任担当(如黄土高原地区的水土流失治理和经济发展问题)。

22. 东部地区富裕、西部地区贫困,我曾经就此思考过区域发展的不公平问题,现在也能提出一些公平发展的对策。

23. 我能认识到资源的跨区域调配其实是区域发展的一项举措,一个地区是作为另一个地区发展的地理要素而被认识和考虑的。

24. 我在分析某湖区洪涝灾害多发的原因时,除了考虑自然原因和当地围湖造田的原因外,更多地考虑附近地区和上下游地区社会经济发展对该湖区的影响。

表 6-3　地理综合思维测量项目的维度归属

一级维度	二级维度	测量项目序号
要素综合思维(A)	要素体系思维(A1)	1—4
	要素联系思维(A2)	5—8
时空综合思维(B)	整体分异思维(B1)	9—12
	时间变化思维(B2)	13—16
地方综合思维(C)	区域内综合思维(C1)	17—20
	区域间综合思维(C2)	21—24

（来自：卢晓旭等,2022）

第 2 节　地理过程思维量表

一、概念和维度

地理学以探求陆地表层自然要素与人文要素在时间和空间两方面的变化规律为目标，地理学的研究对象中包含一类具有生消演变属性的事象，比如：涡流、台风、人口增减变化的趋势和疾病的传播等，这些空间地理现象在时间上生消演变即地理过程。地理过程思维是从时间维度出发认识地理事象的发展变化的思维。

地理过程思维的构建离不开对地理时间维度的剖析与梳理。时间和过程思维在地理学领域的研究并不多，地理时间和过程维度蕴含在地理综合思维和区域思维中，处于附属思维的状态。为了独立了解时间维度的地理过程思维，这里研究并开发了测量量表，旨在为地理学和地理教育服务。

基于地理过程、地理过程知识和地理过程思维的概念及相关学者对地理过程思维的研究，经过理论推演提出了地理过程思维一级维度划分的假设：过程属性思维(A)、过程模式思维(B)、过程关联思维(C)。

过程属性思维(A)包含动态时序思维(A1)、进程速度思维(A2)和状态变化思维(A3)三个二级维度，是地理过程思维自身基础属性的呈现。其中，动态时序思维指认识地理过程时间属性和时间尺度的能力；进程速度思维指认识地理过程速度变化与其规律性的能力；状态变化思维指认识地理过程动态演进时状态变化的能力，包含对地理过程量变状态、质变状态和量变与质变相结合的演进性质的认知。

过程模式思维(B)包含循环思维(B1)、演变思维(B2)、扩散思维(B3)和波动变化思维

(B4)四个二级维度,是地理过程具象内容的分类呈现。循环思维指对地理事物或现象在一定的空间范围内循环往复地动态变化过程的认知;演变思维指对地理事物或现象随着时间的演变出现的盛衰消长、新旧更替的变化过程的认知;扩散思维指对地理事物或现象由某一源地或中心向四周进行扩散过程的认知;波动变化思维指对地理事物的数量在一定时间尺度内发生时空不连续、规律不明显的持续变化过程的认知。

过程关联思维(C)包含过程协同思维(C1)和过程叠加思维(C2)两个二级维度,是多个地理过程复杂耦合、共同发展演化性质的呈现。过程协同思维指对地理过程变化的同时使其他地理过程产生协同性适应变化过程的认知;过程叠加思维指对不同地理过程在特定时间断面上相互作用耦合、发生效应叠加过程的认知。地理过程思维维度结构体系如表6-4所示。

表6-4 预设的地理过程思维维度结构(形式结构)

一级维度	二级维度	维度内涵
过程属性思维(A)	动态时序思维(A1)	认识地理过程时间属性和时间尺度的能力。
	进程速度思维(A2)	认识地理过程速度变化与其规律性的能力。
	状态变化思维(A3)	认识地理过程动态演进时状态变化的能力,包含对地理过程量变状态、质变状态和量变与质变相结合的演进性质的能力。
过程模式思维(B)	循环思维(B1)	认识地理事物或现象在一定的空间范围内循环往复地动态变化过程的能力。
	演变思维(B2)	认识地理事物或现象随着时间的演变出现的盛衰消长、新旧更替的变化过程的能力。
	扩散思维(B3)	认识地理事物或现象由某一源地或中心向四周进行扩散过程的能力。
	波动变化思维(B4)	认识地理事物的数量在一定时间尺度内发生时空不连续、规律不明显的持续变化过程的能力。
过程关联思维(C)	过程协同思维(C1)	认识某一地理事象的变化使其他地理事象产生协同性适应变化这一过程的能力。
	过程叠加思维(C2)	认识不同地理事象在特定时间断面上相互作用耦合、发生效应叠加这一过程的能力。

注:A3分为:A31量变思维,A32质变思维,A33量变与质量关系思维。

对以上的量表结构进行检验,采集第一批样本数据,检验结果不理想(检验结果数据略),结合理论推演,决定重新划定地理过程思维,设为三个一级维度,分别为对地理过程客观存在的意识(X)、过程性思维的潜在运用意识(Y)、对地理过程动态规律的认识(Z)。对地理过程客观存在的意识(X)是指知道地理过程的客观存在性,对地理过程类型的类型、状态属性和基础特性有一定认识。过程性思维的潜在运用意识(Y)是指能自发地运用地理过程思维,想到处于过程变化状态的地理事象实例。对地理过程动态规律的认识(Z)是指能感知地理过程的动态变化规律,知道地理过程具有动态性、规律性和可预测性等特性。重构后的地理过程思维维度结构如表6-5所示。

表6-5　重构后的地理过程思维维度结构(本质结构)

一级维度	维度内涵
对地理过程客观存在的意识(X)	知道地理过程的客观存在性,对地理过程类型的类型、状态属性和基础特性有一定认识。
过程性思维的潜在运用意识(Y)	自发运用地理过程思维,能想到处于过程变化状态的地理事象实例。
对地理过程动态规律的认识(Z)	感知地理过程的动态变化规律,知道地理过程具有动态性、规律性和可预测性等特性。

二、量表编修和样本试测检验

在借鉴、参考的基础上,自行开发并反复修改形成了由33个项目组成的地理过程思维测量量表,用于试测。测量量表实际针对11个指标(A3指标实质上划分为3个指标),每个指标设3道测题,均是"想到""意识到""一直认为"这三个性质或进阶水平不同的测量项目。

第一次试测于2022年8月下旬到2022年9月上旬通过"调研工厂"平台发布并收集数据,定向招募2003年9月1日至2004年8月31日之间出生的学生,即年满18周岁不足19周岁的高中毕业生,样本来自于全国25个省份。经过测谎题初步筛选后获得200份样本。有效样本中包含男性136名,女性64名;主要生活在农村地区的样本67份,主要生活在城市地区的样本133份。

第一次试测检验结果量表信效度较好,只是存在结构效度问题,并且发现通过修改为三个新的维度和调整测题对应的维度就可以提高结构效度,主要将多数"想到"的项目归入"对地理过程客观存在的意识"(X)维度,多数"意识到"的项目归入"过程性思维的潜在运用意识"(Y)维度,多数"一直认为"的项目归入"对地理过程动态规律的认识"(Z)维度。因此第二次试测并没有增加和修改测题,只是删除了6道测题,保留第一次试测题中的27个测量项目。这样,第一次试测中的27个项目数据的分析结果也可以和第二次试测的数据进行对比。

对重构维度的过程思维量表进行检验的第二次试测于2023年1月通过"问卷星"平台发布,招募18—23周岁样本,样本来自于28个省份。经过测谎题的筛选后获得210份样本。有效样本中包含男性81名,女性129名;主要生活在农村地区的样本95份,主要生活在城市地区的样本115份。

三、量表质量检验报告

重构后的地理过程思维自陈式量表27个项目与总分之间的相关性达到小于0.01的极

其显著相关的水平,总分高、低分组的各项目均值比较的 t 检验显著性也均达到小于 0.01 的极其显著的水平,说明具有较好的区分度。量表科隆巴赫信度系数为 0.902,达到优的水平。在内容效度上,前期对原始量表的内容效度进行了定性评价,重构后的量表再次通过专家咨询对量表进行定性评价,验证题目的实际测量内容确与地理过程思维概念相符,具备一定的内容效度。

结构效度检验运用了两批样本的数据,以检验量表调整后的维度结构的稳健性,结果如表 6-6 所示,重构后的结构与数据拟合基本理想,量表结构效度基本合格。

表6-6　重构后的地理过程思维量表的维度结构检验

指标类别	检验量	理想适配标准	用第一批样本检验 N=200	用第二批样本检验 N=210	结论
绝对适配度	CMIN/DF	1—3	1.739	1.911	合格
	RMSEA	<0.08	0.061	0.066	合格
	GFI	>0.9	0.823	0.813	合格
增值适配度	CFI	>0.9	0.913	0.850	基本合格
	IFI	>0.9	0.914	0.853	基本合格
	TLI	>0.9	0.905	0.836	基本合格
简约适配度	PGFI	>0.5	0.699	0.690	合格
	PCFI	>0.5	0.835	0.778	合格
	PNFI	>0.5	0.748	0.671	合格

结论:使用两次收集的高中毕业生样本对重构后的地理过程思维维度结构进行验证性结构效度检验。用首批样本数据检验,重构后的地理过程思维划分的各维度数据拟合结果均达到理想标准,重构后的三维度结构假设得到初步证实;用第二批样本数据对重构后的地理过程思维维度进行再次检验,重构后的地理过程思维划分的各维度数据拟合结果也达到基本合格的标准,重构后的三维度结构假设得到进一步证实。最终,形成一套由 27 道测题组成的地理过程思维测量工具,并得到检验基本合格的地理过程思维三维度结构。

四、量表内容和维度归属

以下问卷共 27 个项目,主要了解你的地理过程思维水平,请你判断各项目的内容表述与你的实际情况相符的程度,从"非常不符合"到"非常符合"分 5 个等级。

1. 我清楚地认识到地理事象的变化有量变状态。

2. 我清楚地认识到地理事象的变化有质变状态。

3. 我一直清楚地认识到地理事象的量变和质变状态会相互转化。

4. 我常常意识到有些地理事象是一个循环发展的过程。

5. 我常常意识到有些地理事象是一个不断演变的过程。

6. 我常常意识到有些地理事象是一个不断扩散的过程。

7. 我常常意识到有些地理事象是一个波动变化的过程。

8. 我清楚地意识到不同地理事象的变化过程会相互作用和影响。

9. 我清楚地意识到不同地理事象的变化过程会叠加在一起。

10. 我平时总能意识到某些地理事象正处于量变过程。

11. 我平时总能意识到某些地理事象正处于质变节点。

12. 我总能想到很多地理事象量变与质变状态转化的实例。

13. 我平时总能想到很多正处于循环状态的地理事象。

14. 我平时总能想到很多正处于演变状态的地理事象。

15. 我平时总能想到很多正处于扩散状态的地理事象。

16. 我平时总能想到很多正处于波动变化状态的地理事象。

17. 我平时总能想到多个地理事象相互作用和影响的实例。

18. 我平时总能想到两个地理事象叠加发展的实例。

19. 我一直认为地理事象的量变过程是可以预测的。

20. 我一直认为地理事象的质变节点是可以预测的。

21. 我一直认为地理过程量变和质变的相互转化是可以预测的。

22. 我常常认为地理事象的循环过程是可以预测的。

23. 我一直认为地理事象的演变是可以预测的。

24. 我一直认为地理事象的扩散是可以预测的。

25. 我一直认为地理事象的波动性变化是可以预测的。

26. 我一直都知道地理事象之间的相互作用和影响是可以预测的。

27. 我一直都知道地理事象之间的叠加发展是可以预测的。

表 6-7　地理过程思维测量项目的维度归属

维度	测量项目序号
对地理过程客观存在的意识(X)	1—9
过程性思维的潜在运用意识(Y)	10—18
对地理过程动态规律的认识(Z)	19—27

(来自:龚晓雪,2023)

第3节 区域认知量表

一、概念和维度

区域认知指人们运用空间—区域的观点认识地理环境的思维方式和能力。包括了"用区域的方式认识"和"认识区域本身"两个方面的涵义。这一方面是将区域认知理解为是认识地球表面复杂多样性的一种策略和视角,另一方面是对某一区域进行具体的认识。另外,区域认知素养还蕴含着价值判断的成分,还要能够秉持正确的地理观念,提出一定的评价依据,对人们所采用的区域开发利用的对策、措施的合理性与不足,作出较全面、科学、合理的评价,提出较为可行的改进建议。这里将区域认知素养分为**用区域的方式认识**、**认识区域本身以及评价区域开发** 3 个一级维度。为了更明确体现区域认知素养的思维品质和能力,基于文献研究、专家咨询及理论推断,**将用区域的方式认识**分为体会"划区"认识的价值、将地理事象置于特定空间加以认识、地方感 3 个二级维度。将**认识区域本身**下设空间定位、空间格局的觉察、分析区域特征、比较区域差异、发现区域关联 5 个二级维度。**评价区域开发**下设区域发展条件与问题解决、区域发展决策得失评价、区域发展规划 3 个二级维度。由此初步构建了包括 3 个一级维度和 11 个二级维度的区域认知素养体系。而最终通过质量检验的量表调整了区域认知维度的结构,保留了 3 个一级维度和 10 个二级维度,如表 6-8 所示,这种维度解构有理论依据,并且与数据拟合更优。

表 6-8 区域认知素养自陈量表

一 级 指 标	二 级 指 标
A 用区域的方式认识	A1 体会"划区"认识的价值
	A2 将地理事象置于特定空间加以认识
	A3 地方感
B 认识区域本身	B1 空间定位
	B2 空间格局的觉察
	B3 分析区域特征
	B4 比较区域差异
	B5 发现区域关联
C 评价区域开发	C1 区域发展决策得失评价
	C2 区域发展规划

二、量表编修和样本试测检验

在解构了区域认知素养维度后,采用李克特五级量表形式,编制了与 11 个二级维度相对应的 45 个测量项目,由此构成初始的区域认知素养自陈量表,量表在编制过程中保持对二级维度内容的吻合,即保持有基本合格的内容效度。

由于学生的核心素养结构需要在引导发展到一定水平之后才能通过测量进行分辨,并据此开展验证。第一次试测选取上海市 SX 中学与 SY 中学作为样本学校,以高二年级参加地理学科高考的学生为试测样本。这两所学校学生生源质量较好,学生的区域认知素养发展水平较高,但也存在差异和不平衡,因而数据既可以进行量表项目质量、信度与内容效度检验,也可用于结构效度检验。上海市 SX 中学回收样本 180 份,有效样本 157 份。上海市 SY 中学回收样本 203 份,有效样本 153 份。两个学校的总有效样本 310 份,样本有效率为 81%。

第一次试测作为量表探索性的质量检验,在其数据分析基础上,对量表进行修改,同时有依据地调整维度结构,最终形成了由 29 个项目构成,包含 3 个一级维度及 10 个二级维度的第二版量表,并进行第二次数据采集和质量检验,最终检验通过,第二次质量检验称为验证性质量检验。

第二次试测选取上海市 SD 中学与苏州市 SL 中学为样本学校。采用修订后的区域认知素养自陈量表。在上海市 SD 中学高二年级选择了四个高考选考地理的班级进行测评,回收样本 116 份,有效样本 95 份,有效回收率为 82%。在苏州市 SL 中学选取了整个高三年级选考地理的班级作为样本,回收样本 184 份,有效样本 179 份,有效回收率为 97%。

三、量表质量检验报告

量表质量检验结果数据如表 6-9 所示。

表 6-9　量表质量检验指标、标准和区域认知素养自陈量表质量检验结果一览表

内容		指标和方法	严苛标准	一般标准	第 1 批-探索性质量检验数据	第 2 批-验证性质量检验数据	结论
项目质量	区分度	相关分析	$P<0.01$	$P<0.05$	均为 0.000	均为 0.000	达标
		独立样本 T 检验	$P<0.01$	$P<0.05$	均为 0.000	均为 0.000	达标
		项目反应理论	0.3—3	0.3—3	0.82—2.10	1.26—2.17	达标
	难度	项目反应理论	−4—4	−4—4	−3.93—2.78	−3.67—2.37	达标
量表信度	一致性	总量表科隆巴赫信度	>0.8	>0.7	0.937	0.951	达标
		分量表科隆巴赫信度	>0.7	>0.5	均>0.556	均>0.673	达标

内容	指标和方法			严苛标准	一般标准	第1批-探索性质量检验数据	第2批-验证性质量检验数据	结论
量表效度	内容效度	专家咨询	实际内容与指向的测量概念的符合度	>0.85（单项目>0.8）	>0.85（单项目>0.8）	>0.85（单项目>0.8）	0.92（单项目>0.8）	达标
	结构效度	因子分析	前提指标	KMO值	>0.7	>0.6	0.931	0.947	达标
			球形检验P值	<0.01	<0.05	0.000	0.000	达标
			项目对预设维度（公因子）集聚程度	内集聚外区分极其明显	内集聚外区分存在	完全符合	完全符合	达标
			公因子累积方差贡献率	>60%	>40%	71.844%	74.364%	达标
		结构方程模型	绝对适配指数	GFI	>0.90	>0.80	0.880	0.848	达标
				RMSEA	<0.05	<0.08	0.049	0.057	达标
			增值适配指数	IFI	>0.90	>0.80	0.935	0.921	达标
				CFI	>0.90	>0.80	0.934	0.921	达标
				TLI	>0.90	>0.80	0.925	0.911	达标
			简约适配指数	χ^2 自由度比	1—2	1—3	1.731	1.899	达标
				PNFI	>0.50	>0.45	0.759	0.760	达标
				PCFI	>0.50	>0.45	0.826	0.825	达标

量表项目分析。运用项目与总分的相关系数法、总分高低分组的项目得分的均值比较（独立样本 T 检验）法及项目反应理论等方法检验量表的区分度。区域认知素养量表 29 个项目的探索性阶段的数据和验证性检验阶段的数据分析结果均表明：29 个测量项目均具有较高的区分度，反映区分度水平的 P 值达到 0.000 的极其显著水平，项目反应理论的各个项目的区分度均在合理范围内，说明 29 个测量项目均能很好地鉴别试测群体区域认知素养的水平差异。运用项目反应理论检验量表的难度，无论是探索性阶段还是验证性检验阶段的 29 个项目难度均在合理范围内，表明项目代表的任务难度也是合理的。

量表信度检验。量表探索性修订后余下的 29 个项目的数据检验，科隆巴赫信度为 0.937，量表验证性检验的科隆巴赫信度为 0.951，均大于 0.9，超过 0.8 的严苛标准，且验证性阶段的科隆巴赫信度还有所上升。探索性修订后，10 个分量表的科隆巴赫信度分别为 0.788、0.556、0.800、0.752、0.726、0.795、0.718、0.736、0.768、0.788，9 个分量表的信度均达到 0.7 的严苛标准，另 1 个分量表维度由于最终仅保留 2 个项目，固其信度稍微较低，为 0.556，也达到了一般标准。量表验证性检验 10 个分量表的科隆巴赫信度均大于 0.673，达到标准，说明最终的整体量表及分量表的内部一致性均较高，测量结果可信。

量表内容效度。运用专家咨询法对保留的 29 个项目量表的内容效度进行检验,由高校和中学具有高级职称的教师对量表各项目的内容进行逐一核实,判断各项目的实际测量内容与其测量指向的概念即区域认知的二级维度的概念的相符合程度,用李克特 5 级量表进行符合程度的判断,并求取专家评分的平均值。结果显示,各项目得分均在 0.8 以上,量表整体内容效度为 0.92,说明量表的内容效度非常高。

量表结构效度。利用因子分析先后两次对修订后的量表进行结构效度的检验。探索性质量检验中,量表整体 KMO 值为 0.931,表明量表内容既具有共性基础又有适当区分的公因子存在,适合进行因子抽取。采用主成分分析法的因子抽取方法,以正交方法进行因子旋转,抽取出 10 个公因子,每个项目公因子载荷均大于 0.4,累积方差贡献率为 71.844%,说明了区域认知素养自陈量表具有由 10 个维度构成的良好的结构效度。验证性质量检验中,量表整体 KMO 值为 0.947,相较探索性阶段还有所上升,可进行因子抽取,项目对抽取的预设公因子的内集聚外区分现象仍然明显存在,公因子累积方差贡献率为 74.364%,量表仍表现出具有较好的结构效度(因子分析结果略)。为提供更确切的量表结构效度数据,证实量表假设的理论模型与试测数据的适配程度,采用 AMOS 23.0 对探索性质量检验阶段的试测数据进行结构方程模型验证,几个重要指标 GFI=0.880,RMSEA=0.049,IFI=0.935,CFI=0.934,TLI=0.925,PNFI=0.759,PCFI=0.826,χ^2 自由度比=1.731,基本达到严苛标准的要求,表明数据与理论模型有较好的拟合。再对验证性质量检验阶段的试测数据进行结构方程模型验证,GFI=0.848,RMSEA=0.057,IFI=0.921,CFI=0.921,TLI=0.911,PNFI=0.760,PCFI=0.825,χ^2 自由度比=1.899,各指标均达到一般标准的要求,有多个指标仍能达到严苛标准。综合因子分析和结构方程模型验证,表明区域认知素养自陈量表具有良好的 3 个一级维度及其 10 个二级维度的结构效度。

结论:修订后的区域认知量表项目质量、信度、效度均达到统计学的质量要求,可用于测评学生的区域认知素养水平。使用中对二级指标下的测题进行等权重处理,得到二级指标水平,用二级指标等权重方法获得的一级指标水平,再按一级指标等权重得到区域认知水平。也可以根据使用者的需要用层次分析法(AHP)或专家咨询法(Delphi 法)设置各指标权重。

四、量表内容和维度归属

以下问卷共 29 个项目,主要了解你的区域认知素养水平,请你判断各项目的内容表述与你的实际情况相符的程度,从"非常不符合"到"非常符合"分 5 个等级。

1. 我能准确解释不同尺度(如大洲、地区等)、不同类型区域的划分依据。
2. 我能自主举例分析区域的界限和名称是如何随时间的变化而变化的。
3. 我能通过自主举例准确解释划分区域的目的是认识地理环境的复杂多样性。
4. 我在分析印度尼西亚特别容易受到地震和海啸袭击的原因时会首先将其放到世界地

图中。

5. 我在分析黄土高原水土流失严重的原因时会首先将其放在整个黄河流域中。

6. 我与我生活的城市有非常强烈的联系。

7. 我非常关心我所生活的城市的自然和人文环境的发展与变化。

8. 我非常乐意参与改善我所生活城市的建设活动。

9. 我能准确描述、分析和评价某一区域的地理位置及其产生的影响。

10. 我能举例说明人类的经济活动受区域地理位置因素的影响,如甘蔗需要种植在热带或亚热带高温多湿的地区。

11. 我能自主举例说明地理位置的重要性以及作用随相互关系和时间的变化而发生变化。

12. 我能准确把握区域之间明显或模糊的界线,如行政区或气候区的界线等。

13. 温带海洋性气候在欧洲西北部、北美洲太平洋沿岸北部、南美洲智利南部、澳大利亚东南角和新西兰均有分布,我能综合、想象并归纳出其分布在南北纬 40°—60° 的大陆西岸的一般规律。

14. 我能通过读中国山脉分布图,准确概括出山脉呈现网格状分布的特点。

15. 我知道分析区域的地理特征时,关键要找出决定该区域地理特征最突出的因素,如分析青藏高原区域特征,关键要抓住"海拔高"和"气温低"。

16. 我能在分析西北地区区域特征时,识别出"深居内陆"是"气候干旱""荒漠化严重""灌溉农业"等特征的主导因素。

17. 我能根据相关地理信息,准确分析并描述某区域的自然与人文特征,如地形、水文、农业、工业等。

18. 我能从区域差异角度准确分析"新疆早穿棉袄午穿纱""贵阳天无三日晴"的原因差异。

19. 我能准确分析同处北温带的中国沿海地区和法国形成不同气候类型的成因。

20. 我能准确分析原产地在国外的物种引入我国引发生态问题的原因。

21. 我能准确理解不同区域间是通过存在差异的物质流、能量流、人流等方式联系起来的。

22. 我能辩证地分析物质、能量和信息等的流动给流入地和流出地带来怎样的影响。

23. 我能运用联系的观点,分析亚马孙热带雨林的破坏会使全球环境受到破坏的原因。

24. 我能较全面、准确地评价、分析某一区域发展决策的得失。

25. 我能较全面分析修建三峡大坝的利弊。

26. 我能较全面评价黄土高原水土流失治理措施的得失。

27. 我能从区域可持续发展的角度提出"南水北调"工程的改进措施。

28. 我能从区域可持续发展的角度对中国应对水危机的方法提出改进建议。

29. 我能从区域可持续发展的角度为所生活的城市发展提出建议。

表 6 - 10　区域认知测量项目的维度归属

一级维度	二级维度	测量项目序号
A 用区域的方式认识	A1 体会"划区"认识的价值	1—3
	A2 将地理事象置于特定空间加以认识	4—5
	A3 地方感	6—8
B 认识区域本身	B1 空间定位	9—11
	B2 空间格局的觉察	12—14
	B3 分析区域特征	15—17
	B4 比较区域差异	18—20
	B5 发现区域关联	21—23
C 评价区域开发	C1 区域发展决策得失评价	24—26
	C2 区域发展规划	27—29

(来自:赖秋萍等,2023)

第 4 节　地方依恋量表

一、概念和维度

　　地理课程标准要求培养学生的家国情怀,地方依恋是家国情怀形成的基础。准确测量学生的地方依恋水平,对通过增强地方依恋促进家国情怀的形成具有基础性作用。地方依恋是人与地方所建立的积极情感联结,是一种受周围环境、文化与社会影响的特殊人地关系,是地理情感、态度价值观的体现。

　　学术界对地方依恋的维度划分存在多种观点,目前并未形成统一的认识,但都认为其存在多维结构。Williams 等(1992)指出地方依恋为二维度结构,主要包括地方依赖和地方认同;Bricker 等(2010)将其划分为三维度结构,分别为地方依赖、地方认同和生活方式;Scannell 等(2010)提出地方依恋是由"人—心理过程—地方"三个方面构成;Kyle 等(2005)认为地方依恋是一个三维度结构,包括地方认同、地方依赖和社会联系;张鹏等(2022)在对初中生地方依恋研究时将其划分为四个维度;Hammitt 等(2006)认为地方依恋由五维度构成,主要包括地方认同、地方熟悉度、地方依赖、地方扎根性、地方归属感。综上,地方依恋的维度划分存在着差异。考虑到在人与地方的互动过程中,主要涉及对地方环境的感知以及和当地人人际关系的亲密程度,这里采用 Kyle 等(2005)所提出的三维度划分,即地方依赖、地方认同和社会联系,其内涵如表 6 - 11 所示。

表 6 - 11　地方依恋维度

	维度划分	维度内涵
地方依恋	A 地方依赖	指个体对于一个地方的功能性依恋,一方面是指这个地方与其他地方相比在资源环境上更具有优势,另一方面则是考虑到地方的设施情况、资源条件等功能属性,更能满足自身需求。
	B 地方认同	是一种情感性依恋,是个体在与地方接触中,作为社会角色对特定地方进行自我感知,同时促进自我认同社会化,因而地方认同是自我认同、社会认同的一部分。
	C 社会联系	指个体与地方中的家人、朋友等的联系密切程度,是对人群的归属感。

二、量表编修和样本试测检验

量表编修和样本试测检验包括五个阶段。

第一阶段,概念界定并建立评价指标体系。如上文,界定了地方依恋的概念,确定了地方依恋的三个维度,分别为地方依赖、地方认同和社会联系。

第二阶段,开发初始量表。依据评价指标,在保证内容效度的基础上,参考相近成果初步编制一套由 31 个李克特 5 级评分项目组成的量表,并进行试测。

第三阶段,量表反复试测、检验和修订。先后采集两批样本数据对量表进行质量检验和修订。

第一批样本通过问卷星平台招募,要求样本年龄 18—23 周岁。抽样时间为 2022 年 12 月中旬,有效样本 225 人,来自 27 个省级行政区,其中男性 65 人,女性 160 人。该样本具有特定年龄的总体代表性。

运用第一批大学生样本数据进行第 1 次检验,样本测量了 31 个地方依恋量表项目,而项目检验、信度检验与效度检验总体结果不理想,如表 6 - 12 中的第 1 次检验结果。根据检验结果并结合专家咨询,在保证量表结构不致受损的情况下,删除 6 个测量项目(量表未增加新项目,也未修改测量项目的内容,从而保证了第一批样本数据仍然可以在后续检验中使用),删减后的量表变为 25 个项目。再次运用第一批数据对这 25 个项目进行第 2 次质量检验。结果表明,量表质量有较大提高(检验结果数据略)。由于删减而导致的质量提高,并不能真正说明量表的质量高,因此需要进行直接采集数据(即自然状态下的数据)后的质量检验。

于是采集第二批普通公众样本数据,进行第 3 次质量检验,第二批样本通过问卷星招募普通公众样本。抽样时间为 2023 年 3 月中旬,有效样本 239 人,来自 29 个省级行政区,其中男性 97 人,女性 142 人,样本年龄范围 19—74 岁之间。该样本具有中国范围内的总体代表性。

表6-12 地方依恋量表质量检验指标、标准和检验结果

类别	指标	方法	具体检验指标（依托方法）	严苛标准	一般标准	第1次检验第一批样本31个项目	第4次检验第二批样本16个项目	第5次检验第一批样本16个项目	最终结论
项目质量	区分度	相关分析	相关系数的显著性	P<0.01	P<0.05	均为0.000	均为0.000	均为0.000	达标
		独立样本T检验	区分度（t值）的显著性	P<0.01	P<0.05	均为0.000	均为0.000	均为0.000	达标
量表信度	内部一致性信度	可靠性检验	总量表科隆巴赫效应	>0.8	>0.7	0.938	0.905	0.886	达标
		可靠性检验	分量表科隆巴赫效应	>0.7	>0.6	均>0.7	均>0.7	均>0.7	达标
	折半信度	相关分析	总量表折半信度	>0.8	>0.7	0.872	0.857	0.859	达标
量表效度	内容效度	专家咨询	项目与测量概念符合度	>0.85	>0.75	0.82	0.915	0.915	达标
	结构效度	因子分析	KMO值	>0.7	>0.6	0.932	0.921	0.900	达标
			巴特利特球形检验P值	<0.01	<0.05	0.000	0.000	0.000	达标
			公因子累积方差贡献率	>60%	>40%	47.876%	56.443%	56.389%	基本达标
			预设和集聚吻合度	内聚显著	内聚存在	基本符合	完全符合	基本符合	基本达标
		结构方程模型	绝对适配指数 GFI	>0.90	>0.80	0.760	0.906	0.873	基本达标
			绝对适配指数 AGFI	>0.90	>0.80	0.724	0.873	0.828	基本达标
			绝对适配指数 RMR	<0.05	<0.08	0.052	0.037	0.059	基本达标
			绝对适配指数 RMSEA	<0.05	<0.08	0.073	0.062	0.083	未达标
			增值适配指数 NFI	>0.90	>0.80	0.724	0.876	0.819	基本达标
			增值适配指数 RFI	>0.90	>0.80	0.702	0.852	0.785	未达标
			增值适配指数 IFI	>0.90	>0.80	0.828	0.936	0.882	基本达标
			增值适配指数 TLI	>0.90	>0.80	0.812	0.924	0.858	基本达标

类别	指标	方法	具体检验指标（依托方法）	严苛标准	一般标准	第1次检验第一批样本31个项目	第4次检验第二批样本16个项目	第5次检验第一批样本16个项目	最终结论
			CFI	>0.90	>0.80	0.826	0.936	0.881	基本达标
		简约适配指数	自由度比	1—3	1—5	2.189	1.917	2.536	达标
			PNFI	>0.50	>0.50	0.671	0.737	0.690	达标
			PCFI	>0.50	>0.50	0.766	0.787	0.741	达标
			PGFI	>0.50	>0.50	0.661	0.673	0.648	达标
效标效度		相关分析	综合测值与效标值相关	P<0.01	P<0.05	0.000	0.000	0.000	达标

　　基于该批样本对删减后余下的 25 个地方依恋量表项目进行测量，第 3 次质量检验结果（数据略）虽然进一步趋向理想，但仍然有删减测题的必要。在参考质量检验数据和不影响量表结构的前提下，再次删减 9 个项目，余下 16 个项目后，再次进行第 4 次质量检验，结果显示量表质量基本合格，如表 6-12 中的第 4 次检验。不过还需要再进行一次直接采集数据后的检验，如果量表检验再次合格，量表修订才可终止。

　　第四阶段，量表最后一次质量达标的检验。依据量表开发的严格要求，最后一次检验需要量表在直接采集数据后不删减测量项目的状态下，量表检验合格才能通过。研究团队没有采集第三批样本数据用于最终的检验。承担最后一次质量合格的检验任务的是第一批样本数据 31 个项目中的 16 个项目数据，因为它们也基本符合直接采集数据的条件，检验结果并不是在删减质量不合格的项目之后得到的。其质量检验结果数据如表 6-12 中的第 5 次检验。此时，修订后的最终量表为 16 个项目，其中地方依赖、地方认同和社会联系维度分别为 6 个、5 个与 5 个项目。

　　第五阶段，正式发布量表。最后一次量表质量检验合格，出示最终量表质量检验报告，量表开发完成。

　　主要运用专家咨询法对量表内容效度进行检验，咨询对象为 1 名高校地理教学论方向的副教授，3 名地理教育专业硕士，1 名中学地理教师。五位专家于 2023 年 3 月 17 日与 4 月 22 日，对最终版量表项目在多大程度上测量了地方依恋各维度的内容进行了内容效度评价。其余版次量表的内容效度由研究者自评。

　　运用 SPSS 24.0 软件对量表进行项目检验、信度检验、探索性因子分析（结构效度检验）以及效标效度分析。运用 Amos 23.0 对量表进行验证性因子分析（结构效度检验）。

三、量表质量检验报告

地方依恋量表的第 1、4、5 次质量检验的过程性结果如表 6－12 所示，第 5 次检验结果作为量表最终的质量检验结果数据，它表明量表质量基本合格。

量表具有较好的项目区分度。16 个测量项目与总分的相关显著性均为 0.000，具备较好的区分度，从而为量表信度和效度的提高提供了保证。

量表信度较高。量表内部一致性信度为 0.886，分量表内部一致性信度均大于 0.7，量表折半信度为 0.859，达到理想标准。

量表内容效度良好。各项目内容效度均达到 0.8 以上，量表整体的内容效度为 0.915，达到理想标准。

量表具有较高的效标效度。量表测量结果和效标题之间的相关系数显著性程度 P 值为 0.000，达到理想标准。

量表结构效度基本达标。探索性因子分析指标 KMO 值为 0.9，累积方差贡献率为 56.389%，表明量表具有明显的结构特征。第二批数据删减到 16 个项目后，因子载荷分布（如表 6－13）和作为最终检验的第一批数据中 16 个项目的因子载荷分布（如表 6－14）均呈现出较好的"内集聚外区分"的状态，说明了探索性结构分析的结果也支持三维结构假设。采用结构方程模型进行的验证性因子分析，第 5 次检验结果中绝对适配度指数 GFI＝0.873、AGFI＝0.828、RMR＝0.059、RMSEA＝0.083；增值适配度指数 NFI＝0.819、RFI＝0.785、IFI＝0.882、TLI＝0.858、CFI＝0.881；简约适配度指数卡方自由度比 2.536、PNFI＝0.690、PCFI＝0.741、PGFI＝0.648。多项检验指标结果达到了一般标准和严苛标准，有两项指标略低于一般标准。总体来说，数据拟合的结构和假设的结构基本能够吻合。不过，后续仍然有结构优化或量表质量改进的可能。

表 6－13　第二批样本数据因子分析结果

测题维度	题号	因子旋转载荷系数		
		1	2	3
A 地方依赖	A1	0.768	0.204	0.121
	A2	0.763	0.198	0.148
	A3	0.758	0.140	0.344
	A4	0.563	0.469	0.149
	A5	0.529	0.313	0.345
	A6	0.514	0.452	0.254

测题维度	题号	因子旋转载荷系数		
		1	2	3
B 地方认同	B1	0.024	0.109	0.701
	B2	0.239	0.181	0.673
	B3	0.244	0.080	0.659
	B4	0.267	0.261	0.607
	B5	0.305	0.401	0.594
C 社会联系	C1	0.202	0.746	0.210
	C2	0.310	0.692	0.103
	C3	0.337	0.662	0.062
	C4	−0.002	0.638	0.475
	C5	0.161	0.484	0.322

注:阴影部分项目的因子载荷>0.45。

表 6 - 14　第一批样本数据因子分析结果

测题维度	题号	因子旋转载荷系数		
		1	2	3
A 地方依赖	A1	0.078	0.754	0.162
	A2	0.136	0.791	0.112
	A3	0.083	0.745	−0.088
	A4	0.295	0.597	0.196
	A5	0.147	0.566	0.174
	A6	0.444	0.496	0.006
B 地方认同	B1	0.761	0.013	0.219
	B2	0.776	0.271	0.136
	B3	0.783	0.195	0.220
	B4	0.515	0.525	0.258
	B5	0.537	0.085	0.570
C 社会联系	C1	0.459	0.313	0.484
	C2	0.014	0.405	0.623
	C3	0.268	0.076	0.682
	C4	0.652	0.170	0.136
	C5	0.162	−0.002	0.718

注:阴影部分项目的因子载荷>0.45。

结论：本研究根据已有的理论推演得到地方依恋的三个维度，分别为地方依赖、地方认同和社会联系，并据此开发了一套由 16 个项目组成的地方依恋量表。运用先后两批样本实测数据对量表质量进行检验，证实了地方依恋量表各项目具有良好的区分度，量表的信度和效度基本达到测量学要求，可用于测量个体的地方依恋水平。

四、量表内容和维度归属

以下问卷共 16 个项目，主要了解你对一个地方（这里以你的家乡为对象）的印象，请你判断各项目的内容表述与你的实际情况相符的程度，从"非常不符合"到"非常符合"分 5 个等级。

1. 当我想干一番事业时，我会首先考虑是否在这个地方完成。
2. 我认为这个地方比其他地方更能满足我的物质需求。
3. 我今后愿意留在或回到这个地方工作与生活。
4. 我在这个地方所做事情的重要性会大于其他地方。
5. 我对这个地方的建设（交通设施、娱乐设施、医疗保障等）感到满意。
6. 这个地方是我休憩、娱乐的最佳场所。
7. 当有人称赞这个地方时，我会感到很开心。
8. 在我心中这个地方是世界上独一无二的，无可替代。
9. 我对这个地方具有较强的认同感。
10. 我认为这个地方是最美的地方。
11. 这个地方给我留下了许多美好的回忆。
12. 我愿意带其他人来（到）这个地方游玩。
13. 我经常参加这个地方的社区、街道或者村庄等举办的社会活动。
14. 在这个地方，我有许多朋友，并且我们经常来往。
15. 我在这个地方展现自我，更容易获得别人认同。
16. 在这个地方，周围邻里关系非常和睦，其乐融融。

表 6－15　地方依恋测量项目的维度归属

维度	测量项目序号
A 地方依赖	1—6
B 地方认同	7—11
C 社会联系	12—16

（来自：谭嫩等，2023）

第 5 节　地理空间感知量表

一、概念和维度

　　地理空间感知是空间感知的初阶阶段,是个体对外界空间性刺激物产生的"不假思索"的直接反应。随着科学技术的发展,人们接触到的实体空间和意念空间范围越来越大,这对人的地理空间感知能力的要求越来越高。对地理空间感知能力的测量是提高该能力的基础和前提。国内社会学领域倾向于利用个体主观描述、绘图、访谈等方法研究个体对其所处空间的感知,如赵渺希等(2014)对不同利益群体的街道空间感知,陈淳等(2016)对城中村流动儿童的城市空间感知,高原(2017)对城市居民的生活空间感知进行了研究。国外重视空间感知的测评研究,一般要求被试执行某个空间任务,在这个过程中对其空间感知能力进行测量,如测量执行空间任务的速度和准确度等(Henry 等,1993;Chateau 等,1999)。这些研究主要以空间感知为研究对象,没有直接以地理空间感知为研究目标。本研究旨在编制地理空间感知自评量表,为地理空间感知能力的测量提供量表。

　　在理论推演和专家咨询的基础上,本研究确定了空间感知的 7 个形式结构成分:维度、形状、距离、大小、方位、高度、角度等,也作为地理空间感知的维度。但在实际测量过程中,根据数据拟合情况,将 7 个维度调整为维度、形状、距离、大小、方位、高度等 6 个。而最终通过测量量表结构效度检验后最终认定的是由 6 个形式维度归并为的 3 个实质结构维度,如表 6 - 16 所示。

表 6 - 16　地理空间感知的维度

实质结构维度	包含的形式结构维度
体感知	维度
面感知	形状、大小、方位
线感知	距离、高度

二、量表编修和样本试测检验

　　编制效标量表(空间感知自评量表)。地理空间感知是空间感知的特殊形式,开发地理空间感知量表需要以一般空间感知量表为依据和效标。在理论推演和专家咨询的基础上,本研究确定了空间感知的 7 个形式结构成分：维度、形状、距离、大小、方位、高度、角度等，并围绕这些成分编制了 38 个测量项目。在云南省的大理市下关第一中学和江苏省的苏州市第三中学先后试测，利用项目区分度检验、量表信度和效度分析等方法对量表进行修订，最终得到了由 20 个测量项目构成的质量合格的空间感知自评量表，并且形式结构删减了角度，变为 6 个成分。空间感知自评量表在本研究将起两个作用，一是其形式结构成分是开发地理空间感知自评量表的基础，二是作为地理空间感知自评量表的效标工具。

初步编制地理空间感知量表。 在空间感知自评量表修订完善之后，根据其形式结构成分编制地理空间感知自评量表，初步完成的量表由 22 个测量项目构成。

试测。 地理空间感知自评量表在重庆市南开中学进行试测。该校是全国一流中学，总体生源素质高，但生源覆盖全市范围，仍然存在明显的差异。在高中三个年级中各抽取两个代表性班级，保证样本具有较广的分布特征。最终收集到有效样本数据 252 份。

量表修订。 利用相关系数法、项目反应理论对量表各项目进行区分度检验，利用可靠性分析对量表的整体信度、分量表信度进行检验，通过专家咨询、量表逻辑化检验确保量表的内容效度，利用因子分析、结构方程模型对量表的结构效度进行检验和重构，利用空间感知自评量表这一效标工具分析地理空间感知自评量表的效标效度。以检验结果数据为依据对量表进行删减，以保证剩余测量项目构成的量表具有更高的质量，直到得到符合测量学要求的合格量表。修订完成的地理空间感知自评量表结构调整为面感知、线感知、体感知三个实质维度，共包括 16 个测量项目。

三、量表质量检验报告

量表质量检验结果数据如表 6-17 所示。

表 6-17　量表检验指标一览表

内容			指标和方法	理想标准	检验值	达标
项目质量	区分度		相关分析	P<0.05	均<0.01	√
			独立样本 T 检验	P<0.05	均为 0.000	√
			项目反应理论	0.3—3	0.48—2.34	√
	难度		项目反应理论	−4—4	−3.56—2.31	√
量表信度	一致性		总量表科隆巴赫信度	>0.6	0.901	√
			总量表折半信度	r>0.6,P<0.05	0.717,0.000	√
			分量表科隆巴赫信度	>0.5	均大于 0.7	√
量表效度	内容效度	专家咨询	实际内容与指向的测量概念的符合度	>0.8（单项目>0.7）	0.83（项目>0.75）	√

内容	指标和方法			理想标准	检验值	达标
结构效度	因子分析	前提指标	KMO 值	>0.6	0.894	√
			巴特利特球形检验 P 值	<0.05	0.000	√
		项目对预设公因子集聚程度		内集聚外区分	符合	√
		公因子累积方差贡献率		>60%	59.391%	接近
	结构方程模型	绝对适配指数	GFI	>0.90	0.927	√
			RMSEA	良<.08 优<.05	0.060	√
		增值适配指数	NFI	>0.90	0.914	√
			CFI	>0.90	0.952	√
		简约适配指数	χ^2 自由度比	1—3	1.89	√
效标效度	相关分析	量表与效标的相关显著性		r>0.6,P<0.05	0.811,0.000 0.796,0.000	√

项目质量。运用相关系数法、独立样本 T 检验法、项目反应理论对最终版量表各项目的区分度、难度进行了检验,项目区分度、难度均在测量学规定的合理范围内,各项目均能够对地理空间感知能力水平不同的个体进行有针对性的有效区分。

信度。量表总体信度为 0.901,远远超过 0.6 的最低标准,其下级实质结构成分面感知、线感知、体感知的分量表信度分别为 0.764、0.847、0.851,均超过 0.5 的标准。量表的折半信度系数为 0.717,P 值为 0.000,折半信度较高。表明整体量表及分量表内部一致性均较高,测量结果可信。

内容效度。判定量表的内容效度有两个步骤:一是量表是在系统、逻辑的结构上推演并编制出来的;二是量表的实际内容与指向的测量概念的相符程度得到专家认可。本研究先通过文献研究、理论演绎确定了量表的形式结构成分,然后针对各成分运用专家咨询、反复试测和修订编制出初始量表。通过技术手段修订后的量表再由专家咨询对其内容效度进行最终判定和适当修改。本量表各项目的内容效度在 0.75 以上,达到本研究采用的 0.7 以上的标准,量表整体内容效度为 0.83,超过 0.8 的标准。

结构效度。利用因子分析和结构方程模型先后对修订后量表进行实质结构重探和结构模型检验。量表整体 KMO 值为 0.894,说明地理空间感知自评量表各项目有较高的相似性,但内部实质结构成分存在也很明显,适合用因子分析进行量表实质结构重探。利用主成分法抽取出了 3 个公因子,公因子累计载荷百分比接近 60%,即 3 个公因子对整份量表仍保有较理想的解释率,同时说明了预设的 6 个形式结构成分可以进一步精简为 3 个实质结构成分。根据各公因子下的项目属性,本研究将这 3 个实质结构成分概括为线感知、面感知、体感知,其下属次级结构成分和测量项目见表 6-18。利用结构方程模型对 3

个实质结构成分的地理空间感知结构模型进行效度检验,结构方程模型输出主要参数为:绝对适配度指数的 GFI＝0.927,RMSEA＝0.06;增值适配度指数的 NFI＝0.914,CFI＝0.952;简约适配度指数的 χ^2 自由度比为 1.89,各参数均达到了理想模型的标准。综合因子分析和结构方程模型验证,证明地理空间感知自评量表具有良好的 3 成分结构效度。

效标效度。以初期开发的效标量表空间感知自评量表作为地理空间感知自评量表的第一个效标工具,并以在地理空间感知自评量表的最后内置的综合性自评项目作为第 2 个效标。地理空间感知自评量表与效标 1 的相关性系数为 0.811,P 值为 0.000,与效标 2 的相关系数为 0.796,P 值也为 0.000。表明地理空间感知自评量表具有极高的效标效度。

结论:通过文献梳理、理论推演、专家咨询、数据分析等方法编制与修订的地理空间感知自评量表通过了项目质量检验、量表信度检验、量表效度检验,量表质量达到了测量学的要求,可用其对学生的地理空间感知能力进行测量。

四、量表内容和维度归属

以下问卷共 16 个项目,主要了解你的地理空间感知水平,请你判断各项目的内容表述与你的实际情况相符的程度,从"非常不符合"到"非常符合"分 5 个等级。

1. 我认为三维地图比二维地图更好理解。
2. 我能利用地图在头脑中建构出真实事物。
3. 地图涉及的要素如果很复杂,我也能很好地在头脑中建构起其所示事物。
4. 我能通过展示出的事物局部形态,辨别出它是从哪个方位看出去的。
5. 我能将简化后的大洲轮廓在脑海中反映出其原本的真实形状。
6. 我能在脑海中想象出不同的地形的等高线特征。
7. 我能通过行政区轮廓分辨出不同的国家和地区。
8. 在读山地等高线地图时,我脑中能呈现出从不同角度看山地的不同形状。
9. 我脑中能较好地呈现出地理事物分布范围的概念。
10. 我能很好地判断地图上任意两点之间的相对方位。
11. 我能利用某点的经纬度坐标将其对应到地球上所处的大致位置。
12. 我能较精确地在头脑中估计出地图上两点间的直线距离。
13. 我能较精确地估计出生活中实际两点间的直线距离。
14. 生活环境中即使两地间的道路很曲折,我也能很好地估计出其间的距离。
15. 出行时,我能较好地估计出走完一段路程用不同的交通工具所需的时间。
16. 我能目测有明显高度差距的不同地理事物的高度。

表 6 - 18　地理空间感知测量项目的维度归属

实质结构维度	包含的形式结构维度	测量项目序号
体感知	维度	1—4
面感知	形状、大小、方位	5—11
线感知	距离、高度	12—16

（来自：高露，2018）

第 6 节　地理方向感量表

一、概念和维度

最早将地理方向感（sense of direction）作为人的一种心理特质加以讨论的，是认知心理学家 Lynn 和 Kendall，他们（Lynn 等，1977）对地理方向感的定义是：人们对位置（location）和方向（orientation）的认识。Heather 等（2017）认为，地理方向感是人们在环境尺度的空间里寻路的假定能力。Edward 等（2003）认为，地理方向感是个体表征方位（bearing）的能力。许琴等（2010）将地理方向感定义为一种定位当前位置、确定前往目的地的方向及选择相应路线的能力。梳理上述文献，可以发现不同学者对地理方向感的定义中基本包含位置、方向、认识、表征等关键词，因此将地理方向感界定为个体对自身与地理环境空间位置和方向关系表征与建构的能力。

研究者尚未搜索到关于地理方向感的维度划分的文献。从一些研究者的方向感测查项目中可以大致推测他们对地理方向感维度的理解。Heather 等（2017）从地标熟悉度（landmark familiarity）、路线排列（route ordering）、路线行动（route actions）和方向估计（direction estimation）这几个方面对地理方向感进行测试。Mary 等（2002）将地理方向感分为空间知识获得（acquisition of spatial knowledge）和空间更新（spatial updating）两个方面，又将这两个方面分别按照自我参照和环境参照进行细化。Edward 等（2003）从指向不可见的地标（pointing to nonvisible landmarks）、绕行后重新规划路径（reversing a route with a detour）、设计捷径（devising a shortcut）、在建筑物内确定场所位置（locating site within building）这几项任务测试地理方向感，同时还测试地理方向感空间记忆（spatial memory）、心理空间操作（mental spatial operation）、编码能力（encode events along routes）等。Jeanne（1988）提出了一个认知过程，有良好地理方向感的人善于想象他们周围的空间关系。根据 Jeanne 的观点，地理方向感反映了在精神上协调自我中心和想象参照系的能力。许琴等（2010）

认为地理方向感是一种复杂的心理过程,涉及感知觉、注意、学习记忆和思维决策,所以将地理方向感按照心理过程的特点划分为路标选择与加工、自我/环境参照表征、方位关系的整合。

根据上述对地理方向感维度的梳理和认识,地理方向感的认知过程包括个体在感知觉阶段对方位信息的识别表征,以及在思维决策阶段对方位信息的加工处理,因此本研究将地理方向感划分为三个主要维度:方向表征、方向整合、方向更新,其中方向表征是个体以自我或者环境为参照系感知并识别方向,方向整合是对自我参照系的信息和环境参照系的信息进行对接整合,方向更新是发生转向时个体及时地调整和重构原先对方向的认识。

二、量表编修和样本试测检验

已有研究表明,自陈式测量与任务性测量结合是地理方向感测量中一种较为准确且有效的测量方法(Alycia 等,2009;雷金纳德·戈列奇等,2013;Heather 等,2017)。自陈式测量是通过自我报告的形式表现其水平,具有一定的主观性,需要进行技术性和保障性应对;任务性测量是对个体完成任务过程中表现出的能力进行外在评估,由他人运用标准进行评价,具有相对的客观性,但受评价主体和标准的影响,需要完善标准并对评价主体进行培训。有学者发现地理方向感可以通过个体的一种心理操作来反映,即沟通环境与二维图式(比如鸟瞰图)的纵览知识表征(Alycia 等,2009),这给地理方向感任务性测量项目的编制提供了方法论依据。所以测量项目中采用地图与实景图结合的方式以激发被试形成接近真实场景的环境空间信息纵览。另外,有实验表明地理方向感的自我评估如果在行为任务之后进行,被试会反思他们在行为任务中遇到的困难进而给出自我评价,这样行为任务就对自我评估产生了干涉(Lynn 等,1977)。所以测量量表编排时将自陈式测量项目先于任务性测量项目呈现。基于此,初步编制的测量量表包括了 22 项关于地理方向感的自陈式测量项目和 12 项地理方向感的任务性测量项目(举例如下)。

【任务性测量项目举例】C11(最终版序号为 C9).2019 年 11 月 5 日早晨,高铁从上海虹桥站开出后,乘客向着行驶方向拍摄照片,7:22 和 7:24 拍摄到的照片分别如图 6-1 和图 6-2。请观察从车窗射入阳光的方向变化,推断在 2 分钟拍摄间隔内,该车是在图 6-3 中的哪一段铁轨上开行并转向?高铁可能向南京方向,也可能向杭州方向,请根据现象作出判断,并在图 6-3 上画出可能的开行区段。

样本来自于扬州中学教育集团树人学校、南京师范大学附属中学、华东师范大学。扬州中学教育集团树人学校是扬州中学教育集团下的一所民办中学,在其高一年级随机选取 1 个班,高二年级随机选取 2 个班,共计 156 名学生。南京师范大学附属中学是江苏省最优秀的学校之一,在其高三年级随机选取四个班级的 107 名学生。在华东师范大学地理科学学院随机选取 22 名本科生,在华东师范大学教师教育学院学科教学(地理)专业随机选取 8 名研究生。以上样本均在自愿的前提下招募完成,最终获得 293 份学生样本数据,其中有效样本 288

图6-1

图6-2

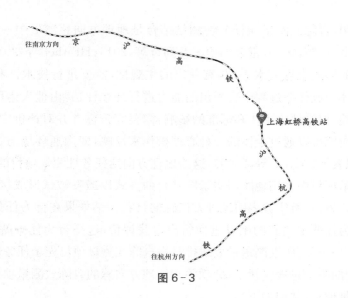
图6-3

份,样本有效率为98.29%。有效样本中高一年级50份,高二年级103份,高三年级105份,本科生22份,研究生8份;男生133份,女生155份。以上样本年龄跨度大,水平具有层次性,可以更好地代表总体。

运用SPSS 23.0软件对测量量表进行相关分析、独立样本T检验、内部一致性检验、探索性因子分析。运用Winsteps 3.72.3进行Rasch模型分析。运用Amos 22.0建立结构方程模型进行验证性因子分析。根据数据对量表进行修订,删除不合格题项后,修订后的测量量表包含17项自陈式测量项目和10项任务性测量项目。

三、量表质量检验报告

由于采用删减项目的方式进行修订,修订后的测量量表进行质量检验仍可以使用原样

　　　　　　　　地理教育研究的实证视角

本数据。为提升质量检验的系统性和精确度,除原有方法外,进一步运用 Rasch 模型分析项目质量,并通过结构方程模型进行验证性因子分析。参考孙裕钰等(2019a)制订的测量量表检验指标及标准,以表 6-19 呈现地理方向感测量量表的质量检验结果。

表 6-19 地理方向感测量量表质量检验指标和结果

内容	指标	方法	具体检验指标 (依托方法)	理想标准	检验值		结论
					自陈式测量	任务性测量	
项目质量	区分度	相关分析	区分度(相关系数)的显著性	P<0.05	均为 0.000	均为 0.000	达标
		T检验	区分度(t值)的显著性	P<0.05	均为 0.000	均<0.013	达标
		Rasch	项目分离系数	>2	5.62	11.36	达标
		Rasch	卡方拟合指标	接近理想值1	INFIT 0.99 OUTFIT 1.01	INFIT 1.00 OUTFIT 0.98	达标
	难度	Rasch	难度均值	0.00	0.00	0.00	达标
		Rasch	难度区间值	-4—4	-1.43—1.75	C9外 8.29 -2.98—-2.20	基本达标
量表信度	内部一致性	可靠性	测量量表科隆巴赫信度	>0.6	0.923	0.602	达标
		Rasch	RELIABILITY 参数	>0.8	0.97	0.99	达标
量表效度	内容效度	专家咨询	测试内容与测量概念的符合程度	测试内容符合测量概念	定性评价: 符合概念	定性评价: 符合概念	达标
	结构效度	因子分析	KMO 值	>0.7	0.922	0.731	达标
			巴特利特球形检验 P 值	<0.05	0.000	0.000	达标
			公因子累积方差贡献率	>40%	59.64%	43.89%	达标
			项目对预设公因子集聚程度	内集聚外区分明显	内集聚外区分存在	内集聚外区分存在	基本达标
		结构方程模型	绝对适配指数 GFI	>0.80	0.874	0.988	达标
			AGFI	>0.80	0.834	0.979	达标
			RMR	<0.08	0.005	0.004	达标
			RMSEA	<0.08	0.085	0.000	基本达标
			增值适配指数 NFI	>0.80	0.860	0.907	达标
			RFI	>0.80	0.836	0.869	达标
			IFI	>0.80	0.901	1.088	达标
			TLI	>0.80	0.883	1.135	达标
			CFI	>0.80	0.900	1.000	达标
			简约适配指数 χ^2 自由度比	<5	3.078	0.561	达标
			PNFI	>0.50	0.734	0.645	达标

内容	指标	方法	具体检验指标 （依托方法）	理想标准	检验值		结论
					自陈式测量	任务性测量	
			PCFI	>0.50	0.768	0.711	达标
			PGFI	>0.50	0.662	0.575	达标
效标 效度	相关 分析	测量量表综合测值与效标 值的相关系数显著性	P<0.05	与效标 0.000 与任务性 测量 0.009	与效标 0.115 与自陈式 测量 0.009	基本达标

（一）Rasch 模型分析

测量量表第一特征根值为 7.771，第二特征根值为 1.193，比值为 6.514，大于 3，说明测量量表具备单维性，可以使用 Rasch 模型进行分析。

22 项自陈式测量项目中难度测度的均值为 0.00，跨度区间为 -1.43—1.75；样本能力测度的均值为 -0.26，跨度区间为 -3.10—3.13，都基本位于 -4—4 的合理区间。项目的卡方拟合指标 INFIT 和 OUTFIT MNSQ 均值分别为 0.99 和 1.01，样本的 INFIT 和 OUTFIT MNSQ 均值分别为 1.00 和 1.01，都非常接近理想值 1，有较好的拟合度。项目可靠度为 0.97，样本可靠度为 0.82，都大于 0.8，说明信度较好。项目分离系数 SEPARATION 值为 5.62，样本分离系数值为 2.03，有较好区分度。

10 项任务性测量项目中项目难度测度的均值为 0.00，跨度区间为 -2.98—8.29；样本能力测度的均值为 1.51，跨度区间为 -2.58—5.40。项目的卡方拟合指标 INFIT 和 OUTFIT MNSQ 均值分别为 1.00 和 0.98，样本的 INFIT 和 OUTFIT MNSQ 均值分别为 0.89 和 0.78，都接近且略低于理想值 1，说明实际数据与 Rasch 模型拟合较好。项目可靠度为 0.99，样本可靠度为 0.43。项目分离系数 SEPARATION 值为 11.36，样本分离系数值为 0.86，说明项目的难度分层比较理想。

（二）结构方程模型分析

第二轮探索性因子分析的结果显示，自陈式测量项目和任务性测量项目都呈现出与预设符合的三因子结构，项目的因子载荷都大于 0.45 的标准，累计方差贡献率都大于 40%，呈现较好的内集聚外区分状态。进一步采用结构方程模型进行验证性因子分析，结构模型如图 6-4、图 6-5 所示。

自陈式测量项目的结构方程模型输出结果显示，绝对适配指数 GFI＝0.874，AGFI＝0.834，RMR＝0.005，RMSEA＝0.085；增值适配指数 NFI＝0.860，RFI＝0.836，IFI＝0.901，TLI＝0.883，CFI＝0.900；简约适配指数 χ^2 自由度比为 3.078，PNFI＝0.734，PCFI＝0.768，PGFI＝0.662。指标中的 RMSEA 代表近似误差的平方根，一般认为 RMSEA 取值小

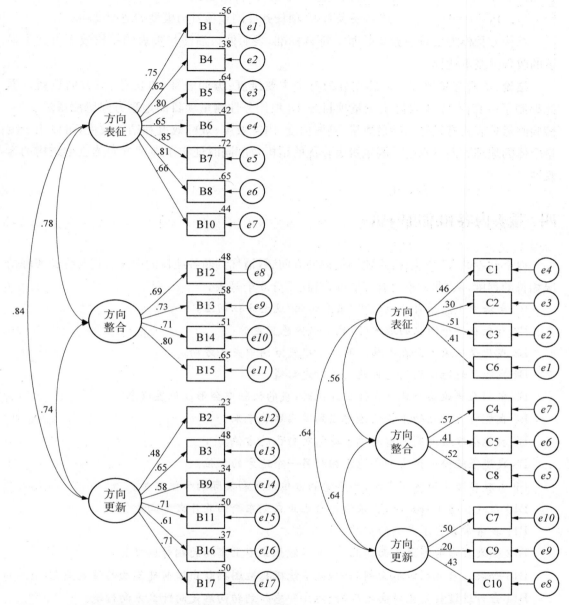

图 6-4　自陈式测量项目的结构模型图（除效标项目）　　　图 6-5　任务性测量项目的结构模型图

于 0.08 时表明近似误差合理,自陈式测量项目在此项的实际输出值为 0.085,略高于 0.08 的标准,仍然在可接受的范围内。

　　10 项任务性测量项目的结构方程模型输出结果显示,绝对适配指数 GFI＝0.988,AGFI ＝0.979,RMR＝0.004,RMSEA＝0.000;增值适配指数 NFI＝0.907,RFI＝0.869,IFI＝

1.088，TLI＝1.135，CFI＝1.000；简约适配指数 χ^2 自由度比为 0.561，PNFI＝0.645，PCFI ＝0.711，PGFI＝0.575。上述结果表明 10 项任务性测量项目与模型的适配度均较好。

结构方程模型质量检验参数基本符合标准，表明修订后测量量表的结构效度得到了显著的改善并基本达标。

结论：本研究将地理方向感划分为三个主要维度：方向表征、方向整合、方向更新。据此编制了一套由 17 项自陈式测量项目与 10 项任务性测量项目的地理方向感测量量表，经检验测量量表具有较好的项目质量、整体信度、内容效度、效标效度和结构效度，可以用于测量个体的地理方向感水平。测量量表较优的结构效度同时证实了地理方向感三维结构的客观性。

四、量表内容和维度归属

以下问卷共 17 个项目，主要测量你的方向感，请你判断各项目的内容表述与你的实际情况相符的程度，从"非常不符合"到"非常符合"分 5 个等级。

B1 生活中我能很自然地使用"东南西北"这些方位词汇。

B2 当我在一个陌生的地方时，我不敢凭感觉走。

B3 我几乎从来不会在不熟悉的地下建筑空间中失去方向。

B4 我能很好地规划到达目的地的行走路线。

B5 当别人谈论某个地方在什么方位时，我的头脑中会形成位置概念。

B6 我能将地图上的事物迅速对应到现实环境中来。

B7 我能很轻松地判断出周边事物相对自己的方位。

B8 我能很轻松地说出一个地方相对另一个地方的方位。

B9 当我在陌生地方下车时，我感觉的方位经常和实际的方位不对。

B10 当我在路上行走时，我很清楚自己正在朝东南西北什么方向走。

B11 我常常会在不熟悉的空旷区域失去方向。

B12 如果我看地图时不面朝北方，就不能想象图上事物的相对位置关系。

B13 如果我看地图时不面朝北方，就不能根据地图判断出眼前建筑物的位置关系。

B14 当行进过程发生转向之后，我能立即感知到转向后是向什么方向行进。

B15 不管地图上的方向是不是上北下南，我都能与现实方向对应。

B16 即使是经常坐的公交车，我脑中也没有它的运行路线图。

B17 在地图上看路线觉得可以明白，但实际行走时又觉得无所适从。

10 项任务性测量项目（C 组题）略。

表 6-20 地理方向感测量项目的维度归属

维度	自陈式测量项目	任务性测量项目
方向表征	B1、B4、B5、B6、B7、B8、B10	C1、C2、C3、C6
方向整合	B12、B13、B14、B15	C4、C5、C8
方向更新	B2、B3、B9、B11、B16、B17	C7、C9、C10

(来自：蔡露乔等，2023)

第 7 节　地理实践力量表

一、概念和维度

地理实践力指人们在考察、实验和调查等地理实践活动中所具备的意志品质和行动能力(中华人民共和国教育部，2020)。陈淑清(2008)指出地理实践力是学生在学习地理知识和各种地理实践活动中逐步形成和发展起来的，能够顺利完成各种地理实践活动所必须具备的心理品质，是顺利获得地理知识和完成地理活动的必备条件。周海瑛(2016)提出地理实践能力是借助地图、数据和其他工具在地理模拟实验和演示，地理观察和测量，地理野外考察和社会调查，地理信息定位和搜索等活动中的实践能力与品质素养的综合表现。综上认为，地理实践力是人们在地理实践活动中所表现出的获取地理信息的能力、解决问题的地理思维能力和行动能力。该定义通过本研究的实测和分析过程得到了数据的证实。

学者们(刘辛田，2003；施新安，2005；赵小漫，2011；陈燕，2012；傅维利等，2012；陈实，2014；周海瑛，2016)在地理实践力概念界定的同时，也对地理实践力所包含的内容或类别进行了论述，对它们进行概括得到55项次的具体能力，可归类合并为五大类，即地理图表能力、地理观察与观测能力、地理实验能力、地理考察能力、地理信息技术能力。这是以理论文献为基础，通过逻辑推演的方式抽象、概括出的地理实践能力的五个维度。

地理图表能力是指阅读、使用、绘制地图等地理图表的能力。地理观察与观测能力是指具有观察和观测意识，在此基础上对地理现象加以关注、提取地理信息和对信息进行初步加工的能力。地理实验能力是指为验证地理假设或探究地理规律，通过设计实验方案，制作和选用实验仪器，开展地理验证性或探究性实验的能力。地理考察能力是指基于地理问题或地理假设，到自然环境中或社会生活中开展考察或调查，全面地获取信息，运用问题解决的思维和方法系统地提出解决地理问题或验证地理假设方案的能力。地理信息技术能力是以信息获取和加工为基础，运用地理信息技术软件获取地理信息、分析和解决地理问题的能力。

最初构建了由上述五个概念维度构成的初始模型，根据检验过程数据拟合状况，在有理由的情况下，将地理实验能力、地理考察能力、地理信息技术能力归并为地理操作能力，调整后为地理图表能力、地理观察与观测能力、地理操作能力三个一级维度，各维度具体表现如表 6-21 所示。

表 6-21　地理实践力初始结构模型和测量量表题号

一级维度	二级维度	维度表现
A. 地理图表能力		1. 阅读地图、图表。
		2. 运用地图、图表。
		3. 绘制地图、图表。
B. 地理观察与观测能力		4. 具有地理观察观测的意识。
		5. 从地理观察观测现象中获取信息。
		6. 对观察观测的信息进行加工处理。
C. 地理操作能力	C1. 地理实验能力	7. 识别、制作、操作地理实验仪器。
		8. 设计地理实验方案。
		9. 操作地理实验。
	C2. 地理考察能力	10. 具备自然和人文地理考察的基本知识。
		11. 操作地理考察工具和知晓考察方法。
		12. 撰写自然和人文地理考察方案或报告。
	C3. 地理信息技术能力	13. 操作地理信息技术软件。
		14. 运用地理信息技术获取、分析地理信息。
		15. 运用地理信息技术解决地理问题。

二、量表编修和样本试测检验

通过理论推演得到的地理实践力维度结构是一种基于理论的维度假设，需要进行验证。傅维利等(2012)指出，编制实践能力结构问卷，施测于样本群体，对问卷收集到的数据进行探索和验证性因素分析，经过因素旋转建立实践能力的结构模型，是研究者青睐的一种方法。本研究运用 IBM SPSS 23.0 软件，通过探索性因素分析方法对地理实践力维度进行探究，并运用 IBM SPSS Amos 21.0 软件，对结构模型进行验证性分析。

针对 15 个方面的维度表现开发自陈式的测量量表，经过多次修改和一次试测分析，初步形成了包含 33 个测题的正式测试量表。每个测题均采用地理实践力最高水平的陈述，由测试样本对自己与地理实践力最高水平的吻合状态进行评分，量表采用李克特 5 点评分设计。

以南京市人民中学为样本学校,选取了高一年级 2 个班(4 班、5 班)和高二年级 3 个班(8 班、13 班和 14 班)的学生作为样本,5 个班级总共有 205 名学生,其中高一年级有 93 名学生,高二年级有 112 名学生。测试于 2017 年 5 月进行。测试卷回收率为 100%。测谎未通过的样本 25 份,最终有效样本 180 份,样本有效率为 87.8%,其中男生样本 82 份,女生样本 98 份。

结构模型的探索性重构。运用 IBM SPSS 23.0 软件对样本数据进行探索性因素分析,运用最大方差法旋转,共提取特征根大于 1 的因素 6 个,累积方差贡献率为 59.16%,排除 0.35 以下的小系数,结果如表 6-22 所示。

表 6-22 探索性因素分析的旋转载荷系数

	测题编码	成分(因素)					
		1	2	3	4	5	6
1	A1		.761				
2	A2		.734				
3	A3		.675				
4	A4		.689				
5	A5		.659				
6	A6		.647				
7	A7			.418			
8	B1			.634			
9	B2			.744			
10	B3			.386	.433		
11	B4			.629			
12	B5			.669			
13	B6	.463		.619			
14	C1			.505			
15	C2				.673		
16	C3						.659
17	C4				.725		
18	C5	.566			.630		
19	C6	.520			.536		
20	C7	.514			.401		
21	C8	.364					.466
22	D1	.386				.425	

	测题编码	成分(因素)					
		1	2	3	4	5	6
23	D2	.402					.455
24	D3				.353		.566
25	D4	.552					.440
26	D5	.721					
27	D6	.758					
28	E1					.598	
29	E2	.709					
30	E3	.440				.559	
31	E4					.709	
32	E5	.486		.394		.369	
33	E6			.465		.466	

维度 A 和维度 B 的测量题除了个别外,分别被归入第 2 因素和第 3 因素,其他测题很少被归入这两个因素,第 2、3 因素无疑被证实为预设的地理图表能力和地理观察与观测能力。但是维度 C、D、E 的测题多被归为因素 1,维度 C 同时在因素 4、维度 D 同时在因素 6、维度 E 同时在因素 5 上有明显的因素旋转载荷,证明三者也相对独立。据此可以认为,维度 C、D、E 有共同的基础,分析认为其为地理操作能力,而维度 C、D、E 仍被验证为地理实验能力、地理考察能力、地理信息技术能力,但又都属于地理操作能力。

根据探索结果重构的地理实践力结构模型如图 6-6 所示。地理实践力被划分为三个一级指标,分别是地理图表能力、地理观察与观测能力、地理操作能力。地理操作能力又分为地理实验能力、地理考察能力、地理信息技术能力。这种结构重构对测量项目无明显影响。

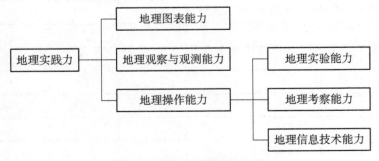

图 6-6　地理实践力维度结构模型

地理教育研究的实证视角

三、量表质量检验报告

量表质量检验结果数据如表 6-23 所示。

表 6-23　初始模型和重构模型的适配度指标

指标类别	检验量	检验量内涵	理想适配标准	初始模型	重构模型	改进状况
绝对适配度	CMIN/DF	卡方自由度比	1—3	2.367	1.016	达标
	RMSEA	渐进残差均方和平方根	<0.08	0.087	0.009	达标
	GFI	良适性适配指数	>0.9	0.705	0.894	改善
增值适配度	AGFI	调整后良适性适配指数	>0.9	0.660	0.857	改善
	CFI	比较适配指数	>0.9	0.746	0.998	达标
	RFI	相对适配指数	>0.9	0.602	0.845	改善
	NFI	规准适配指数	>0.9	0.634	0.877	改善
	TLI	非规准适配指数	>0.9	0.724	0.997	达标
简约适配度	PGFI	简约适配度指数	>0.5	0.611	0.665	达标
	PNFI	简约调整规准适配指数	>0.5	0.583	0.697	达标
验证结论				模型不理想	接近理想	显著改善

1. 测题具有极高的区分度

区分度是指一道测题能在多大程度上把不同水平的人区分开来,也即题目的鉴别力,区分度越高,则说明测题的适应性越强。本研究以测题与总分之间的相关系数为区分度值,以相关显著性程度作区分度检验。每道测题与总分之间相关性均在 0.01 水平上相关显著,说明每道题的区分度都极高。

2. 测量量表具有较高的信度系数

借助 IBM SPSS 23.0 软件对测量量表及各维度测量量表作信度分析,测量量表的科隆巴赫系数为 0.924(大于 0.8 为信度良好),信度极高,量表可靠,而五个维度的测量量表信度分别为 0.833、0.810、0.836、0.779、0.787,都在 0.7 以上(大于 0.6 为信度合格),说明五个维度的测量量表也非常可信,因此依据其测量的数据进行分析具有一定的可靠性。

3. 测量量表具有初步认可的内容效度

项目组在测量量表开发过程中采用专家咨询法,邀请专家(教授、副教授和中学高级教师各 1 名)参与,对地理实践力测量量表的内容进行评价,专家组认可最初经理论推演对地理实践力进行的五个维度划分,最终认同各维度测量量表所测的内容与各维度表现具有较好的对应关系,总测量量表所测的确实是地理实践力的内容,因此测量量表具有专家认可的内容效度。只有具有良好的内容效度的测量量表才能进一步用于探讨内容的结构。

4.维度调整后,量表具有较高的结构效度。

运用 IBM SPSS Amos 21.0 软件提供的结构方程模型对重构的地理实践力维度结构模型进行验证性分析,与初始假设模型(五个一级维度的模型)对比的模型适配度指标数据如表 6-23 所示。结果表明,重构模型与数据的拟合水平比初始模型更接近理想的适配标准,从而证明了地理实践力分为地理图表能力、地理观察与观测能力、地理操作能力三个一级维度更加符合地理实践力的本质。

重构的由三个一级维度构成的地理实践力结构模型中,地理观察与观测能力代表了一种静态的地理思维活动,是地理实践能力的一部分,也是地理实践的基础;地理操作能力包括地理实验能力、地理考察能力、地理信息技术能力,侧重于动态的地理操作活动,它是地理实践力的重要表现,也是地理思维指导下的行动;地理图表能力表面上涉及思维和操作,但它更多的是地图、地理图像与地理信息的转换能力,与地理思维和地理操作存在本质上的区别,因此作为一个特殊的维度而独立存在于地理实践力的维度结构中。

结论:地理实践力可以划分为地理图表能力、地理观察与观测能力、地理操作能力三个一级维度,其中地理操作能力又可分为地理实验能力、地理考察能力、地理信息技术能力三个二级维度。开发了由 33 道测题构成的具有较高的信度和较好的内容效度的测量量表,量表具有较高的区分度、信度、效度,可用于测量学生的地理实践力。

四、量表内容和维度归属

判断以下表述与你的实际情况相符的程度是(1→5 表示从"完全不符合"→"完全符合")**提示:以下括号中的内容作为表述的解释性补充,目的是便于你对表述的理解,请你主要对表述内容进行相应判断,不要局限于针对括号中所举例的具体内容进行判断。**如以下第 1 题中,尽管你在学习气候类型时,没有查阅过不同气候区的气温、降水图,但只要你有阅读各类图表的习惯就可以选"完全符合"(5)或"较符合"(4)。

1. 在学习地理时,我常常通过阅读各类图表帮助学习。(如学习气候类型时,我会阅读不同气候区的气温和降水图来促进理解)

2. 我能理解大多数地理图表。(包括地图、等值线图、统计图表、示意图、地理景观图等)

3. 外出活动时,我都能借助地图、指示标志或通过问路的方式快速准确地找到目的地。(如在某个景区,我能借助地图到达景点)

4. 我善于运用各类图表去分析和解决问题。(如去陌生地点时,我能够利用电子地图规

划最优路线;我能发现数据中蕴藏的地理事实)

5. 我觉得地理图表对我解决地理问题的帮助很大。

6. 地理学习过程中,我会对一些用文字难以表达的地理事象改用绘制图表的方式来表达。

7. 我能充分利用软件将表格数据转换成折线图或柱状图。(如用 EXCEl 软件将我国的人口增长数据转换成折线图)

8. 在现实生活中,我具有观察地理事物的意识。(如我会对月相感兴趣并注意观察,我会敏感于一些污染环境的事件等)

9. 我常常能意识到现实生活中的很多事象都与地理有关。

10. 地理课堂上,我们常常被要求观察某一地理事物或事件,然后在分析过程中学习地理知识与原理。

11. 对于观察到的地理事物或事件,我一般都能从中提取出有效的地理信息。(如从持续的观察月相活动中,获得月相变化规律)

12. 我经常能将观察获取的信息进行加工分析,联系到地理知识和原理。(比如能根据雨量的观测数据总结出某地的降水特征)

13. 我常常能根据自己的观察发现地理问题,并作记录或写小论文。(如观察家乡某河流的污染情况并留有照片或相关日记)

14. 我知道一些地理软件(或某些网站)具有模拟地理实验的功能。(如有模拟密度流、热力环流的实验)

15. 在地理课堂上,我们经常能体验地理实验。(包括自己动手实验、观察教师演示实验、观察实验视频等)

16. 我认识许多地理实验仪器。(如风向仪、雨量器、传感器、大气采样器等)

17. 地理课堂上,为解决某些地理问题,我们经常会被要求设计实验方案或问题解决方案。

18. 我曾经设计过一些地理实验方案。(如模拟水土流失的实验等)

19. 我独自或者和别人合作进行过一些地理实验。(如利用日影测算太阳高度角的实验等)

20. 我利用过一些地理软件模拟地理现象。(如借助软件模拟台风形成的条件)

21. 我制作过一些简单的地理实验器材。(如风向仪、地球仪、星空图等)

22. 我非常清楚野外考察或旅游时,应该携带哪些物品、注意哪些事项。

23. 即使在野外迷失了方向,在没有路标、指南针和手机等设备的情况下,我仍然会想出办法最终辨认出方向。

24. 课堂上(或野外考察时),我们接触过不少地理实验仪器。(如地球仪、三球仪、风向仪、罗盘等地理实验仪器)

25. 我自己会动手操作一些地理野外考察工具或地理实验仪器。(如罗盘、GPS传感器、水质测量仪、温度传感器等)

26. 我们参加过不少次专门的地理外出考察活动。

27. 我设计过地理野外考察活动的方案。

28. 生活中我经常利用一些基本的地理平台或软件。(如百度地图、高德地图、谷歌地图等)

29. 我会操作一些地理信息系统专业软件。(如ArcGIS软件等)

30. 在地理课堂上,我们常常能通过地理信息软件或技术获取地理信息。(如利用地图软件获取某地的地形、地貌特征)

31. 我经常利用地理信息软件或平台获取相应的地理信息。(如在百度等地图上量取两地距离、查询道路拥堵状况,运用星图软件获得即时的星空信息等)

32. 我常常运用地理信息技术解决具体的地理问题。(如进入中国气象局的网站,利用卫星云图对某地的未来天气状况进行预测)

33. 在地理课程中(包括课内和课外),我们常常会利用各种手段来解决现实生活中的地理问题。

表6-24　地理实践力测量项目的维度归属

一级维度	二级维度	维度表现	测量项目序号
A. 地理图表能力		1. 阅读地图、图表。	1,2,3
		2. 运用地图、图表。	4,5
		3. 绘制地图、图表。	6,7
B. 地理观察与观测能力		4. 具有地理观察观测的意识。	8,9
		5. 从地理观察观测现象中获取信息。	10,11
		6. 对观察观测的信息进行加工处理。	12,13
C. 地理操作能力	C1.地理实验能力	7. 识别、制作、操作地理实验仪器。	14,15,16
		8. 设计地理实验方案。	17,18
		9. 操作地理实验。	19,20,21
	C2.地理考察能力	10. 具备自然和人文地理考察的基本知识。	22,23
		11. 操作地理考察工具和知晓考察方法。	24,25
		12. 撰写自然和人文地理考察方案或报告。	26,27
	C3.地理信息技术能力	13. 操作地理信息技术软件。	28,29
		14. 运用地理信息技术获取、分析地理信息。	30,31
		15. 运用地理信息技术解决地理问题。	32,33

(来自:翟绪芹等,2018)

第8节　人地协调观量表

一、概念和维度

　　人地协调观指人们对人类与地理环境之间关系秉持的正确价值观(中华人民共和国教育部,2020),是人们面对自然环境的严重挑战而深刻反思的结果(徐象平,2005)。

　　人地协调观是在继承传统人地观念的基础上,根据时代发展的特点而提出,是人类在审视与自然地理环境关系时所秉承的正确价值观。从我国古代的"天人合一""因地制宜"等思想,到近现代地理学中提出的环境决定论、或然论、征服论、可持续发展观等思想,历史上各种不同的人地观念都代表了人类看待人地关系时秉持的不同思考角度,为当今人类正确看待人地关系提供基础。例如,环境决定论着重强调了地理环境对人类的重要影响;或然论指出人类在面对地理环境时会根据不同的心理状态和特点采取不同的行为方式,表达出人类在面对地理环境时的一种主观性;而征服论则过度地夸大了人类的这种主观性和能动性,认为人可以无所不能,甚至征服自然,违背了自然环境规律,造成严重的后果;在可持续发展理念中,人类重新审视了工业革命以来人对环境的破坏,提出自然环境与人类发展同等重要的思想,认为人应该与自然环境和谐相处。

　　通过对人地观念的梳理,可以得出,正确地看待人类活动与自然地理环境之间的关系,首先要认识到地理环境对人类发展的重要作用,其次要认识到人类本身可以通过自己的思维和想法对地理环境造成影响,但人类不是万能的,这种影响要在尊重自然规律的前提下进行,也就是地理环境对人类具有客观规律的限制。最后要认识到,人类只有一个地球,随着人口的增加,人类对环境的索求更多,环境对人类的生存和发展的意义更加重大,而人类对环境造成的压力也迅速增加,在未来社会发展中,必须将人类与自然环境视为一个整体,促进人与环境的协调发展,否则人类将失去发展乃至生存的环境基础。

　　综上,将人地协调观分为三个维度,即正确认识地理环境对人类活动的重要作用,正确认识人类活动对地理环境造成的影响,正确认识人类与地理环境和谐共处的重要性,分别命名为**地对人的客观影响性观念、人对地的主观能动性观念、人与地的整体协调性观念**。检验完成后,最终形成的维度结构如表6-25所示。

表 6‑25 人地协调观三维度划分及其表现

一级维度	表现	二级维度
A 地对人的客观影响性观念	地理环境通过地理要素为人类生存发展提供条件,具有直接或间接的作用,但是地理环境有其客观规律性,有一定发展限度,人类不能违背规律发展。	A1 资源总量有限观 A2 自然要素功能观 A3 自然资源消耗观 A4 自然资源有限观 A5 环境污染危害观 A6 环境反馈作用观 A7 环境承载力观 A8 环境承载力危机观 A9 环境问题危机观
B 人对地的主观能动性观念	人类可以利用技术、发明等,通过物质、能量、信息等交流交换、空间占有等形式和生产活动对地理环境造成影响,改变甚至改造自然环境。	B1 技术能动性有限观 B2 生产力发展有限观 B3 人类环境地位观 B4 人类生态平衡能力观 B5 物种环境地位观 B6 全球环境整体观
C 人与地的整体协调性观念	人与环境是一个整体,人类发展要与自然环境容量相适应,遵循生态平衡规律和社会经济规律。	C1 地理要素联系观 C2 人地生态关系观 C3 人地社会关系观 C4 人地要素价值观 C5 再生资源利用观

注:二级维度是根据最终保留的测量内容概括而得,并非系统建构。

二、量表编修和样本试测检验

在国外以及早些年的研究领域中并无"人地协调观"一词,关于人地观念的研究主要集中在环境态度、环境意识、新环境范式、环境关心、环境素养等方面,且均有较为成熟的理论基础和测量工具。如 Dunlap 等(1978;2000)开发并修订的 NEP 量表,Maloney 等(1975)的生态态度和知识量表以及国内洪大用等(2012)根据中国国情修订的 NEP 量表和各省市的环境态度量表(郗小林等,1998)等。这些量表虽然称呼上与人地协调观有所差异,但其本质上都是反映人对环境的态度和意识(张盼峰,2015),其维度内容与人地协调观相关维度的内容相近,例如,洪大用等(2012)修订的新 NEP 量表中包括了"对人类活动与自然环境平衡的看法""人类是否是地球上最重要生物""人类是否能凭借自己的智慧解决地球环境问题""现代社会中的环境危机"以及"对增长极限的观点"等五个维度,与上文人地协调观中的维度有相似之处,为人地协调观量表的编制提供了参考和借鉴。

本研究主要借鉴了洪大用等(2012)修订的新 NEP 量表、中国中小学环境意识调查(郗小林等,1998)、全国公众环境意识调查(郗小林等,1998)以及陈世伍(2017)的环境观念量表等量表,选择了其中符合人地协调观维度表现的测题共 24 题,但这些测题并未完全覆盖人地协调观的多维度内容,因此,本研究还针对前文界定的人地协调观维度表现自编 16 道测题,形成总共 40 题的人地协调观初步量表,作为题库,供进行题目质量判断和筛选。另外设 7 道测谎题,用于判断样本答题的质量,筛查无效样本。

以公众为试测对象,利用问卷星平台以审核备案方式正式发布公众人地协调观初测量表,有偿收集问卷 215 份,通过测谎题剔除无效样本,最终有效样本 201 份,有效率为93.5%。其中,男性 97 名,女性 104 名,男女比例基本均衡。样本涉及不同年龄段,其中19—22 岁占总样本 7.96%,23—25 岁占总样本 12.44%,26—30 岁占总样本 34.83%,31—35 岁占总样本 23.88%,36—40 岁占总样本 14.43%,41—45 岁占总样本 3.48%,46—50 岁占总样本 1.49%,51—55 岁占总样本 1.49%。样本来自 22 个不同省份,从事不同职业,覆盖范围广,且人地协调观水平层次多样,具有一定的代表性。

运用 SPSS 23.0 软件中的独立样本 T 检验进行项目区分度检验,运用 SPSS 软件中的内部一致性指标科隆巴赫系数进行信度检验。运用因子分析中的主成分分析法对数据进行探索性因子分析,尝试对人地协调观的维度和结构进行探索性划分。再运用 AMOS22.0 软件对量表进行验证性因子分析,对量表的结构效度进行验证,运用专家咨询法进行内容效度检验。根据检验数据对质量较低的项目进行删减,以提高量表的质量,最终提供修订后量表的质量检验报告。过程中首先排除量表中的 7 个测谎项目,通过项目区分度分析删除 8 个项目,结合信度检验,删除 5 个影响量表信度的项目。结合探索性因子分析删除 7 个因子载荷较低的项目,删除后,余下 20 个项目。重新利用主成分分析法进行因子分析,抽取三个共同因子,三个因子上的项目可以依据内容分为三个维度:"地对人的客观影响性观念""人对地的主观能动性观念""人与地的整体协调性观念",类别和测量项目对应非常理想。再利用结构方程模型对探索出的量表结构进行验证性因子分析,了解潜在建构的信度和效度,并对理论建构所界定的关系进行评价检验。各项测题的临界比值(C.R)均大于 1.96,p 值小于 0.05,因素负荷量均达显著,表示测量的指标变量能够有效反映出其要测量的潜在变量,故测量工具结构得到验证,工具无需进一步修改。最终的人地协调观量表包括 20 个测量项目和三个一级维度,具体的二级维度和量表测量序号见表6-28。

三、量表质量检验报告

对量表进行项目质量检验、信度检验和效度检验后,共删除不符合质量要求的测题 20题。对删题后余下 20 个项目的量表重新用样本数据进行质量检验,结果如表 6-26 所示。

表 6 - 26　人地协调观量表质量检验指标及结果一览表

内容	指标和方法			标准	检验值	达标结论
项目质量	区分度	相关系数		P<0.01	均为 0.000	达标
量表信度	内部一致性	总量表科隆巴赫信度		>0.8	0.777	接近标准
		分量表科隆巴赫信度		>0.6	>0.525	接近标准
量表效度	内容效度　专家咨询	实际内容与指向的测量概念的符合度		>0.85	0.89	达标
	结构效度	因子分析　前提指标	KMO 值	>0.6	0.790	达标
			巴特利特球形检验 P 值	<0.01	0.000	达标
		结构方程模型	绝对适配指数　GFI	>0.90	0.917	达标
			绝对适配指数　RMSEA	<0.08	0.027	达标
			增值适配指数　CFI	>0.90	0.948	达标
			增值适配指数　IFI	>0.90	0.950	达标
			增值适配指数　TLI	>0.90	0.941	达标
			简约适配指数　χ^2 自由度比	1—3	1.149	达标
			简约适配指数　PNFI	>0.50	0.626	达标
			简约适配指数　PCFI	>0.50	0.833	达标

1. 量表项目检验

人地协调观量表 20 个项目的区分度衡量指标(项目与总分的相关系数)的 P 值均为 0.000,所有项目区分度均符合要求。

2. 量表信度检验

对修改好的量表进行可靠性分析,总量表的科隆巴赫系数为 0.777,未达到 0.8 的良好标准,但相对接近。三个维度的科隆巴赫系数分别为 0.738、0.602、0.525,有两个维度超过分量表需要达到 0.6 的信度要求,人与地的整体协调性观念分量表未达到 0.6 的标准,内部一致性有所欠缺。

3. 量表效度检验

(1)内容效度。利用专家咨询法对量表的内容效度进行评价。由 2 名教育硕士研究生和 2 名地理课程与教学论方向的老师对 20 个项目与维度的对应程度进行评分,并计算 4 人的平均分,验证题项的实际测量内容与其指向测量概念的相符程度。结果显示,所有项目中,效度最低的为 0.85,量表整体(各项目平均)内容效度为 0.89,内容效度良好。

(2)结构效度。利用因子分析和结构方程模型先后对修订完成的量表进行结构重探及模型检验。因子分析提取的 3 个共同因子,内集聚、外区分现象明显(见表 6 - 27)。利用结构方程模型对量表结构进行验证性因子分析,结果显示,绝对适配指数 GFI 为 0.917,RMSEA 为 0.027;增值适配指数 IFI 为 0.950,TLI 为 0.941,CFI 为 0.948;简约适配指数 χ^2

自由度比为 1.149，PNFI 为 0.626，PCFI 为 0.833。各参数均达到了模型标准，进一步证实量表具有良好的结构。

表 6-27　因子分析结构

题号	地对人的客观影响性观念	人对地的主观能动性观念	人与地的整体协调性观念
1	0.621	−0.004	0.279
2	0.518	−0.082	0.106
3	0.507	0.114	−0.051
4	0.569	0.219	−0.048
5	0.494	0.321	0.03
6	0.613	−0.006	0.350
7	0.547	0.163	0.112
8	0.485	0.405	0.093
9	0.446	0.227	0.137
10	0.16	0.639	0.116
11	0.058	0.621	−0.072
12	0.118	0.619	−0.012
13	0.149	0.550	0.207
14	0.097	0.434	0.042
15	−0.024	0.424	0.336
16	0.006	0.158	0.597
17	0.206	−0.066	0.571
18	0.126	−0.009	0.559
19	−0.001	0.212	0.531
20	0.339	0.031	0.451

结论：本研究以人地关系理论和环境关心类量表为基础，根据高中地理课程标准及人地协调观的内涵界定，编制人地协调观量表。依据量表质量检验方法删除不符合要求的测题，最终形成质量基本合格的人地协调观量表。量表共 20 道测题，包括地对人的客观影响性观念、人对地的主观能动性观念和人与地的整体协调性观念三个因子，经过项目质量、信度和

效度检测,量表质量达到测量学要求,可用于测量公众或学生的人地协调观水平,为人地协调观后续研究及提升策略的制定提供基础测量服务。但本研究中量表质量检验结果是在删除初始量表中的不合格题项后统计的,未重新选择样本对新量表进行质量检验,因此,量表质量可能呈现不实际的偏高现象。同时,大量删减测量项目也可能损失原初信息的完整性,二级维度的设置被动跟从删减后留下的 20 个测量项目的内容,维度的覆盖度可能存在问题,今后还需要对人地协调观量表进行完善。

四、量表内容和维度归属

以下问卷共 20 个项目,主要了解你的环境观念,请你判断各项目的内容表述与你的实际情况相符的程度,从"非常不符合"到"非常符合"分 5 个等级。

1. 中国地大物博,有很多资源可以利用,根本不用节约资源。

2. 大自然价值是多样化的,各类植物和动物构成了自然界,它们各有功能,不可或缺。

3. 个人消耗的资源和能源微不足道,不会造成问题。

4. 水资源取之不尽、用之不竭,不需要刻意节约水资源。

5. 汽车所排放的尾气与其能为人们提供快捷、方便的服务相比是微不足道的。

6. 人类不爱护自然环境,会给人类自己带来灾难性的后果。

7. 地球上的空间和资源都是有限的,供养的人口也是有限的。

8. 现在地球还能容纳很多人口,人口数量根本不需要控制。

9. 下一代肯定会找到解决环境问题的办法,所以现在不必为环境问题过分操心。

10. 技术进步使环境承载力增加,无须刻意限制对自然资源的使用。

11. 只要人类知道如何开发,地球上的自然资源是很充足的。

12. 人是最重要的,可以为了满足自身的需要而改变自然环境。

13. 自然界的自我平衡能力足够强,完全可以应付现代工业社会的冲击。

14. 地球上的植物和动物主要是为人类的利用而存在。

15. 将发达地区的高污染行业搬迁到经济欠发达地区,既保护了发达地区的环境,又促进了欠发达地区经济的发展。

16. 资源的各要素相互联系,相互制约,任何一种资源的改变都会影响别的资源甚至整体的变化。

17. 人类不是自然生态系统的敌人,而是自然生态系统的一个主要成员。

18. 环境问题的改善应纳入社会进步的指标。

19. 各种生命拥有其自身的价值,不能只用人类的需要衡量生物价值。

20. 在生产中应该尽可能利用可循环的再生资源替代不可再生资源。

表 6-28　人地协调观测量项目的维度归属

一级维度	二级维度	测量项目序号
A 地对人的客观影响性观念	A1 资源总量有限观	1*
	A2 自然要素功能观	2
	A3 自然资源消耗观	3*
	A4 自然资源有限观	4*
	A5 环境污染危害观	5*
	A6 环境反馈作用观	6
	A7 环境承载力观	7
	A8 环境承载力危机观	8*
	A9 环境问题危机观	9*
B 人对地的主观能动性观念	B1 技术能动性有限观	10*
	B2 生产力发展有限观	11*
	B3 人类环境地位观	12*
	B4 人类生态平衡能力观	13*
	B5 物种环境地位观	14*
	B6 全球环境整体观	15*
C 人与地的整体协调性观念	C1 地理要素联系观	16
	C2 人地生态关系观	17
	C3 人地社会关系观	18
	C4 人地要素价值观	19
	C5 再生资源利用观	20
		注:* 为负向题

(来自:黄雯倩等,2023)

第 7 章　地理教育理论研究案例

地理教育理论研究是研究者在地理教育独特的概念体系框架下所开展的理论体系建构研究。它以地理学和教育学理论为基础,以揭示地理教育现象发生发展的机制和发现地理教育规律为内容,以建构和发展地理教育理论为目标,以为地理教育实践提供科学和高效的指导为追求。限于篇幅,本章仅提供两篇理论研究的论文,分别来自综合思维和空间思维研究。通过这两个研究案例,读者可以看到地理教育现象发生背后的科学规律,如看到学生的综合思维受哪些因素影响,因素作用的强度分别有多大;看到学生空间语言的发展只需要创造潜移默化的环境,而没有必要去提醒和说教。当了解了这些规律或理论之后,一线地理教师在教学实践中是否可以改变主观的教学行为或题海的战术? 在教学中是否可发挥丰富经验的优势,从影响因素出发采取一定的教学策略或技术手段,以更加有依据的教学行为开展科学高效的教学呢?

第 1 节　地理教师综合思维教学行为模型检验

综合思维有助于学生理解人地关系并进行科学决策。学生的综合思维水平受到地理教师综合思维教学行为水平的影响。本研究采用计划行为理论模型,探讨地理教师综合思维教学行为的影响因素。招募全国 8 省份的 82 位地理教师参与调查,运用结构方程模型的路径分析对假设模型进行检验。结果显示:地理教师的综合思维教学行为倾向直接影响综合思维教学行为;综合思维教学行为态度、行为控制自我认知、主观规范又是综合思维教学行为倾向的影响因素,它们又分别受到综合思维教学行为信念、控制信念以及规范信念的影响;综合思维教学主观规范经中介变量行为态度间接作用于行为倾向。研究结果可以指导职前教育师范生和在职地理教师提升综合思维教学行为水平。

一、引言

1. 背景:综合思维及其在地理教学过程中的重要性

综合思维是我国地理课程重点关注的学生地理核心素养。同世界其他地方一样,在我国,核心素养的理论建构成为推动课程改革的关键环节(刘永凤,2017)。我国研制了各门学科课程的核心素养以推动最新的课程改革。综合思维作为地理学科特有的思维方式被纳入到地理核心素养中。综合思维是指人们运用综合的观点认识地理环境的思维方式,表现为要素综合、时空综合和地方综合(中华人民共和国教育部,2020)。基于此,它被学者划分为三个维度六个子类(卢晓旭等,2022),如表 7-1 所示。

表 7-1 地理综合思维小类及其内涵

大类	小类	内　涵
要素综合思维(A)	要素体系思维(A1)	知道自然要素和社会经济要素所包含的多个要素,并能定势成从地理要素角度思考地理事象的习惯,同时有主导要素的意识(全面、系统)。
	要素联系思维(A2)	知道地理要素相互联系、制约和渗透,具备地理要素的联系意识(系统)。
时空综合思维(B)	整体分异思维(B1)	知道区域地理事象整体内有小尺度的区域差异,具备地理事象的整体性意识和区域分异思想(全面、系统)。
	时间变化思维(B2)	知道地理事象及地理要素会随时间而发生演变,具备地理事象和地理要素演变的动态思维(动态)。
地方综合思维(C)	区域内综合思维(C1)	知道区域内各地理要素通过相互作用、相互影响形成区域地理特征(系统)。
	区域间综合思维(C2)	知道外区域作为一个特殊的地理要素对本区域地理特征的形成有影响(系统)。

从国际地理教育的角度看,系统思维与综合思维的概念是相通的。Senge(1990)认为系统思维从整体出发,是观察事件的相互关系和变化模式的框架。O'Connor 等(1997)认为,系统思维着眼于整体、部分以及各个部分之间的联系,通过研究整体来理解各个部分。Lee T D 等(2019)指出系统思维要求个体从多个角度看待整体,同时认识到组件之间的相互作用、模式和相互关系,并从时间和空间维度考虑组件的因果关系。这些学者对系统思维的定义与对综合思维的三个类别,即要素综合、时空综合以及地方综合的内涵界定是相一致的。同时,有研究发现综合思维实质上融合了整体性、综合性、系统性三种思维(王文洁等,2018)。因此,可以认为,地理教育中的系统思维等同于综合思维。在一些国家,培养系统思维这一内容被添加到课程预期学习成果的文件中(Rempfler 等,2012;Yoon 等,2017)。系统思维被视为通过地理教育促进可持续发展教育的一项关键能力(Schuler 等,2018;Fanta 等,

2020），帮助学生理解自然、社会和经济系统的复杂性和动态性。实证研究表明系统思维可以通过地理教育得到发展（Assaraf 等，2005；Riess 等，2010；Cox 等，2019；Raath 等，2019），这为综合思维培养提供了借鉴。

2. 综合思维教学行为

地理教师课堂上的综合思维教学行为会影响学生综合思维的生成。Hattie（2008）进行的元分析表明教师是学生学习中最重要的因素之一，有效的教学行为对学生的学业投入有很大的影响（Maulana 等，2016），综合思维学习也不例外。目前学生的综合思维水平偏低（邱鸿亮，2019），但可以通过教师针对性的指导过程提升学生的综合思维水平（顾成云等，2021）。因此，地理教师的综合思维教学行为对学生综合思维学习的干预显得至关重要。综合思维教学行为是指教师在地理课堂教学过程中表现出来的以发展学生的综合思维素养为目标，以建立学生全面、系统、动态地认识地理环境及其与人类活动关系的思维方式的显性语言行为（王炎炎等，2020）。

Jo 等（2014）认为拥有一定的知识和技能对于高质量的教学来说是不够的，因为它并不能保证教师在课堂上具有教这些知识或技能的倾向和意愿。与此同时，美国国家地理教育研究委员会提出教师在地理教育方面进行的准备应包括教师对地理教育的信念以及这些信念如何塑造地理实践的实施（Bednarz 等，2013）。

在综合思维教学方面，有学者提出学生综合思维的培养质量可以通过地理教师外显的课堂教学行为进行观察、诊断和评价，在此基础之上，发现地理教师课堂综合思维教学行为水平偏低（王炎炎等，2020；苏倩，2021），其主要原因是教师的教育知识水平和倾向水平较低（王炎炎等，2020）。方雪琦（2021）基于计划行为理论（TPB）通过量化分析，证实了在综合思维教学中，行为倾向和教学内容本身的综合性是综合思维教学行为的影响因素的假设。鉴于目前研究地理教师综合思维教学行为影响因素的局限性，本研究引入计划行为理论，研究地理教师课堂上的有目的、有计划的综合思维教学行为的产生机制。

3. 计划行为理论与综合思维教学过程中的计划行为要素

计划行为理论（Theory of Planned Behavior，TPB）是行为研究中最成熟的理论，是由 Ajzen（1991）提出，其前身是 Fishbein 和 Ajzen（1975）共同提出的理性行动理论（Theory of Reasoned Action，TRA），理性行动理论指出行为倾向可以直接决定行为的发生与否，行为倾向受到行为态度与主观规范的影响（Fishbein 等，1975）。Ajzen（1991）在理性行动理论的基础上加入了行为控制自我认知因素，从而形成了现在的计划行为理论（TPB），理论模型（Ajzen，2002）如图 7-1 所示。该理论认为行为控制自我认知因素反映了一些非意志因素如机会、资源等的作用，克服了 TRA 模型在执行不完全意志控制行为上的局限性，即当行为控制自我认知可以代替实际行为控制时，将对行为产生直接影响。如，我想去旅游（行为倾向），这个倾向来自于行为态度（认可旅游活动，认为旅游有利于身心）和主观规范（对自己来说很重要的人在旅游，以及他们建议我去旅游），但是，我认识到现在还有多少其他任务需要完成,认识到自己有没有旅游的时间,认识到自己暂时能不能去旅游,尤其是自己能否决定自己的行为,即知道"我能说了算",或知道"我可以去",这就是行为控制自我认知。行为态度、主观规范和行为控制自我认知的个体信念是个体执行行为的内在决定因素。计划行为理论的目的是解释和预测人类行为,一般来说,人们对某一行为的态度越正面,主观规范越有利,行为控制自我认知越支持行为,行为倾向就越大,转化为直接行为的可能性也就越大(Ajzen,1991)。计划行为理论的元分析证实了其有效性:行为态度、主观规范和行为控制自我认知三大要素可以解释27%的行为方差和39%的行为倾向方差(Armitage 等,2001)。

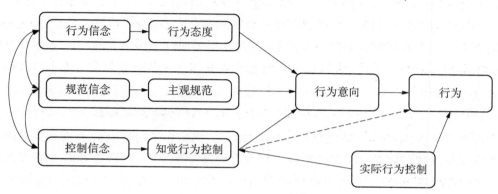

图 7-1 计划行为理论模式图

行为倾向(BI)是影响行为(BE)的动机因素,是一个人准备执行行为的迹象(Fishbein 等,2010)。倾向的基本维度是人对执行特定行为的可能性或感知概率的估计。综合思维教学行为倾向即为:地理教师有意愿在教学中表现综合思维教学行为。

行为态度(BA)是个体对特定行为所持有的一种有利或不利反应的稳定的心理倾向(Fishbein 等,1975)。行为态度本质上是评价性的,是预测和解释社会行为的核心。综合思维教学行为态度即为:地理教师认为在教学中表现综合思维教学行为是有益的。

主观规范(SN)是个体对特定行为的看法,是受重要人物影响而建立的规范,表明对社会压力的整体感知(Fishbein 等,1975),包括指令性主观规范和描述性主观规范(Fishbein 等,2010)。指令性主观规范是指关于执行给定行为应该做什么的感知,描述性主观规范是他人正在或没有执行相关行为的感知。综合思维教学指令性主观规范即为:地理教师应该按领导、同事等重要人物的要求表现出综合思维教学行为。综合思维教学描述性主观规范即为:地理教师应该按照重要人物亲自表现的综合思维教学行为表现自己的综合思维教学行为。

行为控制自我认知(PBC)被定义为人们相信他们有能力执行给定行为的程度(Fishbein 等,2010),即自己是否能控制自己去执行某种行为。综合思维教学行为控制自我认知是地理教师相信自己控制自己表现综合思维教学行为的能力。

行为信念(BB)是个体对行为态度所具有信心的程度,反映了行为态度的潜在认知结构,两者的强弱呈现正比关系(Fishbein 等,2010)。依据 Fishbein 的态度期望价值模型(Feather,1959,1982),行为信念通过行为信念强度和结果价值评估两部分相乘进行衡量。行为信念强度是对行为态度的坚定程度的判断,结果价值评估是对行为态度结果的价值判断。综合思维教学行为信念是地理教师对综合思维教学行为态度坚定程度的判断,由综合思维教学的行为信念强度和结果价值评估两部分组成。

规范信念(NB)是个体对社会规范性压力的理解,或其他人表现出的应该或不应该执行这种行为的认同程度,是主观规范的潜在认知结构,并与特定因素的感知相关(Fishbein 等,2010)。规范信念分为指令性规范信念和描述性规范信念两部分,规范信念计算是两者之和。指令性规范信念是个体对社会规范性压力的理解,它通过指令性规范信念强度和顺从动机相乘来计算。指令性规范信念强度是个体预期到相信特定的他人或群体是否希望个体执行特定行为的期望程度。顺从动机是个体认为顺从重要他人或群体对个体期望的程度。描述性规范信念是个体对其他人表现出的应该或不应该执行这种行为的认同程度,通过描述性规范信念强度和角色认同相乘来计算。描述性规范信念强度是个体预期到相信的重要他人或群体是否执行某特定行为的期望程度。角色认同是个体对重要他人或群体执行某特定行为的认可和模仿程度。综合思维教学指令性规范信念是指:地理教师对重要人物形成的有关综合思维教学的社会规范性压力的理解。由综合思维教学指令性规范信念强度和顺从动机组成。综合思维教学描述性规范信念是指:地理教师对重要人物表现出的应该或不应该执行综合思维教学行为的认同程度。由综合思维教学描述性规范信念强度和角色认同组成。

控制信念(CB)即能够促使个体实施或阻碍个体实施某行为的因素所存在的信念(Fishbein 等,2010)。控制信念由控制信念强度和因素控制能力两部分相乘来衡量,控制信念强度是个体认知的可能控制实施行为的因素存在的强度。因素控制能力是个体知道这些因素对行为实施促进或阻碍的强度。综合思维教学控制信念是地理教师对可能促进或阻碍综合思维教学行为执行的因素存在的信念,包括综合思维教学控制信念强度和因素控制能力。

表7-2 信念的概念组成

行为信念		行为信念强度
		结果价值评估
规范信念	指令性规范信念	指令性规范信念强度
		顺从动机
	描述性规范信念	描述性规范信念强度
		角色认同
控制信念		控制信念强度
		因素控制能力

二、研究模型与假设

基于 TPB 理论提出地理教师综合思维教学行为的影响因素模型假设,如图 7-2,分别是:

H1:综合思维教学行为倾向→综合思维教学行为。

H2:综合思维教学行为控制自我认知→综合思维教学行为。

H3:综合思维教学行为态度→综合思维教学行为倾向。

H4:综合思维教学主观规范→综合思维教学行为倾向。

H5:综合思维教学行为控制自我认知→综合思维教学行为倾向。

H6:综合思维教学主观规范→综合思维教学行为态度。

H7:综合思维教学行为信念→综合思维教学行为态度。

H8:综合思维教学规范信念→综合思维教学主观规范。

H9:综合思维教学控制信念→综合思维教学行为控制自我认知。

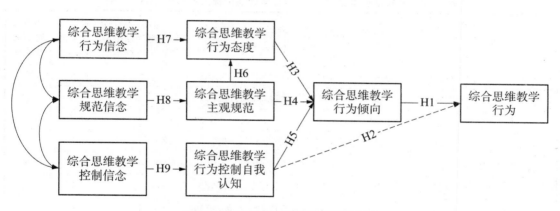

图 7-2　综合思维教学行为假设模型

已有研究表明,主观规范对行为倾向(H4)的预测作用不明显(Armitage 等,2001;Alshalawi,2022),或主观规范对行为倾向(H4)并无直接影响,而是通过中介变量行为态度影响行为倾向(H6、H3)(Ajzen 等,1992;Chang,1998),而 Oliver 等(1985)、李能慧等(2004)以及周玲强等(2014)均证实了主观规范对行为态度(H6)具有直接影响,于是,本研究还是保留主观规范对行为倾向存在影响(H4)的假设,一是因为计划行为理论认为它们之间是有关系的,二是本研究让数据再次检验它们的关系,同时增加了主观规范对行为态度(H6)的影响假设,因此模型中路径假设共有 9 条。

三、方法

1. 研究样本和数据采集

研究伦理。本研究通过了华东师范大学人类受试者保护委员会的伦理审查，伦理审查批准号为：HR 332-2020。样本招募过程符合伦理要求。

招募对象和抽样方法。招募对象为中学地理教师，包括初中地理教师和普通高中地理教师，从教师所在学段上体现样本的总体代表性。招募时未限定样本教师的学段，调查中也未识别其高初中学段，高初中教师的分布以随机性作为总体代表性的保障。采用分层抽样的方法，以社会经济文化发展程度为主要依据，选定上海、广东、山东、湖南、新疆、四川、吉林、山西共8省份作为样本省份。根据各省统计年鉴中各市人均GDP指标选取3个不同层次的城市，总计抽样城市共24个，各省抽样市经济、人口信息、计划抽样人数以及实际抽样人数如表7-3所示。

表7-3　各省抽样市经济、人口信息与计划抽样人数和实际抽样人数

	省份	城市/区	人均GDP（万元）	排位/市数	常住人口（万人）	常住人口占比	各市计划招募样本量	各省计划招募样本量	各市实际有效样本量	各省实际有效样本量
1	上海	黄浦区	39.61	1/16	65.08	16.76%	1	6	1	7
2		闵行区	9.89	11/16	254.93	65.64%	4		4	
3		崇明区	5.54	16/16	68.36	17.60%	1		2	
4	广东	深圳	15.93	1/21	1763.38	63.70%	20	31	5	14
5		茂名	5.33	10/21	618.00	22.32%	7		7	
6		梅州	3.10	21/21	387.10	13.98%	4		2	
7	山东	青岛	12.43	2/16	949.98	38.08%	10	25	8	19
8		潍坊	6.08	9/16	935.15	37.48%	9		7	
9		聊城	3.71	16/16	609.83	24.44%	6		4	
10	湖南	长沙	12.33	1/14	1005.08	52.41%	8	16	6	7
11		衡阳	5.26	7/14	664.22	34.64%	6		1	
12		湘西	2.91	14/14	248.44	12.95%	2		0	
13	新疆	克拉玛依	21.04	1/16	46.23	7.06%	1	6	1	5
14		乌鲁木齐	9.48	3/16	355.2	54.27%	3		3	
15		和田	1.49	14/14	253.05	38.67%	2		1	
16	四川	成都	10.34	1/21	1658.1	71.81%	15	21	11	14
17		遂宁	4.21	11/21	318.9	13.81%	3		2	

	省份	城市/区	人均 GDP（万元）	排位/市数	常住人口（万人）	常住人口占比	各市计划招募样本量	各省计划招募样本量	各市实际有效样本量	各省实际有效样本量
18		巴中	2.27	21/21	331.9	14.38%	3		1	
19	吉林	长春	7.85	1/9	753.8	50.81%	3		4	
20		吉林	3.43	5/9	411.61	27.74%	2	6	1	5
21		四平	2.50	9/9	318.18	21.45%	1		0	
22		太原	7.87	1/11	531.85	40.08%	4		4	
23	山西	长治	5.38	5/11	317.99	23.96%	2	9	5	11
24		运城	3.44	11/11	477.16	35.96%	3		2	
合计							120	120	82	82

样本目标数量计算。样本数量的确定考虑了量表条目数量、指标和结构方程分析指标。根据经验法则，一般从量表的信效度考虑，按照条目数最大的分量表的条目数的 5—10 倍计算样本量 n1，分量表中最大的条目数为 16，则样本数量为 80—160 或更高为宜；所用的统计学方法为路径分析，路径分析模型的建立也需要一定的样本量，研究认为该样本量可以为估计的因子数数目的 5—20 倍（曲波等，2005），研究共涉及 8 个变量，则 n2 在 40—160 或更高为宜。综合两项指标得出的样本量 n1 和 n2，确定研究的样本量在 80 及以上为宜，考虑到调查范围广所致调研难度高的情况，最终预设 120 份样本。在预设样本的分配中，首先按照国家统计年鉴中 8 省份人口总数的比例将 120 份样本分配到各省，再依据各省份或城市的统计年鉴按照各省内 3 个所择城市的人口总数的比例最终确定各城市的样本分配量。如表 7 - 3 所示。

样本招募及应募数。通过网络方式结合广泛宣传开展招募工作，应募基于自愿原则，样本都在应募的同时签署了电子知情同意书。招募时间自 2021 年 12 月 11 日至 12 月 23 日，共招募到 107 位有主动参与意愿且符合招募条件的地理教师，各省的分布情况是：上海 7 名、广东 16 名、山东 24 名、湖南 11 名、新疆 8 名、四川 20 名、吉林 9 名、山西 12 名。

问卷发放。2022 年 1 月 14 日，向样本教师寄送纸质问卷，随后发放调查培训和问卷回收的电子信息平台。

认定"综合思维教学行为"的培训。TPB 理论要求必须要对研究行为进行准确的界定并在测量时保证样本对该行为的理解一致（Fishbein 等，2010）。因此，综合思维教学行为的概念需要理解统一，并要求样本认定自己的教学行为是否属于综合思维教学行为。因此，要求样本在进行纸质问卷填答前观看提前录制好的培训视频，以保证对概念的准确理解。视频中介绍了"综合思维"的概念、"综合思维教学行为"的概念和 5 级评分的标准，如表 7 - 4。认定教师有没有综合思维教学行为，需要教师能从综合思维的某个维度分析问题，综合思维运用基本完整,并且教师需要有意识地示范或引导学生形成综合思维,即达到表 7-4 中的 3 分及以上才能算有这样的行为。在视频中特别强调了教师认定自我是否有综合思维教学行为的这一判断标准。

表 7-4　综合思维教学行为的评分标准

行为等级（质量分）	教师综合思维教学行为综合表现（表现出综合思维,并示范或引导学生形成综合思维）	综合思维内在表现	综合思维教学意识	综合思维教学行为	认定
5 分	在等级 4 的基础上,教师还能说出"这种思维就是我们要掌握的综合思维的一部分"等同类话语。	直接表现	意识强烈	直接表现	
4 分	在等级 3 的基础上,教师还明确告诉学生分析或认识地理环境的这种思维是综合思维 7 个维度中的某个具体维度。	明显表现	意识明显	明显表现	可认定
3 分	教师从综合思维的 7 个维度中的某个(些)维度分析或认识地理环境,综合思维运用基本完整,并且教师有意识地示范或引导学生形成综合思维。	有表现	意识存在	基本存在	
2 分	教师从综合思维的 7 个维度中的某个(些)维度分析或认识地理环境,综合思维运用基本完整,但教师并没有有意识地示范或引导学生形成综合思维。	有表现	无意识	隐约存在	不认定
1 分	教师从综合思维的 7 个维度中的某个(些)维度分析或认识地理环境,但综合思维运用还不完整,教师示范或引导学生形成综合思维的行为不存在,只有一点产生的基础。	只有基础	无意识	不存在	

调查动员。视频中同时对样本进行了调查动员,呼吁老师们认真、仔细地参与调查。同时强调在填写纸质问卷时要注意保证在安静的环境下用充足的时间完成。

问卷回收途径。要求样本先在纸质问卷上填答,再将填答的内容录入到问卷星平台。该方法是为了提高样本填答问卷的质量,因为寄送纸质问卷反映了组织者的严肃和认真;样本教师拿着纸质问卷,便于其认真和仔细阅读,也能更好地思考用于回答的客观事实。

问卷回收数量和有效样本识别方法。从问卷星平台共收回问卷 91 份。检验了这些问卷的回答真实性水平。这里的回答真实性水平是指在问卷中设置了 5 道回答真实性水平识别题(题号 26、35、50、58、67)。这些回答真实性水平识别题是现实中的个体不可能有的行为表现或答案确定无疑的问题。如"假设您经常在教室里甚至是在给学生上课时自己玩手机,您认为这是",选项提供了不好的(1)到好的(7)共 7 个程度,当教师选择 5、6 或 7 时,则认为该教师在问卷填写过程中的反应不够真实,未认真填写问卷,因为教师不可能认为在给学生上课时玩手机是好的行为。再如"您晒太阳的时间长短将_____影响您的综合思维教学行为",选项提供了丝毫不会(1)到非常强烈地(7)共 7 个程度,当教师选择 5、6、7 时,则认为该教师未认真填写问卷,因为谁都知道,晒太阳和综合思维教学行为的形成是风马牛不相及的事。再如"您经常在凌晨三点钟指导学生学习",这是明显不可能的行为。通过5项识别题的综合筛查,其中认定9份样本回答真实性水平低,因此并未将其纳入有效样本中。

有效样本数量和分布。最终得到82份有效样本数据,样本有效率为90.1%,有效样本分布于8省22个城市(湖南湘西、吉林四平未招募到样本),具体见表7-3。样本学历、教龄、学校层次、教研活动频率统计情况如表7-5所示。

表7-5 样本教师学历、教龄、学校层次、教研活动频率统计

学历	专科	本科	硕士研究生	博士研究生
	0	56	25	1
教龄(年)	0—5	6—10	11—15	>15
	29	16	8	29
学校层次	名列前茅	第二层次	第三层次	一般
	13	22	23	24
教研活动频率	较多	有一些	较少	很少
	20	43	12	7

样本数据分析方法。运用结构方程模型中的路径分析,通过AMOS 21和最大似然法进行数据分析和检验假设。使用χ^2、χ^2/df、RMSEA、GFI、IFI、NFI、TLI、CFI等主要的模型检验指标(Kline, 2005)检验实证数据与模型的拟合情况。

2. 测量工具

测量工具参考Ajzen(2002,2006)和Fishbein等(2010)提供的TPB理论标准问卷结合综合思维教学行为而设计。开发初期于2021年11月先后咨询6位高中地理教师和1位初中地理教师,经多次修改完善后,再对调查问卷内容选择的适宜性进行了专家咨询。邀请对TPB理论熟悉的1名高校副教授、2名地理教育专业研究生、2名中学地理教师共5位专家于2022年2月16日对量表的内容效度进行评价,结果显示所有测量项目的内容效度均在0.8以上,量表整体的内容效度为0.96,表明其具有良好的内容效度。基于上述设计与专家咨询,问卷的可靠性得到了保障。最终形成正式的调查问卷。

由于直接观察教师综合思维教学行为的频率存在困难,且观察时间长、花费多(Fishbein等,2010),因此调查问卷全部采用自我报告的形式。每一个研究变量设计的问题在3—16项,共设计75项,其中用于了解教师基本信息的是前5项,用于检验回答真实性水平的有5项,地理教师综合思维教学的行为、行为倾向、行为态度、行为信念、主观规范、规范信念、行为控制自我认知、控制信念的测题分别为3、3、4、16、6、13、4、16个,计65项。除行为、行为倾向题项运用李克特5级量表外,其余题项均运用7级量表进行计分。

四、结果与讨论

1. 数据统计结果和分析结果

表7-6显示了理论假设模型和样本数据的拟合水平。GFI＝0.9处于可接受状态（Hair等，2006），因此除 χ^2、RMSEA 之外，所有指标值都满足推荐的可接受拟合水平。χ^2（Hair等，2006）和 RMSEA（Kenny 等，2015）对样本量和观察到的变量数量的增加过于敏感，因此选取了 χ^2/df 值，比例范围在 1—3 之间时，说明假设模型与样本数据之间存在可接受的匹配关系（Carmines 等，1981）。表7-6中各种拟合指数表明假设模型和实际数据拟合结果可能不是最理想，但具有可接受的拟合性。

表7-6 综合思维教学行为要素模型适配度检验表

指标	结果	标准	适配性
χ^2 值	37.791，P＝0.002	P＞0.05	×
χ^2/df 值	2.362	1—3	√
RMSEA 值	0.130	＜.05	×
GFI 值	0.900	＞.90	可接受
NFI 值	0.914	＞.90	√
IFI 值	0.948	＞.90	√
TLI 值	0.907	＞.90	√
CFI 值	0.947	＞.90	√

RMSEA＝root mean square error index；GFI＝goodness of fit index；NFI＝normed fit index；IFI＝incremental fit index；TLI＝tucker-lewis coefficien；CFI＝comparative fix index.

图7-3显示了模型路径分析的结果。结果表明9个假设中有7个是有意义的。在综合思维教学中，行为倾向（BI）对行为（BE）有显著影响，支持 H1。行为态度（BA）和行为控制自我认知（PBC）对行为倾向（BI）有重大影响，分别支持 H3 和 H5。主观规范（SN）对行为倾向（BI）没有显著影响，不支持 H4，这正好也再次得到了学者（Armitage 等，2001；Alshalawi 等，2022）研究中所发现的主观规范对行为倾向（H4）的预测作用不明显的结论，但它对行为态度（BA）有显著影响，支持 H6。行为信念（BB）、规范信念（NB）和控制信念（CB）分别对行为态度（BA）、主观规范（SN）和行为控制自我认知（PBC）有显著影响，支持 H7、H8 和 H9。表7-7显示了所提出研究模型的假设结果、路径系数和变量方差。

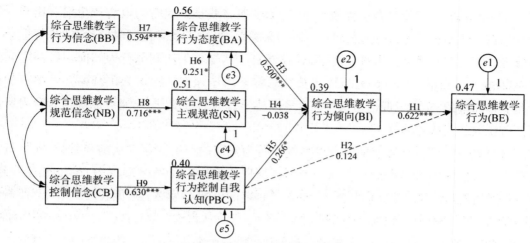

图7-3 研究模型路径分析结果图

表7-7 综合思维教学行为要素模型假设检验结果

假设	路径	Estimate	P	显著性
H1	BE←BI	0.622	***	显著
H2	BE←PBC	0.124	0.167	不显著
H3	BI←BA	0.500	***	显著
H4	BI←SN	−0.038	0.721	不显著
H5	BI←PBC	0.266	0.005*	显著
H6	BA←SN	0.251	0.003*	显著
H7	BA←BB	0.594	***	显著
H8	SN←NB	0.716	***	显著
H9	PBC←CB	0.630	***	显著

* 为小于0.001。

2. 解释与讨论

研究发现,在综合思维教学中,行为倾向是行为的决定因素,倾向贡献了行为方差的47%;态度、主观规范、行为控制自我认知三个因素贡献了综合思维教学行为倾向方差的39%。Armitage 等(2001)的元分析表明,行为态度、主观规范和行为控制自我认知三大要素解释了27%的行为方差和39%的行为倾向方差。因此,在地理教师进行综合思维教学行为方面,TPB 的经典模型得到了证实。

H1 被证明,即行为倾向是综合思维教学行为强有力的独立预测因子。并且行为倾向对综合思维教学行为的解释率达到47%,远远超出了计划行为理论元分析中所得出的27%(Armitage 等,2001)。

H2 未被证明,即在综合思维教学中,行为控制自我认知对行为没有产生显著影响。行为控制自我认知被认为与行为之间是一种因果关系,当缺乏意志控制时,行为的执行也会受到影响。当人们低估了行为难度时,行为控制自我认知就无法调节行为倾向与行为之间的关系(Dibonaventura 等,2008)。H2 不成立可能是由于地理教师认为执行综合思维教学行为是非常简单的,实际上低估了执行综合思维教学行为的难度,即未能考虑到执行行为所需要的资源、技能、认知等等。

H3 被证明,即行为态度是综合思维教学行为倾向的影响因素。从路径系数来看,行为态度对行为倾向的影响是最强的,这与计划行为理论的元分析(Armitage 等,2001)结论一致。充分说明当地理教师的综合思维教学行为态度越端正和积极,就越有可能表现出综合思维教学行为倾向,比如当教师认识到综合思维教学的价值,并且认为该教学对自己会产生正向影响时,会对综合思维教学形成一种积极的态度,进而让该教师产生开展综合思维教学的行为倾向。

H4 未被证明,即在综合思维教学中,主观规范对行为倾向没有产生显著的影响。Ajzen(1991)指出行为态度、主观规范和行为控制自我认知在行为倾向预测中的相对作用性在不同的行为和情境下并不一样。这种现象出现的可能解释有两种,第一,在研究中行为态度和行为控制自我认知对行为倾向的影响十分强烈,其影响程度远远超过主观规范,使得主观规范因素对行为倾向的预测力下降。第二,Teo(2011)认为,主观规范代表了环境因素,而行为态度和行为控制自我认知代表了个人主观能动性因素。上述现象说明,教师决定是否教授综合思维教学时,更多地受到个人因素的驱动,而不是环境因素。

H5 被证明,即行为控制自我认知是综合思维教学行为倾向的独立预测因子,当教师对综合思维教学行为的控制感越强时,越有可能形成综合思维教学行为倾向。比如当地理教师认为自己对课标的解读透彻性强、对综合思维的理解性高以及拥有进行综合思维教学的相关资源和经验时,地理教师就越有信心形成对综合思维教学行为的控制,也就越有可能形成综合思维教学行为倾向。

H6 被证明,即在综合思维教学中,主观规范对行为态度有显著的影响,表明主观规范通过行为态度间接作用于行为倾向。也就是说,可以通过他人的榜样或示范作用提高地理教师的综合思维教学行为态度,进而提高该教师的综合思维教学行为倾向。

H7、H8、H9 被证明。通过表7-8所示的本研究的结果与元分析(Armitege 等,2001)的对比表明,在综合思维教学中,三种信念可以分别作用于行为态度、主观规范和行为控制自我认知,且作用显著。

表7-8 信念解释率的对比

解释率	H7(BA←BB)	H8(SN←NB)	H9(PBC←CB)
元分析	25%	25%	27%
本研究	56%	51%	40%

五、结论与局限性

1. 结论

地理教师综合思维教学行为生成机制理论被证实。基于样本数据对地理教师综合思维教学行为影响因素假设模型进行了验证。结果显示在综合思维教学中,行为倾向是综合思维教学行为的显著影响因素;行为态度、行为控制自我认知及主观规范是行为倾向的影响因素,分别受到行为信念、控制信念及规范信念的影响。其中,行为态度对行为倾向的解释率最高,主观规范通过中介变量行为态度间接影响地理教师综合思维教学行为倾向。除此之外,模型中主观规范对指向行为倾向的路径以及行为控制自我认知指向行为的路径暂未被证实。

2. 局限性讨论

这项研究存在着局限性。一是样本量不大。此次抽样是严格遵照分层抽样的方法,在全国范围内严格筛选符合研究要求的有效样本仅 82 个,并且只涉及 8 省 22 个城市。后续研究可以进一步扩大样本的范围、数量以获得更具代表性的研究结果。

二是质性研究缺乏。研究从理论推演与量化研究的角度出发构建模型,缺乏更为内在的、翔实的、充分的访谈调研。后续研究如果能够增加对教师综合思维教学行为倾向的相关访谈,将量化分析与质性分析相结合,可以使研究结论更具科学性与说服力。

三是未纳入更多的影响因素。TPB 理论是一种可以拓展的理论模型,因此希望后续研究中可以添加如教师的人口社会学变量、综合思维基础知识、综合思维元认知、地理教学知识、对应常年教学岗位的教学内容的综合性禀赋等其他因素,以增强研究模型的解释率,更科学地从多方面揭示地理教师的综合思维教学行为的影响因素。

(来自:范蕾,2022)

第 2 节　潜在空间语言环境对空间语言表达的影响

空间思维是人类重要的生存和生活技能,人的空间语言表达是空间思维的外在表现形式。探究空间语言表达的影响因素和作用机制不仅是科学问题,而且具有改善青少年的空间语言表达以及提高空间思维水平的实践意义。在理论推演的基础上提出潜在空间语言环境、空间语言感知两个因素影响空间语言表达水平的假设。运用潜在空间语言环境量表、空间语言感知量表、空间语言表达量表对 222 名中国高三年级的中学生进行测量,借助 SPSS 软件,运用偏相关分析和中介效应检验方法进行数据分析。结果显示,潜在空间语言环境对空间语言表达有显著影响，空间语言感知在潜在空间语言环境与空间语言表达之间有着并不显著的中介作用。这意味着在发展学生的空间语言方面，潜移默化更为重要，即创造潜在空间语言环境要比教育者刻意提示空间语言的存在和让学生感知到空间语言更为有效。

一、引言

研究背景

空间思维通过空间语言、空间工具等符号来表征事物，是人类重要的生存和生活技能（Newcombe，2010）。甚至，空间语言表达水平能够预测空间思维（Pruden 等，2011；Miller 等，2016；Casasola 等，2020；Ralph 等，2020），因此空间语言成为支持和增强空间思维的有利工具（Newcombe，2010）。例如，Pruden 等（2011）发现，幼儿 1—3 岁期间，父母空间语言的渗透与儿童在四五岁时在许多空间任务中的表现高度相关。Miller 等（2016）的研究也表明，接触空间语言较多的儿童在空间任务中表现更好。此外，干预研究表明，接触空间语言可能会对空间思维产生影响。例如，Casasola 等（2020）研究发现，4 岁儿童在游戏中运用空间语言的经验可以促进他们的心理旋转。所以，深入研究空间语言发展的规律对于培养空间语言表达水平乃至空间思维水平具有重要意义。

空间语言表达是指个体运用空间词汇描述空间事物自身的空间属性、空间特征和事物之间的空间关系的过程（张积家等，2007；张雪英等，2012；孔令达，2002；任永军，2000；Pruden 等，2011）。空间语言表达是空间语言发展水平的外在表征。

现有的空间语言发展规律的研究主要关注了环境中的空间语言对空间语言表达的影响。例如，有研究发现游戏环境如积木游戏（Ferrara 等，2011；Ramani 等，2014）和 iPad 游戏环境（Ho A 等，2017）、父母的空间语言（Pruden 等，2011；Ralph 等，2020；Kisa 等，2018；Palmer 等，2017；Cohen 等，2017）、成人对空间思维的了解（Landau 等，2005；Borriello，2017）和成人的手势语言（Young 等，2014）等对幼儿空间语言表达有影响。Koba 等（2021）研究还发现幼儿 19 个月时受父母空间特征的熏陶程度，能预测他们 25 个月时理解空间单词的水平。这些影响空间语言发展的因素其实都可以归纳为环境因素。

然而影响空间语言发展的因素很多、机制复杂，环境中存在的空间语言对人的空间语言发展的影响需要借助内在因素的作用，内在因素成为环境因素对空间语言发展产生影响作用的中介变量。例如，Miller 等（2016）的研究发现除了接触空间词汇以外，还需要个体理解语言和空间的关系，才能最终预测个体的空间表现。此外，加涅的信息加工学习理论（加涅，2018）指出，学习是一种将外部输入的信息转换为记忆结构并以人类任务解决为形式的输出过程，其中包含了选择性知觉等阶段。换言之，对于环境中存在的空间语言，只有当人感知到空间语言，并叠加模仿的本能（班杜拉，2015），才能产生基于模仿的空间语言表达行为，所以,可以认为空间语言感知对个体空间语言发展具有中介作用。

二、理论假设

本研究构建了以潜在空间语言环境(potential spatial language environment, PSLE)为自变量、以空间语言表达(spatial language expression, SLE)为因变量、以空间语言感知(perceived spatial language, PSL)为中介变量的空间语言表达理论假设模型(如图 7-4 所示),模型由 4 个研究假设构成。

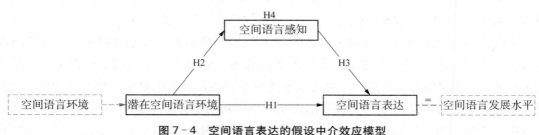

图 7-4　空间语言表达的假设中介效应模型

环境中存在许多空间语言,构成了空间语言环境。但对于个体来说,空间语言环境中的空间语言并不能全部进入人的主观世界,人对大多数空间语言是视而不见的。本文研究的是进入人的心理层面的空间语言,首先是环境中的空间语言进入了个体的潜意识(又叫无意识)层面,它比"视而不见"的状态要多一点"印象",但从认知上来看却又是"见闻但无意识"的。这种潜意识(无意识)状态(彭聃龄,2019)是个体在不被提示的情况下,并不能显性地意识到空间语言本身和"空间语言"概念的存在,而在事后特殊情境下,或在被提示的情况下,则可以回忆起来。我们将这种人的潜意识层面的空间语言环境称为潜在空间语言环境。文献回顾发现,Pruden 等(2011)通过亲子对话,发现了儿童空间语言发展直接受到成人为儿童创造的空间语言环境(spatial language environment)的影响,此外还有多项研究证实了环境会影响人的空间语言表达水平(Ralph 等,2020;Kisa 等,2018;Palmer 等,2017;Pruden 等,2017;刘丽虹等,2005)。而我们的研究假设则限定这个空间语言环境为潜在空间语言环境。提出假设 1:潜在空间语言环境正向影响空间语言表达。

潜在空间语言环境中的空间语言不能全部被个体显性意识到,其中可以进入到个体有意识层面的空间语言才是个体感知到的空间语言,称之为空间语言感知。它是对潜在空间语言环境中的空间语言"视听而觉"的状态,也就是个体显性地意识到"墙上有表示方向的字母""老师说了方位词"等。文化地理学指出每个人总是生活在一定的环境中,由于受其环境及文化的影响,在人们头脑中必然形成一种印象,这种由环境影响而形成的印象,就称之为环境感知(迈克·克朗,2003)。当生活环境中存在空间语言时,会有一部分无意识地进入到人的潜在空间语言环境,这其中又会有一部分能被人意识到,即人有能力感知到空间语言的显性存在(陈琦等,2011)。理论上,环境中的空间语言越多,潜在空间语言环境就越丰富,感知到的空间语言也就越多。潜在空间语言环境对空间感知的影响也得到了学者证实(Palmer 等,2017;刘丽虹等,2005;Borriello 等,2017),于是提出假设 2:潜在空间语言环境正向影响空间语言感知。

认知对于行为的影响,在行为研究领域早已得到证实(Jarvis,2017;方经民,2002)。感知是人的认知活动的重要组成部分(林崇德,2002),人感知到环境中所存在的空间语言,由于模仿是人类的本能(班杜拉,2015),所以空间语言感知是否借助模仿本能让个体产生空间语言表达行为呢?这有理论推演上的路径,但有待实际数据的证明。因此提出假设 3:空间语言感知正向影响空间语言表达。

本研究认为,空间语言感知从根本上来自空间语言环境,但又直接从潜意识层面的潜在空间语言环境中显性化而来,由于假设 3 的存在,潜在空间语言环境就可能通过影响空间语言感知进而影响空间语言表达。于是提出假设 4:空间语言感知在潜在空间语言环境影响空间语言表达的关系中起到部分中介作用,但中介作用的强度有待检验。

由于幼儿空间语言的发展受到社会环境因素的影响较少,学者们对 6 岁以下的幼儿的研究相对较多(Gilligan-Lee,2021),从而在事实上出现了青少年群体的研究相对较少的情况。同时英语为母语的空间语言研究较多,汉语和其他语言为母语的研究较少。本研究则以汉语为母语的中国青少年学生为研究对象,检验所提出的理论假设模型。

三、方法

1. 测量工具

青少年汉语空间语言表达水平等测量量表的开发过程自 2020 年 10 月至 2021 年 1 月,主要经历四个阶段:一,建立评价指标体系,包括概念界定、指标推演、制定标准、设定权重;二,开发初始测量工具,保证内容有效、结构完整、项目丰富;三,测量工具内部小规模试测、检验、增删、修改,至内容效度得到认可;四,用实测数据进行测量工具质量认定。

（1）空间语言表达量表

汉语空间语言表达水平测量量表包括两部分,一是基于李克特 5 点评分方法的自陈式量表,即样本判断项目所表述的内容是否符合其自身的实际情况,量表表述如"平时看到具体物体时,我会习惯描述出它的形状等空间特征,如圆、三角形、球、正方体等",量表共 5 道题,并进行百分制转化。另一部分是一套描述空间事物的任务性测试,共两道测题,要求样本根据图片,运用书面文字描述场景(如图 7-5)的空间特征。用其空间词汇数占总词汇数的比值代表样本空间语言表达任务性测试的水平,两道题分别计算,并把两个比值相加再乘以100,得到任务性测试的分值,该分值可以大于 100,理论上可达 200,实际最高分为 121.43

分。最终将任务性测试分值标准化为 100 分,方法是用样本的任务性测试的分值除以最高样本的 121.43 分(如图 7-5 所示),再乘以 100。得到样本中最高分为 100 分的任务性测试标准化分数。最后,取自陈式量表和任务性测试两部分的平均值表示样本的空间语言表达水平。实际测量中,空间语言表达自陈式量表的科隆巴赫系数为 0.766,由两部分共 7 道题组成的量表的基于标准化的科隆巴赫系数为 0.642,降低的信度反映了自陈式量表与任务性测试存在一致性问题,两者的相关不显著($r=-0.12$,$P=0.861>0.05$),也反映了互为效标的两份测量工具还存在效标效度不足的问题,所以用求取平均值的方法,可以在一定程度上降低测量的不准确性风险。

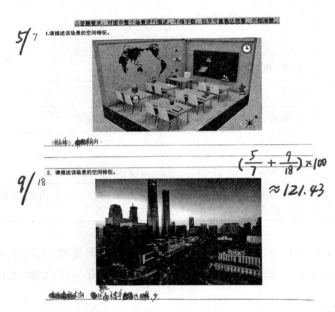

图 7-5　空间语言表达任务性测试最高分(121.43 分)的样本答卷

本研究从"空间语言表达"的概念出发,根据空间语言编码手册(Cannon 等,2007),参考 Pruden 编码的空间术语分类(Pruden 等,2011),结合汉语词汇的特点,构建了汉语体系下的空间词汇表。空间词汇分为五种类型,分别是:

空间方位词,描述事物在空间中的位置的词,根据表示方向的性质分为垂直方向、水平方向、辐射方向和泛方向四个方向的词汇;

空间维度词,描述事物大小的词,根据维度延伸的方向分为直线型、射线型、辐射型、非物体形状四类;

空间形状词,描述事物的形状或形态的词,如圆、球等;

空间属性词,描述事物空间属性的词,如弯曲、侧面等;

空间关系词,描述事物二者或多者的相对空间关系的词,如包围、平行等。

各类所包含的具体空间词汇如表 7-9 所示。

表 7-9 空间词汇表

类别		空间词汇
空间方位词	垂直方向	上,下
	水平方向	左,右,前,后,东,西,南,北
	辐射方向	里,侧/边,外
	泛方向	旁/旁边/周围/附近,中
空间维度词	直线型	长,短/矮,宽,窄,厚,薄
	射线型	高,低,深,浅
	辐射型	大,小,粗,细
	非物体形状	远,近
空间形状词	二维	圆,椭圆,三角形,矩形,正方形,平行四边形,菱形
	三维	球,立方体,圆锥体,圆柱体
空间属性词		弯曲/曲线,平直/直,扁平,倾斜,边缘,侧面,线条,拐角
空间关系词		包含/包围/环抱,相接/靠近/紧邻/毗邻/邻近,相离/相望/对面/对岸,重叠/交叠/交叉,垂直/纵,水平/横,对称,平行

研究人员根据空间词汇表(表 7-9)对样本任务性测试答案进行空间词汇字数计数。以样本任务性测试题 2 的答案"街道大都南北向排列,且北面有一座高楼"为例,记数过程中有几点说明。

一、要判断空间词汇是否具有实际的空间意义,非空间意义的空间词汇不计数,句中"大都"的"大",代表"大约"的意义,不是空间大小的意思,不能计数为空间词汇;

二、重复出现的空间词汇需重复计数,句中有两个"北"字记为两个空间词汇汉字;

三、词汇数按汉字个数来记数,句中"南北""北"属于空间方位词,"高"属于空间维度词,3 个空间词语,记数为 4 个空间词汇汉字;

四、标点符号不记字数,该句汉字总数为 17 个。

因此,句子中 4 个空间词汇汉字,占总汉字数 17 个的 23.5%。样本的空间语言表达任务性测试题 2 的得分为 23.5 分。

(2)潜在空间语言环境量表

青少年的潜在空间语言环境主要由家长、同龄人和教师这三个与青少年关系最密切的社会角色创造,三者使用的空间语言创造了样本的空间语言环境。其中,把样本最好的朋友作为同伴群体影响力的代表,地理教师作为教师群体的代表。因此,潜在空间语言环境量表包含了对家长、最好的朋友和教师三者面对样本时空间语言使用情况的调查。调查用自陈式量表,学生通过回忆来回答,能回忆起三者表达过的空间词汇,就代表这些空间语言至少进入了样本的潜意识中,所以自陈式量表测量了样本的潜在空间语言环境。测量项目如"在坐出租车/在商场/在地铁站等情境中,我的家长能很清晰地描述行进路线"。不同角色依据特征不同,设问情境有所调整。量表共 15 道题,采用李克特 5 点记分方法,分值进行百分制转化。实际测量中,潜在空间语言环境量表的科隆巴赫系数为 0.864。

（3）空间语言感知量表

空间语言感知量表由直接空间语言感知和对他人空间语言印象程度两方面测量。一是,个体有意识寻找的空间语言,如"当我身处商场时,我会有意识地观察指示牌的方位指示";二是,涉及个体对家长、最好的朋友和教师使用空间语言的印象程度,如"你对最好的朋友在你面前所使用的空间词汇有多大程度的直接印象"。量表共 8 道题,采用李克特 5 点记分方法,分值进行百分制转化。实际测量中,空间语言感知量表的科隆巴赫系数为 0.783。

2. 参与者和测量程序

我们向华东师范大学人类受试者保护委员会提交了伦理审查申请并获得通过,批准号为 HR 029 - 2022,同时获得了中国东部沿海城市的一所普通中学 Z 的调研批准。我们于 2021 年 1 月下旬在该校高三年级学生中招募,共 238 名学生自愿接受邀请参与测试,学生和家长均签署了知情同意书。

测试于 1 月 29—31 日进行,耗时约 30 分钟,前 20 分钟完成空间语言表达任务性测试,并上交答卷,后 10 分钟完成三份自陈式量表的调查。这样安排是尽可能避免测试间的提示性影响,保证数据的质量。

剔除测谎未通过以及答卷不完整的样本 16 份,最终的有效样本 222 份,有效率为 93.3%。Z 中学高三有 9 个班级,分 3 种类型,有效样本覆盖了 3 个类型的班级,分别是 98 份、42 份、82 份。按照中国的入学规定,调查时学生年龄约处在 17.5—18.5 岁范围。性别方面,有 124 个男生,98 个女生。

四、结果与分析

1. 数据描述性统计及相关分析

统计了样本空间语言表达、潜在空间语言环境、空间语言感知的均值、标准差、最大值、最小值(如表 7 - 10)。对变量之间的相关性进行了分析,结果表明,空间语言表达、潜在空间语言环境、空间语言感知两两间呈现极其显著的正相关(如表 7 - 11),相关分析结果满足回归分析和中介效应检验的前提。

表 7 - 10　变量数据统计值

变量		平均值	标准差	最大值	最小值
空间语言表达		53.86	9.74	83.59	28.65
其中	自陈式量表	68.13	15.06	100.00	28.00
	任务性测试	39.59	12.55	100.00	10.61
潜在空间语言环境		68.42	11.91	98.67	41.33
空间语言感知		65.17	12.57	100.00	20.00

表 7 - 11　变量间的相关性

变量	空间语言表达	潜在空间语言环境
空间语言表达	1	
潜在空间语言环境	0.539***	1
空间语言感知	0.367***	0.492***

注：*** $p < 0.001$，** $p < 0.01$，* $p < 0.05$。

2. 空间语言表达理论假设模型分析

在研究自变量对因变量的影响且可能通过中介变量产生影响的关系中，可以下列回归方程来描述变量之间的关系（图 7 - 6 是相应的路径图）：

$$Y = cX + e_1 \quad (1)$$
$$M = aX + e_2 \quad (2)$$
$$Y = c'X + bM + e_3 \quad (3)$$

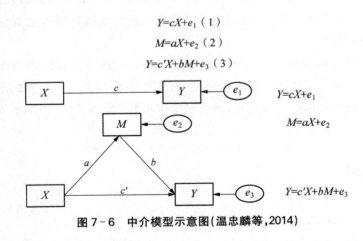

$$Y = cX + e_1$$
$$M = aX + e_2$$
$$Y = c'X + bM + e_3$$

图 7 - 6　中介模型示意图（温忠麟等，2014）

其中，基于简单中介模型，X 代表潜在空间语言环境（自变量），Y 代表空间语言表达（因变量），M 代表空间语言感知（中介变量）；方程（1）的系数 c 为自变量 X 对因变量 Y 的总效应；方程（2）的系数 a 为自变量 X 对中介变量 M 的效应；方程（3）的系数 b 是在控制了自变量 X 的影响后，中介变量 M 对因变量 Y 的效应；系数 c' 是在控制了中介变量 M 的影响后，自变量 X 对因变量 Y 的直接效应；e_1—e_3 是回归残差。对于简单中介模型，中介效应等于间接效应（indirect effect），即等于系数乘积 ab，总效应与直接效应和中介效应之间存在以下关系：

$$c = c' + ab \quad (4)$$

温忠麟等（2014）总结的中介效应检验流程如图 7-7 所示，按其中介效应检验过程对空间语言表达理论假设模型的中介效应进行检验。

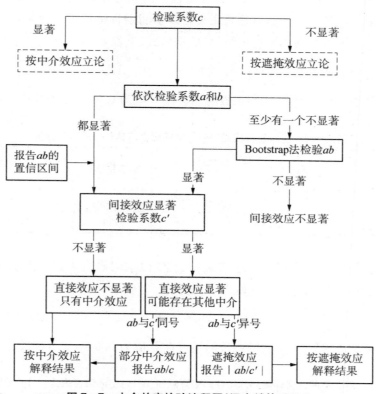

图 7-7　中介效应检验流程图（温忠麟等，2014）

第一步，检验方程（1）（5）的系数 c。即检验潜在空间语言环境（X）对空间语言表达式（Y）的回归路径的系数，即 $Y = cX + e_1$，并检验回归系数 c 的显著性，数据公式（见表 7-12）为：

$$Y = 0.441X + 23.701 \quad (P = 0.000 \quad R^2 = 0.287) \quad (5)$$

其中，回归系数的显著性 P 值为 0.000，显著性成立，因此按中介效应立论。

表 7 - 12　潜在空间语言环境(X)对空间语言表达(Y)的回归分析

	非标准化系数		标准化系数	T 值	显著性
	B	SE			
常量	23.701	3.227		7.344	0.000
潜在空间语言环境	0.441	0.046	0.539	9.486	0.000

在第二步中,依次检验方程(2)(6)的系数 a(X 回归到 M,$M=aX+e_2$)和方程(3)(7)的系数 b(M 回归到 Y,$Y=c'X+bM+e_3$)的显著性。由相关分析(见表 7-11)结果可知,三个变量之间两两相关,在统计学上达到显著意义。以空间语言感知为自变量,以空间语言表达为因变量,得到单因素线性回归分析的结果,数据公式(见表 7-13)为:

$$M=0.284X+35.329(\mathrm{P}=0.000\quad \mathrm{R}^2=0.131) \tag{6}$$

其中,回归系数 $a=0.284$,回归系数的显著性 P 值为 0.000,显著性成立。

表 7 - 13　空间语言感知(M)对空间语言表达(Y)的回归分析

	非标准化系数		标准化系数	T 值	显著性
	B	SE			
常量	35.329	3.227		10.947	0.000
空间语言感知	0.284	0.049	0.367	5.847	0.000

以潜在空间语言环境、空间语言感知为自变量,以空间语言表达为因变量,得到多元线性回归分析的结果。数据的公式(见表 7-14)为:

$$Y=0.387X+0.104M+20.626(\mathrm{P}=0.040\quad \mathrm{R}^2=0.298) \tag{7}$$

其中,回归系数 $b=0.104$,回归系数的显著性 P 值为 0.040,显著性成立。

表 7 - 14　潜在空间语言环境(X)和空间语言感知(M)对空间语言表达(Y)的回归分析

	非标准化系数		标准化系数	T 值	显著性
	B	SE			
常量	20.626	3.532		5.840	0.000
潜在空间语言环境	0.387	0.053	0.473	7.299	0.000
空间语言感知	0.104	0.050	0.134	2.067	0.040

综上,所得到的回归方程检验结果如图 7-8 所示。由此可知,两个系数 a、b 均显著,需要进一步运用 Bootstrap 法检验二者系数乘积的显著性,即检验间接效应的显著性。

第三步,检验 c'($Y=c'X+bM+e_3$)的显著性,即用 Bootstrap 法直接检验 H0:$ab=0$。

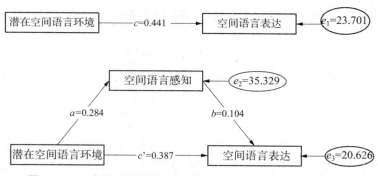

图 7-8 以空间语言感知为中介的中介模型回归方程检验结果

采用 Hayes(2012)编制的 SPSS 宏中的 Model 4(简单中介模型)来检验中介路径的显著性,即潜在空间语言环境(X)通过空间语言感知(M)到空间语言表达(Y)的间接效应($a * b$)是否显著异于零,若间接效应显著异于零,则中介效应显著。现实中很多抽样并不服从正态分布,Bootstrap 方法不需要假设抽样的正态分布,而是通过反复抽样来估计间接效应及其抽样分布,并据此分布特征来估计间接效应的置信区间(confidence interval, CI)(Hayes, 2012),因此许多学者建议使用该方法。本研究将 Bootstrap 再抽样设定为 5 000 次运行中介效应检验的宏。

结果(见表 7-15,表 7-16)显示,空间语言感知的中介效应(0.054)的 Bootstrap 95％置信区间(-0.001 3,0.121 7)的上下限包含了 0,因此认为该中介效应的影响在统计学意义上未达到显著,即假设 3 和假设 4 并没有成立,中介效应检验流程在第三步终止。但依然可以探究和分析直接效应和总效应的显著性以及程度大小。

表 7-15 中介效应的检验结果

	空间语言表达(Y)		空间语言表达(Y)		空间语言感知(M)	
	B	T	B	T	B	T
潜在空间语言环境(X)	0.386 8	7.298 9***	0.440 8	9.485 7***	0.519 7	8.392 8***
空间语言感知(M)	0.103 8	2.067 1				
R^2	0.303 9		0.282 4		0.242 5	
F 值	47.795 4		89.979 2		70.439 4	

注:* p<0.05,** p<0.01,*** p<0.001。

同时发现,潜在空间语言环境与空间语言表达呈正相关(B=0.440 8,t=9.485 7,P=0.000),即潜在空间语言环境能够显著预测空间语言表达。当考虑到中介变量时,这种显著的预测效应仍然有效(B=0.386 8,t=7.298 9,P=0.000)。此外,潜在空间语言环境对空间语言表达的直接效应(0.386 8)的 Bootstrap 95％置信区间(0.282 4,0.491 3)不包含 0,即直接效应具有显著意义,且直接效应占总效应的 87.75%(见表 7 - 16),即假设 2 得到支持。

表 7 - 16 总效应、直接效应和中介效应的分解表

	效应值	Boot SE	Boot LLCI	Boot ULCI	效应占比
空间语言感知中介效应(间接效应)	0.054	0.0315	−0.0013	0.1217	12.25%
直接效应	0.3868	0.053	0.2824	0.4913	87.75%
总效应	0.4408	0.0465	0.3492	0.5324	

注:* p<0.05,** p<0.01,*** p<0.001。

综上所述,本研究的假设 1 和 2 得到了验证,而假设 3 和 4 还没有达到统计学的显著意义,本研究得到了不完全中介效应的链式图(如图 7 - 9 所示),并且空间语言感知的中介效应很微弱。

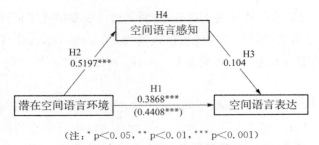

(注:* p<0.05,** p<0.01,*** p<0.001)

图 7 - 9 影响空间语言表达的因素的结构模型

五、讨论

1. 为什么潜在空间语言环境中的空间词汇会有潜移默化的作用?

潜在空间语言环境与空间语言表达呈正相关(r=0.441,R^2=0.287,P=0.000),中介效应的结果显示潜在空间语言环境对空间语言表达的直接效应为 0.3868,占总效应的 87.75%,这可以归纳为潜在空间语言环境中的空间词汇对空间语言表达具有潜移默化的作用。一方面,环境所提供的信息是行为发生的基础,而环境本身又是行为发生的场所(俞国良等,2000),因此环境和行为不可分割,进一步可以推断环境对行为具有强潜移默化的作用。另一方面,根据行为主义心理学家华生提出的"刺激—反应学习理论"("行为学习理论")(约翰·B·华生,2019),个体通过观察和模仿他人的行为来获得新的行为模式(Bamberg 等,2007;Cialdini 等,1990;Kallgren 等,2000),而研究已经证实模仿是获得新行为的有效途径,模仿的是在自然状态下客观存在的空间语言,即潜在空间语言环境中的空间语言。在本研究中,潜在空间语言环境包括父母、最好的朋友和教师这三种角色的空间语言

表达。班杜拉的社会学习理论指出，人们可以模仿那些在行为表现方面更专业化的人的行为，如父母，是幼儿发展历程中第一个权威角色（Collado 等，2019）。此外，青少年群体有别于幼儿，还需考虑教师和同学等社会角色对青少年的影响，教师是有专业行为表现的权威人士（班杜拉，2015），而同龄人是会对青少年的个人规范和行为产生影响的（班杜拉，2015），如最好的朋友。因此，表征潜在空间语言环境的家长、最好的朋友和地理教师的空间词汇运用会潜移默化地影响青少年自身空间语言表达这一行为，并且效应是强的，这与 Pruden 等（2011）证实的父母空间语言即环境因素对幼儿空间语言表达的正向影响这一结论是一致的，还有许多研究（Ralph 等，2020；Kisa 等，2018；Palmer 等，2017；刘丽虹等，2005）都支持了这一结果，本研究使得该结论由幼儿拓展到青少年群体。

2. 为什么潜在空间语言环境会影响空间语言感知？

中介效应的结果显示，潜在空间语言环境对空间语言感知的正向影响是显著的（B＝0.519 7，t＝8.392 8，P＝0.000）。一方面，文化地理学中的"环境感知"概念提到，环境中的个体不可避免地会在头脑中形成环境印象，这种印象意味着感知的物体与环境密切相关（俞国良等，2000），这是潜在空间语言环境影响个体空间语言感知的理论基础。而潜在空间语言环境对空间认知（包括感知）的影响也有得到研究证实（Palmer 等，2017；刘丽虹等，2005；Gardner 等，2005；Whan 等，1977）。另一方面，个体或群体直接地和真实地感知环境信息的过程，即环境知觉，是紧接着刺激发生的（俞国良等，2000）。一方面，潜在空间语言环境提供了空间语言的客观条件，为人类感知空间语言创设了可能性；另一方面，尽管多数研究支持了行为意向和实际行为间的高度相关性（段文婷等，2008；闫岩，2014），但行为意向始终不等同于直接行为，基于计划行为理论，研究者指出准确的实施意向比行为意向更能预测实际行为，当情境线索出现，便会很容易达到激发单一实施意向的阈值，由此顺次激发，直到具体行为实施（闫岩，2014）。换言之，潜在空间语言环境为感知空间语言提供了这一外在线索，还需叠加实施意向的内在因素，二者共同作用，才有可能表现出空间语言感知这一具体行为。

在测量工具中，潜在空间语言环境主要是对样本的家长、最好的朋友和教师三种角色空间语言表达的自我报告，如果三者的空间词汇越多，即为样本创造较为丰富的潜在空间语言环境，样本接受到较强的空间语言的环境刺激，当他们同时具备感知的实施意向时，则感知到的空间语言也愈多。

3. 为什么空间语言感知对空间语言表达的作用微弱，以至于中介效应很低？

中介效应的结果显示，空间语言感知对空间语言表达的正向影响未达到显著意义（B＝0.103 8，t＝2.067 1，P＞0.05），即空间语言感知在潜在空间语言环境和空间语言表达之间的中介效应很微弱，可以从以下三个方面来理解。

第一，模仿是对他人所显示的行为及其特点进行有选择的重复或再现（林崇德，2002），因此个体感知到空间语言后不一定作出空间语言表达这一行为反馈，还需要具备模仿他人空间语言表达的实施意向（闫岩，2014），才会表现出空间语言表达这一实际行为，因此模仿受潜在空间语言环境的潜移默化的作用更大,而学生是否真正感知到空间语言对于最终的空间语言表达影响并不大。这在(班杜拉,2015)的社会学习理论中得到了验证,他认为,通过劝导性建议等口头说服这种方式所诱导出来的功效期待,有可能是微弱而短暂的,因为它未能为功效期待提供一个可靠的经验基础。换言之,如果青少年一味地被说教"多使用空间语言",却始终缺乏自身空间语言表达的机会,或者没有潜在空间语言环境提供的主观规范,当置于描述空间事物的关系、特征等真实情境下时,青少年依旧习惯运用"这边""那"等非空间的惯用术语,或者用手势直接表达空间意义,最终空间语言表达水平依然未能得到发展。

第二,这可能是因为潜在空间语言环境和空间语言感知二者本身有紧密关系,存在一定的自我解释性,也就是说空间语言感知(线性回归分析系数 r＝0.284)对于因变量的影响可能被潜在空间语言环境(线性回归分析系数 r＝0.441)这个解释率更大的变量所覆盖而表现出微弱的中介效应值。

第三,理论推演中明确空间语言感知对空间语言表达存在远端关系,而数据结果反映间接效应不显著,是由于空间语言感知这一变量对空间语言表达的影响过于微弱,导致微弱的真实影响被认为是随机误差(温忠麟等,2014),因此在本次数据分析中尚未检验出来。亟待未来更多元的样本进一步检验假设 3 和假设 4 的有效性。

六、结论与建议

1. 结论

本研究探讨了潜在空间语言环境与空间语言表达之间的关系,以及空间语言感知的中介作用。结果表明,潜在空间语言环境直接影响学生空间语言表达,空间语言感知在潜在空间语言环境和空间语言表达之间起着并不显著的中介作用。

2. 建议

研究结论对教师提高学生的空间语言表达水平具有理论意义,个体空间语言感知对其自身的空间语言表达只起微弱效应,真正起决定性作用的是潜在空间语言环境的强潜移默化作用。

该研究启示教师在发展学生空间语言表达水平时,教师无须刻意突出空间语言表达的意义,比如一味地言语说教"你要多使用空间语言"这样的直接提醒,而是要从发挥潜在空间语言环境的潜移默化作用的角度进行潜移默化。第一,地理教师在教学过程中提高空间词汇的使用频率。当引导学生关注地图的某个位置时,应避免说"看这边""在那里"的指示性语言,而是恰当运用"东南西北"等空间方位词来描述地图上的事物(蔡露乔,2022)。建议地理教师在课堂教学或者日常生活中坚持言传身教、身体力行,经常性地使用空间语言,创设一个空间语言表达丰富的潜在空间语言环境,为学生自然而然模仿创造条件。第二,地理教师布置充满空间语言的客观物理环境。比如在教室中悬挂世界地图,在教室墙壁上相对教室中心点标注正东南西北方向,在教授区域地理相关内容时,可以身穿相关的服饰,如印有地理图片的衣服(如图 7 - 10 所示)。

图 7 - 10　印有行星图片的衣服

创设丰富的空间语言环境自然就会增强潜在空间语言环境的水平,进而通过潜移默化的机制促进个体空间语言表达水平的提高,而当学生空间语言表达水平提高时,又会作用于其他学生,形成一个空间语言发展的良性循环。

3. 局限性

这项研究的局限性在于:第一,样本学生均来源于同一所学校,可能具有群体特殊性。第二,我们提出了一种评估青少年空间语言表达能力的测量方法,因此未来的研究应该重复使用以检验该工具的有效性。第三,本研究暂以青少年为研究对象,提供空间语言表达机制研究的实证案例,但这仅是一次适用于青少年的研究结果,还不能确认是否能够在幼儿和成人群体中有同样的发现,共通性的规律还需要未来的进一步研究。

(来自:曾思荧,2023)

第8章　地理教育实践研究案例

实践研究是通过实践去改变对象现状的研究。它遵循问题解决的思维,可以包括发现问题、分析问题、提出假设、检验假设等环节。整个过程是:首先根据证据确认研究对象存在某些方面的问题,并循着理论中提及的要素找准问题致因,再依据理论和依靠技术提出具体的解决问题、实现目标的对策假设,然后实施对策,最终检验研究对象的问题是否解决到理想的程度。这种应用性的实践研究不以理论构建为目标,主要以解决研究对象的问题、提高研究对象的水平为目标。不过实践研究也需要在科学理论的指导下形成实践的对策措施。作为实践研究的成果,研究对象问题得到解决或水平有所提高固然是其目的,但作为科学研究的一部分,其研究目标往往可以表述为提出一套经实践检验行为有效的解决研究对象问题、提高其水平的对策措施。其对理论有可能存在贡献,或者贡献了一种科学理论基础之上的技术,尤其作为写成论文的实践研究成果,更是要上升到普遍性的高度,给读者以可学习、可借鉴、可推广的成果。本章提供4篇实践研究的论文,分别是地理教师综合思维教学行为水平测评和提升的论文,提升学生环境行为水平的论文,提升学生地理实践力的论文,改变后进生学习状态的论文;前2篇仅涉及问题诊断和对策建议,后2篇有对策实施和实证检验,1篇面向教师的教学问题的解决,3篇面向学生行为、学业水平和素养的提升,供读者体验科学取向的、实证性的地理教育实践研究范式。

第1节　地理教师综合思维教学行为水平现状测评及提升对策
——以 M 省地理教师为例

综合思维是学生的地理核心素养,对其培养应体现在地理教师的课堂教学中,而教师课堂上的综合思维教学行为是影响学生综合思维发展的重要因素,加强教师综合思维教学行为研究对学生综合思维发展有积极推动作用。通过网络直播平台,收集我国 M 省地理教师某项教学技能大赛 16 位参赛选手的教学视频,在学习选手们的多项优秀技能的同时,运用地理教师综合思维教学行为水平评价指标和标准对其进行综合思维教学行为水平进行评价,发现选手们的综合思维教学行为水平仍有提升空间。基于计划行为理论,分析认为参赛选手综合思维教学目标设置缺失、综合思维教学意识不强、综合思维教学主观规范训练不够、综合思维教学行为控制自我认知不足等是地理教师综合思维教学行为水平偏低的四个主要原因。从原因出发分别提出提高教师综合思维教学行为的对策建议。

"地理学存在的理由在于综合",地理科学研究对象即地球表层系统是一个具有多种要素组成且相互关联的综合体,这也决定了综合性是地理学最突出的特点之一(陆大道,2015),由此而来的综合思维是学生认识复杂地理事象,理解人地关系地域系统,解决地理问题的重要思想和方法,是地理学科育人价值的集中体现和重要方面。《普通高中地理课程标准(2017 年版)》将综合思维列为地理学科核心素养之一,并给出了综合思维的内涵,即是指人们运用综合的观点认识地理环境的思维方式和能力。

地理教师综合思维教学行为直接影响学生地理综合思维的发展水平,即学生综合思维素养的培育程度受地理教师对综合思维的认知程度以及在地理课堂中融入综合思维教学行为程度的影响。当前学生地理综合思维水平不高,提高地理教师综合思维教学行为水平是培养学生综合思维素养的重要路径;测评地理教师综合思维教学行为水平现状,并根据现状剖析存在的问题,是提升教师综合思维教学行为水平的前提。语言表达是教师最直接的传授知识的方式,显性的语言行为可以直接观察、测量。在日常地理教学中,教师通过显性的语言向学生阐释综合思维的内涵,通过实际案例呈现综合思维在不同地理问题上的体现,落实综合思维的教学任务,从而实现培养学生综合思维素养的目标,这为测评教师综合思维教学行为水平提供了理论依据。

本研究认同王炎炎等(2020)对地理教师综合思维教学行为的界定,即地理教师综合思维教学行为是指地理教师在课堂教学过程中表现出来的,以发展学生的综合思维素养为目标,以建立学生全面、系统、动态地认识地理环境及其与人类活动关系的思维方式的显性语言行为。在此概念基础上开展研究。

一、评价指标和标准

为实现对地理教师综合思维教学行为水平的测评,需要一套适合的评价标准。综合思维和地理教师综合思维教学行为概念内涵的明确、对综合思维维度的正确解构都影响着综合思维教学行为水平评价标准的制定。目前地理教育研究者多用要素综合、区域综合和时空综合三个维度来"解构"综合思维,卢晓旭等(2022)在这三大类基础上将其分解为地理要素体系思维、地理要素联系思维、地理事象整体分异思维、地理事象时间变化思维、区域内综合思维、区域间综合思维等 6 个二级维度,从地理学和思维层面对其进行内涵界定,并给出相应的满分标准(5 分)作为评价的依据。

华东师范大学教师教育学院地理教育研究团队在王炎炎等(2020)原先的地理教师综合思维教学行为水平评价指标体系的基础上进行完善,构建了一套包括"有质量的综合思维教学行为点数量""综合思维教学行为点涉及综合思维维度"和"综合思维教学行为点质量"三个一级指标的地理教师综合思维教学行为水平评价指标和标准(见表 8-1),作为本研究的评价依据。考虑到三个指标的重要程度有所不同,基于专家咨询法和层次分析法,最终将三个指标的权重设定为 7.52%、18.30%和 74.18%。计分均采用五点计分。

表 8-1　地理教师综合思维教学行为评价指标和评价标准

指标(权重)	评 价 标 准
有质量的 综合思维教学 行为点数量 (7.52%)	1 分:教师在课堂教学中存在 1 个综合思维教学行为点。
	2 分:教师在课堂教学中存在 1 个以上但没有达到 3 分或 3 分以上的综合思维教学行为点。
	3 分:教师在课堂教学中存在 1 个质量分为 3 分或 3 分以上的综合思维教学行为点。
	4 分:教师在课堂教学中存在 2 个质量分为 3 分或 3 分以上的综合思维教学行为点。
	5 分:教师在课堂教学中存在 3 个或 3 个以上质量分为 3 分或 3 分以上的综合思维教学行为点。
综合思维教学 行为点涉及 综合思维维度 (18.30%)	1 分:未提及综合思维的二级维度,只涉及综合思维的 1 个二级维度。
	2 分:未提及综合思维的二级维度,涉及综合思维的多个二级维度。
	3 分:作为教学引导直接提及综合思维的 1 个二级维度。
	4 分:作为教学引导直接提及综合思维的 2 个二级维度。
	5 分:作为教学引导直接提及综合思维的 3 个及以上二级维度。
综合思维教学 行为点质量 (74.18%)	行为点质量分为得分最高的 3 个行为点质量分的平均值(不足 3 个的不足个数记为 1 分)。
	1 分:教师教学内容中有综合思维知识的隐约体现(如,涉及要素联系方面,呈现一个要素对一个现象的联系,其他二级维度方面举例略),但教师没有表现出综合思维教学行为。
	2 分:教师教学内容中有综合思维知识的明显体现(如,涉及区域内综合方面,呈现两个或两个以上要素对地理现象的影响,其他二级维度方面举例略),但教师没有表现出综合思维教学行为。
	3 分:教师有综合思维教学行为的基本表现(将教学内容中的"天然的"综合思维知识加以人为总结,但未能明确提出综合思维的二级维度的概念内涵或其名称)。
	4 分:教师有综合思维教学行为的明显表现(将教学内容中的"天然的"综合思维知识加以人为总结,且能明确提出综合思维的二级维度的概念内涵或其名称)。
	5 分:教师有综合思维教学行为的强烈表现(在 4 分的基础上,还能说出"这种思维方法就是综合思维"等强化学生综合思维意识,引导学生知道和掌握综合思维分析方法的同类话语)。

二、研究对象与数据采集

为促进教师研究地理新课标、新教材，探索新时代教育高质量发展的新型育人方式，M省举办了地理教师教学技能大赛。50位地理教师参加比赛，参赛教师上传提前录制好的教学现场视频，比赛日播放视频，评委线下集中评审，线上同步直播比赛。本研究按比赛规定的课题均衡抽取参赛教师的视频共16节，只评价其教学过程中的综合思维教学行为，得到其综合思维教学行为水平数据。

评价环节由初评、复评、终评组成，评价工作由华东师范大学教师教育学院地理教育研究团队承担。初评者依据评价指标和标准确定视频中的综合思维教学行为点，用评价记录表对行为点进行记录和初步评分，并截取行为点视频片段，将其转录为文字。复评者依据评价指标和标准对初评行为点进行复评。复评后，若某行为点的初、复评结果存在争议，进入终评环节。初评者和复评者分别阐述评分理由，在终评者与初、复评者对存在的争议点进行商议后，由终评者给出终评结果，并取得初、复评者的认同，确保评价工作结果的准确性。评价标准虽然设5个等级，但如果实际表现介于两个等级之间，评价者可根据实际情况计包含小数点的评分。

三、地理教师综合思维教学行为水平评价结果

1. 整体状况

（1）行为点数量

为促进学生综合思维发展，地理教师在日常教学中应设计一定数量的、能够发展学生综合思维的行为点，即指向"有质量的综合思维教学行为点数量"这一指标。据测评结果统计，16节课累计提取综合思维教学行为点36个，但超过3分的综合思维教学行为点只占8%，即只有3个，多数行为点分值较低，反映了教师的综合思维教学意识较低，只是个人表现出综合思维，而缺少从语言上引导学生学习和掌握综合思维。

（2）行为点涉及维度

教师在教学中表现出的综合思维教学行为涉及综合思维的二级维度面较广。16节课的36个综合思维教学行为点涉及综合思维所有6个二级维度。但教师语言直接提及的二级维度不多，16节课中，整体性思维是唯一一个被教师作为教学引导直接提及的综合思维二级维度，并且只被提及1次。教师表现综合思维（教学行为）大多仅停留在涉及综合思维的内容，但未提及综合思维或具体维度名称的层面，也就是未能将综合思维作为直接的教学目标引导学生直接提及，与行为点数量透射出的问题相似，教师自己能表现出综合思维，但缺少教学引导行为。

（3）行为点质量

在课堂教学中综合思维教学行为数量多、覆盖面广有利于学生综合思维素养的提升，但并不意味着综合思维教学行为点越多越好，教师在表现综合思维教学行为时更应该注重行为点质量。本文使用的评价指标的权重也体现了这个观点。在测评样本中，最高行为点质量分为 3.7 分，并且仅有 1 个。

综合三个指标评价结果，16 位地理教师综合思维教学行为水平所处层次不高，教师整体的综合思维教学行为水平有较大的提升空间。

2. 行为点质量水平评价示例

地理教师了解综合思维教学行为水平评价指标和标准及评价过程，从评价角度认识高质量综合思维教学行为的表现，有助于厘清综合思维教学行为内涵，进而提高综合思维教学行为水平。本研究从收集的课例中，选取质量较高且比较典型的综合思维行为点及在评分过程中存在争议的行为点作为案例进行展示，并说明其评分依据，以展现对综合思维教学行为的评价过程，帮助教师理解评价标准的涵义。

（1）案例点 1

编号为 9 号的课例中有 1 个 3.7 分的综合思维教学行为点，但评价者之间对其评价结果存在一定争议。在该课例中，教师以 M 省赏花期推迟这一现象为导入，引导学生从海—气相互作用角度，探讨拉尼娜、厄尔尼诺现象的成因，进而解释区域冷冬出现的原因。该综合思维教学行为点出现在课堂后段，教学过程文字实录如下：

"通过以上的分析，我们就能解决课程的问题了，拉尼娜发生时，沃克环流增强，赤道附近太平洋西部上升气流增强，近地面气压比往年低，且赤道低压更低，而影响我国冬季冷空气的主要是亚洲高压南下的冷空气，所以是什么原因导致冷冬现象出现的呢？两者的气压差增大，冬季风增强，频次增多，出现寒冬。厄尔尼诺、拉尼娜现象发生的机制、持续时间、影响等科学界还没有公认的定论。地理环境是一个整体，牵一发而动全身。人类社会是命运共同体，而人与自然也是命运共同体，所以我们需要敬畏自然，遵循自然规律。"

该教学内容本身蕴含着整体分异思维。但综合思维教学行为不仅仅是教师自己表现出综合思维，关键要落实在有"教"的成分。对该行为点得分，评价者之间存在的争议在于：初评者认为，该行为点用显性的语言指明"地理环境是一个整体，牵一发而动全身"，是教师对教学内容中隐含的"天然的"综合思维知识的人为总结，并引导学生从整体分析问题，有教思维方法的意识，应评 4 分；复评者则认为，教师在客观上有综合思维的表现，但是没有直接去教和强化学生的综合思维意识的表现，仅是间接地、潜移默化地教，未能达到 4 分标准。经商议，综合两位评价者的观点，终评为 3.7 分。

（2）案例点 2

编号为 3 号的课例中展现了 1 个 3 分的行为点。在这节课中，教师以舟山渔场为例，引导学生从海水的温度、盐度、密度、洋流等角度认识海域的特殊性，并展示渔民因海制宜的捕

捞措施,引导学生认识海水性质和运动对人类活动的影响。该教学行为点处于课堂结尾总结环节,教师教学过程文字实录如下:

"在这节课中我们可以发现渔业活动受到了多种海洋因素的影响,与此同时,海洋有的时候给我们带来的是巨大的馈赠,有的时候也蕴藏着巨大的风险,所以说海洋是非常具有综合性的东西,它的影响力是综合的。关键是舟山渔民的智慧是因海制宜,也就是他们要有认识这片海域、了解海洋规律、运用规律、顺势而为的智慧。"

该课题授课内容的综合思维禀赋在于,海水多方面的性质综合决定着海水的特点,在分析海水的性质和运动时,涉及多角度、多要素的综合分析。在该教学行为点中,教师对综合思维知识内容进行了总结,如"渔业活动受到了多种海洋因素的影响""海洋是非常具有综合性的东西,它的影响力是综合的",可以看出教师认为这种"综合性"是一种重要的思维方式,但由于教师未能明确指出综合思维或其二级维度的概念内涵,无法判断教师是否有明显的综合思维教学的行为表现,因此评为 3 分。若教师在此基础上增加"这就是综合思维"或"我们要掌握这种区域内综合的思维""我们要从地理要素之间是有联系的角度出发"等引导学生知道和掌握综合思维分析方法的教学语言,便可达到 4 分及以上水平。

(3) 案例点 3

编号为 11 号的课例中,有一个被评为 2.8 分的综合思维教学行为点。教师围绕某小镇某行业的发展问题,引导学生探讨小镇该行业在"一带一路"背景下的发展路径,进而认识到"一带一路"对于国际合作的重要意义。在该行为点中,包含了学生讨论与教师总结环节,教师先抛出一个问题:小镇该行业要取得更好的经济效益,还可以借助"一带一路"平台和国外开展什么样的合作? 这样做有什么意义? 在学生分享后,教师总结如下:

"同学们分析了很多方面,大概可以从加强文化交流,更好适应国际市场;加强技术交流,学习先进的设计理念,促进产品创新;以及和国内外相关企业建立合作关系,加强信息的沟通;是不是还分析到了我们可以引进一些先进的设备,提高它的生产效率。当然还有很多其他的,你看一个小小的日用品,可以和这么多领域开展合作,那整个'一带一路'上是不是可以有更多的合作领域。"

可以看出,教师对学生的回答进行汇总、总结,从文化、技术、信息交流等多个要素角度为小镇某产业发展提出建议,从教学内容来看有综合思维知识(多个要素对地理现象的影响)的明显体现,可达到 2 分标准。但教师对教学内容的人为总结仅停留在授课案例内容要点的层面,未上升到思维教学层面,所以未能达到 3 分标准。由于该行为点有概括和总结,为了区别于仅涉及多个要素以体现综合思维知识、未加以总结的行为点,终评中将该行为点评为 2.8 分。

四、教师综合思维教学行为水平偏低的原因分析

M 省地理教师教学技能大赛参赛教师具有较高的教学水平和整体素质,但通过研究发

现,其综合思维教学行为水平仍有较大提升空间,这也更能反映出当前常态化教学中地理教师综合思维教学行为水平偏低问题的客观存在。不能说教师没有把综合思维设为教学目标,因为综合思维是课程核心素养目标,是应该贯穿在所有课堂教学中的目标,是绝大多数课都可以借机培养的,也是每节课应承担的发展学生核心素养的责任。基于计划行为理论和已有实证研究(Ajzen, 1991;方旭等,2016;隋幸华等,2020)得出,教学行为倾向对教学行为存在正向影响,教学行为倾向水平越高,教学行为的执行力越强。由此可以推测综合思维教学行为水平偏低主要是因为当前教师综合思维教学行为倾向水平偏低,而导致地理教师综合思维行为倾向水平偏低的具体原因可能有以下四点。

1. 参赛选手综合思维教学目标设置缺失

教学目标是课堂教学的起点和灵魂。分析认为,参赛选手可能存在没有将综合思维写入教学目标,或是即使将综合思维写入教学目标,但在实际教学中未能将其作为直接的目标去追求,实际教学内容与目标脱节等综合思维教学目标设置缺失或追求不足的问题,致使没有让综合思维真正融入本节课的目标之中,从而制约了综合思维教学行为的开展。

2. 地理教师综合思维教学意识不强

本次教学技能大赛并非指向考查教师综合思维教学水平的比赛,不过综合思维教学在地理教学当中应是无处不在的,每节地理课都应注重综合思维,且教学比赛中规定的几个课题都有可挖掘的综合思维内容。而教师的综合思维教学行为水平较低,可能是教师对综合思维教学行为认识不足,未能充分认识到综合思维教学的重要性,出现综合思维教学意识不强的问题,使得综合思维教学行为没有直接和明显的表现。

3. 地理教师综合思维教学主观规范训练不够

自综合思维作为地理核心素养被提出以来,地理教育研究者以及广大一线地理教师掀起综合思维教学和研究热潮,近年来也呈现出了很多成果,然而这些研究成果大多为定性研究,定量研究较少,尤其是综合思维教学行为的引导性评价标准较为空缺。此外,教师所任教的学校平时可能并没有给教师提出相关要求,加上缺少榜样的示范,提供的主观规范训练不够,从而没有营造出良好的综合思维教学氛围,进而影响地理教师综合思维教学意识和倾向水平。

4. 地理教师的综合思维教学行为控制自我认知不足

地理教师在从综合思维教学行为倾向转化为切实的综合思维教学行为的过程中可能会受到个人外界环境如综合思维教学能力不高、学校提供的综合思维教学资源不足、教研组有关综合思维教学的研讨时间少等的影响,使得地理教师对进行综合思维教学行为控制自我认知信念不足,即综合思维教学的自我效能感不高,减弱了其综合思维教学行为倾向。

五、提升地理教师综合思维教学行为水平的对策建议

1. 加强地理教师综合思维教学目标的落实

建议地理教师充分挖掘教材的思维深度，透视教材中蕴含的可培养学生综合思维的教学内容，并据此将综合思维写入教学目标，设置明确且高水平的综合思维教学目标，实现知识传授与综合思维培养的高度融合。实际课堂的开展需要始终围绕教学目标，在教学过程设计中将综合思维作为直接的目标去追求，实现目标与过程的统一。此外，建议学校地理教研组加强集体研讨，研究综合思维的内容体系如何落实于不同的教学内容中。

2. 强化地理教师综合思维教学意识

正确认识综合思维，是产生积极教学态度和意识的基础。因此建议学校地理教研组开展综合思维概念内涵与综合思维教学行为标准的培训，加强地理教师对综合思维和综合思维教学行为的正确认识；还可以开展以"综合思维"为主题的学习沙龙和探究活动，提供平台给教师分享印象深刻的综合思维教学行为片段及感受，促使教师产生教学共鸣，在探究实践中亲身感受综合思维教学行为的价值所在，促进地理教师综合思维教学积极态度的形成，增强其综合思维教学意识。

3. 加强地理教师综合思维教学主观规范

学校领导为地理教师建立积极的综合思维学习愿景会给教师的专业学习带来正向影响，因此学校应在加强教师综合思维行为态度的基础上，以综合思维教学为案例，引领教师核心素养教学行为的生成。可以通过以下途径实现：举办综合思维教学大赛，鼓励教师开展综合思维教学；构建骨干地理教师共同体，发挥骨干教师"带头人"的榜样和示范作用，渲染气氛，形成良好的学习氛围，增强主观规范信念；邀请名师给教师开展线上线下综合思维教学示范和实践培训，为教师开展综合思维教学提供指导，发挥地理教学名师的影响力，提高地理教师对综合思维教学的认同度。

4. 改善地理教师综合思维教学行为控制自我认知

地理教师可以通过阅读地理教学相关文献资料，学习并模仿地理综合思维教学优秀案例，养成主动进行地理教学研究的习惯；还应积极参与学校开展的综合思维教学培训，提高自身设计和实施综合思维教学的能力。学校则应当合理改进教师工作时间分配，适当减少教师的非教学事务，联合地理教研组设置固定的综合思维教学研讨时间，保障地理教师有充足时间来学习和实施综合思维及综合思维教学，同时提供丰富的综合思维教学资源，构建综合思维教学资源共享平台，增强教师间合作共赢的意识，逐步提高地理教师的自我效能感，改善综合思维教学行为控制自我认知，增强综合思维教学行为倾向，从而提升综合思维教学行为水平。

本文基于计划行为理论，从地理教师形成综合思维教学行为出发提出一系列对策。综

合思维作为地理核心素养之一,其教学行为的形成对策可以应用于所有核心素养教学行为的形成,以及其他教学要求的落实上。

(来自:安爱玲等,2023)

第2节　中学生环境行为水平评价诊断和对策设计
——以江西省萍乡中学为例

中学生的环境行为影响着未来社会生态环境建设的质量,提高学生的环境行为水平是中学地理教育的重要任务。以江西省萍乡中学高一高二学生为研究对象,运用中学生环境行为水平测量量表和五个环境行为影响因素测量量表对抽样样本的环境行为水平及其影响因素水平进行测量。结果显示江西省萍乡中学学生的环境行为水平偏低,影响因素测量数据显示,其原因主要在于学生的环境经历和环境信念水平不高。提出丰富学生环境经历、增强学生环境信念的具体对策,并提出环境教育对策有效实施的保障措施。

当前环境保护工作虽然得到了社会的高度重视,但环境问题仍然无处不在,并且常常对人类生命财产造成严重威胁,其根源在于人类作用于环境的不合理行为(潘艳等,2017)。理想的环境行为是指个人在日常生活中主动采取的有助于环境状况改善与环境质量提升的行动(彭远春,2011;彭远春,2015)。中学生作为未来社会的建设者,其环境行为的水平决定了未来社会生态环境建设的质量(孙裕钰等,2019a)。中学阶段是学生意识观念和行为习惯养成的重要时期(孙裕钰等,2018),从而也是实施环境行为养成教育的关键时期(钟云华等,2004)。《普通高中地理课程标准》(2017年版)提出发展学生的地理核心素养的课程目标,其中人地协调观是一种重要的核心素养,学生的环境行为是人地协调观念支撑下的行为,是地理核心素养教育实践意义的现实体现。本文以江西省萍乡中学为例,对学生的环境行为水平现状进行测评,发现问题,并从环境行为影响因素的角度分析诊断原因,设计学校环境行为教育的对策。

一、研究对象与测量工具

1. 研究对象

本研究以江西省萍乡中学高一高二年级学生为研究对象。江西省萍乡中学历史悠久,积淀深厚,学校有"赣西文化堡垒,渌水知识摇篮"的美誉,其前身为明万历年间的鳌洲书院,现为江西省"优秀重点中学"。学校还是"江西省绿色学校",环境教育是学校的办学特色之一,学校编写有《环保教育》校本教材,开设过校本选修课,在研究性学习课程、各学科课程尤其是地理课程中渗透着环境教育。学校组织学生开展过萍乡市酸雨危害与防治的项目研究，开展过萍水河水质、污染源、水质净化、饮用水水源等一系列专题研究，开展过家庭用水习惯、生活垃圾污染的专项调查，开展过熊家山煤矿安全调查，还组织学生到鳌洲书院、鹅湖公园、秋收起义广场、罗家塘小区等开展节水、节能、减少垃圾等多项环保宣传活动，在校内也开展过不少环保主题活动。在这些环境教育活动中，学生形成了一定的环保观念，环境行为水平也稳步提高。

图 8-1　学校的环境教育校本教材

图 8-2　学校的环境教育活动

但是，到底学生的环境行为水平有多高，此前从未准确测量过。为了定量研究学生环境行为水平，分析诊断影响学生环境行为水平的具体原因，决定对学生的环境行为水平及影响环境行为的因素水平进行测量。随机抽取高一高二年级共 14 个班级的 425 名学生作为样本，进行环境行为水平及影响环境行为的因素水平测量，其中高一年级学生 229 名，高二年级学生 196 名。测量在网络平台直接完成，测量前由任课地理教师对学生进行动员，介绍测量的意义和测量的要求，以提高样本答题的质量和样本有效率。同时，测量工具中采用测谎技术识别答题质量不合格的样本。最终剔除测谎不通过的样本 63 份，得到有效样本 362 份，样本有效率为 85.18%。其中高一高二有效样本分别为 184 份和 178 份，男女有效样本分别为 162 份和 200 份。

2. 测量工具

（1）环境行为测量工具

通过中国大学 MOOC 平台《中学地理教育研究的方法与案例》课程提供的环境行为及其影响因素量表进行测量和研究。平台提供的环境行为测评工具是潘艳等（2017）开发和孙裕钰等（2019a）修订的学生环境行为量表，分为财务行为、说服行为、生态管理行为和公民行为四个分量表。量表由 16 个李克特 5 级评分项目组成。量表各测量项目的区分度及整体的信效度均在开发者的研究中得到了较好的检验,在萍乡中学的实测信度是 0.915,分量表信度分别为 0.639、0.904、0.801、0.886,与开发者所报信度基本吻合,反映了量表质量的稳定和实测过程的正常。从价值取向及环境行为四个维度的重要性来看,评价一个学生的环境行为总体水平不能对四个维度进行等权重加权,公民行为是环境行为最体现公民意识和社会责任感的行为,其权重应最大;对他人的说服行为也体现了个人对环境的责任意识已不停留在个人努力的层面,权重也应较大;生态管理行为是自己在环境保护方面作出的努力,权重相对来说可略低;财务行为是一种不经意的环境行为,努力程度相对最低,权重设为最低。在计算环境行为最终水平分时,采用了孙裕钰等(2019a)的权重设置,即财务行为权重 16.7%,说服行为权重 27.8%,生态管理行为权重 22.2%,公民行为权重 33.3%。统计时均标准化为百分制。测题如表 8-2。

表 8-2 环境行为测量量表

环境行为维度	序号	测 题 内 容
财务行为 16.7%	1	我一般会注意不去购买对环境有危害的产品。
	2	我会选择购买那些重视环保的厂商所生产的商品。
	3	我购买日常用品时经常自己带购物袋。
说服行为 27.8%	4	我经常鼓励他人实施环保行为(如节约能源和水、废物回收等)。
	5	我经常劝告他人停止破坏环境的行为(如乱丢垃圾、排放污水等)。
	6	我经常劝告他人不要违反环境法规或告知其行为已违反环境法规。
	7	我经常主动与他人讨论如何解决环境问题。
生态管理行为 22.2%	8	我经常分类可回收的垃圾(如回收废纸、塑料瓶、废电池等)。
	9	我经常节约能源(如随手关灯、有节制地使用空调等)。
	10	我经常节约用水(如随手关水、减少淋浴时间等)。
	11	我不经常用一次性的个人物品(如塑料袋、方便筷、纸巾、纸杯等)。
公民行为 33.3%	12	我经常为环保事业捐款。
	13	我经常参与学校环保活动。
	14	我参与过环保倡议签名活动。
	15	我对环境问题进行过投诉(如打市长热线或环保热线)。
	16	我主动关注媒体中报道的环境问题和环保信息。

(2) 环境行为影响因素测量工具

影响环境行为的因素主要包括环境知识、环境经历、环境态度、环境信念、社会政策(潘艳等,2017;孙裕钰等,2018)。中国大学 MOOC 平台(卢晓旭,2020)提供的环境知识量表是洪大用在中国综合社会调查(CGSS)(中国人民大学中国调查与数据中心,2013)中所用的环境知识测量量表,量表共有 10 个项目,洪大用等(2016)报告量表信度为 0.806。平台提供的环境经历、环境态度、社会政策量表采用潘艳等(2017)设计的量表,测量项目数分别为 7 项、10 项和 6 项,各量表均在开发者的研究中质量检验良好。环境信念量表选用的是在潘艳等(2017)设计的量表基础上经孙裕钰等(2018)删减测量项目以后的量表,量表由 4 个项目构成,量表具有较高的可靠性。测题示例如表 8-3。量表测得分数在统计时均标准化为百分制分数。

表 8-3　环境行为影响因素测量量表举例

影响因素	测 题 举 例
环境知识	空气质量报告中,三级空气质量比一级空气质量好。
环境经历	我参观环保主题的摄影展览。
环境态度	媒体报道的环境问题常常让我非常愤怒。
环境信念	普通人所采取的行动能影响环境问题的解决。
社会政策	如果绿色环保产品价格更便宜,我会更加愿意购买。

二、学生环境行为水平现状

1. 学生环境行为总体水平和维度水平

对江西省萍乡中学高一高二年级学生环境行为水平的测量结果显示,学生环境行为平均水平为 67.5 分,从环境行为的各维度来看,生态管理行为水平最高,为 81.0 分,达到良好级别,其次为财务行为,为 73.9 分,第三为说服行为,为 71.4 分,而公民行为水平最低,仅52.0 分(如图 8-3)。

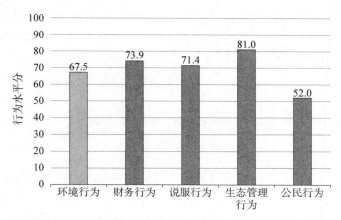

图 8-3　江西省萍乡中学学生环境行为水平及各维度水平

数据反映了学校虽然重视环境教育,也不断开展各种类型的环境教育活动,但学生的环境行为水平实际并不高,尤其是公民行为,相对较高的是学生的生态管理行为,反映了学生的行为主要停留在自我行动层面,如垃圾分类、随手关灯、节约用水、少用一次性物品等方面,虽然学生环保习惯较好,但其在财务行为上并没有显示相应的高水平,在选购环保产品、对环境无害的产品以及自己带购物袋方面得分较低,而在说服行为和公民行为等更显现公民对社会行使责任的行为方面水平更低,说服行为一般指通过劝说、辩论等方式促使他人采取有益于环境的行为,因为涉及与他人交往,比前两种行为难度要大,所以行为水平就偏低。这些反映了处于读书阶段的学生行动还处于自我要求和自我管理的层面,其社会责任暂时未能或无法发挥。环境行为四个维度的方差分析显示,财务行为和说服行为 P 值为 0.049,差异达到显著水平,其他维度间的差异显著性 P 值均为 0.000,如表 8-4,显示差异极其显著,说明了四种行为虽然是环境行为的组成部分,但发展确实存在不平衡。

表 8-4　环境行为各维度均值比较方差分析结果

行为维度	行为维度	平均值差值	显著性
财务行为	说服行为	2.5*	.049
	生态管理行为	−7.1**	.000
	公民行为	21.9**	.000
说服行为	生态管理行为	−9.6**	.000
	公民行为	19.4**	.000
生态管理行为	公民行为	29.0**	.000

*代表有显著差异;**代表有极其显著的差异。

2. 学生环境行为水平的年级差异和性别差异

分高一年级和高二年级对江西省萍乡中学学生的环境行为水平进行差异分析,高一年级 184 个有效样本环境行为水平为 64.8 分,高二年级 178 个有效样本环境行为水平为 70.4 分,独立样本 T 检验显示,高二年级学生的环境行为水平极其显著地高于高一年级。在四个行为维度方面,高二年级学生的财务行为显著高于高一年级,说服行为和公民行为极其显著地高于高一年级,只有生态管理行为高一高二无显著差异。如表 8-5。

表 8-5　江西省萍乡中学高一高二年级学生环境行为水平的差异

	环境行为	财务行为	说服行为	生态管理行为	公民行为
萍乡中学总样本	67.5	73.9	71.4	81.0	52.0
高一(N=184)	64.8	72.1	68.7	81.0	47.0
高二(N=178)	70.4	75.8	74.3	81.1	57.2

	环境行为	财务行为	说服行为	生态管理行为	公民行为
差值(高一—高二)	-5.6**	-3.7*	-5.6**	-0.1	-10.2**
t值	-3.710	-2.031	-2.940	-.124	5.294
P值	.000	.043	.003	.901	.000

*代表有显著差异;**代表有极其显著的差异。

分男女性别对江西省萍乡中学学生的环境行为水平进行统计差异分析,162个男生样本环境行为水平为68.1分,200个女生样本环境行为水平为67.0分,独立样本 T 检验显示,总体而言,男女生环境行为水平无显著差异。在四个行为维度方面,生态管理行为男生平均水平82.7分,显著高于女生的79.7分,生态管理行为更具有动手操作的特征,显示了男生在操作性行动方面高于女生。如表8-6。

表8-6　江西省萍乡中学男女生环境行为水平的差异

	环境行为	财务行为	说服行为	生态管理行为	公民行为
萍乡中学总样本	67.5	73.9	71.4	81.0	52.0
男(N=162)	68.1	74.0	71.2	82.7	53.0
女(N=200)	67.0	73.9	71.7	79.7	51.3
差值(男—女)	1.1	0.1	-0.5	3.0*	1.7
t值	.708	.090	-.241	2.154	.818
P值	.480	.929	.810	.032	.414

*代表有显著差异;**代表有极其显著的差异。

三、学生环境行为现状的原因分析

1. 影响因素的认定

(1) 从因素水平来看,环境经历、环境信念是当前学生环境行为水平不高的制约因素

已有研究提出了对环境行为起作用的多个影响因素,潘艳等(2017)总结了相关研究中较为公认的五个因素,分别是环境知识、环境经历、环境态度、环境信念、社会政策,孙裕钰等(2018)通过实证研究证实了它们确实能对环境行为产生影响。对江西省萍乡中学的学生进行上述五个因素水平的测量,数据结果如表8-7所示。

表 8-7　江西省萍乡中学学生环境行为影响因素水平

	环境知识	环境经历	环境态度	环境信念	社会政策
学生的因素水平	90.6	58.3	83.8	69.5	78.7

数据显示,江西省萍乡中学学生的环境知识水平很高,为 90.6 分,其次是环境态度,为 83.8 分,第三是对社会政策的认识,为 78.7 分,而环境信念则为 69.5 分,最低的是环境经历,仅 58.3 分。虽然五个影响因素对环境行为的影响都是客观存在的,但环境经历、环境信念水平最低,它们是当前学生环境行为水平不高的制约因素。

(2) 从年级差异来看,环境经历是重要的影响学生环境行为水平的因素

高一高二年级学生的环境行为水平是有显著差异的,而高一高二学生的环境行为影响因素水平却并不都有差异,如表 8-8,数据显示仅有环境经历因素在高一和高二学生之间存在显著差异。因此,显而易见可以得出结论,环境经历不光是影响萍乡中学学生环境行为水平的制约因素,还是高一高二学生环境行为差异的主要原因所在。

表 8-8　江西省萍乡中学学生环境行为影响因素水平

	环境行为	环境知识	环境经历	环境态度	环境信念	社会政策
高一(N=184)	64.8	89.9	53.3	83.6	68.4	78.5
高二(N=178)	70.4	91.4	63.6	83.9	70.7	79.0
差值(高一—高二)	-5.6**	-1.5	-10.3**	-0.3	-2.3	-0.5
t 值	-3.710	-1.483	-5.201	-.251	-1.489	-.327
P 值	.000	.139	.000	.802	.137	.744

(3) 从男女差异来看,环境知识对学生环境行为的影响没有明显造成行为水平分异

从男女生的状况来看,男女生的环境行为水平不存在显著差异,而在环境行为影响因素中,除了环境知识外,其他影响因素均不存在男女差异,如表 8-9。环境知识的男女差异并没有造成环境行为的男女差异,说明环境知识对环境行为的影响可能微弱,其影响已被其他因素的影响所削弱,加上其较高的平均值,可以认为,环境知识目前不是导致萍乡中学学生环境行为水平较低的主要因素。

表 8-9　江西省萍乡中学学生环境行为影响因素水平

	环境行为	环境知识	环境经历	环境态度	环境信念	社会政策
男(N=162)	68.1	91.8	59.8	83.9	69.1	79.1
女(N=200)	67.0	89.7	57.2	83.7	69.9	78.5

	环境行为	环境知识	环境经历	环境态度	环境信念	社会政策
差值(男－女)	1.1	2.1*	2.6	0.2	−0.8	0.6
t值	.708	2.145	1.242	.232	−.539	.432
P值	.480	.033	.215	.816	.590	.666

（4）从校际差异来看，学生环境行为水平低的最主要的原因是环境经历不足

再从校际差异的角度来看，孙裕钰等(2019b)提供了南京市外国语学校河西分校初一到高一年级学生的环境行为及其影响因素水平的测评数据，该校测量所有环境行为量表比萍乡中学所有环境行为量表多两个项目，影响因素量表仅有少许差异，数据应该具有可比性。如图 8-4 和表 8-10，萍乡中学学生环境行为水平 67.5 分，低于南外河西分校的 75.2 分，而影响因素中，萍乡中学学生的环境知识、社会政策因素都显著高于南外河西分校的学生，分别高出 6.3 分和 6.1，但是，环境经历水平却显著低于南外河西分校，差距达到 15.7 分，而与环境经历相关明显的环境态度、环境信念也略低于南外河西分校学生，分别低 3.9 分和 4.1分。很显然，从校际差异的角度看，环境经历以及与之相关的观念层面的环境态度和环境信念是导致萍乡中学环境行为水平落后的影响因素。

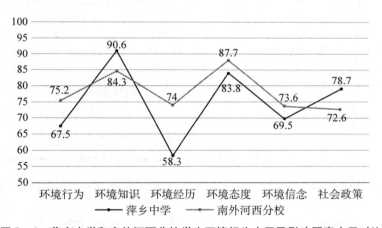

图 8-4　萍乡中学和南外河西分校学生环境行为水平及影响因素水平对比

表 8-10　江西省萍乡中学学生环境行为影响因素水平

	环境行为	环境知识	环境经历	环境态度	环境信念	社会政策
萍乡中学	67.5	90.6	58.3	83.8	69.5	78.7
南外河西分校	75.2	84.3	74.0	87.7	73.6	72.6
差值(萍乡-南外)	−7.7	6.3	−15.7	−3.9	−4.1	6.1

综上所述,萍乡中学学生环境行为水平低的主要原因是环境经历的显著缺乏,以及环境信念的不足。环境态度虽然水平不低,但从校际差异来看,仍有提升的空间和对环境行为产生提升作用的可能,社会政策分值未达 80 分,对环境行为的提升作用仍有潜力可挖。

2. 原因的讨论

（1）学生环境经历水平低的原因讨论

作为优秀省重点中学的萍乡中学,其高中学生的环境行为水平低于初中生为主的南外河西分校学生(该校当时仅有初一到高一四个年级学生,全体学生参与测量),这客观上反映了区域环境教育过程的差异,以及新一线城市和五线城市(第 1 财经,2019)的区域环境教育效果差异。南外河西分校学生均为南京这个新一线城市的城区生源,先进的发展理念、丰富的城市资源、优越的学校条件、丰厚的经济保障、浓郁的素质教育使得学生见多识广、发展全面,学生环境经历丰富,环保体验多样。萍乡市属于五线城市,萍乡经济不够发达,学校经济实力有限,素质教育理念的支撑条件不足、课程资源缺乏,学校环境教育只是有意无意地融在学科教学之中,教育停留在课堂与室内,体验性课程、参与性活动、走出校门的经历虽有但和城市相比不能算丰富。萍乡中学的生源较多来自市内农村,家庭提供的环境教育条件也极为有限,学生的环境经历难以达到丰富的程度。

（2）学生环境信念水平低的原因讨论

萍乡中学学生的环境信念水平仅 69.5 分,是导致环境行为水平较低的另一个重要因素。从环境信念的测量量表来看,4 个项目分别是:①普通人所采取的行动能影响环境问题的解决;②我有责任保护环境,愿意为此牺牲个人利益;③只要我愿意尽力,就能改善或解决部分环境问题;④我有责任保护环境,甚至可以为此不惜得罪一些人。量表评价了学生对解决环境问题的信心和自己实施环境行为的坚定性(孙裕钰等,2018)。虽然环境信念与其他环境行为影响因素是并列的,但是它们之间其实也有因果关系,孙裕钰等(2018)就曾证实环境经历对环境信念的影响。萍乡中学学生的环境经历与环境信念数据的相关分析结果显示,两者相关系数 r＝0.428,P 值为 0.000,相关极其显著,再次证实了两者之间的关系。因此,萍乡中学学生的环境信念水平低仍然与环境经历水平较低有关,同时直接的理想信念教育也有缺失。

四、学生环境行为水平提高的对策措施

环境行为水平提升措施要依据学生环境行为发展规律,要在原因诊断的基础上,由学校、家庭、社会通过各种手段及途径共同努力,教育引导和训练相结合,最终形成学生稳定的环境行为习惯。本文结合江西省萍乡中学学生环境行为现状及原因,提出学校提升学生环境行为水平的对策措施。

1. 丰富学生的环境经历

在实践中丰富学生的环境经历。学校开展环保类社会实践活动,计划将青山煤矿工业区、安源煤矿、萍乡电厂、正大水泥厂、萍乡造纸厂、萍水河、罗家塘社区等设立为学生固定的环保实践活动地点,鼓励学生发现萍乡市范围内大气、酸雨、水、地质、土壤、垃圾、噪声等方面的环境问题,并在地理课程的课外实践活动和研究性学习课程中展开调研。学生撰写实践活动研究报告,学校每学期组织进行统一的评比和汇报。组织学生参与各类环境日,如世界地球日等主题活动,开展每月一主题的环境行为教育活动。利用社会环境组织的力量开展环境科普,如联系萍乡市环保局专业研究人员向学生介绍萍乡的大气、水、土壤等监测的结果。发挥父母及家庭的作用,向家长发布家庭环境行为指南,建议家长在家庭生活中加强环境行为教育。总之在实践中丰富学生的环境经历。

2. 增强学生的环境信念

重视高中生的情感、意志力及自我意识(钱克金,2016)对其环境信念形成的作用。学校在开展环境教育类课程时应注意结合生活中的环境案例,通过富有震撼力的素材丰富高中生对环境问题给民众造成危害的情感体验。引入海洋垃圾污染导致海洋生物死亡的触目惊心案例,引入世界上的公害事件的案例,引入身边的十年前萍乡浮法玻璃厂二线投产后污染的案例让学生了解环境污染的严重后果,唤起学生的情感共鸣,从而增强其只有保护好环境,才能建设美好家园的信念。同时利用榜样的力量和优秀的环保文化传统(虞新胜,2005)去增强高中生的意志力、社会责任感和自我意识,通过提高其环境信念促进其环境行为水平的提高,如让优秀学生介绍环境保护项目,评选优秀环境保护研究性学习成果奖、学校地理组组织评选学校环境保护"小达人",一年一度,形成传统,从而塑造榜样,营造学校环境教育文化,最终促进学生环境信念的增强。

3. 完善环境教育条件保障

学校成立学生环境行为养成教育工作小组,由地理教研组牵头,制定全校学生环境行为养成教育工作规划,设立学生环境行为水平提升目标、开展的重点项目和计划任务等。工作小组根据规划要求,组织加强环境教育资源的保障。校内建设实施环境行为养成教育的独立场所,校外建立环境行为养成教育基地。地理组开发以环境知识、环境经历、环境信念、环境态度和社会政策等为主题的环境教育资源。拟定各年级固定的参观体验计划,重点开发各年级的环境行为养成教育的校本短课程,并邀请校外专业环保机构的专家参与课程建设和学生指导。另外,学校在学生环境行为养成教育方面应增加专项经费的投入。加强对学生环境行为水平的监测和评价工作,了解学生环境行为发展的状态和规划目标的达成情况。

(来自:韩晓东等,2020)

第 3 节　改进地理学困生学习状况的实验研究
——以成都市棠湖中学初中生为例

改进学困生学习状况对学生成长和教育发展具有重要意义。以成都市棠湖中学地理学困生集中的初一地理 10 班学生为实验研究样本,采用相应的工具对该班学生地理知识水平、地理学习技能、地理学习兴趣、地理学习习惯、对地理课程的认同、对地理教师的认同、自身价值实现等 7 项指标进行前测,结果显示学生各指标数据都处于较低水平。在分析学生学习困难原因的基础上,针对性地开展加强班级管理、建立和谐师生关系、发挥榜样作用、加强教学设计、强调地理笔记、增强学习动机等 6 项教学和管理改革措施。在措施实施两个月后进行后测,结果显示,与前测相比学生的地理知识水平、地理学习技能、地理学习兴趣、地理学习习惯、对地理课程的认同、对地理教师的认同、自身价值实现等 7 项指标分别提高 29.6%、28.5%、33.7%、30.2%、37.6%、38.5%、37.3%,提升程度均达到了极其显著的水平,说明措施在改进地理学困生学习状况方面能发挥积极作用。

学困生是指智力水平正常且没有感官障碍,但其学习成绩明显低于同年级学生,不能达到预期学习目的的学生(张秋燕,2017)。帮助学困生提升成绩,规范其行为习惯对学生未来发展具有重要意义。现有学困生教育主要从两个角度出发:一是从教学角度,如徐艳伟(2017)、丁慧(2014)、邹双国等(2019)强调课堂提问策略和问题设置,余伟(2018)、任静(2019)等强调教学中激发学困生学习兴趣,吴钒等(2016)重视教学中榜样的塑造,鲍威等(2019)、李晶晶等(2018)注重学生自我效能感的提升;二是从班级管理角度,吕晓娟等(2017)、冯光伟(2018)提出良好的师生关系对改进学困生学习状况有作用,Pianta(1999)证实了好的班级环境可提高学生学业成绩。这些研究主要从学业成绩方面来评价学困生,进而考察教育措施的效果。事实上,学困生的表现除了学业成绩低,还应该有其他相对落后的表现,应该从多个方面来评价学困生的综合表现,进而考察学困生教育措施的有效性。本文对地理学困生进行多维度综合测评,并以实验的方法验证教学和管理措施对改进学困生学习状况的有效性,从而提供一个实证视角的学困生教育和研究案例。

一、研究样本和实验前测

1. 研究样本

以四川省成都市棠湖中学地理学困生集中的初一地理 10 班学生为实验研究样本,该班共有 51 名学生,其中男生 26 名,女生 25 名。棠湖中学是一所完全中学,2014 年被四川省教育厅确定为"四川省高中新课程改革省级示范样板校",该校于 2016 年启动了高中分层走班制度改革,取得了很大的成功,2018 年 3 月开始在初中推广分层走班制度改革,初一地理 10 班就是在这一背景下由地理学习状况暂时欠佳学生通过走班构建的地理学习班级。一般情况下学困生集中的班级学习容易产生恶性循环,教师放弃教育的情况时有发生,而棠湖中学的分层走班没有出现放弃学困生的倾向,而是体现了因材施教、分层推进的教育理念。分层走班并不改变学科分层班学生所属的行政班,实验样本初一地理 10 班只是学生在上地理课时才集中成班,上课结束后学生各自走班到其他学科的不同分层班级,学生的最终归属仍然是行政班,各学科的分层班级采用不同的教学策略和教学目标。初一地理 10 班作为实验班,其教学工作重点和目标是改变学生的地理学习过程与方法,改变其地理学习情感与态度,提高其地理知识与技能水平,提高其地理学习的成就感。实验中还以全年级学生为参照对象,同时在前测之后选定了一个与实验班条件相当的对照班(M 班)作为参照样本。

2. 测量维度和工具

本文从地理知识与技能(A)、地理学习过程与方法(B)、地理学习情感与态度(C)、地理学习成就感(D)四个一级维度评价学生地理学习状况,从数据的可得性和测量的可靠性方面具体分解为地理知识水平(A1)、地理学习技能(A2)、地理学习兴趣(B1)、地理学习习惯(B2)、对地理课程的认同(C1)、对地理教师的认同(C2)、自身价值实现(D)等 7 个二级维度(指标),其中地理知识水平通过期中和期末地理考试获得数据,其他维度数据依靠测量工具通过调查获得,测量工具共 24 个项目,采用李克特 5 级量表设计,由学生对量表中的表述与自己实际情况的相符程度进行判断。其中地理学习技能(A2)的测量工具表述如"3. 我能构建地理知识体系",地理学习兴趣(B1)的测量工具表述如"6. 我喜欢和同学讨论地理问题",地理学习习惯(B2)的测量工具表述如"10. 我记地理笔记很认真",对地理课程的认同(C1)的测量工具表述如"16. 我认为地理是一门有趣的学科",对地理教师的认同(C2)的测量工具表述如"21. 我很喜欢地理老师的上课风格",自身价值实现(D)的测量工具表述如"24. 我因地理学习得到了更多的认可"。

3. 前测过程与结果

2018 年 4 月 20 日进行除地理知识水平的其他地理学习指标的前测调查,过程中要求学生认真参与,客观作答,以保证调查数据的准确性。4 月 25 日初一年级进行了地理期中考试,作为学生地理知识水平的前测环节,其数据从教务处获取。班级 51 名学生全部参与了调查和测试。

前测结果显示,初一地理 10 班学生的地理知识水平、地理学习技能、地理学习兴趣、地理学习习惯、对地理课程的认同、对地理教师的认同、自身价值实现等 7 项指标分别为 53.3、52.9、48.4、52.3、48.2、52.2 和 50.4 分,各项指标得分均低于 60 分,说明学生在地理学习各个方面都处于较低水平。

测量之后,研究者与初一地理 10 班学生进行了充分的交谈,了解学生地理学习的状况,并从卢晓旭等(2011)、张子江等(2018)、居贝妮等(2016)提出的影响学习的因素出发,在与学生的交流中求证影响学生地理学习的因素及其真正原因,交谈结果初步显示了学生学习困难的原因,包括:学生学习基础薄弱;学生对地理课程缺乏重视;学生得到的肯定和鼓励少,学习动机不强,自我效能感低;地理笔记未能落实;学困生集聚,榜样缺乏,班级课堂秩序差;地理教师教学设计多注重条理性,缺少趣味。以上原因综合作用使得学生成为地理学困生。

二、实验过程

改进初一地理10班学困生地理学习状况的实验从2018年4月30日正式开始,计划经过2个月努力,将班级学生7项指标的水平提高到60分以上,在各地理班级中的地位有所提高,与其他班级的差距有所缩小。根据学生实际情况和地理学习困难的原因分析,任课教师决定从班级管理、师生关系、榜样作用、教学设计、地理笔记、学习动机及自我效能感等6个方面采取措施进行教育实验研究。

(一) 启动以"小组共同责任制度"为核心的班级学习氛围和规则建设工作

考虑学生的导师班级、学习状况、性别等因素,将学生分为8个小组,实行"小组共同责任制度",记录课堂上小组的表现,实施加星制,比如学生回答问题可根据回答状况加1—3颗星,上课守纪律、表现积极等多个方面都可加星,最终以小组为单位进行考评。规则建设和氛围营造让学生有了团体意识,小组成员相互监督,使得经常违反纪律的学生也能共同进步。

(二) 有效沟通和智慧管理,建立和谐的师生关系

有研究成果(冯光伟,2018)证实,多与学生交流沟通,理解和关爱学生,可以拉近和学生的距离,促进学困生改进学习状况。实验过程中,任课教师与学生一起活动,如活动课时与学生打乒乓球,平时到学生寝室与学生沟通交流,与学生一起在食堂吃饭。对于犯了错误的学生,教师让他们说出自己所犯的错误和可采取的能让自己和老师同时满意的措施,这样有利于释放学生的抵触情绪,学生会感激并珍惜老师给予的机会,有利于各种消极学习状态的消除。

(三) 寻找真正有影响力的核心人物,发挥榜样作用

班级中有影响力的学生并不全是班干部和成绩较好的学生,为了找出班级具有影响力和榜样作用的学生,实验初期开展了班级学生间日常交流状况的调查,根据调查数据建立了班级日常交流矩阵,运用社会网络分析软件Ucinet进行社群分析,班级社群关系网络如图8-5所示,研究发现了7名居于班级中心地位的学生。实验中,任课教师给予这些学生重点

关注,给予他们更多回答问题和到台上进行展示的机会,提高其地理学习成绩,促进中心人物成为表现好、学习成绩好的正向榜样人物,发挥其榜样作用,从而带动班级良好学习风气的形成。

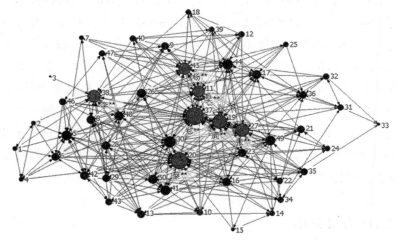

图8-5 初一地理 10 班学生日常交流社群图和中心人物

(四) 进行情境教学,注意提问策略

实验中加强教学设计。首先开展情境教学,提高学生地理学习兴趣。比如讲解中东时,结合 2018 年叙利亚战争的背景,创设到中东调查战争多发原因的情境,从地理位置、石油、水资源和宗教文化等多个方面说明内外因素共同作用导致了中东战争频发。再如讲解欧洲西部内容时,创设学生到英国伦敦的约翰家做客的情境,将所有教学知识贯穿在行程安排中。其次加强问题设计,引发学生地理学习需求。加强问题的趣味性、层次性和开放性。比如在讲解欧洲西部乳畜业时,创设在约翰家吃饭的场景,展示约翰款待学生的晚餐图片,依次提出"请同学们指出餐桌上哪些是中国食物""观察其他食物的主要原材料是什么""为什么牛羊肉和乳产品是欧洲人的主要食物"三个问题;另外,设计开放性问题,如"请同学们结合所学知识和生活常识,思考中东可以采取哪些节水措施"等。

(五) 注重学习过程,强调地理笔记

进行地理笔记记录方法指导,强调地理笔记质量,提醒学生注意笔记的完整性和工整性,鼓励学生做笔记具有独特性。三个星期检查一次地理笔记,实验期间共检查三次,选取各个章节内容完整、字迹清晰工整、框架结构明显、有思维导图特色的笔记进行展示,对地理笔记质量好的学生进行奖励,奖品为"妙懂初中地理"电子学习资源,其具有的 AR 技术可帮助学生攻克地理难点、复习地理重点,教师也鼓励他们分享给小组及组外其他学生使用。

（六）增强学生学习兴趣和动机，提高自我效能感

多用视频、图片、歌曲和模型的方式呈现教学内容。比如剪辑欧洲旅游宣传片、极地纪录片、美国农业的机械化操作等视频，以帮助学生理解相关知识。在讲解东南亚时，任课教师把自己在泰国拍摄的照片和其他好友拍摄的东南亚地区的照片展示给学生。在讲解俄罗斯时，在课前播放《贝加尔湖畔》歌曲，课上用世界名画《伏尔加河上的纤夫》引入伏尔加河。另外鼓励与表扬学生，多给学生回答问题的机会，甚至提前暗示下个问题可能会让他们来回答，让学生提前准备，促进学生学习。学生回答问题后，在全班及时地进行表扬，若回答错误，给予引导，并表示老师相信他们是可以回答正确的，期待他们下次的表现。每节课对学生的举手和回答问题情况进行记录，如果学生多次举手回答问题，对其进行重点表扬。同时因材施教，降低课堂练习难度，优选练习，减少课后作业量。这些有助于增强学生自我效能感，让其学习动力得以持续。

三、实验后测与结果分析

1. 实验后测数据

以上实验约持续两个月，6 月 25 日对学生地理学习状况中的 6 项指标进行后测调查，调查中同时增加学习状况改进的原因调查，用于实验效果原因的定性分析。7 月 3 日初一年级进行地理期末考试，从教务处获取考试成绩数据作为地理知识水平的后测数据。前后测地理学习状况各指标数据及统计结果如表 8 - 11 所示。

表 8 - 11　实验班地理学习状况前后测数据及统计

一级指标	二级指标	前测分数	后测分数	提升分数	增长率	配对样本 T 检验 P 值
A 地理知识与技能	A1 地理知识水平	53.3	69.1	15.8	29.6% *	0.000
	A2 地理学习技能	52.9	68.0	15.1	28.5%	0.000
B 地理学习过程与方法	B1 地理学习兴趣	48.4	64.7	16.3	33.7%	0.000
	B2 地理学习习惯	52.3	68.1	15.8	30.2%	0.000
C 地理学习情感和态度	C1 对地理课程的认同	48.2	66.3	18.1	37.6%	0.000
	C2 对地理教师的认同	52.2	72.3	20.1	38.5%	0.000
D 地理学习成就感	D1 自身价值实现	50.4	69.2	18.8	37.3%	0.000

* 前后测测量工具不同，提升比例仅参考。

2. 实验结果分析

初一地理 10 班后测地理学习状况的 7 项指标较前测有显著提高，达到了超过 60 分的预

定目标。学生的地理知识水平、地理学习技能、地理学习兴趣、地理学习习惯、对地理课程的认同、对地理教师的认同、自身价值实现等 7 个指标数据相对前测分别增长 29.6％、28.5％、33.7％、30.2％、37.6％、38.5％、37.3％，前后测数据配对样本 T 检验结果 P 值均为 0.000，说明各指标实验前后有极其显著的提高，学困生地理学习状况得到了明显改进，实验措施具有有效性。

由于地理知识水平前后测分别使用的是期中和期末考试成绩，来源于两套不同的工具，因此，还需要参照对照班水平变化和年级整体水平变化进行具体分析。对照班在所有地理分层走班班级中选定，在前测后依据地理知识水平相当，班级氛围相近的原则确定，选定的对照班(M 班)地理知识前测水平 53.5 分，微略高于实验班初一地理 10 班的 53.3 分的水平，配对样本 T 检验显示两个班级地理知识水平无显著差异。年级所有学生地理知识前测水平平均为 64.4 分。期中、期末两次考试成绩如表 8－12，年级所有学生地理知识平均水平由期中的 64.4 分提高到期末的 75.0 分，提高 10.6 分，对照班级从 53.5 提高到 65.7，提高了 12.2 分，而实验班级初一地理 10 班则从 53.3 提高到 69.1，提高了 15.8 分，离年级均分的差距进一步缩小，进步幅度高于对照班，显现了班级地理学习地位在年级的相对提高。初一地理 10 班前测地理知识水平与对照班无显著差异(P 值为 0.852)，虽然后测差异统计仍无统计上的显著性(P 值为 0.320)，进步属于量变，但进步是客观的，并且毕竟在平均分上由落后实现了超越，超出幅度达 3.4 分。

表 8－12　实验班和对照班地理知识水平前后测数据及统计

班级	地理知识水平前测(期中)	地理知识水平后测(期末)	后测相对前测提升	前测离年级均分差距	后测离年级均分差距
全年级	64.4	75.0	10.6	0	0
实验班(10 班)	53.3	69.1	15.8	−11.1	−5.9
对照班(M 班)	53.5	65.7	12.2	−10.9	−9.3
实验班—对照班	−0.2	3.4	—	—	—
独立样本 T 检验 P 值	0.852	0.320	—	—	—

四、结论与讨论

1. 结论

本实验研究结果表明，加强班级管理，建立和谐的师生关系，发挥榜样作用，加强教学设计，强调地理笔记，增强学生学习动机等 6 条教学与管理措施在实施两个月后，学生的地理知识水平、地理学习技能、地理学习兴趣、地理学习习惯、对地理教师的认同、对地理课程的认同、自身价值实现等 7 项指标均显著提高,证明了这些对策措施在改进地理学困生学习状况方面能发挥积极作用,措施可以参考用于其他地理学困生教育工作,以促进其地理学习状况的改善。

2. 讨论

学生因素和教学因素、主观因素和客观因素都是学生地理学习的影响因素。地理学科属于初中的"副科",学生重视程度不够,教学计划所规定的时间和学生实际花费在地理学习上的时间都较少。学生智力水平一般、学习基础薄弱、缺乏学习动机、缺乏教师激励等是学困生出现的原因。

良好的纪律是教学活动有序开展的前提,融洽的师生关系是保障,榜样作用可以提高学生的竞争意识。根据实验结束后的调查和与学生的交流发现,和谐融洽的师生关系对学生学习有很大的影响。学生普遍认为地理老师变得更加亲和,更关心学生,能更好地与学生沟通和采纳学生的建议。部分学生认为地理课堂更轻松有趣,气氛更加活跃。说明融洽的师生关系,宽松活跃的课堂气氛更容易调动学生学习的积极性,从而促进学生的地理学习。

教师的激励,激发了学生学习动机,增强了学生的自我效能感,使得在教学计划固定的情况下,学生课后学习地理的时间增多。部分学生在期末考试前愿意花更多时间复习地理。有学生在家还采取了家长提问学生回答的方式来复习地理。地理笔记有利于学生注意力的保持和知识体系的建构,并提供了重点复习的资料,促进了地理知识水平的提高。

(来自:袁玲等,2019)

第 4 节　中学生地理实践力核心素养发展的研究性学习路径研究

——以宁夏银川一中为例

地理实践力有助于学生在现实生活中观感地理环境和采取协调人地关系的行动,是学生的必备品格和关键能力。以检验地理研究性学习提升高中生地理实践力的机制为研究目的,以宁夏银川一中为样本学校,选择地理实践力前测水平略低的 2 个班作为实验班,水平略高的 2 个班作为对照班,在实验班开展为期两个月的地理研究性学习。后测数据显示,2 个实验班的地理实践力水平分别提升 27.5%、26.7%,对照班分别提升 5.6%、5.7%,实验班地理实践力水平实现极其显著的反超。实验结果表明,所设计的面向地理实践力的以小组为单位的地理研究性学习活动在提升学生的地理实践力方面作用机制显著,可以尝试用于提高中学生的地理实践力水平。

地理实践力是地理学科四大核心素养之一,是指人们在地理户外考察、社会调查、模拟实验等地理实践活动中所具备的行动能力和品质。它是学生的一种将地理科学理论与地理实践活动紧密联系的素养,表现为学生策划、观察、实施的行动思维和行动能力,能将地理科学理论知识和复杂地理环境联系,能活跃地理思维、激发探究兴趣、解决实际地理问题,对学生适应地理环境、融入社会经济生活意义重大。地理实践力理论研究方面,翟绪芹等(2018)、徐焰华等(2018)在概念界定的基础上从不同角度构建了地理实践力评价指标体系,并检验了各自开发的测量工具,为今后开展地理实践力研究提供了水平测量的可能。Trevor等(2008)开发了地理野外实习评价工具,对地理实践力评价有借鉴意义,他对评价工具引导学生野外实习的效果进行定量评价,经过两轮评价后完善形成了最终的地理野外实习评价工具。地理实践力实践研究方面,研究者们提出了许多提高地理实践力的对策措施(贾婕,2016;宋瑛等,2018;丁生军,2018;莫亮华,2018;吴志华等,2018;魏学峰等,2016;陆芷茗,2016;邵俊峰,2018),对地理教师开展提高学生地理实践力的教学行为具有指导和借鉴意义,但这些对策措施多从经验的角度提出,尚没有以地理实践力测量为基础,也没有对对策措施在提高地理实践力方面的成效进行实证和检验。本研究通过开展地理研究性学习提高学生的地理实践力,采用测量和实验的方法验证策略在提高学生地理实践力方面的有效性,进而证明对策的科学性,探索其中的理论性。

一、研究对象和研究思路

1. 研究对象

本研究以宁夏回族自治区宁夏银川一中为实验学校。学校始建于1906年,一直坚持"尚德、远志、求是、笃行"校训,以精神文化、制度文化、物质文化的和谐统一滋养学生健康成长,为学生自主发展提供良好的课程环境,在宁夏基础教育领域追求卓越,发挥着示范引领作用。学校现有学生3500名左右,高中学段每个年级16个班级。学校自2004年开始实行平行分班制度,分班时各班生源水平基本处于同一层次。本研究选取2017级高一4个班级作为实验班和对照班。

2. 测量工具

使用华东师范大学教师教育学院翟绪芹等(2018)开发的经过质量检验的高中生地理实践力量表,对所选的4个班级学生进行地理实践力水平前测。原量表开发者报告量表信度为0.924,本研究中的前后测量表信度分为0.921和0.935。测量结果标准化为百分制分数。

3. 研究思路和分析方法

选择地理实践力水平相近的班级分别作为实验班和对照班,对学生地理实践力较弱的现状进行原因分析,结合教育理论,参考学科活动要素在学生核心素养形成机制中具有重要作用的原理(余文森,2018),提出提高学生地理实践力水平的研究性学习方案并开展实验,实验过程中不乏根据实验效果感知进行方案调整;实验结束后对实验班和对照班进行地理实践力水平后测,运用SPSS 23.0软件的方差分析、独立样本T检验和配对样本T检验方法进行均值比较,检测实验班的实验效果。方差分析用于 4 个班级间的均值差异显著性检验,独立样本 T 检验用于合并实验班和合并对照班两者之间的均值差异显著性检验,配对样本 T 检验用于同一个班级内部前后测均值的差异显著性分析。

二、实验开展和结果分析

1. 前测数据和实验分组

利用高中生地理实践力量表对高一(2)(4)(7)(15)班进行前测,共发放量表卷 224 份,回收 224 份,其中有效答卷 223 份,有效率 99.6%。统计结果显示 4 个班级的地理实践力水平如表 8-13 所示。

表 8-13　宁夏银川一中高一 4 个班级学生地理实践力水平前测数据

班级			高一(2)	高一(4)	高一(7)	高一(15)
实验和对照分组			对照班	对照班	实验班	实验班
有效样本数			57	56	54	56
地理实践力水平(前测)			57.4	60.1	51.2	55.8
方差分析差异显著性P值	对照班	高一(2)	/	0.192	0.003	0.442
	对照班	高一(4)	0.192	/	0.000	0.041
	实验班	高一(7)	0.003	0.000	/	0.028
	实验班	高一(15)	0.442	0.041	0.028	/

说明:P<0.05 表示差异显著,P<0.01 表示差异极其显著。

前测数据显示,高一(2)(4)班地理实践力水平相对稍高;高一(7)(15)班地理实践力水平相对偏低,方差分析显示:高一(2)班与高一(4)班、高一(15)班无显著差异,但极其显著地高于高一(7)班;高一(4)班显著高于高一(7)班、高一(15)班;高一(7)班显著低于高一(15)班。为了增强即将开展的实验的结果的说服力,选择地理实践力水平较低的高一(7)(15)班作为实验班,水平稍高的高一(2)(4)班作为对照班,其中实验班高一(7)班地理实践力极其显著地低于两个对照班,实验班高一(15)班低于对照班高一(4)班并且有显著性,低于对照班高一(2)班但无显著性。在实验班按照设计思路开展如下文所述的提高地理实践力的地理研究性学习活动,对照班暂不开展。

2. 理论基础及实验设计

智力是实践能力发展的影响因素之一,此外,实践能力发展还受一些条件和培养因素的影响(吴志华等,2018):个人经验是实践能力发展的重要基础因素,学生需要在实践活动中发展实践能力,实践活动需要有问题引领,问题要与个体经验有关,解决问题所需要的能力水平要与学生原有能力水平形成问题差,以使学生原有能力水平与解决问题所需要的能力水平处于不平衡状态,并且这个不平衡区段在最近发展区内,其机理如图8-6。在解决问题的实践活动中,教师需要有行为演示和言语指导,学生需要有外显行为和内在分析。不同难度的问题师生参与模式不同,简单的问题通过教师的行为演示和言语指导结合学生的外显活动即可解决,而难度较高的问题,学生除了需要教师的行为演示和言语指导外,还需要更大比例的外显行为和内在分析的参与,尤其是更多的内在分析活动(如图8-7),才能解决问题。培养学生的实践能力要充分利用各种实践能力发展因素,同时充分发挥师生活动在实践能力培养中的作用。

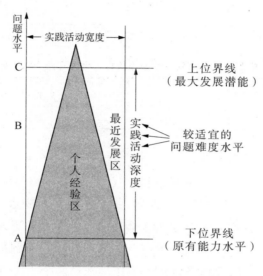

注:图中所有白色区域为经验盲区,仅阴影区域为经验区域

图8-6 实践能力发展机理示意图

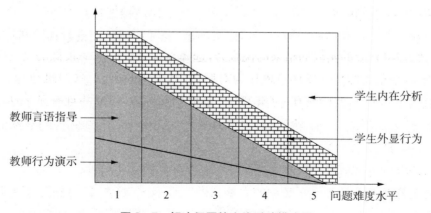

图8-7 解决问题的实践活动模式图

根据上述理论,首先教师结合学生经验确定一系列问题,根据问题设计解决问题的实践活动,以研究性学习课题的形式发布,通过学生以小组为单位选择发布的课题或自拟其他课题,让问题更可靠地与学生的经验相结合,同时据此保证问题可置于学生的最近发展区。研究中所发布的课题包括地理现象观测、基本地理实验、地理事象参观、地理调查、地理信息技术工具运用等方面,如表8-14。

表8-14 面向地理实践力的地理研究性学习选题方向

	方向1	方向2	方向3	方向4
地理观测	观测正午太阳高度角	考察贺兰山地貌	观察太阳能电板方向和倾角测量	自选并论证
地理实验	宝湖水质检测	温室效应模拟	海绵城市功能模拟	
实地参观	参观银川达利污水处理厂	参观如意纺织厂生产线	参观黄河湿地	
地理调查	班级同学籍贯研究	学校周边餐馆生命周期研究	银川市共享单车投放研究	
信息技术	ArcGIS	虚拟地球仪	高德地图路径规划	

3. 实验实施

实验从2017年11月20日正式开始,以高一(7)班和高一(15)班成熟运行的六人合作学习小组为活动单位,分组选定研究性学习课题,每个小组要求完成一份研究性学习实施方案、研究性学习过程记录表和学习报告。为了体现研究性学习的正式性和严肃性,同时为了对选题进行可行性论证,教师特意邀请专家参与了专门的项目开题报告会,对研究性学习活动及具体项目进行指导。之后教师坚持每个工作日选择两个小组进行单独交流,教师对实践活动进行行为演示和言语指导,课题组从课题研究意义、研究方案、实践设计、研究方法、问题解决路径、课题实施面临的困难、是否需要外出及外出方案等多方面与老师交流。经过一个多月的紧张开展和实施,2017年12月底各小组的研究接近尾声,教师组织各小组利用每节地理课上的前5分钟进行研究性学习成果展示,老师和同学们进行提问和评析,最终各小组完成项目,提交一份研究报告。整个活动历时两个月,至2018年1月20日结束。

4. 后测结果

2018年1月22—25日期间再次用高中生地理实践力量表对高一(2)(4)(7)(15)班学生进行地理实践力水平后测。后测过程共发放量表卷222份,回收222份,经检查全部为有效问卷,有效率为100%。

(1) 地理实践力水平班级间差异显著性发生变化

后测各班级地理实践力水平数据的方差分析显示:实验班高一(7)班的地理实践力水平从极其显著低于对照班高一(2)班变成显著高于它,从极其显著低于对照班高一(4)班变成无显著差异并能从水平值上略高于它;实验班高一(15)班地理实践力水平从低于对照班高一（2）班但无显著性变成极其显著地高于它，从显著低于对照班高一（4）班变成极其显著地高于它。后测数据及统计结果如表8-15所示。

表8-15　宁夏银川一中高一4个班级学生地理实践力水平后测数据

班级			高一(2)	高一(4)	高一(7)	高一(15)
实验和对照分组			对照班	对照班	实验班	实验班
有效样本数			55	58	54	55
地理实践力水平（后测）			60.6	63.4	65.3	70.7
方差分析 差异显著性 P值	对照班	高一(2)	/	0.195	0.037	0.000
	对照班	高一(4)	0.195	/	0.403	0.000
	实验班	高一(7)	0.037	0.403	/	0.016
	实验班	高一(15)	0.000	0.000	0.016	/

说明：$P<0.05$ 表示差异显著，$P<0.01$ 表示差异极其显著。

（2）实验班地理实践力水平提高幅度明显高于对照班

从2个实验班合并统计和2个对照班合并统计来看，后测数据显示，2个实验班高一（7）（15）班地理实践力水平已反超2个对照班高一（2）（4）班。运用独立样本T检验看前测地理实践力水平，前测2个实验班地理实践力水平53.5分，极其显著地低于2个对照班58.7分的水平，但实验结束后，2个实验班的地理实践力水平已提高至68.0分，极其显著地超过了2个对照班自然提升所达到的62.1分的水平。数据见表8-16。

表8-16　宁夏银川一中高一4个班级学生地理实践力水平前后测数据

班级	高一 (2)	高一 (4)	高一 (7)	高一 (15)	高一(2) (4)	高一(7) (15)	实验对照班 独立样本 T检验t值	实验对照班 独立样本 T检验P值
	对照班	对照班	实验班	实验班	对照班合	实验班合		
前测水平	57.4	60.1	51.2	55.8	58.7	53.5	−3.497	0.001
后测水平	60.6	63.4	65.3	70.7	62.1	68.0	3.758	0.000
提高幅度	3.2	3.3	14.1	14.9	3.4	14.5	/	/
配对T检验t值	1.748	2.753	11.611	8.733	3.058	13.909	/	/
配对T检验P值	0.086	0.008	0.000	0.000	0.003	0.000	/	/
配对数	52	56	53	54	108	107	/	/
配对前测水平	57.5	60.1	51.2	56.0	58.9	53.6	/	/
配对后测水平	60.5	63.3	65.8	71.1	62.0	68.5	/	/
配对生提高幅度	3.0	3.2	14.6	15.1	3.1	14.9	/	/

说明：1. $P<0.05$ 表示差异显著，$P<0.01$ 表示差异极其显著；2. 因为前后测学生个体有变化，配对数是前后测均参与的学生数。

从各班级前后测之间的对比来看,所有班级地理实践力水平2个多月来均有不同幅度的提升,符合人的能力会在成熟和教育过程中不断提高的理论预期,但研究性学习活动对地理实践力提升的作用更加明显。对照班高一(2)班、高一(4)班的地理实践力自然增幅为5.6%、5.7%,实验班高一(7)班、高一(15)班地理实践力实验后增幅为27.5%、26.7%,实验班的地理实践力水平实现了大幅度的提升。运用配对样本T检验方法对各班级前后测数据进行均值比较,发现对照班高一(2)班地理实践力水平后测比前测提高3.0分,未显示出显著性差异,对照班高一(4)班后测较前测提高3.2分,虽然也显示出极其显著的差异,但实验班高一(7)班和高一(15)班后测较前测分别提高14.6分和15.1分,提升更是极其显著。合班来看,2个对照班后测比前测平均提高3.1分,虽然变化也达到了极其显著的水平,但2个实验班后测比前测平均提高14.9分,变化更是极其显著。前后测数据对比及统计结果如表8-16和图8-8所示。

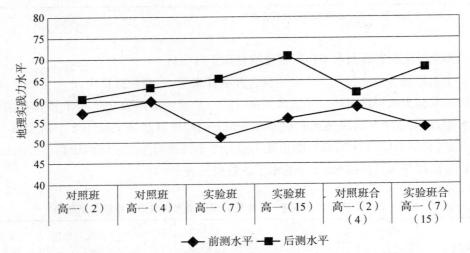

图8-8 宁夏银川一中高一实验班和对照班学生地理实践力水平前后测数据统计图

5. 讨论

本研究通过地理研究性学习活动及相应的教学改进,提高了学生的地理实践力核心素养,之所取得成效,是因为遵循了教学改进的原理和学生环境行为发展理论。

(1)通过研究性学习提升学生地理实践力核心素养符合教学改进的原理

教学格局问题、融通问题和转化问题是教学改进的三个基本问题(李志厚,2018)。教学格局问题解答为何而教、以何为据、何以为魂的问题,包括目标、结构、过程、方略等格局。本实验依据课程标准的要求,明确了为提升学生的地理实践力核心素养而教的目标,以地理实践力维度结构为指引,开发教学资源,实施研究性学习过程,完成了教学方略构建和过程设计问题,为教学有效提供了基础和前提。融通问题解释何谓教学之道,如何在教学中融合、

地理教育研究的实证视角

理顺、通达各种要素和关系，从而使教学更富有成效的问题，包括要素、机制、课程等融通。本实验融合和理顺了教师指导与学生学习、理论知识与实践过程、地理内容与承载资源等学习要素的关系，以最近发展区理论为指导，以实践能力发展机理为技术路线，使得各种学习要素通过理顺后的地理课堂教学与课外研究性学习通达教学目标，形成了高效的地理实践力发展机制。转化问题解决化教为学、习而致会、用以致能、知而达智、行而致远等转化和促成的问题。本实验将传统的教变成了学生基于问题的学，改变利用说教培养技能的低效方法，改以在亲身参与过程中习而致会、用以致能、行而致远的研究性学习模式。本实验科学回答了教学改进的三个基本问题，从而有效地提高了学生的地理实践力。

（2）通过研究性学习提升学生地理实践力核心素养符合环境行为发展理论

地理实践力是一种适应和改造地理环境的能力，它外在地表现为一种环境行为。高水平的地理实践力表现为有利于保护环境的可持续发展的绿色行为。环境行为发展的理论研究成果（潘艳等，2017；孙裕钰等，2018）显示，学生的环境经历对环境行为的影响是最为显著的，环境态度、环境信念、环境知识、法规感知等也会影响学生的环境行为。本实验除了依据实践能力发展机理、最近发展区理论等通识性教育理论外，还从更具体的环境行为发展理论出发，开展以学生亲身经历为特征的地理研究性学习。研究性学习选题中的水质检测、温室效应模拟、海绵城市功能模拟、污水处理、湿地考察等项目，都直接与环境保护相关，其他选题也涉及自然地理、人文地理、地理信息技术、生态环境知识，学习过程直接丰富了学生的环境经历，也增长了学生环境知识，还间接地影响了学生的环境态度、环境信念、法规感知等要素，从而促进了学生环境行为水平的提升，间接使学生的地理实践力核心素养得以提高，这是地理实践力提升策略的地理专业性，也是本实验为什么有效的科学性所在。

三、结论与建议

1. 结论

实验结果表明，所设计的面向地理实践力的以小组为单位的地理研究性学习活动在经过两个月的实验后，立即在提升学生的地理实践力方面表现出显著的实际成效，因此，可以推广运用该研究性学习活动形式来提高高中生的地理实践力水平。

2. 建议

（1）面向地理实践力的研究性学习活动需要结合地理课程标准并且符合教育认知规律。设计研究性学习实践活动首先要符合基本科学事实，符合地理原理。探究、实践、观察的目的在于对自然地理事物的深刻理解和对人文地理规律的整合认知。地方环境及经济文化发展是地理教学过程中的重要案例来源，地理教师应发掘和利用学校所处区域的乡土地理资源。

（2）以小组为单位开展面向地理实践力的研究性学习活动更加高效。充分发挥小组成员之间的主观能动性以及各自的特长,同时可以增进小组之间的凝聚力,在协作互助中促进地理实践力的快速提高。如没有已成立的合作小组,则需进行合作学习小组的建设。

(3) 研究性学习活动开展需要进行精心设计和教师全程参与。地理研究性学习能否顺利开展,指导教师起着关键性的作用。研究性学习更应该注重过程,从选题方向的设置到开题报告、活动开展、后期总结、结果展示、经验交流等环节都需要教师加强和各小组的沟通,并且需要教师为课题开展提供较高的质量保障,否则学生的研究性学习会流于形式,地理实践力的发展会受到影响。

本研究以谨慎的实验研究态度、稳健的成果推广立场开展教学理论研究和渐进式的教学实践改革。在本实验研究取得成功后,我们将于下一阶段将该方法运用于高一(2)(4)班以及其他班级,稳健地提高学生的地理实践力水平。

(来自:魏鹏等,2022)

参考文献

A. Г. 伊萨钦科. 1986. 今日地理学[M]. 胡寿田, 徐樵利, 译校. 北京: 商务印书馆.

Ajzen I, 1991. The theory of planned behavior [J]. Organizational Behavior and Human Decision Processes, 50(2):179 – 211.

Ajzen I, 2002. Constructing a tpb questionnaire: conceptual and methodological considerations [EB/OL]. http://citeseerx. ist. psu. edu/viewdoc/download? doi = 10. 1. 1. 601. 956 & rep = rep1 & type = pdf.

Ajzen, I. 2006. Sample TPB questionnaire [EB/OL]. http://www. people. umass. edu/aizen/pdf/tpb. questionnaire. pdf.

Ajzen I, Driver B L, 1992. Application of the theory of planned behavior to leisure choice [J]. Journal of Leisure Research, 24(3):207 – 240.

Alshalawi, A S, 2022. The adoption of social media applications for teaching purposes in higher education [J]. Teachers and Teaching, 28(2):226 – 245.

Alycia, M, Hund, Sadie N, Nazarczuk, 2009. The effects of sense of direction and training experience on wayfinding efficiency [J]. Journal of Environmental Psychology, 29(1): 151 – 159.

Armitage, C J & Conner M, 2001. Efficacy of the theory of planned behaviour: a meta-analytic review [J]. British Journal of Social Psychology, 40(4):471 – 499.

Assaraf O, Orion N, 2005. Development of system thinking skills in the context of earth system education [J]. Journal of Research in Science Teaching, 42(5):518 – 560.

Bamberg S, Hunecke M, Blöbaum A, 2007. Social context, personal norms and the use of public transportation: Two field studies [J]. Journal of Environmental Psychology, 27 (3):190 – 203.

Bednarz, S W, Heffron S, Huynh N T, 2013. A road map for 21st century geography education: geography education research [M]. Washington, D. C: Association of American Geographers.

Borriello, G A, Liben, L. S. 2017. Encouraging maternal guidance of preschoolers' spatial thinking during block play [J]. Child Development, 89(4):1209 – 1222.

Bricker K S, Kerstetter D L, 2010. Level of specialization and place attachment: an exploratory study of whitewater recreationists [J]. Leisure Sciences, 22(4):233 – 257.

Cannon J, Levine S, Huttenlocher J, 2007. A system for analyzing children and caregivers' language about space in structured and unstructured contexts [R]. Spatial Intelligence and Learning Center (SILC) technical report.

Carmines E G, McIver J P, 1981. Analyzing models with unobserved variables: analysis of covariance structures [M]. Beverly Hills: Sage Publications, Inc.

Casasola M, Wei W S, Suh D D, et al, 2020. Children's exposure to spatial language promotes their spatial thinking [J]. Journal of Experimental Psychology: General, 149 (6):1116 – 1136.

Chang M K, 1998. Predicting unethical behavior: a comparison of the theory of reasoned action and the theory of planned behavior [J]. Journal of Business Ethics(17):1825 – 1834.

Chateau B, Alvarado G, Vergara G, et al, 1999. Evaluation of spatial perception in virtual environments [C]. III Congreso Iberoamericano de Grafico Digital: 145 – 148.

Cialdini R B, Kallgren C A, Reno R R, 1990. A focus theory of normative conduct: a theoretical refinement and re-evaluation [J]. Advances in Experimental Social Psychology, 24(1):201 – 234.

Cohen L E, Emmons J, 2017. Block play: spatial language with preschool and school-aged children [J]. Early Child Development and Care, 187(5 – 6):967 – 977.

Collado S, Staats H, Sancho P, 2019. Normative influences on adolescents' self-reported pro-environmental behaviors: the role of parents and friends [J]. Environment and Behavior, 51(3):288 – 314.

Cox M, Elen J, Steegen A, 2019. The use of causal diagrams to foster systems thinking in geography education: results of an intervention study [J]. Journal of Geography, 118 (6):238 – 251.

Dibonaventura M D, Chapman G B, 2008. The effect of barrier underestimation on weight management and exercise change [J]. Psychology, Health and Medicine, 13(1):111 – 122.

Duncan O D, 1984. Notes on social measurement: Historical and critical [M]. New York:

Russell Sage.

Dunlap R E, Van Liere K D, Mertig A G, et al, 2000. Measuring endorsement of the new ecological paradigm: A revised NEP scale [J]. Journal of Social Issues, 56(3):425 – 442.

Dunlap R E, Van Liere, K D, 1978. The new environmental paradigm: A proposed measuring instrument and preliminary results [J]. The Journal of Environmental Education(9):10 – 19.

Edward H, Cornell, Autumn Sorenson, Teresa Mio, 2003. Human sense of direction and wayfinding [J]. Annals of the Association of American Geographers, 93(2):399 – 425.

Fanta D, Braeutigam J, Riess W, 2020. Fostering systems thinking in student teachers of biology and geography-An intervention study. Journal of Biological Education 54(3): 226 – 244.

Feather N T, 1959. Subjective probability and decision under uncertainty [J]. Psychological Review, 66:150 – 164.

Feather N T, 1982. Expectations and actions: Expectancy-value models in psychology [M]. Hillsdale NJ: Erlbaum.

Ferrara K, Hirsh-Pasek K, Newcombe N S, et al, 2011. Block talk: spatial language during block play [J]. Mind Brain and Education, 5(3):143 – 151.

Fishbein M, Ajzen I, 1975. Belief, attitude, intention and behaviour: an introduction to theory and research [M]. New Jersey: Addison-Wesley.

Fishbein M, Ajzen I, 2010. Predicting and changing behavior: the reasoned action approach [M]. New York: Psychology Press.

Gardner M, Steinberg L, 2005. Peer influence on risk taking, risk preference, and risky decision making in adolescence and adulthood: an experimental study [J]. Developmental Psychology, 41(4):625 – 635.

Gilligan-Lee K A, Hodgkiss A, Thomas M S, et al, 2021. Aged-based differences in spatial language skills from 6 to 10 years: Relations with spatial and mathematics skills [J]. Learning and instruction, 73.

Hair J F, Black W C, Babin B J, et al, 2006. Multivariate data analysis (6th ed) [M]. New Jersey: Prentice-Hall International.

Hammitt W E, Backlund E A, Bixler R D, 2006. Place Bonding for recreation places: conceptual and empirical development [J]. Leisure Studies, 25(1):17 – 41.

Hattie J A, 2008. Visible learning: a synthesis of over 800 meta-analyses relating to achievement [M]. London: Routledge.

Hayes A F, 2012. Process: A versatile computational tool for observed variable mediation, moderation, and conditional process modeling [EB/OL]. http://www. afhayes. com/public/process2012. pdf.

Heather Burte, Daniel R, Montello, 2017. How sense-of-direction and learning intentionality relate to spatial knowledge acquisition in the environment [J]. Cognitive Research: Principles and Implications, 2(1):1 - 17.

Henry D, Furness T, 1993. Spatial perception in virtual environments: Evaluating an architectural application [C]. Virtual Reality International Symposium:33 - 40.

Ho A, Lee J, Wood E, et al, 2017. Tap, swipe, and build: parental spatial input during ipad and toy play [J]. Infant and Child Development, 27:e2061.

International Geographical Union Commission on Geographical Education, 2015. International declaration on research in geography education [EB/OL]. https://www. igu-cge. org/2015-declaration/.

Jarvis C H, Kraftl P, Dickie J, 2017. (Re) Connecting spatial literacy with children's geographies: GPS, Google Earth and children's everyday lives [J]. Geoforum, 81:22 - 31.

Jeanne M, Sholl, 1988. The relation between sense of direction and mental geographic updating [J]. Intelligence, 12(3):299 - 314.

Jo Injeong, Bednarz S W, 2014. Dispositions toward teaching spatial thinking through geography: conceptualization and an exemplar assessment [J]. Journal of Geography, 113(5):198 - 207.

Kallgren C A, Reno R R, Cialdini R B, 2000. A focus theory of normative conduct: when norms do and do not affect behavior?[J]. Personality and Social Psychology Bulletin, 26(8):1002 - 1012.

Kenny D A, Kaniskan B, McCoach D B, 2015. The performance of RMSEA in models with small degrees of freedom [J]. Sociological methods and research, 44(3):486 - 507.

Kisa Y D, Aktan-Erciyes A, Turan E, et al, 2018. Parental use of spatial language and gestures in early childhood [J]. British Journal of Developmental Psychology, 37(2): 149 - 167.

Kline R B, 2005. Principles and practice of structural equation modeling (2nd ed) [M]. New York: Guilford Press.

Koba M, Asl Aktanrciyes, Gksun T, 2021. Fine motor abilities and parental input of spatial features predict object word comprehension of turkish-learning children [J]. Infant and Child Development, 30:e2243.

Kyle G, Graefe A, Manning R, 2005. Testing the dimensionality of place attachment in

地理教育研究的实证视角

recreational settings [J]. Environment & Behavior, 37(2):153 - 177.

Landau B, Hoffman J E, 2005. Parallels between spatial cognition and spatial language: Evidence from Williams syndrome [J]. Journal of Memory and Language, 53(2):163 - 185.

Lee J, Bednarz R, 2012. Components of spatial thinking: Evidence from a spatial thinking ability test [J]. Journal of Geography, 111(1):15 - 26.

Lee T D, Gail Jones M, Chesnutt K, 2019. Teaching systems thinking in the context of the water cycle [J]. Research in Science Education, 49:137 - 172.

Lynn T, Kozlowski, Kendall J, Bryant, 1977. Sense of direction, spatial orientation, and cognitive maps [J]. Journal of Experimental Psychology: Human Perception and Performance, 3(4):590 - 598.

Maloney M P, Ward M P, Braucht G N, 1975. A revised scale for the measurement of ecological attitudes and knowledge [J]. American Psychologist, 30(7):787 - 790.

Mary Hegarty, Anthony E, Richardson, Daniel R, Montello, et al, 2002. Development of a self-report measure of environmental spatial ability [J]. Intelligence, 30(5):425 - 447.

Maulana R, Helms-Lorenz M, W Van de Grift, 2016. Validating a model of efective teaching behavior of pre-service teachers [J]. Teachers and Teaching, 23:471 - 493.

Miller H E, Patterson R, Simmering V R, 2016. Language supports young children's use of spatial relations to remember locations [J]. Cognition, 150:170 - 180.

Neumann J Von, 1961. Collected works(Vol. 6) [M]. New York: Oxford: Pergamon Press.

Newcombe N S, 2010. Picture this: Increasing math and science learning by improving spatial thinking [J]. American Educator, 34(2):29 - 35.

O'Connor J, McDermott I, 1997. The art of systems thinking: essential skills for creativity and problem solving paperback [M]. London: Thorsons Pub.

Oliver R L, Bearden W O, 1985. Crossover effects in the theory of reasoned action: a moderating influence attempt [J]. Journal of Consumer Research(3):324 - 340.

Palmer B, Lum J, Schlossberg J, et al, 2017. How does the environment shape spatial language? Evidence for sociotopography [J]. Linguistic Typology, 21(3):457 - 491.

Pianta R C, 1999. Enhancing relationships between children and teachers [M]. Washington, D C: American Psychological Association.

Pruden S M, Levine S C, 2017. Parents' spatial language mediates a sex difference in preschoolers' spatial-language use [J]. Psychological Science, 28(11):1583 - 1596.

Pruden S M, Levine S C, Huttenlocher J, 2011. Children's spatial thinking: does talk about the spatial world matter?[J]. Developmental Science, 14(6):1417 - 1430.

R. J. 约翰斯顿,1999. 地理学与地理学家:1945 年以来的英美人文地理学[M]. 唐晓峰,李平,叶冰,包森铭,等,译. 北京:商务印书馆.

R. 哈特向,1983. 地理学性质的透视[M]. 黎樵,译. 北京:商务印书馆.

Raath S, Hay A, 2019. Preservice geography students' exposure to systems thinking and cooperative learning in environmental education [J]. Journal of Geography, 118:66 - 76.

Ralph Y K, Berinhout K, Maguire M J, 2020. Gender differences in mothers' spatial language use and children's mental rotation abilities in preschool and kindergarten [J]. Developmental Science, 24(2):e13037.

Ramani G B, Zippert E, Schweitzer S, et al, 2014. Preschool children's joint block building during a guided play activity [J]. Journal of Applied Developmental Psychology, 35(4):326 - 336.

Rempfler A, Uphues R, 2012. System competence in geography education development of competence models, diagnosing pupils' achievement [J]. European Journal of Geography, 3(1):6 - 22.

Riess W, Mischo C, 2010. Promoting systems thinking through biology lessons [J]. International Journal of Science Education, 32(6):705 - 725.

Samir Okasha, 2009. 科学哲学[M]. 韩广忠,译. 南京:译林出版社.

Scannell L, Gifford R, 2010. Defining place attachment: a tripartite organizing framework [J]. Journal of Environmental Psychology, 30(1):1 - 10.

Schaefer F K, 1953. Exceptionalism in geography: A methodological examination [J]. Annals of the American Association of Geographers, 43(3):226 - 249.

Schuler S, Fanta D, Rosenkraenzer F, Riess, W, 2018. Systems thinking within the scope of education for sustainable development (ESD)—A heuristic competence model as a basis for (science) teacher education. Journal of Geography in Higher Education 42(2): 192 - 204.

Senge P M, 1990. The fifth discipline: the art and practice of the learning organization [M]. New York: Doubleday.

Teo T, Koh N K, Lee C B, 2011. Teachers' intention to teach financial literacy in Singapore: a path analysis of an extended theory of planned behaviour (TPB) [J]. The Asia-Pacific Education Researcher, 20(2):410 - 419.

Trevor J B Dummer, Ian G Cook, Sara L Parker, et al, 2008. Promoting and assessing 'deep learning' in geography fieldwork: an evaluation of reflective field diaries [J]. Journal of Geography in Higher Education, 32(3):459.

Whan P C, Parker L V, 1977. Students and housewives: differences in susceptibility to reference group influence [J]. Journal of Consumer Research, 4(2):102 - 110.

Williams D R, Patterson M E, Roggenbuck J W, et al, 1992. Beyond the commodity metaphor: examining emotional and symbolic attachment to place [J]. Leisure Sciences, 14(1):29 - 46.

Yoon S A, Hmelo-Silver C, 2017. Introduction to special issue: Models and tools for systems learning and instruction [J]. Instructional Science, 45(1):1 - 4.

Young C, Cartmill E, Levine S, et al, 2014. Gesture and speech input are interlocking pieces: the development of children's jigsaw puzzle assembly ability [J]. Proceedings of the Annual Meeting of the Cognitive Science Society, 36(36):372 - 378.

阿尔夫雷德·赫特纳,1983. 地理学:它的历史、性质和方法[M]. 王兰生,译. 北京:商务印书馆.

安爱玲,赵毅彤,卢晓旭,2023. 地理教师综合思维教学行为水平现状测评及提升对策——以M省地理教师为例[J]. 地理教育(5):62 - 65+71.

白光润,1989. 地理学引论[M]. 长春:东北师范大学出版社.

白光润,1993. 地理学导论[M]. 北京:高等教育出版社.

白光润,2003. 现代地理科学导论[M]. 上海:华东师范大学出版社.

班杜拉,2015. 社会学习理论[M]. 陈欣银,李伯黍,译. 北京:中国人民大学出版社.

鲍威,金红昊,曾庆泉,2019. 学业辅导对高校学困生的干预效应研究[J]. 教育发展研究,39(1):29 - 39.

北京大学现代科学与哲学研究中心,2001. 钱学森与现代科学技术[M]. 北京:人民出版社.

蔡露乔,2022. 高中生地理方向感的影响因素研究[D]. 上海:华东师范大学.

蔡露乔,卢晓旭,2023. 地理方向感测量工具的开发与检验[J]. 地理教育(3):3 - 7.

曾思荧,2023. 潜在空间语言环境对空间语言表达的影响:空间语言感知的中介作用[D]. 上海:华东师范大学.

陈淳,朱竑,2016. 城镇化背景下城中村流动儿童的空间感知——以广州市天河区石牌村为例[J]. 华南师范大学学报(社会科学版)(6):110 - 117.

陈琦,刘儒德,2011. 教育心理学[M]. 北京:高等教育出版社.

陈胜庆,2015. 地理课程的核心素养与育人价值[J]. 地理教学(4):12 - 14.

陈实,2014. 我国中学生现代地理实践素养培养研究[D]. 武汉:华中师范大学.

陈世伍,2017. 高中生环境观念及其影响因素研究[D]. 上海:华东师范大学.

陈淑清,2008. 强化高校实践教学,提高学生实践能力[J]. 时代教育(教育教学版)(3):26 - 27+4.

陈彦光,刘继生,2004. 地理学的主要任务与研究方法:从整个科学体系的视角看地理科学的发展[J]. 地理科学(3):257 - 263.

陈燕,2012.基于实践活动的高中生地理实践能力培养研究[D].武汉:华中师范大学.

陈仲雍,1983.赫特纳著《地理学,它的历史、性质和方法》述评[J].地理学报(2):197-203.

褚亚平,王肇和,陈胜庆,林培英,袁书琪,1992.地理教育学[M].上海:上海教育出版社.

褚亚平,等,2000.地理学科教育学[M].北京:首都师范大学出版社.

大卫·哈维,1996.地理学中的解释[M].高泳源,刘立华,蔡运龙,译.北京:商务印书馆.

翟绪芹,卢晓旭,陈贵根,高露,2018.地理实践力的维度解构和模型检验[J].中学地理教学参考(23):16-19.

第1财经,2019.新一线城市排行榜[EB/OL].https://www.yicai.com/topic/100201048/.

丁慧,2014.地理课堂问题设置现状和应对措施[J].中学地理教学参考,12(6):46.

丁生军,2018.地理实践能力及其养成[J].天津师范大学学报(基础教育版),19(1):53-56.

段文婷,江光荣,2008.计划行为理论述评[J].心理科学进展,16(2):315-320.

段义孚,2017.空间与地方:经验的视角[M].北京:中国人民大学出版社.

段玉山,姚泽阳,2017.地理学科核心素养的几个性质[J].地理教育(2):4-5.

段玉山,姚泽阳,2018.地理学科核心素养测评——基于现代测量理论的视角[J].中国考试(2):24-29.

范蕾,2022.地理教师综合思维教学行为倾向影响因素研究[D].上海:华东师范大学.

方经民,2002.论汉语空间区域范畴的性质和类型[J].世界汉语教学(3):37-48.

方旭,杨改学,2016.高校教师慕课教学行为意向影响因素研究[J].开放教育研究,22(2):67-76.

方雪琦,2021.地理教师综合思维教学行为水平提升实验与机制探索[D].上海:华东师范大学.

冯光伟,2018.课堂教学呼唤理解性评价[J].教育研究与实验(5):53-57.

冯以浤,1993.地理教育国际宪章[J].地理学报(4):289-296.

傅维利,刘磊,2012.个体实践能力要素构成的质性研究及其教育启示[J].华东师范大学学报(教育科学版),30(1):1-13.

高夯,2021.人文数学[M].北京:科学出版社.

高露,2018.高中生地理空间感知自评量表的研制[D].上海:华东师范大学.

高原,2017.天津城市居民生活空间感知情况统计分析[J].环渤海经济瞭望(8):25-28.

龚文娟,2008.当代城市居民环境友好行为之性别差异分析[J].中国地质大学学报(社会科学版),8(6):37-42.

龚晓雪,2023.地理过程思维的维度解构与验证[D].上海:华东师范大学.

顾成云,杨叶,2021.具有地理综合思维特征的思维导图评价指标体系的构建与应用[J].地理教学(19):4-9.

关伟,宫作民,袁书琪,1992.地理教育学教程[M].大连:大连理工大学出版社.

郭锋涛,2015.中学地理学科育人价值研究[D].上海:华东师范大学.

韩晓东,罗茜,卢晓旭,2020.中学生环境行为水平评价诊断和对策设计——以江西省萍乡中学为例[J].地理教学(17):19-23.

洪大用,范叶超,2016.公众环境知识测量:一个本土量表的提出与检验[J].中国人民大学学报,30(4):110-121.

洪大用,肖晨阳,2012.环境友好的社会基础:中国市民环境关心与行为的实证研究[M].北京:中国人民大学出版社.

黄雯倩,卢晓旭,2023.人地协调观量表的开发与检验[J].地理教育(12):3-6+12.

黄璇,2016.技术控制及其超越:从海德格尔到马尔库塞[J].国外社会科学(2):62-67.

黄芝洁,2023.基于地理学科思维导图的学生地理综合思维培养策略及效果研究[D].上海:华东师范大学.

加涅·R·M,韦杰·W·W,戈勒斯·K·C,2018.教学设计原理(第5版)[M].皮连生,王小明,庞维国,等译.上海:华东师范大学出版社.

贾婕,2016.浅谈"如何围绕地理核心素养进行教学"[J].科技创新导报,13(34):206.

居贝妮,卢晓旭,万静宜,曾晓丹,杜凤珍,2016.地理笔记与地理学业成绩的相关性研究——以上海市第四中学六年级学生为例[J].地理教学(12):25-30.

柯惠新,沈浩,2005.调查研究中的统计分析法(第2版)[M].北京:中国传媒大学出版社.

孔令达,王祥荣,2002.儿童空间语言中方位词的习得及相关问题[J].中国语文(2):111-117.

赖秋萍,卢晓旭,2023.区域认知素养量表的开发与检验[J].地理教育(7):62-67.

雷金纳德·戈列奇,罗伯特·斯廷森,2013.空间行为的地理学[M].柴彦威,译.北京:商务印书馆.

李涵畅,毕澄,林宪生,1990.地理教育学[M].大连:大连海运学院出版社.

李家清,卢清丽,2011.我国课程论与教学论研究现状透视与未来瞻望——基于2010年全国课程论研讨会和教学论年会研究成果的分析[J].教育研究与实验(3):23-27.

李晶晶,潘苏东,2018.高一学生物理问题解决过程中元认知监控行为的调查研究[J].基础教育,15(1):82-89.

李能慧,古东源,吴桂森,等,2004.金门观光客行为倾向模式之构建[J].管理学报,21(1):131-151.

李晴,2012.中学地理教育学[M].北京:科学出版社.

李志厚,2018.教学与发展研究的回顾及教学改进的三个基本问题[J].教育研究与实验(3):40.

理查德·哈特向,1996.地理学的性质:当前地理学思想述评[M].叶光庭,译.北京:商务印书馆.

林崇德,2002. 发展心理学[M]. 杭州:浙江教育出版社.

刘丽虹,张积家,王惠萍,2005. 习惯的空间术语对空间认知的影响[J]. 心理学报,27(4): 469 - 475.

刘树凤,2013. 让地理教育研究走进科学[J]. 地理教学(24):1.

刘辛田,2003. 论中学地理实践能力培养的现实困境及对策[D]. 长沙:湖南师范大学.

刘永凤,2017. 国际"核心素养"研究的最新进展及启示[J]. 全球教育展望,46(2):31 - 41+98.

龙泉,2017. 地理学科育人价值与地理核心素养[J]. 地理教育(3):4 - 6.

卢乃桂,钟亚妮,2007. 教师专业发展理论基础的探讨[J]. 教育研究(3):17 - 22.

卢晓旭,2020. 中国大学 MOOC 在线课程:中学地理教育研究的方法与案例[EB/OL]. https://www.icourse163.org/course/ECNU-1449974170.

卢晓旭,2023. 地理教育研究科学化的测量需求和路径生成[J]. 课程・教材・教法(6):125 - 132.

卢晓旭,陈昌文,周世科,孙灵璐,2017. 核心素养体系结构验证与课程承载分析[J]. 教育发展研究(24):64 - 71.

卢晓旭,罗茜,陆玉麒,朱征,米雪,范亚俐,2022. 地理综合思维的认知结构及其检验——基于高中生样本的研究[J]. 地理科学进展,41(2):277 - 288.

卢晓旭,赵媛,朱慧,陈磊,2011. 地理课堂教学目标呈现方式与教学效率的相关性[J]. 课程・教材・教法,31(1):100 - 106.

陆大道,2015. 地理科学的价值与地理学者的情怀[J]. 地理学报(10):1539 - 1551.

陆大道,王铮,封志明,曾刚,方创琳,董晓峰,刘盛和,贾绍凤,方一平,孟广文,邓祥征,叶超,曹广忠,杜宏茹,张华,马海涛,陈明星,2016. 关于"胡焕庸线能否突破"的学术争鸣[J]. 地理研究(5):805 - 824.

陆玉麒,2011. 人文地理学科学化的总体目标与实现路径[J]. 地理学报(12):1587 - 1596.

陆芷茗,2016. 高中生地理实践力培养路径与评价[J]. 中学地理教学参考(23):4.

罗伯特・F・德威利斯,2010. 量表编制:理论与应用(第2版)[M]. 重庆:重庆大学出版社.

罗茜,2021. 高中生认知风格对地理空间思维的影响[D]. 上海:华东师范大学.

吕晓娟,颜晓程,2017. 理解学生:教师应有之为——基于三位教师的案例分析[J]. 教育科学研究(7):83 - 87.

马霭乃,2007. 理论地理科学与哲学[M]. 北京:高等教育出版社.

迈克・克朗,2003. 文化地理学[M]. 杨淑华,宋慧敏,译. 南京:南京大学出版社.

美国国家研究院地学、环境与资源委员会,地球科学与资源局重新发现地理学委员会,2002. 重新发现地理学与科学和社会的新关联[M]. 黄润华,王缉慈,译. 北京:学苑出版社.

莫亮华,2018. 撷谈地理实践力的培养策略[J]. 福建教育学院学报,19(3):22.

潘艳,卢晓旭,高露,李萍,2017. 高中生环境行为的影响因素及作用机制——基于南京市汇文女子中学样本的实证[J]. 教育研究与实验(4):70-73.

潘玉君,武友德,2009. 地理科学导论[M]. 北京:科学出版社.

裴娣娜,2019. 论课程与教学论学科发展的中国特色[J]. 中国教师(10):5-8.

彭聃龄,2019. 普通心理学(第5版)[M]. 北京:北京师范大学出版社.

彭远春,2011. 我国环境行为研究述评[J]. 社会科学研究(1):104-109.

彭远春,2015. 城市居民环境认知对环境行为的影响分析[J]. 中南大学学报(社会科学版),21(3):168-174.

皮连生,吴红耘,2011. 两种取向的教学论与有效教学研究[J]. 教育研究(5):25-30.

普雷斯顿·詹姆斯,杰弗雷·马丁,1982. 地理学思想史[M]. 李旭旦,译. 北京:商务印书馆.

钱克金,2016. 明清时期浙江湖州境内开采之害及其地方应对——兼论风俗信仰对环境保护的作用[J]. 南京师大学报(社会科学版)(3):80-87.

邱鸿亮,2019. 地理综合思维的四种综合水平——基于SOLO理论的分析[J]. 地理教学(5):20-23+48.

曲波,郭海强,任继萍,孙高,2005. 结构方程模型及其应用[J]. 中国卫生统计(6):405-407.

瞿葆奎,喻立森,1986. 教育学逻辑起点的历史考察[J]. 教育研究(11):7.

任静,2019. 教师课堂评价的拓展学习引导[J]. 教育理论与实践,39(5):52-54.

任永军,2000. 现代汉语空间维度词语义分析[D]. 吉林:延边大学.

邵俊峰,2018. 高中地理课堂落实核心素养培养的思考与实践[J]. 中学地理教学参考(5):31.

沈昊婧,谢双玉,高悦,黄宇,2010. 大学生环境行为调查及其影响因素分析——以武汉地区为例的实证研究[J]. 华中师范大学学报(自然科学版),44(4):702-707.

沈茂德,2017. 课堂应是一个活跃着生命的地方[J]. 江苏教育(3):1.

施铁如,2003. "怎么都行"——学校改革研究的后现代思考[J]. 教育研究与实验(2):69-72.

施新安,2005. 新课程理念下高中生地理实践能力的培养[J]. 太原城市职业技术学院学报(4):169-170.

宋瑛,关克勇,2018. 基于新版课标地理实践力的认知与培养[J]. 天津师范大学学报(基础教育版),19(3):64.

苏倩,2021. 中学地理教学中"综合思维"培养的教学行为评价量表的研制与应用[D]. 长春:东北师范大学.

隋幸华,赵国栋,王晶心,张煜雪,2020. 高校教师信息化教学能力影响因素实证研究——以湖南省部分高校为例[J]. 中国电化教育(5):128-134.

孙大文,1992. 地理教育学[M]. 杭州:浙江教育出版社.

孙西洋,2021. 谈谈理论研究[EB/OL]. http://www.360doc.com/content/21/0819/16/155793_991748108.shtml.

孙小礼,2006. 从天王星之谜到海王星之发现[EB/OL]. https://news.sina.com.cn/o/

2006-11-08/154310446397s. shtml.

孙岩,宋金波,宋丹荣,2012. 城市居民环境行为影响因素的实证研究[J]. 管理学报,9(1):144-150.

孙裕钰,黄雯倩,陈昌文,赖秋萍,尚正永,卢晓旭,2018. 中学生环境行为影响因素的规律性探讨[J]. 基础教育,15(3):20-26+41.

孙裕钰,卢晓旭,潘艳,2019a. 中学生环境行为量表的修订与检验[J]. 天津师范大学学报(基础教育版)(3):72-76.

孙裕钰,卢晓旭,潘艳,张静,2019b. 中学生环境行为测评及养成教育策略——以南京外国语学校河西分校为例[J]. 中学地理教学参考(20):62-64.

索卡尔,德里达,罗蒂,等,2002. "索卡尔事件"与科学大战:后现代视野中的科学与人文的冲突[M]. 蔡仲,邢冬梅,译. 南京:南京大学出版社.

索朗央吉,2018. 基于智力水平的学生地理学习潜能评估和地理教育干预[D]. 上海:华东师范大学.

谭嫩,王子悦,卢晓旭,2023. 地方依恋量表的开发与检验[J]. 地理教学(20):7-10.

汤茂林,黄展,2020. Empirical Research 到底是实证研究还是经验研究?:兼论学术研究的分类[J]. 地理研究(12):2855-2860.

陶本一,2002. 学科教育学[M]. 北京:人民教育出版社.

托马斯·库恩,伊安·哈金,2012. 科学革命的结构(第4版)[M]. 金吾伦,胡新和,译. 北京:北京大学出版社.

万静宜,卢晓旭,陆玉麒,杜凤珍,王军,居贝妮,2017. 中学生地理空间思维能力提高的影响因素——基于甘肃省白银市第一中学高一学生的实证研究[J]. 地理科学进展(7):853-863.

王策三,2004. 认真对待"轻视知识"的教育思潮——再评由"应试教育"向素质教育转轨提法的讨论[J]. 北京大学教育评论(3):5-23.

王策三,2005. 教学论稿[M]. 北京:人民教育出版社.

王鉴,申群英,2008. 近十年来我国"有效教学"问题研究评析[J]. 教育科学研究(10):39-43.

王文洁,张琦,2018. 地理综合思维溯源[J]. 地理教学(12):27-29+58.

王炎炎,袁玲,嵇瑾,张霞,曾敏,陈昌文,卢晓旭,2020. 地理教师综合思维教学行为评价指标体系构建与实践应用[J]. 地理教学(15):10-13.

威廉·邦奇,1991. 理论地理学[M]. 石高玉,石高俊,译. 北京:商务印书馆.

魏鹏,卢晓旭,2022. 开展研究性学习对中学生地理实践力核心素养发展的影响[J]. 上海教育科研(10):72-76+82.

魏学峰,魏金星,2016. 刍议提升初中生地理实践力的有效途径[J]. 现代教育(6):63.

温忠麟,叶宝娟,2014. 中介效应分析:方法和模型发展[J]. 心理科学进展,22(5):731-745.

文军,2012.论社会工作理论研究范式及其发展趋势[J].江海学刊(4):125-131.

吴钒,范舒敏,2016.榜样对学生自我效能感的影响[J].东南大学学报(哲学社会科学版),18(S2):165-168.

吴明隆,2009.结构方程模型——AMOS的操作与应用[M].重庆:重庆大学出版社.

吴志华,王思漪,2018.最近发展区理论下的学生实践能力发展及活动教学模式构建[J].教育理论与实践,38(8):44.

郗小林,徐庆华,1998.中国公众环境意识调查[M].北京:中国环境科学出版社.

夏征农,等,2009.辞海(第6版)[M].上海:上海辞书出版社.

项贤明,2015.教育学作为科学之应该与可能[J].教育研究(1):16-27.

谢淑敏,方雪琦,罗茜,顾成云,卢晓旭,2022.地理教师人地协调观教学倾向的影响因素及其对教学行为的影响[J].教育理论与实践(11):56-59.

徐象平,2005.人地观的演变与地理学思想的发展[J].西北大学学报(自然科学版),35(1):122-124.

徐艳伟,2017.教师课堂提问有效性的影响因素及策略优化[J].教育理论与实践,37(23):46-48.

徐焰华,林培英,2018.我国高中生地理实践力素养评价指标体系的构建[J].课程·教材·教法,38(10):86.

许琴,罗宇,刘嘉,2010.地理方向感的加工机制及影响因素[J].心理科学进展,18(8):1208-1221.

许锡良,2004.评"怎么都行"——对教育"叙事研究"的理性反思[J].教育研究与实验(1):5-11.

闫岩,2014.计划行为理论的产生、发展和评述[J].国际新闻界,36(7):113-129.

杨新,1997.简明中学地理学科教育学[M].北京:中国人民公安大学出版社.

杨叶,2023.教师指向综合思维的思维导图指导水平对中学生地理综合思维的影响[D].上海:华东师范大学.

余伟,2018.边远贫困地区初中学困生成因及转化策略初探——以叙永县为例[J].课程教育研究(26):192.

余文森,2018.论学科核心素养形成的机制[J].课程·教材·教法,38(1):4.

俞国良,王青兰,杨治良,2000.环境心理学[M].北京:人民教育出版社.

俞立中,2009.重建信息时代的中学地理教育——在《地理教学》创刊50周年纪念研讨会上的讲话[J].地理教学(11):2-5.

俞立中,2012.对中学地理教育改革的几点思考[J].地理教学(5):4-7.

虞新胜,2005.影响信仰形成的内外因素及其教育[J].中共济南市委党校学报(2):42-44.

袁玲,卢晓旭,张梅,2019.改进地理学困生学习状况的实验研究——以成都市棠湖中学初中生为例[J].教育理论与实践(23):53-56.

袁书琪,1995.地理教育学[M].福州:福建教育出版社.

袁书琪,2001.地理教育学[M].北京:高等教育出版社.

袁孝亭,2010.基于地理思想方法的地理课程与教学研究[J].课程·教材·教法(7):82-87.

袁振国,2017a.实证研究是教育学走向科学的必要途径[J].华东师范大学学报(教育科学版)(3):4-17+168.

袁振国,2017b.中国教育需要实证研究[J].中国教育学刊(2):3.

袁振国,2019.科学问题与教育学知识增长[J].教育研究(4):4-14.

袁振国,2020.教育规律与教育规律研究[J].华东师范大学学报(教育科学版)(9):1-15.

约翰·B·华生,2019.行为主义[M].潘威,郭本禹,译.北京:商务印书馆.

张厚粲,龚耀先,2012.心理测量学[M].杭州:浙江教育出版社.

张积家,刘丽虹,2007.习惯空间术语对空间认知的影响再探[J].心理科学,30(2):359-361+386.

张济洲,2006.论教育"叙事研究"的科学性——兼与许锡良同志商榷[J].教育研究与实验(1):15-17+43.

张建珍,段玉山,龚倩,2017.2016地理教育国际宪章[J].地理教学(19):4-6.

张璐,2002.再议有效教学[J].教育理论与实践(3):48-50.

张盼峰,2015.基于公众人地观的气候变化适应性研究[D].长春:东北师范大学.

张鹏,刘泽,马巍,王民,2022.乡土地理教学对初中生地方依恋的影响研究[J].地理教学(12):14-16+30.

张秋燕,2017.罗杰斯人本主义学习理论与学困生转化[J].中学政治教学参考(9):79-80.

张伟豪,徐茂洲,苏荣海,2020.与结构方程模型共舞时光初现[M].厦门:厦门大学出版社.

张雪英,张春菊,杜超利,2012.空间关系词汇与地理实体要素类型的语义约束关系构建方法[J].武汉大学学报(信息科学版),37(11):1266-1270.

张子江,杨洋,卢晓旭,2018.高中生地理学习成绩的影响因素——基于上海市民本中学高一样本的分析[J].中学地理教学参考(20):6-10.

赵渺希,钟烨,王世福,戴牧风,2014.不同利益群体街道空间意象的感知差异——以广州恩宁路为例[J].人文地理(1):72-79.

赵小漫,2011.高中地理实践活动教学研究[D].武汉:华中师范大学.

赵云璐,2023.空间思维习惯对地理空间思维的影响:统计技术控制协变量智力因素的视角[D].上海:华东师范大学.

郑冬子,郑慧子,1997.区域的观念:关于地理学的空间原理及其科学哲学思考[M].天津:天津人民出版社.

中国大百科全书编辑部,2009.中国大百科全书(第二版)[M].北京:中国大百科全书出版社.

中国环境意识项目办,2008.2007 年全国公众环境意识调查报告[J].世界环境(2):72-77.

中国人民大学中国调查与数据中心,2013.2013 年中国综合社会调查问卷(CGSS)[EB/OL]. http://cgss.ruc.edu.cn.

中华人民共和国教育部,2020.普通高中地理课程标准(2017 年版 2020 年修订)[M].北京:人民教育出版社.

钟启泉,有宝华,2004.发霉的奶酪——《认真对待"轻视知识"的教育思潮》读后感[J].全球教育展望(10):3-7.

钟云华,邓睿,2004.中学环境教育的重要性及其实施[J].云南环境科学(S2):93-95+80.

周昌忠,1988.科学思维学[M].上海:上海人民出版社.

周海瑛,2016.漫谈地理实践力[J].地理教育(11):1.

周玲强,李秋成,朱琳,2014.行为效能、人地情感与旅游者环境负责行为意愿:一个基于计划行为理论的改进模型[J].浙江大学学报(人文社会科学版),44(2):88-98.

周尚意,2010.人文地理学野外方法[M].北京:高等教育出版社.

朱留明,2011.精彩地理课堂的抓手——精心做好五个设计[J].地理教学(24):43-45.

邹双国,张俊才,2019.高中思想政治课教学中问题设置的有效策略[J].教育理论与实践,39(8):60-62.